华侨大学高层次人才科研启动项目资助（15SKBS214）

青年学者文库

菲律宾与美国特殊关系研究
（1962—1972）

张 行 著

天津出版传媒集团

天津人民出版社

图书在版编目(CIP)数据

菲律宾与美国特殊关系研究 ： 1962—1972 / 张行著
. -- 天津 ： 天津人民出版社，2023.6
（青年学者文库）
ISBN 978-7-201-19198-0

Ⅰ．①菲… Ⅱ．①张… Ⅲ．①国际关系史－研究－菲
律宾、美国－1962-1972 Ⅳ．①D834.19②D871.29

中国国家版本馆 CIP 数据核字(2023)第 014948 号

菲律宾与美国特殊关系研究(1962—1972)
FEILÜBIN YU MEIGUO TESHU GUANXI YANJIU

出　　版	天津人民出版社
出 版 人	刘　庆
地　　址	天津市和平区西康路 35 号康岳大厦
邮政编码	300051
邮购电话	(022)23332469
电子邮箱	reader@tjrmcbs.com

责任编辑	王　玲
封面设计	明轩文化·王烨

印　　刷	天津新华印务有限公司
经　　销	新华书店
开　　本	710 毫米×1000 毫米　1/16
印　　张	22
插　　页	2
字　　数	300 千字
版次印次	2023 年 6 月第 1 版　2023 年 6 月第 1 次印刷
定　　价	96.00 元

前　言

　　菲律宾独立伊始,与美国之间形成了不对等的特殊关系。二战后很长一段时间,菲律宾社会存在着强烈的亲美和对美依赖情绪,而美国则以特殊关系为幌子,从政治、经济、军事和外交等方面牢牢控制着菲律宾。进入20世纪60年代,菲律宾民族主义开始逐渐登上历史舞台,加之东南亚地区冷战局势升级,1962—1972年菲美关系经历了二战后变动最为激烈的一段时期。这个过程大致可以分为三个阶段:

　　第一个阶段对应的是马卡帕加尔－肯尼迪政府时期。这一阶段的重要特点是菲律宾民族主义登上政治舞台,虽然民族主义与"特殊关系"处于相互交织的状态,但是菲美两国的"特殊关系"勉强走上探索"去特殊化"的轨道。

　　第二个阶段是菲美开展援越谈判至菲律宾退出越南战场。越南战争突然升级,打断了两国之前几年的"去特殊化"轨道。作为同盟关系中的弱小一方,菲律宾已经充分利用了越战这次"绝佳良机"获得了反向不对称优势。

　　第三个阶段是尼克松主义在菲推行至马科斯建立个人军事独裁统治。在尼克松主义大背景下的美国重新调整了对菲政策,加之菲律宾国内民族主义运动在越南战争催化下走向高潮,菲美关系走上一明一暗的双轨车道:明线是"去特殊化"进程重启并加快速度,以配合尼克松主义的亚太地区政策;暗线是美国出于安全、军事和经济利益,与野心勃勃的马科斯政权达成妥协,菲律宾走向军事管制,双方建立更隐蔽的"霸权－代理人"关系,传统菲美特殊关系终结。

本书以现有菲美关系研究专著为起点，以菲美两国已经解密的最新一手档案为史料，着重从菲律宾国内局势发展和美国的地区及国别政策变化这两条线索，以菲美关系十余年间重大历史事件为切入点，来考察菲美特殊关系的变动轨迹。

目　录

绪　论

　　"特殊关系"一词在冷战时期美国官方外交辞令中曾反复出现,常被政治家和学者用来描绘二战后美国与各盟国的共同利益和冷战同盟关系。美国似乎与其全球各个角落的盟国都存在某种程度上的特殊关系,一位研究美国与第三世界盟国关系的学者评论:"我们与很多国家有'特殊关系',从以色列到韩国都是。"[①]但是特殊关系应该并非只是简单的冷战共同利益,而应该是建立在安全利益、历史纽带和情感依赖等政治、经济和文化等多元联系的坚实基础之上。如果把美国在亚太地区的各个特殊关系作一观察,我们会发现,无论是日本、韩国还是泰国,在战后与美国开启的所谓特殊关系都仅仅源于冷战开始后的安全和冷战共同利益。试想,没有共同的冷战利益和地缘政治因素,很难说这些特殊关系能够建立或长存。然而如果观察菲律宾与美国特殊关系的缘起,我们绝不可能满足于从亚太冷战或印支冲突的爆发讲起,而应该把视线回溯到二战之前半个世纪的美国对菲殖民历史。菲律宾历史学家阿里桑德罗·费尔兰德斯在定义菲美特殊关系时说:"菲美特殊关系是'一系列双边条约'和'紧密的文化纽带'的结合",[②]半个

---

① Robert Pringle. *Indonesia and the Philippines: American Interests in Island Southeast Asia.* New York: Columbia University Press, 1980. p. 54.

② Fernandez, Alejandro M. *The Philippines and the United States: the Forging of New Relations.* Quezon City: Philippine Union Catalog, 1977. p. 253.

世纪的殖民历史正是这种文化纽带的根源。

在明确了菲美特殊关系要比美国与亚太地区其他盟国之间仅仅依靠条约和利益维系的特殊关系更加"特殊"之后,现在就要思考其他问题:菲美两国对于特殊关系内涵的理解是相同或者对等的吗? 冷战时期的菲美特殊关系是一成不变还是存在一个"去特殊化"的历史进程? 近年来,在美国重返亚太、印太战略等一系列针对亚太地区的战略部署中,美菲历史上的特殊关系会在其中扮演什么样的角色? 本书希望通过解读美国和菲律宾各自最新解密的档案文献尽量针对上述问题进行分析解答。

一、国内外研究现状述评

菲律宾在二战前是美国殖民地,战后亦是美国推行亚太冷战的重要盟国,美国驻菲军事基地直到 1992 年才正式撤离。整个 20 世纪,两国在政治、经济、文化和军事安全领域保持着密切的联系。因此,菲美两国学者在两国关系研究领域的著作非常丰富。从美国几个主要东南亚研究机构的资料收集来看,有关或者部分内容涉及冷战时期菲美关系的著作就有百种之多。这里只选取介绍部分比较重要的作品,并以本书研究时段 20 世纪六七十年代的菲美关系为主:

二战后菲律宾虽然获得主权独立,但是美国仍然在菲律宾群岛保持着强大的影响力和控制权。许多学者从新殖民主义关系的角度,从整体探讨战后菲美关系的变迁。斯坦利·卡诺的《在我们的印象中:菲律宾的美国帝国》①、H. W. 布兰德斯的《走向帝国:美国和菲律宾》②及詹姆斯·哈密尔顿

---

① Karnow,Stanley. In our image: *America's Empire in the Philippines*. New York: Random House,1989.

② Brands, H. W. *Bound to Empire: the United States and the Philippines*. New York: Oxford University Press,1992.

的《美国的男孩:美国在菲律宾的百年殖民主义》①,这三部著作从整个 20 世纪的宏观角度介绍了美国在菲殖民和新殖民主义政策,是研究战后菲美关系不可或缺的入门之作。

此外,艾米·布里兹的《争议的国度:美国外交政策和菲律宾政权的变迁》②是进入 21 世纪以来全景式描述两国百年外交关系的最新、最重要的作品。作者将视角放在菲律宾历史上的四个重要时刻:1898 年美国建立菲律宾殖民政府、1946 年菲律宾独立、1972 年马科斯建立军事独裁政权和 1986年马科斯军事独裁政权倒台。同时,作者把美国在不同时期的亚太外交政策与这些重要历史时刻相结合,揭示美国地区战略政策对菲律宾政治变迁的重要影响。

史蒂芬·罗斯凯姆·沙洛姆的《美国和菲律宾:新殖民主义研究》③的研究范围是 1946 年菲律宾独立至 20 世纪 70 年代马科斯建立军事独裁统治。作者揭示美菲新殖民主义关系不仅体现在双方的政治、经济和安全领域,更重要的是菲律宾的权贵阶层与美国政府结成了利益同盟。这种同盟关系是双边新殖民主义关系的基础,也是菲律宾社会结构失衡和军事独裁悲剧的根源。

路易斯·格里克长期担任美国驻菲律宾使馆的外交官员,其关于美菲关系的著作多达十几部,其中最重要的是《解开殖民纽带:美国驻菲律宾大使们,1946—1984》④。该作的特别之处在于以美国驻马尼拉大使馆的视角评述了二战后数十年美菲关系中的所有重大事件。美国驻马尼拉大使馆在

①　James Hamilton-Paterson. *America's Boy*: *A Century of United States Colonialism in the Philippines*. Henry Holt and Co.,1999.

②　Amy Blitz. *The contested state*: *American Foreign Policy and Regime Change in the Philippines*. Lanham,MD: Rowman & Littlefield Publishers,2000.

③　Stephen Rosskamm Shalom. *The United States and the Philippines*: *A Study of Neocolonialism*. Philadelphia,Penn. : Institute for the Study of Human Issues,1981.

④　Gleeck,Lewis E. *Dissolving the Colonial Bond*: *American Ambassadors to the Philippines*,1946 – 1984. Quezon City: New Day Pub.,1988.

美国对菲政策的建议、制订和执行等方面具有重大影响,是研究两国关系时不容忽视的一个因素。

克劳德·阿尔贝特·巴斯的《美国和菲律宾:政策的背景》①将研究视角对准了马科斯总统执政时期的美菲关系,揭示美国对马科斯军事独裁政府政策的前因后果,分析了美国政府在处理与马科斯政权关系时的两难处境。该书作者曾经在菲律宾担任外交官员和访问学者,因此搜集到大量当时并未公开的一手资料,对于其之后的菲美关系著作具有重要参考价值。

罗伯特·普林格的《印度尼西亚和菲律宾:美国在东南亚群岛的利益》②探讨了美国在印度尼西亚和菲律宾的传统国家利益。作者提出,美国政策的制定应该从多个角度长期考虑,而非在面对突如其来的危机之时仓促应对。

菲律宾学者阿里桑德罗·费尔兰德斯的《菲律宾和美国:锻造新型关系》③从菲律宾外交政策的角度,批评菲美特殊关系的历史残留严重损害了菲律宾作为正常国家走向国际外交舞台的步伐。作者指出,两国必须摈弃特殊关系的束缚,重新建立新型平等的外交关系。

弗兰克·格雷主编的论文集《美国和菲律宾》④中的多篇论文分别从政治、经济、外交等角度证明战后菲美特殊关系是不对称的新殖民主义关系。皮特·斯坦利编撰的论文集《重新评估帝国:菲美关系史的新视角》⑤的数篇论文提出一个新的观点,认为美国殖民历史对于菲律宾社会的影响被夸大

---

① Buss, Claude Albert. *The United States and the Philippines: Background for Policy*. American Enterprise Institute for Public Research, 1977.

② Robert Pringle. *Indonesia and the Philippines: American Interests in Island Southeast Asia*. New York: Columbia University Press, 1980.

③ Fernandez, Alejandro M. *The Philippines and the United States: the Forging of New Relations*. Quezon City: Philippine Union Catalog, 1977.

④ Golay Frank. *The United States and the Philippines*. Englewood Cliff: Prentice-Hall, 1966.

⑤ Stanley Peter. *Reappraising an Empire: New Perspectives on Philippine-American History*. Cambridge: Harvard University Press, 1984.

了,二战后菲美"特殊关系"在很大程度上是菲律宾权贵阶层和美国利益集团的勾结所致,其中收录的部分文章重点回顾了菲律宾与美国几十年来在战争赔偿问题上的纠纷,战争赔偿问题亦是 20 世纪 60 年代两国关系中的一个重要议题。

威廉·波默罗伊是众多研究菲美关系的学者中为数不多的马克思主义者,其代表作之一《美国制造的悲剧:菲律宾的新殖民主义和专制主义》①批评二战后菲美新殖民主义特殊关系和马科斯建立的军事独裁政权,都是美国为了实现其政治和经济利益而强加给菲律宾的历史悲剧。这部著作的特点是详细描述了菲律宾共产党的发展历程和革命纲领,尤其是区别了 20 世纪 60 年代末菲共与新菲共分裂后两派的路线分歧。

朱利安·C.麦迪逊的博士论文《美国和菲律宾,1961—1965:是否存在特殊关系?》②是菲美关系研究里程碑式的作品。该论文着重于马卡帕加尔执政时期两国的外交摩擦,从外交事务的细节叙述中讨论特殊关系的实质。这篇论文的突出之处是其研究完全建立在一手档案、报刊资料库和当事人口述史的基础之上,也是第一个真正运用一手官方档案研究两国关系的成果,较之前的作品更具独特的学术价值。需要指出的是,作者在 1996 年完成其博士论文时,美国外交档案解密的时间范围只及 1963 年,因此该论文出于学术严谨的目的并未将研究范围延伸至更为引人注目的马科斯执政时期。作者在文中向后来者建议待相关档案陆续解密后,以 20 世纪 60 年代中后期越南战争为大背景再来考察菲美关系,尤其是重新解读两国之间所谓特殊关系,这条建议亦是笔者写作本书的努力方向之一。

军事基地是战后菲美两国同盟关系的核心要素,两国学者在军事基地

---

① Pomeroy, William. *An American Made Tragedy*: *Neo-colonialism & Dictatorship in the Philippines.* New York: International Publishers, 1974.

② Julian C. Madison. *The United States and the Philippines*, 1961 – 1965: Was There a "Special Relationship?" Ph. D. University of Washington, 1996.

问题上的研究成果也非常丰富。代表作包括帕特丽夏·派斯的《基地因素：菲美关系中的现实主义政治》①，该文的一个重要特色是考察了菲美诸多基地争执议题中的周边社区问题，即从细微的社会生活入手分析基地周围的菲律宾居民眼中的基地问题。该文从社会学角度入手考察基地利弊，给如今探讨美国基地可能重返菲律宾的话题提供了新的视角。威廉·爱默生·巴里的博士论文《菲律宾的美国军事基地、基地谈判和菲美关系：过去、现在和将来》②以及由该博士论文改编的《菲律宾的美国军事基地：特殊关系的演变》③，从两国历年基地条约谈判的细节入手，其中关于军事基地美军领事裁判权的记述尤其精彩，提供了大量的史实和资料。菲律宾学者爱德华多·罗穆阿尔戴兹的《主权的问题：军事基地和菲美关系，1944—1979》④把三十多年间菲美两国关于军事基地诸如主权、领事裁判权、海关管理权、走私等所有主要议题分章讨论，从侧面反映了战后菲美关系的发展历程。20 世纪 90 年代初，菲律宾和美国在进行军事基地去留谈判时，双方学者撰写了大量学术著作，从两国各自的角度探讨基地的利弊。这些著作也是当今研究菲美军事关系和军事基地条约新进展的重要材料。

从 20 世纪 60 年代末至 70 年代初，这一时期菲美关系最为突出的背景就是尼克松主义的出台和马科斯独裁政权的建立。尼克松政府在菲律宾走向军事管制的过程中扮演了何种角色，一直以来是很多学者关心的问题。马科斯政权倒台后的 20 世纪 80 年代末，虽然当时档案尚未公开，很多学者还是第一时间总结了这段历史。

---

① Paez，Patricia Ann. *The Bases Factor：Realpolitik of RP-US Relations*. Manila ：Center for Strategic and International Studies of the Philippines，1985.

② Berry，William Emerson. American Military Bases in the Philippines，Base Negotiations，and Philippine-American Relations：Past，Present，and Future. Ann Arbor Univ：Microfilms International，1981.

③ Berry，William Emerson. *U. S. Bases in the Philippines：the Evolution of the Special Relationship*. The Perseus Books Group，1989.

④ Eduardo Z. Romualdez. *A Question of Sovereignty ：The Military Bases and Philippine-American Relations*，1944 – 1979. Manila：E. Z. Romualdez，1980.

雷蒙德·邦纳的《与独裁者共舞:马科斯夫妇以及美国政策的制定》①一书回顾了马科斯政权走向军事独裁的过程,美国政府在其中扮演了不可或缺的角色。作者非常详细地介绍了 1972 年 9 月军事管制前后,马科斯与美国方面的来往,并列举了尼克松本人支持军事独裁的证据。西格雷夫·斯蒂芬的《马科斯王朝》②内容翔实,贯穿马科斯整个政治生涯。此书虽非严格意义上的学术著作,带有一定文学色彩,但是作者为了撰写此书仍然花费了大量的精力收集档案资料,因此也是研究马科斯执政时期菲美关系必读作品之一。约翰·布莱斯曼的《菲律宾的危机:马科斯及之后的时期》③和菲律宾人 E. S. 胡安的著作《菲律宾的危机:革命的形成》④都记述了菲律宾社会内部问题如何演变至马科斯军事独裁的结局,其中不乏美国对马科斯政权政策的研究。

越南战争背景下的菲美关系是本书研究的一个重点,以下两部著作的研究为此提供了很多启发:托马森·斯科特的《不平等的合作者:菲律宾和泰国与美国的关系,1965—1975》⑤和罗伯特·布莱克本的《雇佣兵和林登·约翰逊的更多旗帜:越南战争中雇佣的韩国、菲律宾和泰国士兵》⑥。这两部书的研究角度都是美国与亚太盟国在越南战争中的利益异同问题。斯科特注重的是讨论小国在与大国博弈中的得失利弊取决于哪些因素;布莱克本的研究则更多关注的是各个盟国出于利益追随美国参战的细节,并判断这

---

① Bonner, Raymond. *Waltzing with a Dictator*: *the Marcoses and the Making of American Policy*. New York: Times Books, 1987.

② Seagrave Stephen. *The Marcos Dynasty*. New York: Harper&Row Publishers, 1988.

③ John Bresnan. *Crisis in the Philippines*: *the Marcos Era and Beyond*. Princeton: Princeton University Press, 1986.

④ E. San Juan. *Crisis in the Philippines*: *the Making of a Revolution*. South Hadley, MA: Bergin & Garvey, 1986.

⑤ Thompson Willard Scott. *Unequal Partners*: *Philippine and Thai Relations with the United States*, 1965 – 1975. Lexington MA: Lexington Books, 1975.

⑥ Robert M. Blackburn. *Mercenaries and Lyndon Johnson's "More Flags"*: *the Hiring of Korean, Filipino, and Thai Soldiers in the Vietnam War*. Jefferson: McFarland, 1994.

些盟国军队都是因利而聚的雇佣军而已。

除了上述著作外,笔者还参考了其他数十部菲美关系研究的成果。这些著作大多是在20世纪90年代之前完成,虽然很多学者在美、菲各地的档案馆和研究机构收集了大量档案资料,但是在当时官方档案尚未全面开放的前提下,资料的收集难成系统。进入21世纪以来,美国方面陆续开放了20世纪六七十年代关于菲律宾的外交档案,然而有意思的是美国学界对于美菲关系的研究并没有因为档案的开放而再次兴起,反而由于冷战的结束以及20世纪90年代初美军基地离开菲律宾,美国学界对于美菲关系的研究兴趣并不大,相关研究成果无论是在数量还是质量上都出现大幅度下降。因此,近十几年并无重要著作利用这批新开放的档案来梳理两国关系,尤其是对越南战争升级至马科斯建立独裁政权这一重要转折时期少有研究。随着近年来美国重新在亚太地区进行战略部署,菲美关系必将再次成为学术界关注的焦点。因此,在前人成果和收集最新档案的基础上,把1962—1972年的菲美双边关系作为本书的研究对象,有重要的学术和现实意义。

国内关于二战后菲美关系的著述大多是在美国亚太冷战政策研究中简单提及,目前有重要参考价值的作品并不多。

陈烈甫的《菲律宾对外关系》①和金应熙主编的《菲律宾史》②是较早系统介绍菲律宾政治、经济和外交的学术专著,目前仍是菲律宾研究必备的入门作品。由于成书时间早且当时外交档案尚未解密,所用材料主要是二手资料。陈烈甫在论述美国与马科斯军事管制关系时,提出是美国政府的决策推动了马科斯实施军事管制法,但是由于缺少解密档案,因此审慎地表示这仅是作者的一种推测。金应熙则在其著作中指出,要彻底弄清楚美国在马科斯实施军管法中的作用,应等待开放有关档案材料以后才能下结论。

---

① 陈烈甫:《菲律宾对外关系》,台湾正中书局,1977年。
② 金应熙主编:《菲律宾史》,河南大学出版社,1988年。

如今这个时间点终于到来,上述两部作品对于史实细节严谨求证的态度也为本书的写作提供了启发。

邹志明的博士论文《战后美菲同盟的形成与演变研究,1946—1975》①从冷战大背景的角度追溯了美菲同盟在外交领域的发展轨迹。全文强调菲律宾角度的对外政策和对美政策的演变,重视冷战重大历史事件对两国同盟关系和双边外交政策互动的影响,最后揭示美菲冷战同盟的特点和实质。该论文是近年来国内为数不多考察菲美关系的研究成果,但是却在一手档案掌握方面尚存遗憾。虽然目前国内东南亚冷战研究的资料收藏情况仍然处于初步阶段,档案收集颇有困难,但是该文仍然存在过于依赖二手资料的问题,一些在国内已经可以获取的关键档案并未涉及。例如该文所用档案仅限1945—1963年的《美国对外关系文件集》(FRUS)。事实上,美国国务院已分别在2000年、2006年和2011年公开《美国对外关系文件集》1964—1968年、1969—1972年、1973—1976年的东南亚菲律宾分档,并提供在线阅读和下载。至于近十年推动国内冷战研究的《解密后的数字化美国国家安全档案》(DNSA)和近年的《美国政府解密文件参考系统》(DDRS),这些资料库也收集了大量新解密且《美国对外关系文件集》并未收录的美菲关系档案,该文也尚未参考。如果能在完善的一手档案基础上研究美菲在冷战时期长跨度的同盟关系,必然能使该作在学术价值和现实价值方面更上一层楼。

崔翠翠的博士论文《美国对菲律宾的援助研究(1945—1968)》②以冷战时期美国对菲律宾开展的经济和军事援助为线索,结合冷战国际政治背景分析美国对菲援助政策的变化及其背后美国外交政策、外援政策变迁的深层次原因。该文也是把《美国对外关系文件集》作为主要一手文献参考资

---

① 邹志明:《战后美菲同盟的形成与演变研究,1946 1975》,华中师范大学博士学位论文,2013年。

② 崔翠翠:《美国对菲律宾的援助研究(1945—1968)》,山东师范大学博士学位论文,2020年。

料,在原始档案的收集上略显不够完整。

此外,还有几篇硕士论文对马科斯政府时期菲美关系做了有益的探索,包括湖南师范大学万艳玲的《论马科斯时期的菲美军事基地问题》、吉林大学时羽卓的《马科斯时期的菲美关系演变1965—1986》等。① 前者把军事基地这一菲美同盟中的核心议题作为整个马科斯统治时期两国关系的主线,后者已经开始利用少量《解密后的数字化美国国家安全档案》文件作为研究基础。但是硕士论文毕竟限于篇幅和资料收集,尚待进一步完善和扩充。

二、研究意义、研究思路和方法

随着新冷战史研究的视角日益全面,国内外学者对冷战时期国际关系的关注已经逐渐从大国角力转移至冷战的边缘地区,越来越多的"大国－小国"双边关系甚至三边关系研究的案例大量涌现。由于近二十多年美国方面的档案解密工作最为系统,关于美国与其他国家关系的研究成果也最为丰富。通过大量的个案研究,由点及面成为一个完整的网络,美国在冷战时期的盟国政策选择以及"大国－小国"关系的范式会越来越清晰。

在上述美国与第三世界盟国双边关系的研究中,有一种具有普遍性的研究对象越来越受到新冷战史的关注,即当此第三世界盟国政府是独裁政权时,在冷战中标榜"民主自由"的美国政府如何处理与此独裁政权的关系。近年来,美国与第三世界"友好的独裁政权"关系的研究案例已经积累到可

---

① 相关的硕士论文包括万艳玲:《论马科斯时期的菲美军事基地问题》,湖南师范大学硕士学位论文,2004年;时羽卓:《马科斯时期的菲美关系演变1965—1986》,吉林大学硕士学位论文,2007年;汪春杰:《冷战初期美国对菲律宾的干涉》,陕西师范大学硕士学位论文,2007年;韩君:《美国对菲律宾政策的演变1946—1960》,暨南大学硕士学位论文,2008年。

观的程度。① 道格拉斯·麦克唐纳在其著作《混乱中的冒险——美国对第三世界改革的干预》中分析冷战时期美国对盟国独裁政权的政策反复摇摆于"全力支持"和"干预改革"之间。一般来讲,这些独裁政权往往存在着难以解决的政治制度缺陷或者社会结构矛盾。美国的一种选择是绝对支持这些"有所缺陷"但是对美友好的独裁政权,从而协助美国镇压他们共同的敌人,如共产主义者和极端民族主义者;另一种选择是迫使独裁政权进行痛苦的民主改革,甚至抛弃之。最极端的情况是,该盟国的独裁政府正好处于崩溃的边缘,这种选择困境的难度就会更加被放大。冷战时期美国的对外政策文件中常常提及三个互相关联、互相竞争的考量因素:安全利益、经济利益和意识形态目标。换言之,美国在面对"友好的独裁政权"时,其更具现实主义的安全和经济利益同更空泛的意识形态目标之间往往难以调和,这种美国对外关系中"国家现实利益"与"意识形态"无法兼顾的决策困境始终贯穿于整个冷战时期。事实上,诸多研究成果证明美国政府的选择并非是一成不变的,而是取决于时空环境中的各种变量因素,包括美国和盟国国内的政治变化以及全球和本地区的冷战态势。以马科斯独裁政权为例,美国在20世纪70年代中期和80年代中期对马科斯政权采取了截然不同的应对之策。本书的研究尽量以此为思路,尤其考察美国应对马科斯军事管制所采取政策的各种变量因素。

　　菲律宾作为美国在东南亚的主要盟国,在越南战争前后无疑在美国亚太冷战战略中占据一席之地,本书选择1962—1972年菲美关系作为研究对象,不仅是冷战中"大国－小国"关系范式研究的重要一例,也是美国处理与

---

① 例如 Frank R. Roach, Benevolent Meddling: the Uinited States' Involvment in the 1986 Overthrow of Ferdinand Marcos, Ph. D., California State University, 2000; Douglas J. Macdonald, *Adventure in Chaos: American Intervention for Reform in the Third World*, Cambridge: Harvard University Press, 1992; Odd Arne Westad. *The Global War*. Cambridge: Harvard University Press, 2005; Christopher C. Shoemaker, *Patron-Client State Relationships: Multilateral Crisis in the Nuclear Age*. New York: Praeger, 1984; 陈波:《冷战同盟及其困境——李承晚时期美韩同盟关系研究》,上海人民出版社,2008年,等等。

盟国独裁政权关系具有普遍性的标本范例。

除了普遍性以外，菲律宾在美国与盟国关系的研究中有其特殊性。不同于美国其他亚太地区的"非民主"盟友，由于菲美在政治、经济、军事和文化等领域的特殊关系，菲律宾群岛自20世纪30年代开始就在美国的指导下尝试美式民主制度，冷战时期更是美国在亚太地区打造的"民主橱窗"。研究1962—1972年的菲美关系，并不是仅仅简单考察美国如何制定对"友好的独裁政权"的政策，更有意思的是观察美国如何面对一个具有美式民主政治传统且与美国存在特殊历史关系的盟国逐渐滑向军事独裁，而美国在这个过程中究竟采取何种态度、又扮演了何种角色？就考察美国所面临的对外政策选择困境而言，把一个处于剧烈变革且走向独裁的同盟政权作为研究对象，要比研究一个一直处于独裁状态中的盟国的观察视角更丰富。菲美之间千丝万缕的特殊关系，也为研究双边关系变化以及美国政策选择拓展了空间。因此，菲美特殊关系也是美国对菲政策，尤其是对马科斯军事管制政策考量中值得注意的一个特殊变量。

除了为"大国－小国"及"美国－独裁盟友"关系的研究添砖加瓦以外，本书研究的另一学术意义在于资料收集方面相对全面，尤其是注重近期开放的最新一手档案，部分2011年后解密的美国档案和菲律宾方面的一手资料是首次利用于菲美关系研究中。另外，本书针对研究时段中前人着力不深的部分，利用丰富的档案材料做了较大的史实补充和完善。因此，本书在篇幅结构上对以下两块内容有所倾斜：一是1964—1966年关于援越问题菲美拉锯式的谈判过程，二是1970—1972年菲律宾走向军事管制前夕菲美政策互动。这两个问题无疑是菲美关系研究中的重要内容，但是前人研究囿于资料匮乏尚未做深入考证。

研究菲美关系的历史无疑对理解当今美国印太战略具有重要现实意义。继1998年双方签订《访问部队协定》，允许美国每年向菲律宾军事基地派遣数百名军事顾问人员后，2014年4月28日时任美国总统奥巴马访问马尼拉期间双方又签订了十年期的《加强国防合作协议》,授权美国有限度使用菲律宾军事基地,扩大美国在菲律宾的军事存在。这一军事协议对南海周边局势产生了重要影响,尤其对于煽动当时的阿基诺政府操弄所谓的"南海仲裁案"起到了推波助澜的作用。同时,我们应该注意到菲律宾民族主义力量已经对此有所回应,尤其是杜特尔特总统执政后《访问部队协定》的存废出现了多次反复。2016 年杜特尔特上任伊始就多次提出《访问部队协定》侵犯了菲律宾主权和人民尊严,并在 2020 年 2 月叫停了该协定,2021 年 7 月双方又恢复了该军事协定,反复拉锯的背后是国家利益最大化的考量。无论近年菲美推动双边军事合作,还是菲律宾国内发起的反对美国军事存在侵犯菲律宾主权的运动,都有其深厚的历史根源。毕竟,重回历史现场挖掘细节是判断未来周边国际局势走向的必要工作。

国际学术界对于"大国 - 盟国"关系的研究视角非常丰富,而且研究视角处于不断更新的过程之中。早期冷战研究学者大多关注大国国际关系,或者国际体系以及重大事务对于"大国 - 盟国"关系的影响,这种研究视角是以大国为出发点的。学者们并非有意忽略小国内部局势发展及其主观能动性,而是限于当时资料匮乏和研究手段的不足而不得不如此。如果从大国地区冷战政策的角度出发,菲律宾最多只是美国东南亚政策或者越战政策的一个后勤支点,菲美关系不可能脱离美国的地区政策。换而言之,如果从这一视角研究菲美关系,着力点更多在于越南战场、美中关系甚至美日关系,菲律宾国内的政治经济发展对于全局的进程并无太大影响,似乎也无必要探究事件背后复杂烦琐的细节内容。例如,美国的越战政策决定了菲律宾作为盟国中的弱势方必然追随美国参战。但是这种研究视角极易让研究者忽视菲律宾参战背后跌宕起伏的双边谈判过程,也容易忽视菲律宾社会在越战中经历的细微变化,遑论谈判本身对菲律宾政治进程造成的间接影响。因此,如果单从大国角度来看,其结论多半是大国出于维护其冷战安全战略利益的需要,从而制定单边对外政策。如果我们由此考察马科斯发动军事管制这一菲律宾重大历史事件,结论很可能就变成了美国为了后越战时代东南亚各国国内安全战略以及维护美国利益,主动扶植马科斯独裁政权作为其反共的傀儡。那么马科斯政权走向独裁的背后,马科斯集团的主动性、菲律宾社会结构矛盾的长期积累、民族主义和特殊关系相互交织等这些"小国"内部因素很容易被抹杀,难以综合全面看待历史进程的发展。

随着20世纪90年代冷战资料大规模开放,很多学者开始从小国角度来看"大国－盟国"关系,比较典型的视角是盟国如何利用冷战两极的矛盾左右逢源,争取本国利益的最大化,这是一个相对新颖的研究视角。但是如果研究中出现矫枉过正的情况,很可能把小国的主动性故意放大,并得出"大国－盟国"同盟关系弱化、大国冷战战略处处受限等偏颇的结论。如果用这一视角来看马科斯政府的"新发展外交"与社会主义阵营的交往,研究者可能将其总结为菲律宾主动弱化同盟关系,并强调菲律宾国内政治经济和民族主义发展的影响力。事实上,这种观点忽略了在当时尼克松主义的大背景下,美国有意用"模糊"的态度来看待这一变化,不反对甚至鼓励亚太地区的盟国先于美国与中国建交,为美国的对华外交政策转变造势。因此,如果单从小国的某些看似激进的举动就判断同盟关系已经产生质变就会走向另一个极端。

因此,如何把握"国际性"和"本地性"因素之间的平衡是冷战中"大国－盟国"关系研究的一个难点。因此,内因和外因多层面结合并双向互动是本书研究的主要思路。美国冷战史专家文安立提出:"新冷战史在本质上以多边档案为研究基础,以多元视角为分析框架,在某些具体研究中,研究者能够以多元文化的优势理解彼此不同甚至相互冲突的观念。"①因此,本书在事件展开中会尽量避免学界耳熟能详的大国地区战略(大背景战略是历史事

---

① Odd Arne Westad, ed. *Reviewing the Cold War*: *Approaches*, *Interpretations*, *Theory*. London: Frank Cass Publishers, 2000. p. 5.

件的舞台,要做适当交代),但是也避免仅仅从小国角度简单考虑问题,而是从现有的双边资料中尽可能挖掘细节,以多元视角理解问题。在双边互动的视角下,任何历史事件都非大国冷战战略或者小国利益驱动非此即彼的单项选择,而是由全球历史背景、地区体系、小国内部政治、经济和文化等因素共同作用的结果。如果从这个角度考虑马科斯的军事独裁,就不能简单理解为美国战略的必然产物或新殖民主义的恶果,也不能简单解释为这是马科斯个人玩弄权术所致,还要全盘考虑菲律宾民主政治特点、民族主义身份认同以及特殊关系发展阶段等诸多因素。

本书对菲美两国关系中双边政策的变动,还注重"背景—政策制定过程—执行情况—对方政策回应—政策调整"这一考察模式。政策从制定到调整的过程充满变量,不断调整妥协才是常态,各种变动中的细节因素都可能对全局产生重大的"蝴蝶效应"。此外,国际关系中存在体系、地区、国家、组织、个人等诸多不同层次的影响因素,在不同的案例和背景情况下,难以武断地认为哪一个因素就是两国关系中最重要的决定因素。基于上述原因,本书在收集资料的过程中不仅注重传统的美国国务院或者美国国家安全委员会的政策文件,也把精力用于扩充菲美两国报纸、美国国会外交委员会听证会的辩论过程、军方报告、菲美两国当事人的回忆录、口述史和日记等一手材料。这些材料的细节能够尽量还原双方的总统、国会、反对党派、军方、使馆以及商会等各个组织或个人在事件中的立场、态度和回应,同时结合双方政策相互调适的全过程,从史实细节中解读两国关系的变迁。例如 20 世纪 60 年代末美国政府在出台裁撤驻菲军队时的政策制定过程,以及背后美国内部各个部门、美菲之间的分歧与妥协,可以与近期美国在伊拉克、阿富汗等地的撤军过程进行对比,这将是一个有意识的观察角度。

在写作思路方面,本书还尽量把菲律宾的特殊性纳入研究视野中,主要体现在以下两个方面:

第一,区别于其他美国在亚太地区的盟国,菲律宾曾经是美国的殖民地,特殊关系的存在是不可否认的事实,也是不能忽视的关键因素之一。特殊关系不仅仅是冷战时期两国政治、安全、经济互动的结果,也是情感的体现。民族情感看似难以界定和把握,绝大部分研究美国与盟国关系的著作少有涉及此点,但是事实上菲美战后特殊关系与民族主义交织的复杂情感,对近几十年来菲律宾历史的发展进程一直保持着重要影响,即使在今天这种情感效应仍然发挥着作用。

第二,除了综合"大国"和"小国"双边研究角度以外,本书也注重从菲律宾内部政治结构的变化来看待菲美关系发展。文安立提出"四维互动"理论来考察苏美冲突以及受其影响的小国内部矛盾,从国际和本土两个层面辩证把握冷战与第三世界国家国内左派革命的互动关系。这个理论如果放在菲律宾稍有不同,菲律宾国内主要政治力量在一定程度上都有亲美的传统,其国内的左派力量即使在鼎盛时也不构成"四维"中的一极。菲律宾本土的"胡克运动"早在20世纪50年代就已土崩瓦解,1968年成立的"新人民军"在马科斯独裁之前只是政府宣传的"纸面革命",反而经常被马科斯政府故意夸大以实现其政治野心。菲律宾的特点是本土斗争的各方都在争取美国的支持,即使民族主义在军事管制前夕一度成为菲律宾社会的主流思潮,仍然存在先天的软弱性和两面性,更多时候甚至表现出不成熟的冲动。因此,菲美关系的考察应该是建立在"三维互动"的基础之上,即马科斯政权、反马科斯力量和美国。本书亦注重菲律宾国内各派力量在事件中的博弈互动,并考证这种内部变动对菲美关系产生何种影响。

除了适当的国际关系理论以外,国际关系史研究的核心在于全面的档案文本分析。冷战国际关系史研究的发展是建立在一手档案资料收集的基础之上的,因此本书研究也把资料的整理和最新档案的收集作为努力的主要方向。写作所依据的所有史料力求追溯至原始文本,尽力保持史料的翔实与完整,并不满足于二手资料等间接材料,尽可能为后续研究提供线索和帮助。笔者认为有必要专门列出已经收集到的一手档案,尤其是介绍在国内可以获得的资料,希望对以后国内菲美关系或者其他地区的冷战研究有所帮助。由于篇幅所限,大量研究菲律宾问题和菲美关系问题的二手著作未在研究现状中介绍,仅罗列在文后参考文献中。

这里分美、菲两部分介绍:

一是美国部分:

1995—2011 年,美国国务院陆续公开了《美国对外关系文件集》1961—1976 年东南亚部分,菲律宾文件在每册单独列出。长期以来《美国对外关系文件集》一直是冷战国际关系研究的基础资料,所有文件在美国国务院主页提供在线阅读和下载,包括:①FRUS,1961－1963,Volume ⅩⅩⅫ,Southeast Asia,Philippines(Documents 350－395);②FRUS,1964－1968,Volume ⅩⅩⅥ,Indonesia,Malaysia-Singapore,Philippines(Documents 294－374);③FRUS,1969－1976,Volume ⅩⅩ,Southeast Asia,1969－1972,Philippines(Documents 266－332);④FRUS,1969－1976,Volume E－12,Documents on East and Southeast Asia,1973－1976,Chapter Ⅸ:Philippines(Documents 314－362)。

近十年来《解密后的数字化美国国家安全档案》成为推动冷战研究的新助力。《解密后的数字化美国国家安全档案》数据库有关菲律宾的文件共有3703 份,不仅包括系列政策文件,还有大量情报部门、美国驻菲律宾使领馆、军事部门等提交的分析报告,内容非常丰富。数据库中的子库《菲律宾:马科斯时代的美国政策,1965—1986》关于菲美援越谈判和马科斯独裁前夕双边互动的资料尤其翔实,是本书写作的主要资料来源。

另外一套重要的档案数据库是《美国政府解密文件参考系统》。该系统补充了大量《美国对外关系文件集》和《解密后的数字化美国国家安全档案》尚未收录的解密档案,是目前最有学术价值的新资料源。《美国政府解密文件参考系统》数据库有关菲律宾的文件共有 736 份,主要集中在 1964—1968年约翰逊政府时期,为本书考察双边援越谈判问题补充了大量之前未见的档案,也是本书重要的资料来源。

　　肯尼迪、约翰逊和尼克松等总统图书馆网上在线资料提供总统公开文件集、日志和部分会议记录,尤其是包括美国驻菲律宾大使威廉·史蒂文森(1962年2月—1964年6月)和亨利·白瑞德(1969年8月—1973年5月)的口述史采访记录,是政府档案之外不可多得的宝贵材料。此外,尼克松图书馆还提供所有尼克松时期的对菲《国家安全研究备忘录》(NSSM)和《国家安全研究决策备忘录》(NSDM)。

　　美国众议院对外事务委员会亚太分会和美国参议院对外关系委员会亚太分会,在本书研究时段期间召开过多次对菲关系听证会。这些听证会会议记录登载了国务院菲律宾事务办公室、驻马尼拉大使馆和军事基地当局提供的翔实背景报告。听证会辩论过程体现了外交部门、国会、军方和国务院在对菲事务上的各自观点和分歧,是分析比较美国内部各部门对外政策异同的重要资料。其中,1962—1964年美国对菲战争赔偿系列听证会和1969年的参议院《赛明顿报告》为本书提供了重要信息。听证会材料影印版来自美国北伊利诺伊大学图书馆政府出版物典藏库;Hathi Trust数字图书馆网站登载部分国会听证会会议记录电子版全文,关于亚太部分的数据化已经相当可观,在国内可以直接下载阅读,目前国内冷战问题研究还少有利用此便利条件。

　　美国《国防部五角大楼文件》(The Pentagon Papers)、《国务院公告》(Department of State Bulletin)、《国会记录》(Congressional Records)、中央情报局文件电子数据库、美国国家档案与文件局档案数据库等政府资料源关于菲美关系的重要档案不多,可以用作补充材料。国防部的五角大楼文件集在国内很多大学图书馆有藏,国务院、国会、中情局和档案局的文件部分可以通过网络在线阅读。

　　得克萨斯理工大学越战研究中心网站提供的在线越战档案数据库(原康奈尔大学东南亚研究中心越南数据库)是目前全球最全的,其中包括"第三国参加越南战争分库",由部分政府档案和各国报刊资料辑录组成。如果研究菲律宾或者其他美国盟国参加越战问题,此数据库提供的资料下载颇有裨益。

报刊是冷战国际关系史研究不可或缺的资料来源,但是利用报刊数据库也存在阅读量过大的难点。报刊资料用作官方档案之外的补充材料,可以对比媒体观点与官方政策之间的异同。笔者所利用的美国报刊主要是20世纪六七十年代的部分《纽约时报》和《华盛顿邮报》。

除了上述材料以外,还有几种美国官方档案数据库尚待后续研究挖掘利用,例如 The John F. Kennedy National Security Files, Asia and the Pacific: National Security Files, 1961 – 1963; The Lyndon B. Johnson National Security Files, Asia and the Pacific: National Security Files, 1963 – 1969; The Richard M. Nixon National Security Files, Asia and the Pacific: National Security Files, 1969 – 1974。肯尼迪、约翰逊和尼克松三届政府的国家安全文件是美国越战及东南亚政策的主要官方记录,亦分别包含菲律宾子库。国内外很多研究机构都收藏有总统国家安全文件数据库缩微胶卷,是《解密后的数据化美国国家安全档案》数据库的主要资料来源,其中收录档案只占其少部分。但是由于与《解密后的数据化美国国家安全档案》存在重复且数据库过于庞大,本书尚未系统利用。此外,类似的数据库还包括《国务院中央机密文件——菲律宾》和《国务院特别机密文件——东南亚,1944—1966》(Confidential U. S. State Department Central Files: Asian Studies, Republic of the Philippines; Confidential U. S. State Department Special Files, Southeast Asia, 1944 – 1966)。(《美国对外关系文件集》亦从国务院机密文件整理而来,只占其极小部分,同样由于存在重复和缩微胶卷资料过于庞大的原因,本书没有能够系统利用。)

二是菲律宾部分:

新冷战研究提倡在研究冷战时期"大国 – 盟国"关系时注重小国方面的一手资料收集,以填补过去过于依赖一方材料的不足。目前,菲律宾方面的官方档案仍未正式解密,部分美菲学者通过私人途径获得一些菲方档案,在前文所述学术界研究成果中已经有所运用,但是尚未系统化。这里介绍笔者收集到的一些菲律宾方面较为特别的一手资料。

1986 年马科斯在"二月革命"中匆忙逃出马拉坎南宫,其私人日记手稿被留在了总统府内。日记手稿随后被菲律宾新政府在总统府密室中意外发现,至今仍未正式对外解密。但是美国学者威廉·伦佩尔(William C. Rempel)通过私人渠道获得了部分日记手稿资料,并将部分内容用于其 1993 年出版的著作中(William C. Rempel. *Delusions of a Dictator*: *Mind of Marcos as Revealed in His Secret Diaries*. Little, Brown & Company, 1993)。之后,菲律宾的学术机构加大了对马科斯日记和其他菲律宾重要历史人物日记的整理工作。近年来,独立学术机构陆续公布了 1970—1972 年马科斯日记的绝大部分手稿(The Philippine Diary Project 提供大量菲律宾重要历史人物的私人日记手稿)。1970—1972 年正是马科斯筹备军事独裁统治的重要时期,马科斯在日记中吐露了许多与其在公开场合言行不同的真实想法。日记多处表露了马科斯对军事管制、菲美关系、国内政敌、美国政府、尼克松本人的看法。目前,在菲律宾官方档案难以获得的情况下,马科斯日记无疑是至关重要的菲律宾一手资料。本书在相关章节中,尽量提供马科斯日记内容,与美方同时期档案对照使用。

菲律宾国务院的《官方公报》(Official Gazette of the Republic of the Philippines)提供 1946 年至今的总统讲话、行政命令、法律文件、国会议案等丰富的资料,所有资料都可以在线阅读,是目前菲律宾公开官方档案的主要来源。

菲律宾主要人物的传记、回忆录、口述史和演讲集也是菲律宾资料的重要组成部分。例如菲律宾著名外交家卡洛斯·罗慕洛的传记《罗慕洛的读者》、罗慕洛夫人贝丝·罗慕洛的《菲律宾的总统们:罗慕洛回忆录》、马卡帕加尔总统著述的《菲律宾的民主》、马卡帕加尔演讲集《马卡帕加尔总统的演讲与声明》及他关于外交政策的演讲集《菲律宾转向东方》、马卡帕加尔的自传《大厦的一块基石：一个总统的回忆录》、马科斯总统的传记《为了胜利的每一滴眼泪：马科斯总统的故事》、马科斯演讲集以及他大量关于菲律宾政治改革的著述等。[①]

菲律宾的媒体报刊是观察菲律宾社会思想、民族主义运动、大众对美情感以及重大事件详细经过的重要资料。本书系统利用的菲律宾报纸主要是1961—1972 年[②]的英文报纸《菲律宾自由新闻报》《马尼拉时报》和《马尼拉纪事报》。

三、本书的框架结构

本书以现有菲美关系研究文献为起点，以菲美两国已经解密的最新一手档案为史料，着重从菲律宾国内局势发展和美国的地区及国别政策变化这两条线索，以菲美关系十余年间重大历史事件为切入点，来考察菲美关系

---

① 上述著作分别是 Carlos P. Romulo. *The Romulo Reader*. Makati City, Philippines：Bookmark, 1998；Beth Day Romulo. *The Philippines Presidents：Memoirs of Carlos P. Romulo*. Quezon City：New Day Publishers, 1988；Macapagal Diosdado. *Democracy in the Philippines*. Downsville, Ontario：R. J. Cusipag, 1976；Macapagal Diosdado. *Speeches and Statements of President Diosdado Macapagal*. Manila：Bureau of Print, 1962；Macapagal Diosdado. *The Philippines Turns East*. Quezon City：Mac Publishing House, 1966；Macapagal Diosdado. *A Stone for the Edifice：Memoirs of a President*. Quezon City：Mac Publishing House, 1968；马科斯的传记、演讲集及政论代表著作包括 Hartzell Spence. *For Every Tear a Victory：The Story of Ferdinand E. Marcos*. New York：McGraw-Hill, 1964；Ferdinand E. Marcos. *Marcos Reader：Selected Essays and Speeches*. Manila：Office of Media Affairs, Republic of the Philippines, 1982；Ferdinand E. Marcos. *A Collection of Speeches of President Ferdinand E. Marcos*. Manila, Bureau of Print, 1970；Ferdinand E. Marcos. *Today's Revolution：Democracy*. Manila, 1971；Ferdinand E. Marcos. *The Democratic Revolution in the Philippines*. Englewood Cliffs：Prentice-Hall International, 1979；Ferdinand E. Marcos. *Revolution from the Center：How the Philippines is Using Martial Law to Build a New Society*. Hong Kong：Raya Books, 1978；Ferdinand E. Marcos. *The Philippines Stake in Vietnam*. Manila：Research & Special Projects/Malacanang Press Office, 1966；Ferdinand E. Marcos. *Notes on the New Society of the Philippines*. Manila：Marcos Foundation, 1974 等。

② 1972 年 9 月 23 日马科斯发动军事管制后，菲律宾报纸全部停刊。

的变动轨迹。菲律宾独立伊始,菲律宾与美国之间形成了不对等的特殊关系。战后很长一段时间菲律宾社会都存在强烈的亲美和对美依赖情绪,而美国则以特殊关系为幌子,从政治、经济、军事和外交等方面牢牢控制着菲律宾。进入20世纪60年代,菲律宾民族主义开始逐渐登上历史舞台,加之东南亚地区冷战局势升级,1962—1972年菲美关系经历了战后变动最为激烈的一段时期。

绪论部分回顾了冷战时期菲美关系研究的学术史,阐明了文章的问题意识、研究意义及研究思路和方法,并介绍了关于冷战时期菲美关系研究现有的一手档案和材料,为学术界后续相关研究提供信息,并对正文部分的主体内容进行了概况总结。

第一章以20世纪60年代以前菲美特殊关系的实质和菲律宾民族主义发展状况为背景,从菲美战争损失赔偿纠纷、马卡帕加尔民族主义外交和军事基地司法权争论为切入点,论述了1962—1964年马卡帕加尔政府时期菲律宾民族主义发展及对菲美特殊关系的影响。1962—1964年的菲美关系处于特殊关系和民族主义交织的胶着状态:一方面方兴未艾的民族主义思潮冲击着两国传统的特殊关系,但是尚未达到质变的程度;另一方面,根深蒂固的特殊关系又反过来规制民族主义发展的轨道和界限。菲美两国都意识到"去特殊化"是两国关系正常发展的未来趋势,在一系列外交摩擦中相互妥协是最常见的结局。

第二、三章的内容是越南战争升级和约翰逊政府的"更多旗帜"计划对菲美关系的发展历程造成了重大影响,双方的"去特殊化"政策被打断。菲美两国政府围绕菲律宾民事行动小组赴越参战的相关细节展开了长达两年半的拉锯式谈判。马卡帕加尔时期援越议案的失败是菲律宾民族主义发展和国内政治形态双重作用的结果。但是随着马科斯上台执政,马科斯利用约翰逊政府急于推动盟国表态支持美国越战政策,在谈判过程中充分主导事态进展,在短期内扭转了菲美关系中"美强菲弱"的局面。

第四章是菲美两国关于援越问题的延续。马科斯不愿意为"更多旗帜"计划承担更多的政治风险,在捞取足够的美国报酬后决心淡化援越问题。尤其是随着约翰逊越战政策调整、科雷吉多尔事件爆发以及《赛明顿报告》的发布,马科斯敏锐地察觉到可能的风险,从而于1969年突然撤回菲律宾民事行动小组。作为双边关系中弱小的一方,菲律宾和马科斯本人成功地用最小的代价换取了最大的利益回报。

第五章关注的是尼克松主义出台后菲美双边政策调整的重要过渡时期。在反越战反美运动的刺激下,加之菲律宾社会危机的爆发,20世纪60年代末至70年代初菲律宾民族主义运动迎来新一轮发展。尼克松主义的亚太新政加快了美国对菲政策的调整,在经济特权、基地规模和国内安全等方面降低姿态,重启"去特殊化"进程,避免刺激菲律宾民族主义。在菲律宾国内民族主义和美国尼克松主义的双重影响下,马科斯政府发起新一轮民族主义外交改革运动,包括重修菲美条约、发展东南亚地区主义和改善与社会主义阵营国家关系。马科斯的外交改革虽然使菲律宾的独立自主外交有了显著的进步,但是仍然是美国冷战大战略下尼克松主义的正常外延。

第六章是本书的核心章节。20世纪70年代初菲律宾严重的社会危机已经发展到不可调和的地步,同时民族主义运动也在这一时期达到顶峰。马科斯利用菲律宾国内混乱的政治局势,加之尼克松主义对菲政策调整,推动菲律宾从民主体制走向军事管制。在菲律宾社会面临崩溃、民族主义对美国经济和安全利益构成威胁等新变量下,美国人意识到在菲律宾已经难以同时取得安全利益、经济利益和意识形态目标。尼克松政府最终接受了马科斯的军事管制,承认菲律宾"民主橱窗"坍塌的事实,换取马科斯政权继续维护美国在菲军事基地和贸易投资两大核心利益。马科斯军事独裁政权的建立,标志着菲美特殊关系走到尽头,菲美关系进入一个新的时代。

结尾部分是正文线索和脉络的梳理,归纳了1962—1972年菲美特殊关系变化的轨迹。

第一章　菲美特殊关系和菲律宾民族主义的兴起

第一节　冷战初期的菲美特殊关系

　　1946 年 7 月 4 日,在美国人庆祝二战后第一个独立日的同时,美国同时宣告根据《泰丁斯－麦克杜菲法案》①,其在太平洋西岸的殖民地菲律宾获得独立地位,菲律宾共和国成立。与同时期正在为争取国家独立而从事反殖民战争的东南亚邻国印度尼西亚、越南不同,菲律宾的独立过程并未经历剧烈的民族主义革命,也没有经历与前宗主国迅猛脱钩的社会经济运动。独立后的很长一段时间菲律宾社会仍然存在强烈的亲美和对美依赖情绪,这种全社会共同的情感倾向是殖民历史的惯性所致,很大程度上影响了战后菲律宾政府的对美政策,这种由上至下的情感情绪奠定了冷战时期菲美特殊关系的主基调,甚至在进入 21 世纪以后仍然是菲美双边关系中不可忽视的一个重要因素。

　　但是在仔细观察冷战初期的所谓菲美特殊关系时,会发现二战后菲美之间的特殊关系不是对称的,菲律宾社会对美国单方面的特殊情感并没有

---

　　①　1934 年美国国会通过了由参议员泰丁斯(Millard Evelyn Tydings)和众议员麦克杜菲(John McDuffie)提交的菲律宾独立法案,规定美国允许菲律宾获得自治地位,并且在 10 年后获得正式独立,由于第二次世界大战期间菲律宾被日本占领,菲律宾实际独立时间延后至战后的 1946 年。

引起美国社会的共鸣。国家实力悬殊和利益分歧决定了美国极易忽视菲律宾社会的利益诉求和国家尊严。在美国方面看来,菲美特殊关系与其他亚太盟国之间的特殊关系并无不同,都只是其冷战战略的一环。

因此,回溯战后菲美特殊关系应该从两个角度出发:其一,菲律宾视角下特殊关系的特点和变化过程;其二,美国视角下的特殊关系实质上是美国在菲新殖民主义政策的代名词,是为其单方面地区冷战利益服务的。两个视角会清晰地展示菲美特殊关系全然不同的两个故事。

一、美国之子——菲律宾视角下的特殊关系

随着 20 世纪初美国吞并菲律宾,美国在菲律宾实行了一系列较为开明的殖民政策:殖民当局在菲律宾兴建了大量基础建设工程和农业灌溉设施;建立起一整套公共免费教育体系,英语教育和美式文化渗透到菲律宾社会的各个角落,这对菲律宾民众认同美国社会价值观起到了至关重要的作用;菲律宾农产品在美国本土找到了新市场;美国政府开始有意识向菲律宾移植现代西方民主政治制度,培养菲律宾精英的公共管理能力。获得过诺贝尔文学奖的英国诗人吉卜林在 1899 年发表的《白人的责任——美国和菲律宾》一诗中,呼吁"肩负起白人的责任……教化那些激动不安的野蛮人"[1]。美国这种温和的"同化"殖民政策,在一定程度上抑制了菲律宾民族主义的发展和民族国家意识的形成,其中两个特点尤其值得探讨。

第一,菲律宾精英阶层在美国统治下得以完整保留和得到扶持。美国政策鼓励传统的土地权贵阶层向资本主义和现代精英社会转化,菲律宾传统精英的经济和政治利益诉求很大程度上得到了殖民政策的回应。作为民族主义发展的主要载体,菲律宾精英社会逐渐认同了美国价值观。曾经的

---

[1]　Poem "The White Man's Burden—United States and Philippines" by Joseph Rudyard Kipling.

独立运动领袖阿奎纳多也认为美国在菲律宾的政治改革极为成功："它给一个从前对这样的未来想都不敢想的亚洲民族带来了自由的新生。"①

亲美主义自然而然也成为菲律宾政治的"真理"，20世纪60年代菲律宾报纸的一篇社论对此评论：

> 亲美主义曾经就像菲律宾的气候一样无法变更，自然得就像夏季和雨季周而复始一样。亲美主义在菲律宾是进步、现代、活力、美好生活以及最重要的——民主的同义词。在过去很长一段时间内，这种感觉就像如果你不是亲美者，那肯定就是个法西斯分子。这种信念在精英阶层中要比普通民众更为强烈。②

第二，美国政府从一开始就迫于国内保守势力的压力主动推动菲律宾的政治独立进程。尤其是在20世纪30年代，随着世界经济危机和日本势力的崛起，美国国内的农业资本反对菲美自由贸易导致的菲农产品进入美国市场，而孤立主义政治势力担心菲律宾会把美国拖进亚太争端之中。在保守力量的要求下，1934年美国国会通过的《菲律宾独立法案》（通常也被称为《泰丁斯－麦克杜菲法案》）规定菲律宾在十年自治政府过渡期后完全独立。二战后，美国强烈支持旨在打压英法势力的去殖民化运动，菲律宾的独立被赋予了更多国际政治"大棋局"的模范含义。由于这一系列背景，在美国推动的渐进式独立政策下，菲律宾并没有像其他亚洲的西方殖民地那样经历剧烈的民族主义运动就顺利获得了政治独立。因此，菲律宾的独立并未发生强行割裂殖民纽带的运动，反而加深了菲律宾民众对美国的好感。有意思的是，美国对菲殖民政策甚至得到了宿敌胡志明的赞赏，胡志明在

---

① ［挪］文安立：《全球冷战——美苏对第三世界的干涉与当代世界的形成》，牛可等译，世界图书出版公司，2012年，第17页。

② Diplomacy's "Barefoot Boy" Comes Home, *Philippine Free Press*, June 2, 1962.

1945 年对一位美国外交官员说："如果美国是我们的殖民者,现在他们一定会同意给我们自由。"①

菲律宾民族主义在战前发展缓慢,相反全社会形成了对美国社会的情感依赖,这种好感和认同在战后很长一段时间都以惯性的形式广泛存在于菲律宾社会。菲律宾独立后的首任总统罗哈斯在其就职典礼演讲上说："我们希望与国际社会的友好国家建立互信,但是这将是一个漫长的发展过程。与此相比,我们菲律宾人更加珍视菲美之间业已存在的默契和友谊。我们是如此幸运,因为美国会保障我们的安全。因此,在我们努力建造菲律宾与世界各国的经济、外交关系基础的同时,我们在此宣誓将保持与美国的友好纽带,并将此作为我们外交政策的基石。"②

亲美情绪不仅是菲律宾政治和外交的基石,还体现在菲律宾社会生活的各个方面。例如 1964 年在马尼拉举办的一次运动会开幕典礼上,各国运动员持国旗入场时,"所有的旗帜都受到了观众的掌声致敬,但是对美国国旗的掌声是最响最久的"③,即使 20 世纪 60 年代正是菲律宾民族资本崛起、反美民族主义运动兴起之时,但是亲美情绪的惯性仍然影响巨大。美国文化也在菲律宾社会影响深远,美国制造、流行音乐和美国大学在菲律宾都备受推崇,"对于一个普通菲律宾人来说,好莱坞、纽约和华盛顿的综合就构成了他们想象中的天堂;美国英雄也就是他们的英雄"④。"即使在最为偏僻的菲律宾社区,菲律宾人对于美国政治也能侃侃而谈,而他们对美国历史的了解并不逊于美国人自己。"⑤当 20 世纪 60 年代末美国政府推行尼克松主义、

---

① Karnow, Stanley. *In Our Image*: *America's Empire in the Philippines*. New York: Random House, 1989. p. 323.

② Inaugural Address by President Manuel Roxas, May 28, 1946.

③ Diplomacy's "Barefoot Boy" Comes Home, *Philippine Free Press*, October 17, 1964.

④ Ibid., June 2, 1962.

⑤ Julian C. Madison. The United States and the Philippines, 1961—1965: Was There a "Special Relationship?" Ph. D. University of Washington, 1996. p. 10.

准备裁撤大量在菲工作人员以"降低美国姿态"时，时任美国驻菲大使对于美国在菲律宾的影响有一番精彩的总结：

> 我们应该认识到七十年来与菲律宾的亲密关系已经把我们紧紧绑在一起。无论是好或是坏的方面，美国在菲律宾的"存在"都将保留——即使所有美国官方工作人员都回家去。我们已经在这里建立起了许多根深蒂固的社会机制，包括菲律宾社会、代议制政府、资本主义私营经济以及新闻自由等；菲律宾报纸会继续开辟美国专版、登载美国漫画、报道美国球赛的比分。美国书籍、电影和产品将继续受到欢迎；每年有将近两万菲律宾人移民美国。如此种种，两国成千上万的联系纽带将继续对菲律宾内政和两国关系造成深远的影响——哪怕这个国家一个美国官方人员都没有。①

当菲律宾作为一个独立国家登上世界舞台时，不难理解菲律宾社会惯性地把菲美友好关系视为菲律宾外交的基石。1944 年 8 月，菲律宾仍然处于日军占据之下，流亡美国的菲律宾自治政府总统奎松在临终前写给美国总统罗斯福的信中说："只有瞎子才认为菲律宾和美国在战后不需要保持如战前那种亲密关系，如果不是更亲密的话。"②

独立伊始的菲律宾满目疮痍，社会经济建设完全依靠美国援助，新生的菲律宾完全在美国的指导下摸索其政治、经济和外交政策。在这种情况下，菲律宾对美国冷战政策亦步亦趋，视美国为"民主世界"对抗共产主义的旗手和领袖，直到越南战争，美国的光辉领袖形象才逐渐在菲律宾坍塌。菲美

---

① Telegram from the Embassy in the Philippines to the Department of State, April 7, 1970. FRUS, Volume XX, Southeast Asia, 1969 – 1972, Document 216.

② Karnow, Stanley. *In Our Image：America's Empire in the Philippines.* New York：Random House, 1989. p. 324.

特殊关系也被战后历届菲律宾政府视为菲律宾内政外交的立国之本。20世纪50年代的麦格赛赛总统以亲美而闻名,即使在总统竞选活动中,麦格赛赛也完全不避讳:"我知道菲律宾是美国之子,我们同属一个家庭。1946年我们独立时,我不确定菲美团结是否能够持久。但是现在这些疑问已经烟消云散,我坚信我们的团结。"①这段竞选讲话让麦格赛赛被调侃为"美国之子"(America's Boy),但是麦格赛赛并不介意甚至很喜欢其"美国之子"的外号,并处处以此为荣。

但是美国社会所理解的菲美特殊关系并无多少强烈的情感因素和历史记忆,美国政府所定义的特殊关系只是二战后一系列双边政治、经济和军事条约的抽象简称,菲律宾也只是众多冷战盟友中的一员。菲美"紧密的文化纽带"对于美国民众来说只是政府和媒体的外交辞令而已,当积极致力于"五十一州运动"的三百多万菲律宾人在战后要求菲律宾成为美国的第51州时,绝大部分的美国人对菲律宾社会一无所知:与菲律宾人从小学习美国历史文化不同的是,"很多美国人甚至无法在世界地图上找到这个美国唯一的前殖民地"②。

二、不对等关系——美国视角下特殊关系的实质

对于美国视角下菲美特殊关系的观察,则是另外一个故事。1946年7月4日,在美国独立日这一天,菲律宾主权交接仪式在马尼拉举行,菲律宾正式独立。菲律宾独立是西方殖民历史上首次主动放弃殖民地,在菲律宾呼风唤雨多年的麦克阿瑟在仪式讲话中评论:"这是人类历史单单依靠强权统

---

① Jose Velaso Abueva. *Ramon Magsaysay*: *A Political Biography*. Manila: Solidaridad Publishing House, 1971. p. 214.

② Robert Pringle. *Indonesia and the Philippines*: *American Interests in Island Southeast Asia*. New York: Columbia University Press, 1980. p. 54.

治的终结,这是一个用政治锁链奴役弱小的帝国之终结……今天,美国在这里亲手埋葬了帝国主义。"①然而无论麦克阿瑟的评论如何冠冕堂皇,真正的独立仍然只是仪式上的口号而已。事实上,美国在菲律宾建立起了一整套以特殊关系为幌子的新殖民主义体系。

(一)政治上:维护稳定的亲美政府

二战后的美国一跃成为世界强权,孤立主义失去了话语权。战后美国亚太政策发生了巨大转变,菲律宾不再是美国军事和经济上的累赘,而是其辐射东南亚的重要战略核心。为了服务于美国政治利益,一个保守亲美的新菲律宾政府在美国操控下建立起来。

在菲律宾数百年的殖民历史上,无论是西班牙、美国还是日据时期,菲律宾都存在一个强大的土地权贵阶级通过与殖民机构合作牢牢占据着统治地位。重返菲律宾的麦克阿瑟熟知菲律宾社会,在其授意下大量与日军勾结的政客免于审判并堂而皇之地控制了菲律宾新政府,权贵家族统治得以完整保留。独立后的菲律宾民主政治和政党选举工具实际上都掌握在这些权贵之手,总统选举也只是少数权贵家族之间的权力游戏。美国通过刻意维持菲律宾社会传统政治结构,制造出一个虚假的民主政治泡沫,维护其新殖民主义政治利益。1950 年的一份美国国家安全委员会文件提到,美国在菲的首要政治目标就是"维护一个稳定的亲美政府",为此美国政府不断干涉菲律宾内政甚至操纵总统选举,例如镇压"胡克运动"就是美国插手的诸多菲律宾事务中的头等大事。"胡克运动"的前身是二战期间的抗日游击武装,其成员多为贫苦农民;战后"胡克运动"因为反对美国新殖民主义政策而发动了武装起义,其左倾纲领被菲美两国政府视为共产主义颠覆。美国政

---

① Karnow,Stanley. *In Our Image: America's Empire in the Philippines.* New York: Random House, 1989. pp. 323 – 324.

府迫切需要扶持一个亲美反共而强硬的菲律宾政府以镇压胡克运动。一名美国在菲外交官员在回忆录中记载：

> 从 1945 年到 1952 年，美国政府通过援助和战后重建项目控制了菲政府各个部门，加上美国海陆空三军在众多军事基地建立的情报网络，我们对菲律宾的异见分子密切注视。1952 年，美国政府决定由空军军官兰斯代尔从事“秘密战争”。兰斯代尔受中情局委托到菲律宾帮助麦格赛赛竞选总统，除了资助他的竞选活动外，还帮他制订了镇压具有强烈反美倾向的“胡克运动”的军事计划。[1]

二战后菲律宾权贵政治成为政治改革的主要障碍。在华盛顿看来，在菲律宾进行民主改革、建立“民主橱窗”固然重要，但是与“维持稳定的亲美反共政府”这一迫切的现实目标比起来则微不足道了。如果“胡克运动”这种挑战“菲美特殊关系”的“共产主义运动”最终成功，将会“在全世界严重削弱美国的影响力……苏联将会通过菲律宾控制整个远东”[2]。战后，美国政府一再通过“秘密战争”镇压菲国内反政府组织、援建菲警察部队用于维护国内政治稳定、插手大选保证亲美政府上台，菲律宾的亲美反共政府成为美国在菲推行新殖民主义和镇压菲国内反美运动的冷战工具。

（二）经济上：建立新殖民主义依附

菲律宾在二战中遭受了严重的战争破坏，艾森豪威尔随麦克阿瑟重返

---

①　David W. Conde. *CIA—Core of the Cancer.* New Delhi：Entente, 1970. p. 126.

②　NSC84/2, 11/9/50, National Security Council Records, The Position of U. S. with Respect to the Philippines, DNSA, Presidential Directives, PD00218.

菲律宾时曾评论:"马尼拉是战时除了华沙以外全球遭受破坏最为严重的城市。"①经济重建工作在美军重返菲律宾时就被提上了议事日程,美国国会岛屿事务委员会为此召开了一系列对菲重建援助的听证会。但是重建援助从一开始就并非只是单纯的道义援助,而是与美国的战后亚太地区冷战背景下经济、政治和军事利益相联系的。

　　早在二战结束前,参议员米勒德·泰丁斯就赶赴麦克阿瑟控制下的马尼拉考察战后援建计划,战后泰丁斯向国会提交了菲律宾重建提案。泰丁斯提交重建议案,不仅仅是因为其本人与菲律宾独立进程渊源颇深而对菲律宾报以同情(泰丁斯也是1934年菲律宾独立法案的发起人),也因为他认为:"菲律宾在战前曾是美国商品出口的第六大市场,而且菲律宾经济重建将会对美国人就业意义重大,将成为美国的重要海外贸易中心。"②保罗·麦克纳特与泰丁斯观点相同,建议利用重建援助的机会重塑菲美经济特殊关系。麦克纳特是最后一任美国驻菲律宾高级特派员,也是菲律宾独立后的第一任美国驻菲大使,是战后菲美特殊关系框架的主要策划人。他对重建计划和两国经济关系的观点在美国政府中颇具代表性:

　　　　全力推进菲律宾重建工作是因为菲律宾将对美国举足轻重。如今当务之急是在整个太平洋地区建立美国商业的主导地位,而菲律宾是我们在亚洲建立美国贸易主导的跳板。然而除非我们全力以赴地重建菲律宾经济,否则菲律宾社会不可能恢复稳定,亦不复成为美国贸易的

---

　　① Remarks of Senator Millard E. Tydings: The Philippine Islands, Printed as Sen. Doc. 53, 79th Cong., 1st sess., 1945.

　　② Karnow, Stanley. *In Our Image*: *America's Empire in the Philippines*. New York: Random House, 1989. p. 333.

重要市场。①

对于华盛顿来说,菲律宾经济重建对于美国在冷战中的军事、政治利益同样意义非凡。美国军方在菲的首要目标是最大限度地利用各大军事基地,军方承认"只有在菲律宾经济体繁荣健康的基础上,菲律宾政府才能保持稳定,菲律宾人民的友谊才能成为现阶段美国政府一笔宝贵的军事财富"②。二战后,美国在菲律宾维护传统权贵统治引起了下层民众的愤怒和不满,在战时与日军密切配合的众多权贵政客不仅在美军授意下被赦免,而且攫取战争胜利果实成为新政府的领导人(例如菲律宾独立后的第一任总统曼纽尔·罗哈斯在战时劳雷尔傀儡政府中担任要职,替日军筹集军需物质)。维护亲美政府稳定、镇压反政府力量急需美国输入大量重建资金,一名美国国务院官员警告说:"如果没有重建菲律宾经济的有效措施,如今盛行于中吕宋地区的农民叛乱活动(胡克运动)将不日横扫整个群岛,带来无可挽救的后果。"③

国会最终通过的《菲律宾重建法案》拨付了1.2亿美元用于援助菲律宾政府修建道路、桥梁和港口等基础公共设施,并且无偿赠送价值1亿美元的剩余物资。④ 另外,重建法案提供4亿美元用于补偿菲律宾在战争中的私人财产损失。为此,两国共同成立了一个"菲律宾战争损失委员会"专门负责审查战争财产损失情况和补偿款项的分发。事实上,"委员会的菲美两国成

---

① R. C. Kramer. Memorandum to Deputy Chief of Staff, 20 July 1945, RG 3, Box 8, Military Secretary File 1, Stephen Rosskamm Shalom. *The United States and the Philippines: A Study of Neocolonialism.* Philadelphia, Penn. : Institute for the Study of Human Issues, 1981. p. 34.

② Robert P. Patterson to William I. Clayton, 4 June 1945, Department of State, Executive Committee on Economic Foreign Policy Oecords, ECEFP D84/85.

③ Frank P. Lockhart to Acheson, 22 July 1946, Department of State Records, Record Group 59, National Archives.

④ U. S. Congressional Record, 27 November 1945, pp. 11036 – 11037.

员都是由美国总统亲自任命的"①，菲律宾政府无权过问委员会工作及补偿资金的使用和分发。

重建法案的援助资金杠杆是奠定二战后菲美不平等经济关系的重要基础，美国政府利用资金拨付迫使菲律宾政府接受多项利于美国特权、侵犯菲律宾主权的经济条款。岛屿事务委员会主席贾斯帕·贝尔在这方面走得更远。贝尔同意重建菲律宾经济，但是极力反对美国政府为此花费过多美国纳税人的钱，而提出应该"让美国企业承担起这个工作，当然这些企业必须获得特权和安全保障……获得适当的利润作为回报"②。1945 年 9 月，贝尔递交了一项提案作为菲律宾重建法案的附加条款，提议在菲律宾政府同意附加条款之前冻结重建援助资金。麦克纳特在听证会上支持贝尔的提议，并要求菲律宾战争损失委员会"在菲律宾接受美国提议的经济关系之前，拒绝所有 500 美元以上的战争损失补偿要求"③。贝尔提案在经过美国政府内部激烈争论后于次年 4 月通过，这项名为《贝尔贸易法案》或《菲美贸易协定》的附加条款成为二战后菲美经济摩擦的主要原因之一。

贝尔认为应该把菲律宾比索与美元挂钩，保护美国在菲投资免于受到比索汇率波动的影响，而且美国投资和利润可以自由进出菲律宾市场，无论菲律宾政府有何财政政策都不得干涉资金流动。对此，重建法案明文规定：

> 菲律宾货币对美元的汇率不得发生改变；菲律宾比索兑换为美元不得受到任何限制；不得有任何法规限制菲律宾市场的资金转移至美

---

① U.S. Congress, House, Committee on Insular Affairs, Hearings, To Provide for the Rehabilitation of the Philippine Islands. 79th Congress, 2nd Session, 1946. p. 176.

② U.S. Congress, House, Committee on Ways and Means, Hearings, Philippine Trade Act of 1945. 79th Cong., 2nd sess., 1946. p. 12.

③ U.S. Congress, House, Committee on Insular Affairs, Hearings, To Provide for the Rehabilitation of the Philippine Islands. 79th Congress, 2nd Session, 1946. p. 119.

国,除非经得美国总统的同意。①

汇率固定和自由兑换使得二战后美国资本大量涌向菲律宾外贸市场,加之美国资金流动不受菲律宾政府监管,为美国商人把持菲律宾进出口贸易提供了金融法律保障。

《贝尔贸易法案》在两国贸易问题上也不对等。一方面,法案规定在 8 年时间内美国商品自由进入菲律宾市场,无任何关税也无产品种类或数量限额;之后 25 年关税可以适当逐步提高,直至达到正常关税。这个安排使得美国商品在菲律宾市场比其他国家产品具有天然的优势。另一方面,菲律宾许多重要产品出口美国却受到诸多限制,诸如糖、马尼拉麻、烟草、椰油和珍珠等。这些都是以农业经济为主的菲律宾群岛的主要出口产品,每年出口美国市场的数量都有限额规定。限制菲律宾农产品进入美国市场的理由显而易见,一名议员评论道:"我承认我们规定限额是为了满足国内制造商的要求和利益",而菲律宾政府则在两国不平等的贸易关系中无权保护本国制造业。另一名议员的观点代表了美国政府大多数人的意见:

> 我们也要照顾自己人的利益……并不是我们不想帮助菲律宾人民,上帝作证,我愿意脱下我身上的这件衬衣送给他们,只要我还有一件备用的。换而言之,我只能给他们一半。但是我们在美国国内也要承担责任,我们不能破坏团结。②

仅仅是配额限制菲律宾农产品还不能让美国政客和农场主们放心,《贝尔贸易法案》特别规定:"如果美国认为任何一种菲律宾农产品,无论是限额

---

① U. S. Congress, House, Committee on Ways and Means, Hearings, Philippine Trade Act of 1945. 79th Cong., 2nd sess., 1946. Appendix.

② Ibid., pp. 318, 247.

产品还是非限额产品，造成或即将造成与美国同类产品的实质竞争，总统都有权为该产品规定新限额。"①美国政府在呼吁战后全球自由贸易和经济平等的同时，却把独立后的菲律宾当作自己的后花园，制定不平等贸易条款。在不平等经济关系的束缚下，菲律宾市场成为美国冒险者的乐园，国内工业品市场被美国企业垄断，只有少量农产品能够出口美国换取外汇。菲美形成了稳定的农业原料供应－工业消费品制造的不平等关系，菲律宾国内的工业发展速度缓慢。从 1946—1949 的短短几年间，菲律宾对美贸易赤字高达 10.67 亿美元，②远远高于美国对菲援助总额。

《贝尔贸易法案》在菲律宾引发最多争论的一例条文通常被称为"平等权利"条款。早在自治政府期间的菲律宾宪法就规定：任何涉及公共事业或自然资源开发利用的外国公司，必须至少 60% 股权为菲律宾公民所拥有。"平等权利"条款则宣布美国公民和公司享有与菲律宾人完全相同的权利，不受该宪法条款的约束。也就是说，菲律宾新政府必须为实施《贝尔贸易法案》而修改宪法。

在美国胁迫冻结重建资金援助的情况下，菲律宾国会经过几个月激烈争论后以一票之差通过了法案。事实上，数位强烈反对法案的左派议员被罗哈斯驱逐出议会，③而大多数投赞成票的议员也是不得已而为之，一名投了赞成票的议员解释道："我们别无选择，因为我们只有废墟、饥饿、无家可归和贫穷。"④

1955 年，两国在修订《贝尔贸易法案》的基础上达成了《劳雷尔－兰利

---

① U. S. Congress, House, Committee on Ways and Means, Hearings, Philippine Trade Act of 1945. 79th Cong., 2nd sess., 1946. p. 99.

② Pomeroy, William. *An American Made Tragedy: Neo-colonialism & Dictatorship in the Philippines*. New York: International Publishers, 1974. p. 36.

③ 这些左派议员被逐出议会后，返回农村地区领导了反政府武装胡克运动，包括胡克运动的主要领导人塔鲁克（Taruc）。

④ Karnow, Stanley. *In Our Image: America's Empire in the Philippines*. New York: Random House, 1989. p. 335.

协定》①。新协定虽然修改了众多条款,但其本质并未发生实际改变。由于"平等权利"引发了菲律宾社会的极大愤慨,新协定为了掩盖不平等关系而规定了所谓的"平等权利互惠",即菲律宾公民也在美国拥有相同的投资和经营权。麦格赛赛政府为此大肆宣传,"平等权利互惠"是菲律宾民族主义的伟大胜利;一位美国参议员亦认为,菲律宾人对美国经济剥削的恐惧已经被《劳雷尔－兰利协定》的"平等互惠"所驱散。事实上,处于经济附属地位的菲律宾资本根本不可能在美国本土市场有所作为。"平等权利"条款变化的实质并非是互惠问题,而是投资经营领域不再限于"自然资源和公共事业领域"而扩展至所有经济领域。《劳雷尔－兰利协定》是美国新殖民主义控制菲律宾经济的又一利器。

二战后的菲美经济关系是典型的新殖民主义关系。讽刺的是,在麦克阿瑟宣称菲律宾政治独立是"埋葬帝国主义"的同时,美国在菲律宾获得的经济特权反而却比殖民时期要多得多。参议员罗伯特·塔夫脱是殖民时期美国首任驻菲律宾总督威廉·塔夫脱之子,他讲出了菲美特殊关系的真相:

> 我们将在菲律宾拥有军事基地;我们将在未来很长一段时间在菲律宾建立起各种美国机构,我不明白为什么在经济领域不能承认两国之间一种持久的"关系",就像我们在政治领域所做的那样。菲律宾应该永远作为美国在太平洋的前哨基地。他们已经获得政治独立,拥有一个自治政府,我觉得确实是一件好事。但是我们应该永远做好菲律宾的兄长。②

---

① 《劳雷尔－兰利协定》(Laurel-Lanley Trade Agreement)是菲律宾和美国在 1955 年签订的经济协议,双方公民和公司在两国进出口贸易中享有优惠和特殊照顾的权利;其中"平等权利"条款规定给予对方公民与本国公民同等的投资和经营权,而菲律宾宪法规定限制其他外国公民此项权利,只是对美国公民特殊对待。"平等权利"导致美国公司垄断了菲律宾许多重要产业。协议将在 1974 年终止,双方关于协议条款修订一直存有异议。

② U. S. Congressional Record, April 12, 1946. p. 3537.

(三)外交和军事上:夯实东南亚冷战堡垒

在美国扶持下重夺权力宝座的保守权贵阶层从建国伊始就把菲律宾绑上了美国的冷战战车。罗哈斯总统时期(1946—1948 年)指责"胡克运动是国际共产主义运动颠覆菲律宾政府的工具",并认为菲律宾的稳定与安全只有寄托于美国的军事保护和亚太反共阵线的团结。菲律宾政府对社会主义阵营国家采取极为敌视的态度,"苏联政府甚至为此将菲律宾、中国国民党政府和韩国并列为美国在亚洲的主要鹰从"[1]。

对于美国来说,由于菲律宾军事基地在东南亚地区的投射作用,菲律宾被纳入了全球冷战的战略部署之中。美国著名战略专家乔治·凯南曾致信乔治·马歇尔,认为美国在菲目标应该是"允许菲律宾独立的同时,确保群岛仍然是太平洋地区保障美国安全的重要堡垒"[2],因此一项长期军事基地条约势在必行。1947 年,在经济和军事援助的诱惑下,罗哈斯政府与美国签订了《菲美军事基地条约》。条约规定"美国拥有众多军事基地 99 年的租借权";"菲律宾政府不得将有关军事基地的任何权利或主权转让给任何其他国家,除非得到美国政府允许";"美国军事基地有权以志愿者的身份招募菲律宾公民为美国军队服役",等等。美国在菲律宾拥有的 23 个军事基地中,克拉克空军基地和苏比克湾海军基地规模庞大,是美国在亚洲最大的两个基地。克拉克空军基地位于苏比克湾东北 56 公里处,是冷战期间东亚、东南亚地区最大的空军基地。20 世纪 70 年代末,克拉克基地拥有包括菲律宾雇佣人员在内共 3.8 万人;苏比克湾海军基地常年有 8000 ~ 10000 名第

---

①   Claude A. Buss. *The United States and the Philippines*: *Background for Policy*. Washington, D. C. : American Enterprise Institute for Public Policy Research,1977. p.25.

②   U. S. Congressional Record, June 3,1946. p. A3922.

七舰队士兵驻扎。① 可以说,两大基地在美国的东南亚冷战战略中占有核心地位。

　　军事基地条约签订仅仅一周之后,双方又签订了《菲美军事援助条约》。无论是马尼拉还是华盛顿都默认军事援助是美国使用基地的租金——美国国务院一再推迟签署军事援助条约,直到军事基地条约尘埃落定后才迅速推动援助条约的签署。美国军事援助的主要目的显然并非只是为了支付基地租金,更是为了通过军事援助的手段维持菲律宾的国内稳定和新殖民主义秩序。二战后菲律宾并不存在任何外敌入侵的危险,加之强大的美军军事基地的存在,大量美援军事装备武装起来的菲律宾军队只有一个目的——镇压国内反政府组织。1947 年末,在美国军事参谋的指导下,菲律宾保安部队脱离菲律宾陆军独立建制,美国参谋长联席会议立即调整了对菲军事援助,并向警察部队倾斜。"由于对菲军事援助的主要目的是维持国内安全和秩序,美国应该全力援助承担此项任务的此部门,即使该部门并非菲律宾军队之一部分。"②军事援助远非只是物质装备而已,根据条约双方同意建立一个名为"美国联合军事顾问团"(Joint U. S. Military Advisory Group-Philippines)的机构,该机构负责全权调度指挥菲律宾陆海空三军、保安部队和情报部队,也就是说菲律宾的公共安全和国防大权都落入美国顾问团之手。1948 年一份顾问团的秘密文件报告:"(菲律宾)总统(基里诺)指出他愿意在做出任何事关国家军事策略的决定之前,认真参考联合军事顾问团的意见。总统已经接受顾问团提议的菲律宾武装部队总参谋长的人选建议,(该人选)愿意与顾问团保持密切合作。"③

---

　　① Gregor A. James, Virgilio Aganon. *The Philippine Bases: U. S. Security at Risk*. Washington, D. C.: Ethics and Public Policy Center, 1987. pp. 34,38.

　　② Joint Staff Planners, "United States Military Assistance to the Philippines", Appendix B. Congressional Record,14 June 1946. p. 6967.

　　③ Stephen Rosskamm Shalom. *The United States and the Philippines: A Study of Neocolonialism*. Philadelphia, Penn.: Institute for the Study of Human Issues, 1981. p. 66.

罗哈斯的继任者基里诺总统(1948—1953 年)首访华盛顿,并在参议院演讲中表达了其对菲美关系和双方"共同反共事业"的看法:

> 今天,菲律宾共和国是美国伟大自由梦想的一座纪念碑,是自由民主世界的重要据点。我们当今最主要的问题是安全问题。如果我们不鼓起勇气在亚洲组织起一个类似欧洲防务联盟的组织(北约),亚洲就会被共产主义所吞噬。[①]

朝鲜战争的爆发为基里诺所谓的反共军事同盟提供了契机,5 个菲律宾营被派往朝鲜战场加入"联合国军",菲律宾政府开始紧跟美国的亚洲冷战和反共政策。为了顾及美国的反共大局,菲律宾的反共政策甚至到了十分荒谬的地步:在随后二十多年的时间里,菲律宾常驻联合国代表从未与波兰代表有过任何交谈,即使根据国名首字母排序两国代表相邻而坐;菲律宾外交事务办公室的工作指南明令禁止菲律宾外交人员参加联合国中社会主义阵营国家或代表组织的任何社交活动或仪式。

新中国的成立和朝鲜战争的爆发同样促使美国重新定位菲律宾在远东地区的重要性。1950 年杜鲁门政府的国家安全委员会在文件中指出:"美国在菲应保持向整个东亚和东南亚投射兵力的作战能力。"[②]在菲律宾国内安全方面,大量军事援助开始注入菲律宾军队用于镇压胡克运动。由于亚洲冷战的爆发,菲律宾的武装叛乱不再被解释为因"马尼拉的无能或腐败"而致,而是因为"典型的国际共产主义侵略和渗透"。[③]

---

① Address of President Quirino to United States Senate, Washington D. C., August 9, 1949.

② NSC84/2, 11/9/50, National Security Council Records, The Position of U. S. with Respect to the Philippines, DNSA, Presidential Directives, PD00218.

③ Romulo to Quirino, 9/18/50, Elpidio Quirino Papers, Ayala Museum Library, Manila. See Brands, H. W. *Bound to Empire: the United States and the Philippines.* New York: Oxford University Press, 1992. p. 241.

1951 年基里诺政府分别与日本和美国签署了和平协议和共同防御协定。事实上，二战后菲律宾社会普遍反对美国扶植日本工业重新崛起，但是为了服从美国的冷战战略，基里诺不得不承认日本在亚洲反共事业中的核心地位；共同防御协定则从法律上确认了菲美两国的冷战军事同盟关系，菲律宾外交不再存在任何中间路线或置身冷战之外的可能性。菲律宾政府不仅紧跟美国冷战外交政策而仇视社会主义阵营国家，而且深受美国影响而怀疑广大"第三世界"的不结盟或中立国家，认为中立主义或不结盟运动"距离共产主义仅一步之遥，是不道德的"。二战后，作为亚洲"第三世界"国家一员的菲律宾却与"第三世界"国家的外交关系发展非常缓慢，菲律宾外交成为美国冷战的牺牲品。无论是 1955 年万隆会议还是印度支那冲突，在亚太冷战一系列重大事件中菲律宾都毫无意外地倒向美国。菲律宾著名的亲美外交家卡洛斯·罗慕洛（二战期间罗慕洛在美军中服务，担任麦克阿瑟的副官）极力为菲律宾的亲美外交政策辩护，他质疑菲律宾"独立自主的外交政策有任何意义"。罗慕洛认为，与美国全面合作是菲律宾争取国家利益乃至生存的唯一途径，他说：

> 当巨人们在战斗的时候，作为一个侏儒，我们不应该袖手旁观。美国巨人不会伤害我们，但是苏联和中国却会。美国巨人是我们免受共产主义巨人伤害的唯一保障。我们就在共产主义的日程表上。[①]

尽管基里诺政府在外交政策上对美国唯命是从，但是对菲律宾国内愈演愈烈的胡克运动束手无策。美国对基里诺政府失去了耐心，选中马格赛赛出任国防部部长主持国内安全工作。在随后的总统大选中，马格赛赛得到美国中情局的鼎力支持而获得胜利。短时间内，马格赛赛就与中情局的

---

① Commencement Address of Carlos P. Romulo, University of East, April 28, 1951.

兰斯代尔密切配合,通过各种手段镇压了胡克运动,深受美国政府的青睐。

不仅在菲律宾内政方面,马格赛赛主政期间菲美在外交、军事上的特殊关系也达到了鼎盛。随着法国败退中南半岛,美国开始着手在东南亚地区构建所谓的共同防御体系。1954 年,马格赛赛政府在美国的授意下主办了东南亚条约组织第一次峰会。8 个与会国①在马尼拉签订了《东南亚集体防务条约》,又称《马尼拉条约》,而这 8 个会员国中仅有菲律宾和泰国两个是真正的东南亚国家。首先,在东南亚条约组织中,美国只需要菲律宾在台面上扮演好东南亚事务"当家人"的角色;其次,菲律宾可以把镇压胡克运动的战术和经验通过东南亚条约组织的平台推广到整个东南亚地区。在中国和印度支那问题上,马格赛赛坚决支持蒋介石集团和吴庭艳政权。总之,在亚太冷战问题上,马格赛赛执政的菲律宾政府与美国保持高度一致。

虽然菲律宾获得了表面的政治独立,但是通过一系列所谓特殊关系中的军事、经济条约,美国在菲律宾的冷战战略利益和经济利益却分毫无差地保留了下来。菲律宾传统的权贵阶层仍然依靠美国支持牢牢掌控大权。二战后的菲美特殊关系是不平等的新殖民主义关系,正如一位美国官员在 1946 年的预测:"尽管他们获得了独立,但是菲律宾仍然在军事、经济和政治等各个方面极为依赖美国。他们的独立只不过是表面现象而已……"②菲律宾真正的独立只有经历全民民族主义思潮的洗礼后才能实现。

三、20 世纪 50 年代末菲律宾民族主义势力的崛起

新殖民主义经济关系将菲律宾牢牢固定在农业资源国的位置上,并且深度依赖美国工业产品和金融资本。但是随着一批菲律宾农业资本缓慢流

---

① 8 个国家分别为菲律宾、泰国、美国、英国、法国、巴基斯坦、澳大利亚和新西兰。

② Stephen Rosskamm Shalom. *The United States and the Philippines*:*A Study of Neocolonialism*. Philadelphia,Penn. : Institute for the Study of Human Issues,1981. p.67.

向初级工业领域,在原菲律宾土地权贵阶层中逐渐出现了一批经营初级包装加工业和初级进口替代工业的新经济阶层。在朝鲜战争采购以及美国战争补偿款的刺激下,这些新的资本权贵和城市中产阶级迅速发展起来;同时,他们也越来越迫切地希望冲破美国的经济控制,分得更大的市场蛋糕。因此,20世纪50年代,菲律宾出现了一支规模小但极为活跃的中产阶级民族主义力量。菲律宾民族主义以参议员克拉洛·雷克托(Claro M. Recto)为代言人,在菲律宾政府中形成了一个不可忽视的民族主义政治集团。

马格赛赛执政期间,民族主义集团开始打出"菲律宾人第一"的旗帜,要求提升其政治经济领域内的地位。马格赛赛极力维护菲美特殊关系,打压极端民族主义者的反美运动。在此背景下,一些激进的民族主义势力把矛头对准了远离政治的软柿子——华人经济。1954年,菲律宾国会通过的《零售业国有化法案》企图抢占华人占据优势的零售业,也为随后的反美运动释放了信号。虽然马格赛赛政府期间菲律宾社会保持对美友好,而且两国政府特殊关系并未受到民族主义太多冲击,但是菲律宾社会涌现了一批非常活跃的记者、报社撰稿人和政治演说家,在公众中积极宣传菲律宾民族认同和反抗美国新殖民主义的观点。

1957年马格赛赛意外坠机死亡,接任的加西亚总统(1957—1961年在任)无力平衡内部各方力量,加之朝鲜战争的物资采购经济红利不复存在,菲律宾经济陷入严重赤字和混乱。在此情况下,极端民族主义在菲政府中获得了短暂的优势。无论是国会内外的政客,还是学校或媒体的知识分子,以及渴望市场份额的商人和左翼团体都把民族主义运动对象锁定为美国新殖民主义。民族主义号召重新解读菲美殖民历史,谴责而非感谢美国;清除亲美历史痕迹,重塑新的菲律宾民族观;淡化菲美特殊关系,构架以亚洲民族国家为导向的新外交。菲律宾众议院发言人何塞·劳雷尔抨击特殊关系时说:

　　我们曾经无数次不厌其烦地空谈——我们是美国教导下长大的孩子,我们是美式民主在亚洲唯一的典范。一派胡言! 我们只是在另外一种形式的压迫下屈膝伏地而已,这种压迫不仅奴役的是我们的身体,还扭曲我们的灵魂,让我们在幻想中无法清醒。这种压迫是在特殊关系伪装下的歧视、偏见和忘恩负义![①]

　　1958 年加西亚政府出台了一系列法律规定菲律宾人在经济领域的特权,鼓励菲律宾本土企业在重要经济领域和工业部门获得更多话语权;同时,菲律宾政府在一些领域加强了政府管控和计划经济,尤其是对进口贸易实行严格的许可证制度。原先垄断菲律宾进出口贸易的美国公司与本地权贵家族企业相比,如今难以获得进口许可证。短时间内,"菲律宾人第一"政策似乎起到作用,部分菲律宾本土企业迅速抢占了市场,大量美国资本因为贸易管制以及投资环境恶化而纷纷撤出菲律宾市场。"菲律宾人第一"政策虽然符合民族主义力量所希望收回国民经济主权的诉求,但是却牺牲了菲律宾长期投资环境的稳定;尤其是贸易管制和许可证制度滋生了严重的腐败问题,加西亚总统本人的家族公司就利用特权公开出售许可证而受到朝野广泛指责,菲律宾社会更加动荡不安。

　　加西亚政府的民族主义经济政策及其腐败低效让美国政府极为不满。1961 年菲律宾总统大选来临之际,美国政府计划寻找另外一个"马格赛赛"取代加西亚政权,从而重建菲美特殊关系。然而随着马卡帕加尔总统(1962—1965 年在任)上台执政,菲美关系在 20 世纪 60 年代头几年却经历了一个更为起伏跌宕的历史时期,双方围绕战争损失赔偿案、东南亚区域外交、军事基地司法主权这三大问题连续出现分歧和摩擦,菲律宾社会从经

---

① Speaking of Representative Jose P. Laurel in 1956. Claude A. Buss. *The United States and the Philippines: Background for Policy*. Washington, D. C.: American Enterprise Institute for Public Policy Research, 1977. p. 37.

济、外交和军事三个领域开始反思所谓的菲美特殊关系。随着菲律宾民族主义成为菲律宾政坛一支不可忽视的力量，菲美双边关系开启了艰难的"去特殊化"过程，直至越南战争升级而被打断。

第二节　政治特殊关系的幻灭——战争损失赔偿案

一、缘起

根据 1946 年的菲律宾重建法案，美国政府拨付了 4 亿美元用于战争中的菲律宾私人财产损失赔偿。但是这 4 亿美元远远不能满足实际需求。根据菲律宾官方统计，私人财产损失的数据在"8 亿美元至 12 亿美元之间"[①]。考虑到可能会资金不足，美国国会只是授权赔偿委员会"全额偿付所有 500 美元以下的合法申请，超过 500 美元的部分只赔付 75%"[②]。随后赔偿委员会收到了多达 120 万份赔偿申请，至 1951 年该委员会的清算工作结束时，4 亿美元只够偿付 500 美元以上部分的 52.5%，剩下的 22.5%、约 7300 万美元双方同意日后再做安排。[③] 正是这未及时拨付的 7300 万美元成为随后二十年菲美经济关系矛盾的重要内容之一。

菲美战争损失赔偿问题的关键是其涉及千千万万的普通菲律宾人的切身利益。除了 100 多万申请者密切关注两国谈判进展以外，很多 500 美元以上的赔偿申请者正是菲律宾的传统土地权贵们，这些人对菲律宾政府的影

---

① Napoleon Rama. Fire and Ire over War Damage Claims. *Philippine Free Press*, May 19, 1962.

② 美国国会之所以规定只全额偿付部分款项（500 美元以下），除了拨款不足以支付全部损失以外，还与当时菲美双方正在进行的《贝尔贸易法案》谈判有关。国会试图利用赔款问题迫使菲律宾政府同意批准贸易法案中的"平等权利"条款。

③ Francisco A. Delgado. "The Philippine War Damage Commission: A Factual Summary of Its Work", *American Bar Association Journal*, Vol. 38, No. 1 (January 1952). p. 32.

响举足轻重。因此,菲律宾历届政府无论是为了拉选票还是出于高官们的私利等原因,都把战争损失赔偿问题列为两国关系的核心议题之一,菲律宾社会舆论和媒体亦长期高度关注此问题,战争损失赔偿问题也被菲律宾大众普遍视为菲美特殊关系的象征。二战后菲律宾社会普遍沉浸在菲美特殊关系的幻想中,大多数菲律宾人认为两国关系血浓于水,所以美国理所当然会在菲律宾困难时伸出援助之手,这种观念甚至在菲律宾独立70多年后的21世纪仍然若隐若现。何况,在菲律宾社会看来,菲律宾在二战中的财产损失正是为了追随美国坚持抵抗日军而造成的,美国政府在道义上也应该补偿损失,否则就是对友谊和忠诚的背叛。

事实上,美国历届国务院和白宫都是倾向偿付这7300万美元的,而战争赔偿问题之所以拖延日久,是因为大多国会议员持反对立场。罗斯福总统生前就支持在二战后全力援助菲律宾重建,关于赔偿菲律宾损失的问题,他承诺:"我们将完全赔偿他们的损失,直到最后一头水牛。"[1]杜鲁门也曾向来访的基里诺总统表明"他支持剩余的赔偿,他本来向国会建议的是5亿美元的拨款,但是国会只批准了4亿。他认为菲律宾有权得到剩余的1亿美元"。但是他又不得不承认:"得到国会支持的可能微乎其微。"[2]与行政部门相反,美国国会则认为根据菲律宾复兴法案,"美国在其他领域援助了菲律宾数亿美元,已经仁至义尽。在大量美援的帮助下,菲律宾政府仍然效率低下,腐败横行,额外的7300万美元很可能进一步加剧腐败情形的发生。很多议员们也认为这些钱只会落入少数贪婪的大公司和政客之手,于菲律宾经济制度改革的迫切需要毫无用处"[3]。因此,国会数次以悬殊票差否决与菲

---

[1] Philippine War Damage Claims: Hearings before the Committee on Foreign Relations, United States Senate, 87th Congress, Second Session, on S. 2380 and S. 3329, June 12 and 21, 1962. p. 4.

[2] Bonifacio S. Salamanca. "The Negotiation and Disposition of the Philippine War Damage Claims: A Study in Philippine-American Diplomacy, 1951 – 1972". See Stanley Peter. *Reappraising an Empire: New Perspectives on Philippine-American History*. Cambridge: Harvard University Press, 1984. p. 266.

[3] U. S. Code, Congressional and Administrative News, 88th Congress, 1st Session, pp. 794, 803.

律宾战争赔偿相关的提案。

由于阻力主要来自美国国会,申请赔偿的一些菲律宾公司雇用业已解散的赔偿委员会的两名委员开展针对美国国会的游说工作。菲律宾人迪尔加多和美国人奥登尼尔是原菲律宾战争赔偿委员会的负责人,他们分别游说菲美两国国会议员推动谈判进程。一旦拨款获得批准,两人就能获得一笔不菲的佣金。为了给美国方面制造足够的压力,两人鼓动菲律宾对美国政府有索赔要求的所有团体和组织联合起来,从而建起了影响至今的二战补偿一揽子要求(Omnibus Claims)①:除了私人财产损失以外,还包括二战老兵津贴、战争寡妇救助、菲律宾童子军和游击队员的津贴等。对此,1959 年 8 月美国国务院通知菲律宾驻美大使:"美国国务院将在 1961 年的预算项目中要求国会通过合适的法律授权拨付这 7300 万美元,最终采纳了战争赔偿委员会报告中关于赔偿私人财产损失的办法。"②但是美国仍然拒绝讨论二战补偿一揽子要求中的其他赔偿要求。③

二、美国政府对菲赔偿的分歧和议案失败

然而原定在 1961 年 9 月国会上讨论的菲律宾战争损失议案并未进行。虽然肯尼迪总统仍然公开支持相关议案,但是国会中的几名重量级参议员

---

①　二战补偿一揽子问题是菲美关于二战后双方在补偿菲律宾公民二战财产损失、菲律宾二战游击队士兵补贴、美军中菲律宾士兵战后退伍津贴及伤亡士兵补偿等一系列二战遗留问题的总称。其中,马卡帕加尔时期双方关于此问题的谈判集中在菲律宾公民在战争中遭受财产损失的补偿。战后菲美两国在二战补偿的一系列问题上长期争论不休,从 20 世纪 50 年代开始菲律宾每届新政府都会要求重启谈判。关于此问题的最近进展是 2009 年 2 月美国国会批准向菲律宾老兵直接拨付 1.98 亿美元现金津贴。

②　Acting Secretary of State C. Douglas Dillon to Ambassador Carlos P. Romulo,4 August 1959. Miscellaneous Memoranda in Philippine Embassy File 295. 2. Washington National Records Center,Maryland.

③　马卡帕加尔执政时期主要关注私人财产损失问题;马科斯执政时期利用越战谈判基本解决了老兵津贴补偿问题;其他索赔要求的双方谈判贯穿数十年,至今陆续仍有进展。

强烈反对追加赔偿,议题未经讨论就流产了。国会对此的理由是"忙于讨论其他事务,没有足够的时间"①。菲律宾政府和媒体几年来一直在猛烈宣传1961年将最终解决战争赔偿问题,早将其视为近十年间菲政府对美外交政策的重大成果之一。提案无缘无故流产的消息传来无疑让菲律宾政府极为尴尬,而且1961年正好是菲律宾大选年,此时正是竞选关键时期。菲律宾政府不得不开展紧急公关,曾经担任联合国大会主席的菲律宾驻美大使罗慕洛催促美国政府立刻向菲律宾人民发表公开信,"对于议案未进入国会讨论程序表示歉意",并且声明"美国对于菲律宾人民的热忱和偏爱将一如既往"。罗慕洛警告:"菲律宾会出现强烈的失望情绪,媒体可能会反应激烈。"②肯尼迪不得不在9月8日回应罗慕洛,"美国政府将继续全力支持菲律宾战争赔偿议案,并且希望能够在下届国会通过授权"③。几十万菲律宾家庭(申请私人财产损失赔偿的人数约为124.8万人,其中涉及500美元以上索赔申请人数为24.7万人)④已经满怀希望地等待了数年,如今只好继续耐心等待下一年美国议员们的"宣判结果"。

加西亚政府的腐败低效和排外经济政策让美国方面大为不满,在美国情报部门的插手下,最终在1961年大选中败给以正直清廉而闻名的马卡帕加尔。马卡帕加尔的竞选政治口号就是清理腐败,这也是美国方面认为马卡帕加尔执政后的当务之急。但是讽刺的是,正是马卡帕加尔遵从美国政府"旨意"发起的反腐运动,触动了更多美国国会议员的利益,直接导致战争赔偿案再次触礁。

事情的起因是1962年1月马卡帕加尔下令调查一批来自美国的价值

---

① ③ John F. Kennedy. Statement by the President in Support of Bill Providing for Payment of Philippine War Damages. September 8, 1961. *Public Papers of the Presidents of United States* XXXV, 1961 – 1963.

② Memorandum from the Assistant Secretary of State for Far Eastern Affairs (McConaughy) to Secretary of State Rusk. September 7, 1961. FRUS, 1961 – 1963, Volume XXIII, Southeast Asia, Document 360.

④ Francisco A. Delgado. "The Philippine War Damage Commission: A Factual Summary of Its Work", *American Bar Association Journal*, Vol. 38, No. 1 (January 1952), p. 32.

7000万比索(2000万美元,1962年汇率)的烟叶。加西亚政府时期,菲律宾实行进口许可证制度,旨在限制国外产品争夺菲律宾市场。许多美国商人开始贿赂加西亚政府中的高官甚至总统本人,换取进口许可证和海关通关便利。马卡帕加尔怀疑这批美国烟叶的许可证是通过贿赂加西亚政府而非法获得的,因此将烟叶全部截留在海关,并且准备把烟叶运返美国。大批美国商人和中介商闻讯赶往菲律宾高等法院门前聚会抗议,美国国内许多来自产烟地区或与菲律宾市场联系密切的议员也纷纷通过各种渠道向菲律宾政府施压。第一次延期后的战争赔偿案原计划在1962年2月6日投票表决,但是在产烟州议员的压力下再次被无限期推迟。

　　这些议员的目的是通过延迟表决迫使马卡帕加尔政府接受这批烟叶。但是马卡帕加尔政府和美国国会对于"烟叶风波"和"战争赔偿案"这两件事情重要性的理解存在巨大差异,双方都站在自己的立场上厚此薄彼。马卡帕加尔对美国国会的威胁行动不以为意,在美国驻菲大使馆看来他抱着一种"不现实的态度"。马卡帕加尔认为"烟叶风波"只是与美国商会之间的小摩擦,不会影响深厚的菲美特殊关系,战争赔偿案仍然能顺利通过。美国国会则认为,多年的对菲经济军事援助,并没有换来菲律宾政府的感恩之心,因此"国会和美国公众断然不会接受菲律宾政府的这种对待"①。随后,压力巨大的菲律宾最高法院做出裁定:"美国公司行为端正、并无违法,这批烟叶应该暂时保存在菲律宾仓库留待日后需要,不需再运返美国"②,加上美国驻菲大使馆劝说马卡帕加尔做出让步,马卡帕加尔才同意召集"烟叶风波"的当事各方商讨一个合适的解决方案。

　　虽然议案表决再次延期,但是马卡帕加尔和肯尼迪政府仍然对议案通

---

① Telegram from the American Embassy in Manila to the Department of State, State Department Files, National Archives, 496.116/2 - 2062.

② Memo from Peterson to Harriman, January 25, 1962. FE/Philippines Files: Lot 64 D 523, National Archives.

过和两国关系充满信心。1962 年 2 月 20 日,埃米尼奥·阿贝罗接替罗慕洛到华盛顿履任驻美大使,肯尼迪在给新大使的信中再次表达"他希望 HR 8617(战争赔偿议案代号)能够顺利通过,并强调这笔款项已经纳入他的 1963 年财政预算之中。……总统还特别指出战争赔偿案和烟草问题不应该混为一谈"①。紧接着 3 月 30 日,肯尼迪向媒体宣布马卡帕加尔将在 6 月 19 日至 28 日对美进行国事访问,正是这次宣布访问给随后菲律宾独立建国以来菲美第一次公开的外交冲突埋下了伏笔。

为了排除国会中的阻力,肯尼迪还特别指示国务院幕僚们罗列了美国有必要批准战争赔偿的各种理由,包括:

①《1946 年菲律宾复兴法案》明文规定赔偿 500 美元以上部分的 75%,由于拨款资金有限,这项法案并没有真正完全落实。

② 拨付这笔款项将对美国实现外交目标帮助巨大。在菲律宾政府和人民看来,一个在我们共同的战斗事业中蒙受了巨大损失的忠实盟友,期待我们的援助是合情合理的。如果我们没有提供合理的赔偿,两国关系会遭受挫折。

③多年以来,每年都有类似的议案试图弥补美国政府对菲律宾人民的这份道德责任。去年 HR 8617 议案因为其他事务而被耽搁,当时总统已经亲自发表了致歉声明,并承诺美国政府会继续全力支持议案,也表达了在今年通过国会表决的希望。

④最近刚刚上任的马卡帕加尔总统已经下令放弃外汇管制政策。这笔赔款将帮助菲律宾政府充实其外汇储备,有助于马卡帕加尔总统

---

① Memorandum of Conversation, February 20, 1962. Department of State, Central Files, National Archives, 896. 235/2 - 2062.

稳定比索币值,并在外国私人投资的协助下重回自由市场经济政策。①

即使肯尼迪很有信心,也在事前做了一些工作,1962 年 5 月战争赔偿议案仍然在众议院投票中被否决(表决结果是 201 票反对、171 票赞成)。② 在辩论过程中虽然大多数投反对票的众议员的理由是"这些钱只会落入少数富有的权贵之手,或者美国已经提供给菲律宾足够多的援助"③等等,但是更为直接的原因还是"烟叶风波"的影响——大部分来自南方的众议员投了反对票,因为出产烟叶的南方各州是此次"烟叶风波"的直接利益方;虽然肯尼迪总统赞成议案,也成功让绝大多数北方民主党议员投了赞成票,但是大量南方民主党议员的反对票抵消了这一优势。

三、各方回应

在十多年的翘首企盼后,议案正式失败的消息在菲律宾激起一系列连锁反应。首先是百万菲律宾家庭抱怨不能得到应有的补偿;其次各派媒体不约而同地发表社论,连篇累牍地指责美国的做法是"粗鲁的背叛行为";接着一些政客公开呼吁"敦促政府与美国脱离关系、向美国宣布冷战、把美国军事基地赶出菲律宾、要求马卡帕加尔总统立刻取消对美国的国事访问"。尤为严重的是,美国爱荷华州参议员在辩论中把战争赔款和过去的对菲援助都描述为"施舍",并称这 7300 万美元是美国"对菲律宾的最后一次施舍"。

---

① Memorandum from the Deputy Assistant Secretary of State for the Far East (Rice) to the President's Deputy Special Counsel (Feldman), February 7, 1962. FRUS, 1961 – 1963, Volume XXXII, Southeast Asia, Document 366.

② Julian C. Madison. The United States and the Philippines, 1961 – 1965: Was There a "Special Relationship?" Ph. D. University of Washington, 1996. p. 67.

③ *Congressional Record*, Vol. 108, 87th Congress, 2nd Sess. pp. 7962 – 8007.

在汹涌的抗议声中,菲律宾国会中的重要人物纷纷下场表达了自己的立场。民族党议员佩雷塔惊呼:"美国国会拒绝菲律宾人民的这个合法要求,是对这个国家合法权利的蔑视! 不幸的是这件事情发生在马卡帕加尔总统访美前夕,现在他可以穿着乞丐的戏服出发了,因为美国人认为战争赔款是对我们的又一施舍而已";日占时期的傀儡总统劳雷尔(1943—1945年在任)是亲美派的旗帜人物,他也站出来评论:"至少这不是礼貌的行为,这是对菲律宾人民的侮辱。我们应该到国际法庭上向全世界宣布我们没有受到美国公正的待遇";参议院少数党领袖费迪南德·马科斯(之后任菲律宾总统)在二战中以战功闻名,他说:"我对美国众议院极度失望。我正在考虑把美国政府授予我的那些二战荣誉勋章全数退回。"短短几天之内,原先处于边缘地位的菲律宾民族主义反美情绪似乎一夜之间登上了舞台中央,原本根深蒂固的亲美政治力量反而有意或无意地销声匿迹。对此,菲律宾一家媒体评论道:"菲律宾国会参众两院爆炸般愤怒地发表谴责,在这个国家几乎从未发生过两党联合一致猛烈攻击美国的情况。近些年来菲美关系从未有过此刻的低谷。"①

面对菲律宾媒体和政客的强烈反应,《纽约时报》也加入其中,对美国众议院开火:"众议院否决菲律宾战争赔偿议案是愚蠢而毫无理由的行为。对菲律宾的财产损失赔偿在1946年就经过国会批准。尽管国务院和杜鲁门、艾森豪威尔及肯尼迪总统多次请求,众议院仍然否决议案。菲律宾人的失望和愤怒是理所当然的,因为我们对许诺的赔偿食言了。菲律宾副总统兼外交部部长已经把这次否决视为'美国对朋友比对其他陌生人小气得多'的又一证据。"②

时任美国驻菲大使史蒂文森非常清楚战争赔偿案对于菲律宾政府和民

---

① Napoleon Rama. Fire and Ire over War Damage Claims. *Philippine Free Press*, May 19,1962.
② *The New York Times*, May 11,1962.

众的重要性,也明白如果处理不当将很有可能引发美菲外交危机,但是他对美国国会毫不在乎的轻视态度亦无能为力。史蒂文森站在美菲关系的角度,也希望议案能够顺利通过。在投票表决前,史蒂文森多次发送电报给国会"陈述议案的重要性……确保不能有任何闪失",但是他收到国会的回复只是"作为一个大使,插手这件事情并非你的本职工作"。① 史蒂文森承认,事后他发觉"菲律宾社会对美国的情感破裂了",他没有能力阻止菲律宾政府随后的一系列报复行为:"马卡帕加尔发表了措辞强硬的讲话、马尼拉的杜威大道(Dewey Boulevard)改名为罗哈斯大道、菲律宾修改了独立日,紧张气氛迅速蔓延,整个环境突然改变了。"②

　　把1962年菲美关系带到低谷的是马卡帕加尔决定报复性取消其原定的美国之行。马卡帕加尔在一次全国广播讲话中宣布:"考虑到现阶段菲美关系气氛恶化,取消6月的对美国事访问。"与此同时,马卡帕加尔还仓促接受了佛朗哥政府的邀请,在原定访美的时间改而访问西班牙——菲律宾的另一前宗主国。③ 而仅仅在议案被否决的三天之后,马卡帕加尔政府就宣布着手修改菲律宾宪法,将向美国致敬而与美国相同的国庆独立日7月4日改为6月12日(反西殖民独立战争时期,菲律宾第一共和国于1898年6月12日宣布独立)。与此同时,报复行为还包括菲律宾首次对美国动用召回大使表示抗议,新任驻美大使阿贝罗被紧急召回"当面报告情形"④。马卡帕加尔还在上述广播讲话中说:

　　　　在我即将启程按计划访问美国之前,美国国会拒绝了我们7300万

---

　　① Oral History of Ambassador Stevenson, Ambassador to the Philippines, 1961 – 1963. Georgetown University Library. May 5, 1969. p. 46.

　　② Ibid., p. 67.

　　③ Macapagal Diosdado. A Stone for the Edifice: Memoirs of a President. Quezon City: Mac Publishing House, 1968. pp. 298 – 299.

　　④ The Manila Times, May 11, 1962.

美元的战争损失索赔要求。这在我们人民之间引发了全国性的幻灭感和愤怒。……我认为此时此刻,我们的人民绝不会理解我仍然带着友好访问美国……很遗憾,我不得不推迟访问计划,直到局势缓和允许我对美访问。①

在马卡帕加尔决定宣布取消访问计划之前,菲律宾政府提前通知了美国方面。为了避免情况急速恶化,美国远东事务助理国务卿哈里曼(W. Averell Harriman)提醒美国国务院:"马卡帕加尔只是由于盛怒和某些国内压力才被迫取消访问的。"他要求国务院"在回复菲律宾问题时务必谨言慎行,努力使双方关系尽快恢复如初"②。没有兑现诺言的肯尼迪只好致信马卡帕加尔好言相劝。肯尼迪在信中再次表达了歉意,指出:"这只不过是一个暂时的挫折而已,他仍然期待马卡帕加尔总统下个月的访问。"③显然,菲律宾的反美舆论和氛围都不允许马卡帕加尔满足肯尼迪的要求。马卡帕加尔召开了一次紧急内阁会议讨论赔偿案和访美问题,结果会上大多成员仍然支持总统推迟或取消访美。马卡帕加尔在随后给肯尼迪的回信中称:"(美国国会)令人遗憾的态度在菲律宾被视作对道德和法律义务的背弃。……部分美国人民越来越漠视的态度,加之部分美国议员的言行加深了我们的愤怒,他们认为对菲战争赔款和经济援助是施舍! 我的人民绝不会在此背景下支持我访问美国。"④

马卡帕加尔取消访美在菲美关系史上是一次标志性的事件,也是菲律

---

① Napoleon Rama. Fire and Ire over War Damage Claim. *Philippine Free Press*, May 19, 1962.

② Harriman to Secretary of State Dean Rusk, June 12, 1962, National Archives, State Department Files, 611. 96/6 – 1262.

③ Telegram from the Embassy in the Philippines to the Department of State, May 10, 1962. FRUS, 1961 – 1963, Volume XXIII, Southeast Asia, Document 368.

④ Letter from President Macapagal to President Kennedy, May 14, 1962. John F. Kennedy Papers, John F. Kennedy Presidential Library.

宾建国以来第一次总统外交首访国不是美国,两国政界和媒体都极为关注。菲律宾媒体大多支持总统的决定,一篇社论写道:"总统不应该去美国,否则他就是不尊重他的人民所受到的这些伤害。……美国人如果想要真诚表达对我们的友谊的话,那就让肯尼迪总统来菲律宾,而不是要求马卡帕加尔去美国。"①相反,被菲律宾猛烈批评的美国国会则对于马卡帕加尔的过激反应感到不可理解。一名原先支持战争赔偿议案的议员失望地评论道:"我们本以为菲律宾总统会发表一个声明,宣布两国友谊不是一个议案就能轻易打碎的,也希望他能亲自到这里来消除我们之间的误会。现在情况更加复杂,美菲关系似乎只剩下了美元。"另外一名议员更加直接地指责马卡帕加尔"举起一把枪对着美国国会的头:没钱就取消访问。"②

虽然美国驻菲大使馆曾经事先警告肯尼迪议案失败的可能后果,但是肯尼迪并没有预料到菲律宾方面的反应如此"情绪化"。他不得不采取紧急行动,挽回恶化的局面。

四、双方的补救措施以及重提议案

肯尼迪的动作非常迅速,就在马卡帕加尔宣布推迟访美的同一天,肯尼迪就做出了两项紧急补救措施:一是在白宫授意下,众议院外交事务委员会在 1962 年 5 月 14 日向众议院提交了一项新提案。这项名为 HR11721 的新提案除了要求审查"确保较大金额的赔款将投资于菲律宾经济中"以外,与 HR8617 并无太大区别;二是肯尼迪再次致信马卡帕加尔,在信中表示"对于马卡帕加尔的决定完全接受",而且"用词极为温和友好",并告诉马卡帕加

---

① *The Manila Times*, May 11, 1962.

② In American Eyes. *Philippine Free Press*, May 26, 1962.

尔"当他认为访问的时机合适时通知大使史蒂文森即可"。①

但是马尼拉方面的怒火远未平息,废除两国经济和军事条约的言论经常见诸报端,这触及美国在菲的核心利益。即使肯尼迪又一次保证将在6月的投票中通过 HR11721 议案,菲律宾各派仍然在媒体上积极"发表言论"。菲律宾公民自由联盟(Civil Liberties Union of Philippines)在报纸上登载声明:"建议菲律宾利用这次战争赔偿被拒的机会,合法合理地废除美国的平等权利条款……因为我们修改宪法给予美国人民平等权利待遇是建立在互相尊重的基础之上。……这是一次千载难逢的良机,美国人民会首先理解我们。"②6月8日,《华盛顿新闻晚报》在头条登载了对马卡帕加尔的专访报道,标题为"我们将失去菲律宾基地——马卡帕加尔暗示",报道称马卡帕加尔"担心美菲关系的持续恶化会威胁到美国在菲军事基地的利益,而其本人正努力避免局势恶化"③。这则暗含威胁意味的报道让肯尼迪极为恼火,他指示照会菲律宾大使阿贝罗表示抗议,助理国务卿哈里曼向菲方转达了肯尼迪总统"对于报道很不高兴,总统和行政部门已经在尽全力支持菲律宾的赔款索求,而马卡帕加尔的言论毫无益处,只会给 HR11721 制造新的麻烦"。哈里曼还表示他本人会出现在国会的听证会上代表行政部门据理力争,但是他希望马卡帕加尔"保持言论克制,并且书面澄清这次专访报道的误会"④。

为了缓解马卡帕加尔取消访问给两国关系带来的冲击,双方特意临时安排菲律宾副总统佩雷斯紧急访问美国。美国方面对佩雷斯之行非常重

---

① Memorandum from the Department of State Executive Secretary (Brubeck) to the President's Special Assistant for National Security Affairs (Bundy), May 23, 1962. FRUS, 1961 – 1963, Volume XXIII, Southeast Asia, Document 369.

② Denounce War Damage Rejection. *Philippine Free Press.* May 26, 1962.

③ We May Lose Our Philippine Bases, Macapagal Hints. *Washington News Evening.* June 8, 1962.

④ Memorandum of Conversation, June 8, 1962. FRUS, 1961 – 1963, Volume XXIII, Southeast Asia, Document 371;马卡帕加尔随后以书信的形式"澄清误会",哈里曼随后在听证会上出示该信。

视,政军商各界领袖都分别与佩雷斯会晤,讨论话题涉及美菲关系的所有热点。佩雷斯与肯尼迪在会谈中对战争赔款造成的紧张关系达成了谅解,肯尼迪再次保证新提案通过的可能性非常大,而佩雷斯表示"虽然现阶段形势复杂,菲律宾政府难以平息公众的负面情绪;但是一旦新提案通过,现在的局势就能得到缓解,因为菲律宾人对美国的感情基础非常深厚,他们渴望重新获得美国的友谊"。会谈中肯尼迪提到美国媒体非常敏感的修改独立日问题,佩雷斯的委婉回答与菲国内媒体的群情激愤大相径庭,佩雷斯解释修改独立日是早就确定的事项,与战争赔偿议案失败毫无关系,接着大谈美国带给菲律宾的"经验和民主",并承诺 7 月 4 日仍然是菲律宾的重要节日——"菲美友谊日"。① 在公众场合,佩雷斯也利用这次访问强调"这是一次重新发现菲美友好之旅"。佩雷斯在纽约参加菲美商业联合会活动、在返回马尼拉机场的新闻发布会等公众场合都尽力缓和气氛:"肯尼迪总统和行政部门为支持议案做出了最大努力。……众议院的投票结果不应该被理解为是反菲性质的,美国仍然把菲律宾人民和政府摆在非常重要的位置。"②

　　除了试图得到菲律宾政府的谅解以外,美国外交部门也在菲律宾发起了一系列公关运动。美国驻菲大使馆"有意识地持续做了一些缓和关系的工作,包括与总统和副总统的数次会谈,众多与议员、官员、新闻记者和社会公众人物的座谈会,还有很多礼节性的电话和社交活动"③。美国的补救措施和公关运动显然起到了良好的效果。5 月中旬至 7 月初的菲律宾各大报纸头版社论几乎都在大谈战争赔偿案、美国忘恩负义、反思特殊关系和独立的真正意义这些话题;但是从 7 月开始,公众的民族主义情绪找到了新的目

---

　　① 　Memorandum of Conversation,June 26,1962. FRUS,1961－1963,Volume XXⅦ,Southeast Asia,Document 373; The New Era in the Foreign Office,*Philippine Free Press*,July 14,1962.

　　②③　Letter from the Ambassador to the Philippines(Stevenson)to the Assistant Secretary of State for Far Eastern Affairs(Harriman),July 13,1962. FRUS,1961－1963,Volume XXⅦ,Southeast Asia,Document 374.

标,矛头开始转为批评英国在沙巴问题上的傲慢态度,即使对于随后新的战争赔偿议案在美国国会的进展情况也很少关注。①

　　在菲律宾方面舆论好转并做好了美国国会的游说工作后,②与原议案几乎一模一样的 HR11721 开始进入美国国会表决程序。8 月 1 日,议案以194∶35的巨大优势在众议院通过。肯尼迪在当天就及时发表了看法:"众议院通过菲律宾战争赔偿议案的事实,证明了美国愿意重新确认我们长期以来对菲律宾人民的道德义务。这是对 5 月所发生的误会和错误的弥补。……我希望参议院能尽快通过这项重要的议案。"③随后,参议院在 8 月 24 日全票通过战争赔偿案。④ 肯尼迪如释重负,他的评论似乎是想为战争赔偿风波对于美菲关系的影响盖棺定论,他说:"参议院通过议案让我非常满意。……开启了美菲关系全新而友好的新篇章。"⑤肯尼迪认为之前几个月不愉快的

---

　　① 　新议案虽然最终得到美国国会批准,但是仍然出现了新的分歧和争论,7300 万美元并没有顺利全额赔付。

　　② 　1962 年 6 月美国参议院对外关系委员会就菲律宾战争赔偿问题再次召开听证会。助理国务卿哈里曼代表行政部门在听证会上接受询问,陈述通过议案的理由,并且为近期菲律宾的报复行为辩护,包括解释菲律宾修改独立日、马卡帕加尔取消访美及在媒体的威胁言论和菲律宾人对美情感的敏感性问题等。肯尼迪政府借此听证会说服国会通过 HR11721。See Philippine War Damage Claims: Hearings before the Committee on Foreign Relations, United States Senate, 87th Congress, Second Session, on S. 2380 and S. 3329, June 12 and 21, 1962.

　　③ 　John F. Kennedy. Statement by the President on the Philippines War Damage Bill. August 1, 1962. *Public Papers of the Presidents of United States* XXXV, 1961 - 1963.

　　④ 　虽然肯尼迪在 1962 年 8 月就正式签署文件批准拨付这 7300 万美元,但是以富布莱特为首的部分国会议员又指责战争赔偿议案存在私人游说和收取大量佣金问题,重新提交议案要求延缓拨款。直到 1963 年 8 月肯尼迪重新签署一项文件(Public Law 88 - 94)修改已经通过的议案,命令单笔索赔限制在 2 万 5 千美元以下,并且严禁说客和中间人从中获得佣金,这笔款项历经波折才开始发放。由于 25000 美元的限额条款,1963 年美国财政拨付的 7300 万美元只发放了 4500 万美元,剩下的 2800 万美元在菲美援越谈判时期解冻,作为菲律宾参加越战的条件之一,转为对菲特别教育基金(Special Education Fund)。1966 年这笔起源于战争损失赔偿的特别教育基金,在得到约翰逊总统的同意后,大多被时任菲律宾总统马科斯的夫人伊梅尔达挪用于菲律宾文化中心大楼的建设。关于1963 年之后菲美两国特别教育基金的交涉见论文:Bonifacio S. Salamanca. "The Negotiation and Disposition of the Philippine War Damage Claims: A study in Philippine-American Diplomacy, 1951 - 1972", 载于 Stanley Peter. *Reappraising an Empire: New Perspectives on Philippine-American History*. Cambridge: Harvard University Press, 1984. pp. 275 - 283。

　　⑤ 　Philippine War Claims, *Congressional Quarterly Almanac*, Volume XVIII. p. 345.

一页已经翻过去了,美菲关系又回到了原先特殊关系的"正常轨道"上。但是这次极为短暂而且在美国方面看来已经成为过去的外交风波,却对菲律宾社会产生了极为深远的影响。菲律宾一批政治和社会领袖借战争损失赔偿问题,开启第一次集体思考——菲美特殊关系何去何从。

五、幻灭和反思

战争赔偿问题在 1962 年突然爆发并且把菲美关系带至低谷的主要原因,如前文所述,是菲美双方对特殊关系存在不同的理解。

大多菲律宾民众对美国保留了强烈的好感,菲律宾人惯性地认为两国血脉相连,同时美国对菲律宾社会负有法律、情感和道德责任。尤其看重家族纽带的菲律宾人的想法是——即使一个孩子离开了父母的呵护,自己独立成家了,当他遇到困难时,他的父母仍然会义无反顾地伸出援手,这是理所当然的血脉亲情。20 世纪 60 年代以前,只有极少数菲律宾政治家强调菲美特殊关系的新殖民主义本质,但都很快淹没在菲律宾全民亲美的大潮之中。

然而无论是菲律宾政府还是菲律宾民众的思维,都没有及时适应美国角色的变化:20 世纪 60 年代的美国,不再是几十年前初登菲律宾群岛、奉行孤立主义的山姆大叔了,而是利益触角遍布全球每个角落的冷战领导者和霸权国家。在二战尚未结束时,美国政府确实很乐意全力援助菲律宾重建、拨付战争损失赔款,毕竟菲律宾群岛是当时美国在海外唯一的"责任"。但是随着时间的推移,美国的"责任"越来越多,要在全球每一个角落争取盟友、"建设民主"、对抗社会主义阵营。换言之,菲律宾人所盼望的美援流向了西欧的盟友们、宣传中立主义的印度和印度尼西亚,甚至曾经的共同死敌日本。

美国所理解的对菲责任显然与菲律宾人的理解大为不同。一名美国议员在战争赔偿案听证会上道出了真相:"我们都明白根本不存在什么(对菲律宾)法律责任了。确实,还有一些道德责任。但是关于这份责任有多重,恐怕我们之间的看法存在着巨大的差异。"①美国国会议员们大多不认为美国有义务拨付这笔赔款,在两年左右的时间里国会拒绝拨款的理由五花八门——加西亚政府腐败、"烟叶风波"已经为菲律宾提供了足够的其他援助和说客佣金问题等。美国国会议员们还可以找到足够多的其他借口,只不过在关系恶化、肯尼迪施压后才最后做出让步;肯尼迪总统支持议案也并非如他公开所言因为"美国对菲律宾人民的感情和友谊",而是因为此时东南亚地区尤其是越南问题的"多米诺骨牌"情况危急,他急需稳住菲律宾,确保军事基地不受菲国内环境的干扰,这才是美国对菲政策的关键所在,也是美国所理解的菲美特殊关系之本质。

战争赔偿案的波折,加上同一时间亚太地区冷战对抗加剧,美国加大了对亚太地区盟友和准盟友的援助力度,众多因素把菲律宾民众的失望情绪第一次推向顶峰。与美国国会屡次拖延战争赔偿议案形成鲜明对比的是,美国一直重视日本复兴计划,扶植日本经济控制东南亚市场,因此大量美援流入菲律宾战争损失的始作俑者——日本。菲律宾媒体和公众广为流传的一句话是,"美国人总是对敌人要比曾经的老朋友好得多,对陌生人(中立国家)也比对朋友好"。在菲律宾普通民众看来,"没有哪个地区像菲律宾那样在战争中忠诚地追随美国并做出巨大的牺牲,美国对菲律宾的回报反而没有对日本这个侵略者多,甚至不如南越当局和泰国。在菲律宾看来,他们得到的至少应该和别人一样多"②。美国驻宿务领事馆的一份舆情报告显示:

---

① Philippine War Damage Claims: Hearings before the Committee on Foreign Relations, United States Senate, 87th Congress, Second Session, on S. 2380 and S. 3329, June 12 and 21, 1962. Appendix, p. 59.

② Oral History of Ambassador Stevenson, Ambassador to the Philippines, 1961 – 1963. Georgetown University Library. May 5, 1969. p. 46.

这里的怨恨情绪非常强烈，这种情绪反应就跟菲律宾乡间对待那些抛弃朋友的行为一样，以及愤恨一个盟国的国家尊严遭到了冒犯。……美国在此地区被称为"Balasubas"，这是个侮辱性的词汇，通常用来形容一个富有的亲戚在自己的家族成员穷困潦倒时不愿提供帮助，反过来继续要求穷亲戚们为自己效劳卖命。①

由于双方对战争赔偿案性质的理解差异巨大，当美国众议院否决议案时，美国方面认为这只是众多外交分歧中的一个小事件，难以料到菲律宾做出如此激烈的反应。在失望情绪的影响下，菲律宾全社会第一次经历了特殊关系的幻灭和反思。菲律宾人的幻灭感就好比：特殊关系似乎一直存在，菲美关系和特殊关系就如一个人和他的影子一样，但是当这个人努力追赶影子时，影子也会向前移动，两者永远难以重合。因此当两国的利益发生冲突时，菲律宾人应该把自己的国家利益放在第一位，而非跟着影子亦步亦趋。一篇菲律宾社论这样描述20世纪60年代菲律宾人对美国的微妙态度：

民族反美主义和亲美主义交织在一起……天晓得菲美关系会走向何方。一方面，有一股强烈的民族主义冲动追求独立，成为一个伟大而完整的民族国家。另一方面，菲律宾人仍然不断地在被美国化，通过书籍和报纸，通过电影和电视，通过音乐和文化，通过整个教育系统。他们从小被教育像美国人那样生活、做一个亲美主义者。

那么美国人会奇怪为什么反美运动现在如此盛行？因为被畸形美国化的菲律宾人，到最后都会意识到他们不是真正的美国人。随之而来的必然是幻灭、挫败和疏远，仇恨亦是自然而然的反应。②

---

① American Consul in Cebu City, Philippines, to the Department of State, July 5, 1962. State Department Files, National Archives, 611. 96/7 – 562.

② Reply, *Philippine Free Press*, August 3, 1963.

换而言之,成长中的菲律宾社会对于美国的认识正处于一个错综复杂的转型期:交织着"理想主义的理所当然和依赖""敏感和情绪化""幻灭""自我民族意识的重新认同"和"民族主义仇恨"。

当菲律宾社会在反思特殊关系时,美国方面仍然后知后觉。议案受阻后,美国驻菲大使史蒂文森在接受美国媒体采访时把这次争论轻描淡写地描述为"爱人之间的小争吵"①而已,但是菲律宾媒体和政府高层却已经开始大肆宣传"真正的独立和民族主义外交改革"。

菲律宾媒体一向以自由敢言著称。一份地方报纸首先开炮:"美国国会的行为只证明了一件事情:两国之间被过多吹捧的友谊事实上并不是人们想象那样的。……最近的一系列事件为重新审视两国关系提供了合适的时机。"②《菲律宾自由新闻报》紧随其后:"亲美主义曾经就像菲律宾的气候一样无法变更……因为战争损失赔偿案,我们的独立日从7月4日变成了6月12日;中吕宋的城市里人们撕毁并焚烧附近美军基地的宣传海报;美国驻菲大使馆门前站满了抗议者。……菲美友好关系的象征——罗慕洛将军也离开了生活了20年的美国回到了菲律宾。……这些并不能证明彻底的背离,但是至少证明菲律宾的'气候'已经改变。"③

7月7日,一篇名为《独立的本质》的社论把反思推向高潮,这篇社论指出特殊关系是不对等的,只是菲律宾一方的一厢情愿而已:"菲美之间的友谊已经与过去不同了,两个国家不再是一体的了。事实上,两个国家从未一体过,除了表面上的,因为美国人从未这样想,只有菲律宾人坚持两国的利益是完全一致的。"社论认为,抗议战争赔偿案或者变更独立日,这些都还不是真正的追求独立。这些表面上看起来响亮的反美口号,只是在大义凛然的幌子下希望

---

① *Time Magazine*,June 29,1962. p. 21.

② Telegram from the American Consul in Cebu City to Secretary Rusk,Quoted from *The Bohol Chronicle*,Tabilaran,May 20,1962. State Department Files,National Archives,611. 96/7 – 562.

③ Diplomacy's "Barefoot Boy" Comes Home,*Philippine Free Press*,June 2,1962.

得到美国人更多的偏爱而已。要想真正迈出独立的步伐，不是在对美关系上做文章，而是从自己做起：从思想上摆脱依赖美国的习惯，发起全社会寻找民族认同感的思想运动；加强经济建设、缩小贫富差距，只有这样才能保证菲律宾的稳定和安全，而非需要美国的基地和航空母舰；在外交上坚持自己的原则和路线，而不是唯美国马首是瞻。①

菲律宾官方也紧随媒体加入了反思运动中。大部分菲律宾高级官员身上都带着亲美的烙印，为了避免被指责为美国傀儡，马尼拉推出了"全新菲美关系和亚洲外交"的改革运动。马卡帕加尔抱怨美国对外援助并不考虑过去的关系，只有利益的驱使。他回忆说："既然美国的援助是由美国的现实国家利益所决定的，而非特殊关系，所以我有责任采取行动促使菲律宾成为一个真正的独立国家，包括更改独立日、马菲印多以及资助第二届亚非会议。"②外交部副部长兼驻联合国代表洛佩兹（Salvador P. Lopez）在一次集会演讲中指出，菲美关系必须有所改变了，而菲律宾人首先要做的是改变过去那种对美国的倾向性态度，他呼吁"菲律宾人去除菲美关系中存在的强烈情绪主义，取而代之的是从容不迫的相互尊重和平等"。他指出，美国对菲政策与对其他地区的政策相比并无什么不同，那么菲律宾的对美政策也应该相应地"去特殊化和普通化"，他说："美国遵循的是现实主义外交政策……菲律宾也应该从幻梦中清醒过来，承认事实并努力适应事实。"③洛佩兹接着呼吁菲律宾人民从精神上自强自立，抛弃依赖美国的幻想：

　　菲律宾人不希望美国把我们的付出当作理所当然，我们首先自己

---

①　The Realities of Independence, *Philippine Free Press*, July 7, 1962.

②　Macapagal Diosdado. *A Stone for the Edifice*: *Memoirs of a President*. Quezon City：Mac Publishing House, 1968. p. 278；第二次亚非国家首脑会议原拟于 1965 年召开，但是因为主办国阿尔及利亚发生政变而搁置。

③　Speech by Salvador P. Lopez to the Quezon City Rotary Club, June 11, 1962, State Department Files, National Archives, 611. 96/4－2469.

要做到不要寄望美国对我们的帮助是理所当然的。我们要停止那种不存在的假设——我们永远可以依靠美国人民的纯粹利他主义和慷慨渡过难关。……菲律宾政府亦需要有勇气对美国的战略利益说不，我们有我们自己的国家利益。①

6月22日马卡帕加尔在美国国家广播公司对其专访中指出："菲律宾决心加强与亚洲国家的联系，菲美关系已经弱化。"②无论这是否为一时气话，马卡帕加尔确实从1962年开始在加强亚洲外交领域有所动作，随后1962—1964年他又发起沙巴争议、马菲印多以及加强马卡帕加尔－苏加诺联盟等一系列挑战西方冷战利益的"危险民族主义外交"。不可否认的是，1962年战争损失赔偿问题正是推动菲律宾社会反思特殊关系并发起民族主义外交改革的重要导火索。③

---

① Speech by Salvador P. Lopez to the Quezon City Rotary Club, June 11, 1962, State Department Files, National Archives, 611. 96/4 - 2469.

② Telegram from Secretary Harriman to Ambassador Stevenson, June 22, 1962, State Department Files, National Archives, 911. 506/6 - 2262.

③ 马卡帕加尔正式提出菲律宾外交以亚洲为中心，是在其1964年2月24日访问印度尼西亚时。他在万隆的百万群众集会上提出"转向东方"和"亚洲办法解决亚洲问题"。关于马卡帕加尔的亚洲外交和民族主义外交思想及政策可参考其回忆录（Macapagal Diosdado. *A Stone for the Edifice: Memoirs of a President*. Quezon City: Mac Publishing House, 1968）和菲律宾政府编辑的马卡帕加尔外交问题演讲集（Macapagal Diosdado. *The Philippines Turns East*. Quezon City: Mac Publishing House, 1966）。

第三节　外交特殊关系的反思——"转向亚洲" 外交改革

我们在马尼拉峰会上与苏加诺总统和东姑首相达成共识的努力,是我们通过加强与亚洲国家关系,继而推动菲律宾民族主义发展的重要举措之一。所有这些努力终于建成了马菲印多,通过这个组织我们能够践行亚洲办法解决亚洲问题的外交方针。[①]

——《马卡帕加尔回忆录》

一、马卡帕加尔民族主义和亚洲外交

1962 年春,《菲律宾自由新闻报》做了一个有趣的问卷调查,报社采访了850 名马尼拉地区主修外交学的大学生,让他们辨认世界各国政治家的照片并对菲律宾的外交政策发表看法。调查结果显示,这些学生能够轻易地辨别出欧美大国的政治家,却对邻国东南亚各国政治知之甚少。在几十个政治人物中,这些外交专业的学生出错最多的 7 张照片全部来自东南亚各国领袖;只有 20% 的学生知道河内在越南,剩下的学生大多认为是在夏威夷(Hanoi 和 Hawaii 拼写相近);最为重要的一点是,当被问到未来菲律宾最应该加强与哪一地区的外交关系时,选择日本的是 18%,选择美国的是 70%,而选择东南亚的只有 10%。[②] 此时的菲律宾虽然在地理上属于东南亚的一员,但是却在情感认同和外交事务上离亚洲或东南亚很远。在此背景下,同样是在 1962 年,以亲美形象上台的马卡帕加尔却发起了一场"转向亚洲"的民族

---

① Macapagal Diosdado. *A Stone for the Edifice*: *Memoirs of a President*. Quezon City; Mac Publishing House,1968. p. 253.

② The Crisis of Southeast Asia,*Philippine Free Press*, December 29,1962.

主义外交改革。

如果说加西亚总统的"菲律宾人第一"是一次在经济领域的民族主义政策尝试的话,马卡帕加尔的民族主义思想更多是体现在外交领域。1962 年马卡帕加尔政府向英国以及随后将要成立的马来西亚政府提出的沙巴主权索求,是马卡帕加尔尝试重塑菲律宾外交形象和国际地位的集中体现。马卡帕加尔在总统就职演讲上谈道,要在外交领域深化变革,开启"亚洲化"的时代,其最终目标是重建菲律宾的国际形象,尤其是在亚洲的中立国家面前改变过去那些"棕色的小美国人"、对华盛顿当局亦步亦趋的代理人形象。自从 20 世纪 40 年代以来,菲律宾民族主义并没有经历类似其他亚洲国家民族主义者发起的政治、军事抗争运动。相反,菲律宾社会很自然地接受了与前殖民宗主国的特殊关系,并采用英语为官方语言。在美国文化盛行的同时,菲律宾与其他新兴亚洲民族国家之间产生了心理上的距离和陌生感,东南亚民族主义运动的代表人物苏加诺就曾在马尼拉的演讲中直言不讳地批评东道主对西方的依赖。因此,在民族主义者看来,菲律宾必须要迈出重回亚洲的脚步,逐渐摆脱美国的阴影。时任菲律宾驻美大使洛佩兹评论菲律宾民族主义是"源于这样一种逐渐觉醒的意识,即美国文化在这个群岛打下的烙印会把菲律宾与其余亚洲社会割裂开来"[1]。此外,菲美之间长期存在的战争损失赔偿矛盾在 1962 年集中爆发、经济关系中的"平等权利"问题和层出不穷的军事基地主权纠纷等,也加速了菲律宾对特殊关系幻想破灭的进程和民族主义发展的速度。[2]

但是菲律宾社会各阶层对马卡帕加尔的民族主义外交有着不同的理

---

[1]　*The Manila Times*, April 11, 1964; *The New York Times*, April 12, 1964.

[2]　菲律宾政府最初兴起"民族主义"外交思潮的另一现实原因是借此向美国施压,争取美国更为明确的安全保护承诺。菲律宾很多官员,包括加西亚总统和马卡帕加尔总统,认为美国在 1960 年爆发的老挝危机中的表现过于软弱,担心美国有从东南亚脱身的计划。菲律宾方面希望修改共同防御协定,由美国以正式文件形式做出类似对北约的安全承诺,而非口头承诺。

解。言辞激进的民族主义知识分子把民族主义外交视为与美国彻底脱离关系的进程；普通大众把民族主义外交当作加强与亚洲邻国关系的工具，但是与美国的特殊关系仍需尽量保留；菲律宾官方的解释是"如果菲律宾想要在亚洲的国际舞台上成为领袖，就要首先学会如何与亚洲国家相处"[1]。菲律宾官方也否认外交改革是"远离美国"，而只是想要通过发展民族主义外交改变其国际形象，因为"很少有国家真正认为菲律宾是一个外交独立的国家，在联合国菲律宾以追随美国政策而闻名。现在，即使是美国也在批评菲律宾外交，因为在联合国大会上菲律宾外交甚至无法影响任何一个亚非国家的投票"[2]。

沙巴主权索求对马卡帕加尔的外交政策改革来说是一次契机，菲律宾有机会成为东南亚政治舞台的主角。英国是民族主义外交的极佳目标，因为"一方面英国在东南亚有老牌殖民帝国的恶名，另一方面英国在远东的实力正在加速衰退"[3]。弱小的菲律宾勇敢地对老牌殖民主义帝国英国的利益发起挑战，很容易获得国内民族主义和其他反帝国主义国家的同情，例如苏加诺领导下的印度尼西亚。即使马卡帕加尔清楚英国必然会拒绝菲律宾对沙巴的主权要求，但是只要敢于提出主权要求本身就能满足菲律宾国内民族主义躁动情绪的需要。

与此同时，拒绝西方国家在东南亚的政治安排并且表现得态度强硬亦是间接向美国表达不满——当时美国国会刚刚拒绝了菲律宾的战争损失补偿提案。而且许多厌恶"菲律宾是美国人傀儡"说法的人，都迫切地向全世界展示菲律宾的独立外交形象，而沙巴索求显然是菲律宾"有能力摆脱美国影响，独

---

[1]　Julian C. Madison. The United States and the Philippines, 1961 – 1965: Was There a "Special Relationship?" Ph. D Dissertation. University of Washington, 1996. p. 145.

[2]　*The Manila Times*, April 11, 1964; *The New York Times*, April 12, 1964.

[3]　Leifer, Michael. *The Philippine Claim to Sabah*. Zug, Switzerland: Inter Documentation, 1968. p. 26.

自参与亚洲事务的独立外交象征"①。虽然如此,马卡帕加尔的民族主义外交并没有体现在对美国战略利益的直接挑战,因为这一时期初登政治舞台的菲律宾民族主义势力并无意也无力挑战菲美特殊关系。

美国方面则注意到了菲律宾的民族主义发展势头。由于民族主义力量还很弱小,短时间内难以撼动美菲特殊关系,也不会对美国核心利益造成什么威胁,因此美国政府对此保持乐观。刚刚上台的肯尼迪政府在1961年出台了 NSC6107 号"对菲律宾国家安全政策文件",该文件在评价菲律宾民族主义发展现状时认为:

> 尽管双边关系出现了一些摩擦,菲律宾极端民族主义者要求弱化与美国的关系,包括废除《劳雷尔－兰利协定》,甚至要求美军撤出,但是菲律宾政府仍然遵循与美国利益一致的外交路线。总的来说,菲律宾社会从传统上仍然保留着对美国的友好态度,这是那些政客所不能否认的。

> 从长期来看,寻求民族身份和国家利益的民族主义情感发展是不可避免的,只要不被极端主义者扭曲或操纵,这种发展将是有利的。成功地处理美菲之间的主要外交摩擦,会大大降低民族主义发展过程中的反美色彩。在维持美菲同盟关系的框架下,菲律宾必然会走向更加独立的外交政策。②

美国驻菲大使史蒂文森也赞同在保留美菲亲密关系的前提下,菲律宾民族主义是正确的方向。他认为:"菲律宾人应该把握自己的命运。美国想

---

① Noble, Lela Garner. *Philippine Policy toward Sabah*: *A Claim to Independence*. University of Arizona Press. 1977. p. 9.

② NSC Statement of U. S. Policy towards the Philippines. Report. National Security Council. SE-CRET. Jan 10, 1961. DDRS, CK3100167988.

要继续支配或指挥菲律宾人是错误的，只会让后者联想到殖民主义。这并不是说美国即使在需要的时刻也完全不去影响菲律宾政府的政策，但是菲律宾作为一个亚洲国家，至少要有解决亚洲问题的外交能力。"[1]

美国所理解的菲律宾"更加独立的外交政策"是"在'民主国家国际事务中'表现得更为活跃，尤其是建设性地参与联合国工作、与东南亚其他国家构成反共联盟，在地区事务中扮演更为重要的角色，促进东南亚地区之间的文化经济交流"[2]。也就是说，美国希望菲律宾的独立角色是有益于西方阵营在东南亚所布置的集体安全和反共战略的，与西方保持更大距离是允许的，但是不可以与当前或潜在的敌人走得太近。但是一年后上台的马卡帕加尔政权为推行民族主义外交而导演的沙巴领土争端和马菲印多计划，与美国的期望并不吻合，从而最终遭到美国方面的反对和打压；加之菲律宾国内民族主义的发展尚未达到挑战"菲美特殊关系"的程度，最终，马卡帕加尔在1962—1964年间推行的民族主义外交以失败而告终。

二、沙巴主权索求及各方反应

沙巴领土争端是历史遗留问题。苏禄苏丹于1878年将沙巴（也称北婆罗洲）"转给"英国的北婆罗洲公司，在几经转手之后沙巴于1946年成为英国的直辖殖民地。苏禄苏丹的继承人与英国政府的主要争议在于，当年苏丹与北婆罗洲公司的协议是租借还是永久性转让。菲律宾建国后虽然曾经数次在国会讨论过索求沙巴主权的问题，但是菲律宾政府从未在国内或国际社会公开要求过沙巴主权。即使是在1961年11月的总统大选中，无论是

---

[1]　Oral History of Ambassador Stevenson, Ambassador to the Philippines, 1961 – 1963. Georgetown University Library. May 5, 1969. p. 73.

[2]　NSC Statement of U. S. Policy towards the Philippines. Report. National Security Council. SECRET. Jan 10, 1961. DDRS, CK3100167988.

获胜的马卡帕加尔总统还是其他党派都从未在竞选造势活动中提出过沙巴问题。

随着英国的逐渐没落,英国在东南亚的控制力越来越受到民族主义解放运动和共产主义运动的威胁,被迫放弃直接的殖民统治。英国计划从东南亚脱身的同时,尽可能地保留对殖民地的影响力,因此建立一个亲英的地区代理人政府纳入了英国的战略计划之中。到了20世纪60年代,促使英国着手推动"马来西亚联邦计划"的主要原因是针对新加坡时局的。1961年,马来亚首相东姑·阿都拉曼在新闻发布会上宣布,"马来西亚联邦计划"的目的正是为了"避免新加坡成为共产主义和左派的基地,马来亚应该与新加坡合并。而为了抵消合并而导致华人在联邦人口比例占优势的问题,应该把北婆罗洲、沙捞越和文莱也并入联邦"[①]。"马来西亚联邦计划"对英国的远东战略非常关键:有了马来西亚,英国就能在继续控制新加坡贸易、军事资源的同时,避免与民族主义等直接对抗;其次,并入沙巴等地后,华人在联邦中的政治地位降低,英国可以通过马来统治阶层继续支配东南亚的前殖民地。

在英国正式公布"马来西亚联邦计划"后,菲律宾的几大主要报社首先站出来鼓动政府:"大声说出来,行动起来,要么现在要么永远都不。"[②]经过多次内部紧急磋商后,马卡帕加尔政府于1962年6月22日正式向英国提出索求沙巴领土主权。表面上,马卡帕加尔政府的领土主张事出突然,之前并无太多征兆,亦令英国方面困惑不解;事实上,沙巴问题是马卡帕加尔迎合国内民族主义浪潮而抓住的一次绝佳机会,也是菲律宾首次尝试走出美国外交轨道、独立走向国际政治舞台的一次"大冒险"。

各方很快对菲律宾政府的领土索求做出了回应。英国和马来亚在意料

---

① 梁英明:《东南亚史》,人民出版社,2010年,第246页。

② Now or Never,*Philippine Free Press*,April 14,1962.

之中地拒绝了索求。英国外交部发言人回应道："为沙巴人民福祉计,英国政府认为有必要拒绝一切主权要求",①马来亚政府发言人则评论："菲律宾的主权索求不会给马来亚与英国商讨即将成立的马来西亚联邦制造麻烦。"②英国的漠视态度虽然令菲律宾政府大为恼火,但是对于菲律宾这次外交冒险的得失最为关键的却并不是英国或马来亚的立场,而是印度尼西亚和美国的态度。

印度尼西亚表示欢迎菲律宾的民族主义外交,支持菲律宾在沙巴问题上向老牌殖民帝国发起挑战。1963 年 1 月苏加诺在致马卡帕加尔的信中承诺："我们不会对您的沙巴领土索求设置任何障碍",随后两国在联合公报中正式结成反马来西亚联邦计划的同盟:"苏加诺总统再次向马卡帕加尔总统重申印度尼西亚政府支持菲律宾的沙巴领土主权主张。"③文莱军事政变和马来西亚正式成立后,菲律宾和印度尼西亚开始联合对抗马来西亚。

美国政府的观点也是影响菲律宾沙巴政策的关键。除了民族主义激进派以外,菲律宾政府和大多数民众都希望在菲美特殊关系框架下,推动以国家利益为核心的民族主义外交。因此,菲律宾政府内外尤为看重美国对沙巴索求的支持,将其视为考验两国长期特殊关系的试金石。但是美国高层关于沙巴问题却站在了英国的立场上,给热血沸腾的菲律宾社会浇了一盆冷水。

1962 年 12 月,美国国务院向外交部门通报了美国政府对于沙巴问题的基本立场,指出:"美国支持马来西亚联邦计划,因为这是保证这一地区安全的最佳方案。"同时,美国建议英国放弃漠视菲律宾要求的冷淡态度,以免刺激菲律宾民族主义的自尊心:"英国政府应该考虑满足菲律宾的某些基本要

---

① *The Times*,23 June 1962.

② *Straits Times*,27 June 1962.

③ Macapagal Diosdado. *A Stone for the Edifice*: *Memoirs of a President*. Quezon City: Mac Publishing House,1968. pp. 269 – 270.

求,例如展开双边谈判,包括防务、贸易投资、教育等领域,至少应该愿意认真听听菲律宾关于其主权索求的那些观点。即使谈判不能满足菲律宾的主权要求,至少也能降低菲律宾把争端提交至联合国的可能性。"在美国国务院看来,菲律宾突然提出沙巴主权索求,"源于民族主义……是马卡帕加尔不负责任的一时冲动,英国要做的只是需要给菲律宾人一个保存颜面的台阶下就够了"①。在安抚英国的同时,美国也通过秘密外交渠道向菲律宾施压。美国国务院和国家安全委员会都向肯尼迪建议对菲律宾展开外交斡旋,"劝说菲律宾政府接受马来西亚联邦这个最佳方案"②,并"停止支持印度尼西亚在婆罗洲的军事冒险"③。

虽然美国政府多数官员偏向支持英国的"马来西亚联邦计划",并试图催促菲律宾也接受这一计划,但是也出现了其他意见。在国会影响颇深的参议院多数党领袖麦克·曼斯菲尔德(Mike Mansfield)在给参议院外交事务委员会的报告中,建议美国在沙巴问题上保持中立。曼斯菲尔德等国会议员担心公开支持英国可能破坏美菲关系,进而危及美国在菲军事基地的利益,而这些军事基地是美国干涉越南问题的重要保障。史蒂文森大使则从个人情感上更同情菲律宾,也希望美国能够在此问题上置身事外。史蒂文森斥责英国在回应菲律宾要求时表现得过于轻率和傲慢:"英国人企图从一开始就扼杀争议。但是菲律宾人不会轻易放弃,他们总是能够找到理由继续争议。……我并不认为菲律宾在沙巴争端中毫无理由,确实有很多问题

---

① Philippine-UK Talks on North Borneo, Possibility of Kennedy-MacMillan Nassau Meeting, Dec. 19 - 20,1962. Dec 13,1962. DDRS, CK3100392248.

② Memorandum from Secretary of State Rusk to President Kennedy. February 17, 1963. FRUS, 1961 - 1963, Volume XXXII, Southeast Asia, Document 329.

③ Memorandum from Robert W. Komer of the National Security Council Staff to the President's Special Assistant for National Security Affairs (Bundy). January 16,1963. FRUS,1961 - 1963,Volume XXXII, Southeast Asia, Document 300.

值得探讨。"①

马来西亚联邦计划对于英国远东战略的重要性不言而喻,亦符合美国在东南亚的冷战利益。即使美国政府内部出现反对声音,肯尼迪政府仍然坚持支持英国,不愿意看到菲律宾的"民族主义冲动"破坏反共大局。1963年4月,菲律宾副总统兼外交部部长佩莱斯前往华盛顿与肯尼迪会面,肯尼迪在会谈中正式向菲律宾政府表达了美国的立场。肯尼迪指出,殖民时期美国从未对沙巴提出过主权要求,而在马卡帕加尔上任前菲律宾也未公开提出这个问题,暗示菲律宾的突然发难太过突兀了。肯尼迪向佩莱斯解释了美国支持马来西亚联邦计划的原因:"马来西亚联邦计划的主要目的是为了平衡种族结构,因为华人在新加坡占人口多数。美国在历史上从未在此地区有利益关切,因此美国首先考虑的是地区安全问题。……我们相信马来西亚联邦计划是最符合安全考虑的方案。"②即使抛开美国所关心的东南亚安全问题不谈,虽然英国和菲律宾都是美国传统上的"亲密伙伴",但是如果要在英菲争执中选择支持一方的话,美国也更愿意选择英国这个在全球仍然保留一定影响力的老牌帝国,而非国际话语权微弱且过去在外交上过于依附自己、唯命是从的菲律宾。

三、马菲印多计划

缺乏美国支持的马卡帕加尔转而寻求印度尼西亚强力支持的同时,也开始寻找一个阻止"马来西亚联邦计划"的办法。外交受挫的马卡帕加尔认为"马来西亚联邦计划"不仅是沙巴主权索求的主要障碍,也是菲律宾发展

① Oral History of Ambassador Stevenson, Ambassador to the Philippines, 1961 – 1963. Georgetown University Library. May 5, 1969. p. 79.

② Memorandum of Conversation. April 23, 1963. FRUS, 1961 – 1963, Volume XXIII, Southeast Asia, Document 381.

民族主义外交、在东南亚地区事务中拥有话语权的重大隐患。

在 1962 年 6 月菲律宾提出沙巴主权的同时,马卡帕加尔也出乎意料地提出了另一项大胆的计划,称为"大马来亚联邦"(Greater Malayan Confederation),这一计划把马卡帕加尔的民族主义外交和"亚洲化"发挥到了极致。除了菲律宾以外,大马来亚联邦还包括马来亚、新加坡、沙捞越、文莱和北婆罗洲等即将建立的马来西亚全部领土。按照马卡帕加尔的说法:"联邦的目的是为了让马来民族根据自己的利益来思考和行动,而不是被欧洲大国所支配。所有人都同意的一点是——包括英国人在内,还有谁比马来人自己更关心马来人的福祉呢?"①泛马来民族联邦国家的构想最早出自一位菲律宾民族主义政治家宾松斯(Wenceslao Vinzons),他在其文章中首次提出大马来民族国家的概念。马卡帕加尔曾经担任宾松斯的助手,因而深受其民族主义思想的影响。当然,马卡帕加尔提出"大马来亚联邦"计划更主要的目的是为了反击英国指责其"试图破坏新加坡、文莱、沙捞越和沙巴等地马来民族的团结,延缓马来西亚成立的时间"②。马卡帕加尔在演讲中指出他的计划才是维护民族利益、反对殖民主义的最佳方案:

现在已经到了殖民势力清偿他们在东南亚殖民帝国旧债的时刻了,我们马来民族达成共识、团结合作的时刻已经来到。我认为这个伟大的任务不应该由那些即将离开这里的殖民者来完成,这个任务必须由我们马来人亲手完成。如果他们(英国)有一个领土合并的计划,那么让我们制订一个更好的计划。这个计划有着促进我们民族政治、经

---

① Interview with Diosdado Macapagal, December 5, 1995. See Julian C. Madison. The United States and the Philippines, 1961 – 1965: Was There a "Special Relationship?" Ph. D Dissertation. University of Washington, 1996. p. 129.

② Macapagal Diosdado. *A Stone for the Edifice: Memoirs of a President*. Quezon City: Mac Publishing House, 1968. p. 254.

济和文化统一的崇高目标。所以如果他们有一个联邦国家的计划,让我们思考出一个联合整个地区联邦国家的更佳方案。因此,我建议建立一个"大马来亚联邦",第一步是要纳入马来亚、菲律宾、新加坡、沙捞越和北婆罗洲。①

但是马卡帕加尔企图借助"大马来亚联邦"计划阻止马来西亚成立的目的并未达到。东姑对此评论:"这个计划是一个非常好的方案,值得仔细研究",但是马来亚方面没有任何与菲律宾探讨细节的意愿,只是敷衍道:"马来西亚联邦正式成立后,这个计划可能会提上议事日程。"②英国方面更是对此计划表示了毫不掩饰的鄙视,完全不加理睬。随后一系列事件证实,恼怒的菲律宾政府开始联合印度尼西亚对即将成立的马来西亚采取敌对行动:1962 年 11 月苏加诺在马尼拉短暂停留,与马卡帕加尔商讨沙巴问题和"大马来亚联邦"计划;同月,与印度尼西亚关系亲密的文莱人民党主席阿扎哈里访问菲律宾归国后不久,就发动了军事政变,拒绝文莱加入马来西亚;政变失败后,菲律宾政府更是为阿扎哈里提供了政治庇护。当肯尼迪明确表示不支持菲律宾的主权要求后,同样反对"马来西亚联邦计划"的苏加诺成为马卡帕加尔外交冒险的重点。马卡帕加尔开始计划把印度尼西亚也纳入自己的"大马来亚联邦"计划之中。"1963 年 4 月,当时正在担任菲律宾大学校长的罗慕洛命令学者们加紧研究把印度尼西亚纳入联邦的学术依据。"③

把印度尼西亚卷入"大马来亚联邦"计划之中是马卡帕加尔民族主义外

---

① Leifer, Michael. *The Philippine Claim to Sabah*. Zug, Switzerland: Inter Documentation, 1968. pp. 28 – 29.

② *Straits Times*, 27 July, 1962.

③ Leifer, Michael. *The Philippine Claim to Sabah*. Zug, Switzerland: Inter Documentation, 1968. p. 47.

交关键性的一步,他对此解释道:"我觉得如果菲律宾想赢得亚洲国家的友谊和信任,我们有责任在亚非国家大家庭中找到自己合适的位置,弱化那些由美国或其他西方强权主导的组织或计划。在这一背景下,由于印度尼西亚是东南亚第一大国,其参与(大马来亚联邦)是不可避免的。"①马卡帕加尔设想把马尼拉变成东南亚外交的中心,其他东南亚国家的代表齐聚马尼拉朝圣。他计划采取进一步行动把自己的泛马来民族国家这一政治梦想变成现实,而菲律宾则会成为亚洲民族主义潮流的杰出代表,完全逆转过去"美国政策传声筒"的形象。马卡帕加尔呼吁菲、印、马三方齐聚马尼拉通过协商解决分歧,并试图在三方会议上推销加上了印度尼西亚的"马菲印多联邦"计划(Maphilindo)。多重压力之下,此时外交处境危险的马来亚被迫同意参加会议并暂时答应了马卡帕加尔提出的要求,1963 年 8 月 5 日,马卡帕加尔、苏加诺和东姑在马尼拉峰会上宣布了"马菲印多联邦"成立。马尼拉峰会的另一项民族主义成果是"三位首脑一致强调美国和英国在该地区的军事基地是临时性的,禁止该地区的外国军事力量部署进一步扩大"。② 但是这项协议更多的只是在纸面上宣传东南亚群岛地区的中立化理念,在美国日益卷入越南冲突的背景下根本不可能实现,在菲美特殊关系中处于弱势的菲律宾亦没有多少主动权决定军事基地的未来。

"马菲印多联邦"虽然只是一个象征意义远大于实质的松散组织,但是能在菲、马、印三方分歧严重的背景下得以成立,三国自然各有自己的利益打算。

首先,菲律宾作为发起者,"马菲印多联邦"计划把马卡帕加尔的民族主义外交发挥得淋漓尽致,菲律宾渴望借此机会实现"亚洲化"的目标。马卡帕加尔对马菲印多热情高涨还有诸多其他理由:与苏加诺的民族主义政策

---

① Macapagal Diosdado. *A Stone for the Edifice: Memoirs of a President.* Quezon City: Mac Publishing House,1968. p. 279.

② *The New York Times*, August 6,1963.

相呼应,借苏加诺的力量在沙巴主权问题上向西方施压;在泛马来民族的框架下,借此组织插手马来西亚联邦计划,拖延马来西亚联邦的建立;借此组织加强地区政治对话,马卡帕加尔也不愿意看到矛盾深化把菲律宾拖入武装冲突中;加强与印度尼西亚的双边关系,防止印度尼西亚对菲律宾南部穆斯林地区的渗透;影响印度尼西亚国内政治进程,防止印度尼西亚倒向社会主义阵营,因为马卡帕加尔也把自己视为苏加诺与西方之间对话的桥梁。1964年2月,马卡帕加尔访问印度尼西亚,他在访问过程中详细阐述了自己的"亚洲化"和"民族主义外交"理想。2月24日,马卡帕加尔参加了万隆的百万群众大会,他在大会上说:"那些亚洲问题应该由亚洲国家自己用亚洲办法来解决,无论是出于逻辑原因还是独立的本质所要求。在几个世纪的殖民历史后,亚洲国家应该得到真正的独立",而且他形象地用"菲律宾转向东方"来描绘菲律宾的外交改革路线。[①]

苏加诺的一贯目标是第三世界民族主义运动的旗手,他把马来民族主义性质的"马菲印多联邦"视为赶走英美军事基地的工具。苏加诺自信印度尼西亚无论是人口、国土还是军事实力都足以控制马菲印多。

马来亚也有接受"马菲印多联邦"的理由。东姑认为马菲印多不会阻碍马来西亚的建国进程,而且一个打上马来民族主义烙印的"马菲印多联邦"会打击华人的影响力,保证自己对马来西亚的控制。

除了马菲印多的当事三方以外,美国对此计划的态度值得玩味。起初美国对马菲印多计划持怀疑态度,认为弊大于利。第一,马菲印多宣布成立后仅仅一个月马来西亚就正式成立了,菲律宾和印度尼西亚都与马来西亚断交,而且印马对抗(Indonesia–Malaysia Confrontation)正式开始,战争一触即发,"马菲印多联邦"计划前景黯淡。第二,美国担心苏加诺会利用"马菲印多联邦"计划破坏自己的东南亚集体安全战略。第三,美国人最在乎的一点

---

① Macapagal Diosdado. *The Philippines Turns East*. Quezon City：Mac Publishing House,1966. p. 48.

是:苏加诺可能利用泛马来民族主义情绪破坏西方与其代理人政府的关系(英马关系和美菲关系)。美国担心苏加诺会影响对民族主义外交热情高涨的马卡帕加尔,继而对美菲特殊关系和东南亚条约组织的团结不利。马尼拉峰会上达成的"军事基地临时性"协议加剧了美国的怀疑,在东南亚大陆冷战加剧的情况下,美国绝不能接受有左倾迹象的印度尼西亚在东南亚海岛地区势力膨胀,以免东南亚地区出现冷战"热战化"的第二战场。

史蒂文森大使的观点代表了大多数美国官员的看法,他数次当面提醒马卡帕加尔总统和佩莱斯副总统警惕印度尼西亚离间菲美关系。史蒂文森担心"由于文化上的相似性"和共同的民族主义理想,马卡帕加尔极易受苏加诺影响。马卡帕加尔回复史蒂文森说:"印度尼西亚有支配这一地区的潜力,与它做朋友要比与其为敌明智得多。"马卡帕加尔向史蒂文森保证只要"印度尼西亚还在马菲印多的框架内,让苏加诺做个名义上的地区领袖",他就自信能够让苏加诺"保持安静,不给别人找麻烦"。[①]

美国主流媒体也与美国政府有相同的担忧。即使美国在原则上并不反对菲律宾加强与亚洲邻国的关系,但是很多人担心民族主义外交和马菲印多计划会导致"失去菲律宾,尤其是共产主义在该地区存在潜在的强大影响力"[②]。《纽约时报》评价,菲律宾推动马菲印多计划的方法就是简单的"减少与美国的联系,而与印度尼西亚建立紧密关系"[③]。为了向美国媒体解释菲律宾的马菲印多计划无意淡化菲美关系,菲律宾政府高官在多个场合"澄清误会"。菲律宾驻美大使穆图克(Amelito Mutuc)评价媒体的观点是"错误且误导性的",他解释"加入马菲印多只是为了加强与自由世界的联系"。关

① Oral History of Ambassador Stevenson,Ambassador to the Philippines,1961-1963. Georgetown University Library. May 5,1969. p.75.

② Julian C. Madison. The United States and the Philippines,1961-1965:Was There a "Special Relationship?" Ph. D Dissertation. University of Washington,1996. p.144.

③ *The New York Times*,August 6,1963.

于菲律宾民族主义外交，穆图克极力安抚美国："在外交领域，我们的目标并非做亚洲的领袖，更别说在全球范围内。……在菲律宾的各项外交事务中，与美国的关系在未来很长一段时间内都将是第一要务。"①时任菲律宾常驻联合国代表洛佩兹也向美国媒体保证菲律宾不会远离美国。洛佩兹承认菲律宾的外交政策经历了"剧烈的调整，更加重视亚洲，尤其是东南亚外交"。但是洛佩兹指出："无须担心我们有了新朋友就会失去老朋友，新外交政策并非是放弃或否认与美国和西方的互利关系和共同利益。"②

肯尼迪被暗杀后，为了争取美国新政府支持自己的"马菲印多联邦"计划，马卡帕加尔决定亲自向新任美国总统约翰逊解释。1963 年 11 月，马卡帕加尔借参加肯尼迪葬礼的机会访问了白宫。马卡帕加尔再次向约翰逊强调，印度尼西亚实力强大以及印度尼西亚在地理上过于靠近菲律宾，因此通过"马菲印多联邦"预防苏加诺倒向社会主义阵营，无论是对菲律宾还是对美国都意义重大。马卡帕加尔的话打动了约翰逊："菲律宾人民做好了随时追随美国的准备，菲律宾与美国有相同的政治理念。……菲律宾可以在印马对抗中扮演调停人的重要作用，从而有利于美国退居幕后。……菲律宾可以成为苏加诺和西方之间的窗口。"约翰逊急于设法稳住苏加诺，认为马卡帕加尔的外交路线不妨一试。会晤中约翰逊勉强同意菲律宾继续加强与印度尼西亚的关系，并且承诺帮助"菲律宾成为地区领导者"③。

四、马卡帕加尔民族主义外交的失败

但是仅仅几个月后，马卡帕加尔两年来的亲印（尼）政策就陷入尴尬的

---

① *The New York Times*, August 10,1963.

② *The New York Times*, August 30,1963.

③ Memorandum of Conversation. November 26,1963. FRUS,1961 – 1963, Volume XXXII, Southeast Asia, Document 392.

境地。印度尼西亚在继续加强对马来西亚对抗政策同时,也开始对菲律宾南部穆斯林地区进行渗透。1964 年 1 月,约翰逊致信马卡帕加尔专门讨论印度尼西亚问题。约翰逊在信中猛烈批评印度尼西亚的军事冒险"给东南亚带来了灾难性的分裂",他提醒美国政府将对印度尼西亚采取行动,包括停止援助项目。至于马菲印多计划,约翰逊建议:"一系列马尼拉峰会决议通过马菲印多这一亚洲办法解决问题。但是我认为现在需要设计出另外一个更具有想象力的计划来立即停止一切军事对抗行为,引导马菲印多计划的相关国家尝试新一轮谈判达成和解。"①随着美国对印度尼西亚的态度更加强硬,菲律宾国内舆论也调整了风向。从 1964 年 8 月开始,菲律宾主流媒体不再大肆宣传沙巴问题,而是大量报道印度尼西亚的武装分子对菲律宾南部棉兰老地区的渗透活动。菲律宾政府也逐渐减少了对沙巴的渗透和情报收集活动,转而加强南部的安全防务。马卡帕加尔意识到"马菲印多联邦"计划已无实现可能,他尤其担心苏加诺的下一个目标很可能是菲律宾南部的穆斯林地区。事实上,很多当地穆斯林居民由于宗教、语言和文化的原因,认为"他们与印度尼西亚人的共同点要比吕宋岛上的菲律宾人多得多"②,而苏加诺也对棉兰老地区有所企图。马卡帕加尔不得不再次把目光投向美国,希望寻求美国的军事保护。

1964 年 10 月,马卡帕加尔再次访问华盛顿期间,他向美国国防部部长麦克纳马拉透露"以反走私为借口,菲律宾已经把国防重心南移"。麦克纳马拉则承诺,研究帮助菲律宾"加强建设反叛乱武装,以应对南部的渗透"③。美国国务卿腊斯克则直公开接警告印度尼西亚"任何针对菲律宾的军事行

① Telegram from the Department of State to the Embassy in the Philippines. January 6,1964. FRUS, 1964 – 1968,Volume XXVI,Indonesia; Malaysia-Singapore; Philippines,Document 3.

② Julian C. Madison. The United States and the Philippines,1961 – 1965: Was There a "Special Relationship?" Ph. D Dissertation. University of Washington,1996. p. 140.

③ Memorandum of Conversation. October 6,1964. FRUS,1964 – 1968,Volume XXVI,Indonesia;Malaysia-Singapore; Philippines,Document 301.

动都是不可接受的":

> 我指出我们与菲律宾的防务条约是无条件而广泛的。如果有任何针对菲律宾的袭击,无论该袭击来自何方,都被视作对美国的袭击。……任何对美国在菲律宾所承担安全义务的怀疑和侥幸心理都是极其危险的。[①]

至1964年底1965年初,菲律宾与印度尼西亚关系破裂已经表面化,"马菲印多联邦"计划正式破产。印度尼西亚本来试图在菲律宾和美国之间制造障碍,但是苏加诺显然低估了菲美特殊关系的根基。而最令菲律宾政坛不安的是印度尼西亚退出联合国,并且苏加诺断然拒绝西方援助,转而加强了与社会主义阵营国家的关系。苏加诺政府与中国的联系日益密切,并在1964年11月与朝鲜和北越建立了外交关系。菲律宾虽然已经兴起摆脱美国阴影的民族主义运动,但是在"反共"问题上仍然与西方保持高度一致,菲律宾政坛的"反共"思维根深蒂固,非常恐惧印度尼西亚这个强大的邻国倒向冷战的另一边。随着苏加诺左倾,马卡帕加尔的民族主义外交也失去了着力点,匆忙回头重新拾起了菲美特殊关系的大旗。

马卡帕加尔发起民族主义外交初期,菲律宾常驻联合国代表洛佩兹在1962年的一次演讲中信誓旦旦地宣布,"菲律宾将要放弃与美国的特殊关系,将重心转移至发展与其他亚洲国家的外交关系"。但是仅仅一年多以后,当有美国记者向他证实其外交观点时,洛佩兹矢口否认他说过菲律宾有放弃特殊关系的打算。[②]

洛佩兹关于特殊关系的言论前后不一,反映了1962—1964年短短三年时

---

① *The New York Times*, October 9, 1964.

② Julian C. Madison. The United States and the Philippines, 1961 – 1965: Was There a "Special Relationship?" Ph. D Dissertation. University of Washington, 1996. p. 143.

间里马卡帕加尔政府民族主义外交虎头蛇尾的变化趋势。1962 年马卡帕加尔上任之初雄心勃勃地提出民族主义外交的宏伟蓝图,大有取代菲美特殊关系成为菲律宾外交纲领的趋势。为此,马卡帕加尔力图借助沙巴问题、马菲印多联邦计划和拉拢苏加诺,在东南亚国际事务中施展拳脚。不管菲律宾官方是否否认,马卡帕加尔的民族主义外交都是菲律宾建国以来走出"去特殊化"的第一步,虽然这只是小心翼翼的、试探性的一小步。20 世纪 60 年代初的菲律宾民族主义虽然在战争损失赔偿案、不平等经济条约和军事基地主权冲突等问题的催化下,逐渐成为一支重要的政治力量,但是不可否认的是,特殊关系仍然是两国双边关系的主流,传统的亲美反共思维仍然是菲律宾外交的纲领思想。一旦印度尼西亚左倾,菲律宾政府就急于抛弃民族主义外交,重新转向菲美特殊关系寻求美国的援助和保护。

无论如何,沙巴问题使菲律宾政府和公众第一次把视线投到亚洲邻国的事务上,虽然美国仍然在整个事件中扮演了重要的角色。菲律宾政府和社会的心态毕竟发生了一些变化,马卡帕加尔政府也确实取得一些外交成绩。1946 年菲律宾独立后的首任总统罗哈斯在就职典礼上指出"与国际社会其他地区建立联系需要漫长的过程,菲律宾人更加重视业已存在的菲美特殊关系";如今菲律宾社会逐渐意识到:

> 现在越来越清楚的是,菲律宾在其他地区所能获得的友谊和理解不可能与东南亚地区相比。与西方的友谊确实值得珍惜,但是无论是战略还是经济上,菲律宾都更应该积极向邻居们寻求帮助和慰藉。……我们无须背离西方,但是必须意识到我们的根在亚洲,我们要继续加强这种意识。我们再也不能自以为是与亚洲邻居们保持距离了。亚洲才是我们的家,我们回家的时间已经太晚了。①

---

① *Manila Chronicle*, March 23,1963.

除了社会舆论和心态上的变化,外交领域的实际行动更有说服力。学界经常强调,1962 年 6 月 12 日马卡帕加尔宣布修改菲律宾独立日的象征意义,但是却忽视马卡帕加尔执政期间在外交领域还有另外一件更有实际意义的"去特殊化""和亚洲化"措施:根据 1946 年菲律宾独立时菲美双方约定,在菲律宾尚未建立外交关系的地区由美国使领馆代表菲律宾政府代为处理外交事宜,这个"殖民主义"痕迹明显的安排也在马卡帕加尔的外交改革中作古。1963 年 9 月 17 日,菲律宾政府向美国递交公函,宣布由亚洲国家取代美国帮助菲律宾处理此类外交事务。[①] 马卡帕加尔执政期间,菲律宾与其他国家尤其是亚洲国家的外交联系取得了显著进步。对此,一本关于马卡帕加尔的传记评论道:"在他短暂的执政时间内,他所接待的外国元首和政治领袖比所有前任菲律宾总统加起来都要多。"[②]

马卡帕加尔的民族主义外交是菲律宾对其国家意识和国际角色定位的一次尝试,但是由于国内外的主客观条件尚未成熟,这次尝试并不成功。有意思的是,1964 年正值菲律宾大选年,外交改革尝试失败的马卡帕加尔急于重回菲美特殊关系的"正常轨道",为其连任争取筹码。[③] 因此,越战升级后马卡帕加尔希望通过参加越战换得美国的援助以及对其本人竞选的政治支持。当菲律宾追随美国走进越战战场时,看似特殊关系背历史潮流重回所谓的"正轨",然而讽刺的是正是因为菲律宾参加越战进一步刺激了菲律宾普通民众民族主义和反美情绪的发展。当 1969 年菲律宾退出越南战场时,"去特殊化"和民族主义外交已经一跃成为菲律宾对外关系政策的主流思想。

---

① Macapagal Diosdado. *The Philippines Turns East.* Quezon City:Mac Publishing House,1966. p. 10;例如次年菲律宾政府与巴基斯坦达成协议,巴基斯坦驻莫斯科大使代表菲律宾与苏联签订相关外交文件;泰国代表菲律宾处理对马来西亚事务。

② Quentin Reynolds and Geoffrey Bocca. *Macapagal the Incorrupitible.* New York:David McKay Company,1965. p. 200.

③ 1935 年菲律宾宪法规定总统任期是 6 年且不能连任,该宪法的 1940 年修订条款改为总统任期是 4 年且可以连任一次,直到 1972 年时任总统马科斯发动军事管制废除相关限制;菲律宾现行 1987 年宪法则规定总统任期是 6 年且不能连任。

第四节　军事特殊关系的火药库——军事基地
司法主权之争

一、军事基地与菲美特殊关系

军事基地是探讨菲美关系时一个无法回避的问题。即使美国早在 20 世纪 90 年代初就完全放弃菲律宾所有军事基地,但时至今日两国外交议题中关于军事基地的最新定位,①仍然牵动着菲律宾国内各政治派别以及周边国家的神经,对中国的南海安全和美国的印太战略的影响亦举足轻重。

军事基地在百年菲美关系发展史中始终扮演着"风向标"的作用,两国对军事基地地位的理解随着历史背景的变动而不断发生改变。

首先,从美国的角度来梳理在菲军事基地的百年发展历程。19 世纪末 20 世纪初,逐渐崛起成为世界工业强国的美国正是从马尼拉湾开始自己的帝国之路的,在马尼拉湾建立一个永久性的远东军事堡垒得到很多狂热帝国主义者的支持。军事基地可以帮助姗姗来迟的美国插足列强纷争的远东地区——美国干涉中国义和团运动的远征军就是从菲律宾出发的。20 世纪大萧条时期,孤立主义在美国国会取得绝对优势,随之促成菲律宾自治政府成立,此时的菲律宾独立方案中并无保留军事基地的计划。二战结束后,美国一跃成为冷战霸主,保留大规模的菲律宾军事基地再次成为美国内部共识。之后随着新中国成立和朝鲜战争爆发,克拉克空军基地和苏比克湾海军基地也升级成为美国东南亚安全战略的主要前哨站。20 世纪 60 年代东

---

①　1998 年菲律宾与美国签订了《访问部队协议》,美军以轮换、访问和联合军事演习的形式仍然保留了少许在菲军事力量。2014 年,双方又签订了《加强国防合作协议》,进一步加强美军在菲律宾军事基地存在的稳定性。

南亚冷战冲突加剧,菲律宾军事基地更是成为决定越战成败的重要保证。越战落幕和美中关系缓和后,菲律宾军事基地的象征意义要大于军事战略意义,在菲军事基地是美国向东南亚盟国承诺安全义务的标志;冷战结束后,军事基地结束了其历史使命。

对独立后的菲律宾而言,军事基地是一个矛盾的综合体,其既是菲美特殊关系的丰碑,又是殖民主义残留的耻辱柱。菲律宾独立建国初期,不安全感和残破的经济都急需美国军事力量的存在。大量军事基地人员消费和补助是菲律宾战后重建的信心来源,也是菲律宾经济发展的重要支柱,[①]此时菲律宾社会最关心的是与美国签订一个类似北约盟国那样的军事自动互助协议,极少出现关于军事基地的负面言论。进入 20 世纪 60 年代,民族主义的崛起使得社会舆论非常关注基地领土主权、司法权、租借期限和土地归还等问题。美国军事基地周围形成了大量为军事人员提供服务的菲律宾居民社区,双方之间频发的犯罪、歧视和社会矛盾很容易吸引普通公众的注意力。这一时期,军事基地吸引了绝大部分民族主义反美情绪的火力。随着尼克松主义推行,尤其是马科斯总统实行军事独裁统治以后,军事基地被菲律宾各派力量视为美国支持马科斯政权与否的风向标。马科斯独裁期间,菲律宾方面积极维护军事基地、全力争取美国的军事援助。1986 年菲律宾二月革命推翻马科斯独裁政权后,军事基地又变成菲律宾民众愤恨美国支持独裁政权的发泄对象。加之随后冷战结束、军事基地条约到期,双方都已再无保留军事基地的理由。

---

① 美国军事基地是菲律宾就业市场和外汇的重要来源。例如越战升级后的 1966 年,大量美军士兵从越南战场到菲律宾基地休整。1966 年军事基地共直接或通过援助项目雇用菲律宾工人 385000 人,占菲律宾全国就业劳动力的 3.5%。如果加上基地发放的工资和退休金带来的间接工作岗位,军事基地贡献的就业人数估计超过 100 万人。美国国防部是菲律宾劳动力市场仅次于菲律宾政府的第二大雇主;1966 年的军事基地支出和再流通产生的效益据估计为菲律宾当年的国民生产总值贡献了 5.66 亿美元,占全部国民生产总值的 9.5%。

二、军事基地司法权问题

美国在菲军事基地是一个错综复杂的研究对象,由此衍生的军事、法律、经济、外交和社会学等课题已经得到美菲两国各个领域学者的广泛关注,出现了大量的相关学术著作。[①] 但是如果把视线放在 20 世纪 60 年代的军事基地对菲美特殊关系和菲律宾民族主义发展脉络的影响上,频发的基地枪击案件及其相关的司法权问题是这一时期最为重要、最具代表性的课题。[②]

根据 1947 年的《菲美军事基地条约》条款规定,双方政府对各种案件的司法权归属是由案件发生的地点所决定的。所有案件可以简单分为两种:发生在军事基地外的和军事基地内的。除了一些特殊情况的额外规定以外,基本原则非常简单:凡是在军事基地外发生的案件一律由菲律宾政府行使司法权;凡是发生在军事基地内的案件由美国行使司法权。显而易见,这种区分方法背后的逻辑是:基地以外的案件发生在菲律宾领土上,由菲律宾政府管辖;基地内的案件是发生在"美国领土"上,由美军军事法庭管辖。从菲律宾建国以来,双方对于军事基地主权的争议从未停止,但是司法权条款至少可以证明 1947 年起草条款的美国官员认为基地是美国领土。

[①] 从各个学科的角度讨论美国在菲军事基地的论著非常丰富。事实上,在所有讨论战后菲美关系的学术著作中,相当大的一部分都是从军事基地的角度入手。从军事基地的角度讨论菲美关系史的主要代表作包括:Berry, William Emerson. *U. S. Bases in the Philippines: the Evolution of the Special Relationship.* The Perseus Books Group, 1989; Paez, Patricia Ann. *The Bases Factor: Realpolitik of RP-US Relations.* Manila: Center for Strategic and International Studies of the Philippines, 1985; Eduardo Z. Romualdez. *A Question of Sovereignty: the Military Bases and Philippine-American Relations*, 1944 – 1979. Manila: E. Z. Romualdez, 1980,本书不再做展开叙述。

[②] 除了司法权问题以外,双方关于基地的矛盾还包括:基地领土主权、对菲律宾工人种族歧视、关税、设施共用、美军士兵走私、菲律宾人盗窃、基地租借期限、基地内自然资源开发、基地内外贫富差距和基地给周围社区带来的卖淫等问题。

　　这项关于司法权解释的条款从一开始就造成很多矛盾。例如,20 世纪 50 年代发生多起美军士兵或家属在菲律宾社区犯罪肇事后迅速逃到基地的案件。由于菲律宾警方无权进入基地抓人,而基地往往包庇嫌疑人而导致案件不了了之。最令菲方不满的是,在美国与其他拥有美军基地的东道国所签协议中,其他国家对于基地内部发生的部分严重刑事案件是拥有司法权的,而菲律宾则完全无权干涉基地司法。菲律宾政府无权过问自己领土上的案件,无疑让菲律宾民众有基地是"国中之国或美国占领区"的质疑。

　　根据一份 1965 年菲律宾司法部的报告,美国在菲 23 个军事基地自 1952 年以来共有 41 名菲律宾公民被美国军事人员(包括在美军中服役的菲籍士兵)杀害,[1]其中克拉克基地就占了其中的 30 余起。[2]美国拥有这些案件的司法权,而更加引起菲律宾社会不满的是所有案件的嫌疑人没有一人真正受到过法律审判或惩罚,美国军方也常以罪犯退役为由将其转移回美国国内,从而包庇美军人员逃避审判。这些案件伤害菲律宾人而且藐视当地法律和菲律宾国家主权,引发了菲律宾社会对军事基地的强烈不满。由于案件频繁和媒体大肆宣传,司法权问题在 20 世纪 60 年代成为菲律宾社会追求国家主权和尊严的象征之一,亦是刺激菲律宾民族主义反美情绪迅速发展的火药库。在民族主义迸发的背景下,1964 年底连续发生两起枪击命案,把基地司法权问题推到菲美关系最显眼的位置。

三、1964 年枪击案风波

　　1964 年 11 月 25 日,一名 16 岁的菲律宾少年在克拉克基地被枪杀。这

---

　　① 根据 1947 年《菲美军事基地条约》规定,美军有权每年招募一定数量的菲律宾公民为美国军队服役。美军中的菲籍士兵大多在基地担任站岗和军事设施安保工作。

　　② Salvodor L. Marino. "Report of the Secretary of Justice Concerning Certain Incidents Inside the U-nited States Clark Air Bass", *Philippine International Law Journal*, Vol. 3, No. 3 - 4, July-December 1964, p. 535.

个拾荒少年当时在克拉克空军基地的射击训练场捡炮弹的金属碎片,而枪杀他的是美国空军一等兵科尔,科尔当时正在附近"站岗巡逻"。仅仅十几天后,12月13日一名菲律宾渔民在苏比克湾海军基地附近被美军海岸警卫队士兵枪杀。苏比克海军当局随后通过美国驻菲大使馆召开新闻发布会,声称这艘渔船试图进入基地的弹药库存重地。两起案件的嫌疑人都被基地军事法庭以"过失杀人罪"起诉。这两起案件再次引发强烈的社会反响,马尼拉和基地周围社区的反美情绪骤然上升,其中克拉克基地一案尤其引人关注,美军官方起初通报科尔在执勤时枪杀了少年,但是随后的内部调查报告显示科尔当时并没有执勤任务。美军基地方面原本试图封锁这一消息,但是真相仍然被媒体获知。科尔一案非常敏感:无所事事的美国大兵闲逛时枪杀菲律宾未成年少年,以此取乐。在媒体的渲染下,公众情绪立刻被点燃。值得注意的是,这两起基地枪杀事件引发的反美运动,与之前的"战争赔偿案"和"沙巴争端"大为不同:赔偿案和沙巴争端只是引发菲律宾民众口诛笔伐而已,1964年底的枪杀案却引发了菲律宾民众实质性的聚众抗议运动。

随着审判日期的临近,菲律宾媒体开始大量报道之前的相似案件。之前发生的数起美军士兵杀害菲律宾人案件中,无论理应由美国还是菲律宾政府行使司法权,案件嫌疑人都被基地秘密转运回国,逃脱了审判。因此,马卡帕加尔政府要求美军基地重新调查之前的全部命案,并提出美国军方向菲律宾政府让渡这两起案件的司法权。然而美方强硬而轻视的回应态度无疑给枪击事件火上浇油。

美国驻马尼拉大使馆先是声明美国政府拒绝让渡司法权,随后更是卷入了媒体的口水战。12月17日,有人将一枚生锈的二战时期日军迫击炮弹壳扔入克拉克基地的儿童学校院墙内,导致学校学生紧急疏散。美国驻菲律宾大使威廉·布莱尔错误地判断这是一次还击菲律宾媒体的机会,当天就召开了新闻发布会,在未对"疑似爆炸物"鉴定的情况下,布莱尔定论这是一次蓄意恐怖主义炸弹报复事件。布莱尔原本想借此转移枪击案的舆论压力，但是反而引起菲律宾媒体更大规模的讨伐，指责美国用谎言侮辱菲律宾人民。布莱尔后来在向上级的一份报告中解释自己的行为，并承认"自己由于愤慨菲律宾媒体的挑衅而无法镇定"：

> 马尼拉媒体铺天盖地都是克拉克和苏比克的枪击事件。……12月17日，使馆人员召开了一次紧急会议。我们一致认为菲律宾媒体急剧升温的反美报道、诋毁美军士兵的形象，且试图煽动反美游行，我们必须有所行动，保证基地的安全。①

随后，美军基地当局公布的对于受害人家属最终赔偿方案再起波澜。苏比克案件的渔民妻子获得了1万美元的赔偿；然而不知出于什么原因，争议最大的克拉克基地科尔案，被杀少年的父母只得到美国空军787美元的赔款，"在当时可以买一头上好的阉牛"②。《纽约时报》亦援引一份菲律宾报纸的评论："这笔赔款略微比那些在菲律宾生活的美国人付给他们的菲律宾童佣年工资高一点。"③

四、菲律宾反基地运动

美军基地当局恶劣而随意的处理态度终于在1964年圣诞节时点燃了火药桶，菲律宾历史上首次发生大规模针对美军基地的游行示威活动。12

---

① Gleeck，Lewis E. *Dissolving the Colonial Bond：American Ambassadors to the Philippines*，1946 – 1984. Quezon City：New Day Pub.，1988. p. 152.

② Julian C. Madison. The United States and the Philippines，1961 – 1965：Was There a "Special Relationship?" Ph. D Dissertation. University of Washington，1996. p. 175.

③ *The New York Times*，December 5，1964.

月 26 日圣诞节第二天，原本计划外出度假的克拉克基地美军官兵和家属被要求不得踏出基地半步，克拉克基地紧急封锁戒严。当天克拉克基地外聚集了 2000 多名示威者抗议枪杀案，并要求废除所有菲美军事基地条约。抗议活动领导人还在基地门口宣读了一份宣言，其中指出："1952 年以来共有 31 名菲律宾人在克拉克基地被杀"，宣言要求，"这些案件的所有责任人必须得到审判，才能减轻受害者家庭的痛苦"。① 1965 年 1 月 22 日，第二轮游行示威约有 1200 人参加，示威者这次把目标对准美国大使馆，再次呼吁废除美军基地。3 天后，5000 多人再次聚集在美国驻菲大使馆门口发起了第三轮更激烈的示威活动。游行者煽动性地焚烧了"山姆大叔"的卡通画像，而且游行中示威者一直抬着几十副棺材，象征在基地被杀的所有菲律宾人。② 对此，美国驻菲大使馆和菲律宾亲美政客暗示这些反美游行是"共产主义和苏加诺政府推波助澜"，但是即使一向有反共传统的菲律宾媒体界这一次都集体调转枪口："在某些人看来，民族主义就是共产主义。那么我认为现在反美主义就等同于爱国主义。……如果这些游行确实是共产主义推动的话，那些说三道四的'爱国者'应该感到羞愧，因为他们把自己的责任甩给了共产主义者。"③

　　向来在反美运动中走在前列的《菲律宾自由新闻报》在圣诞特刊的头版社论中呼吁："美国当局必须制止美军士兵杀害菲律宾平民。如果这些杀人犯逃过法律的制裁，轻易地溜走，毫无疑问，美军士兵会继续以这种漫不经心的态度杀死菲律宾人，他们得到了美国官方的鼓励。"社论继续质疑："如果这些穷苦的菲律宾人只是在基地捡些废旧的空弹壳糊口，难道他们就应该像条狗一样被美军士兵处理掉？"该文仍然以美国对待菲律宾和二战时期

　　① Berry, William Emerson. *U. S. Bases in the Philippines: the Evolution of the Special Relationship*. The Perseus Books Group, 1989. p. 103.

　　② *The New York Times, January 22, 1965; The New York Times*, January 26, 1965.

　　③ Was This Necessary? *Philippine Free Press*, February 13, 1965.

双方共同的死敌日本的态度作比较:"曾经有一名日本妇女在美国基地捡弹壳时被枪杀,引起了日本的全国愤慨,日本法庭有权公正地惩罚了杀人犯。至今日本的美军基地再未发生此类事件。日本是曾经的敌人,菲律宾是美国的盟友,为何美军枪口下的菲律宾死者就不能得到尊严?"这篇名为《"特殊关系"》的社论总结道:"正义何时才能到来?在特殊关系之下——永远不会!"有意思的是,这篇社论开篇第一句话就是"此文无意煽动反美情绪,这对我们没有好处",但是该文的配图漫画极具煽动性:一名冷酷的美国大兵,站在一堆菲律宾人尸体堆积而成的小山上,手中的步枪枪口冒着缕缕青烟;远处是美国军事基地的轮廓。[①]

虽然激进的反美团体和媒体发起了卓有成效的反基地运动,强烈要求完全废除军事基地条约、驱逐美军。菲律宾政府以及大部分民众也表达了极大的愤慨,但是"废除基地"在当时最多也只是激进民族主义者和政客的口号而已,并无现实可能。猛烈的情绪宣泄之后,菲律宾政府把解决矛盾的焦点,放在了重新谈判司法权这一更为实际的问题上。原先的司法权条款是在二战后特殊关系氛围浓烈的背景下签订,彼时的枪杀案和治外法权或许还能被菲律宾公众所容忍。然而20世纪60年代菲律宾国内外环境和菲美关系已经今非昔比,菲律宾人越来越看重政治独立和国家尊严,原先的条款已经成为菲美关系的长期隐患。

五、妥协

马卡帕加尔本人面临极大的舆论压力,各方呼吁他尽快解决久拖不决的司法权分歧,挽回菲律宾的国家尊严。反对党控制的参议院指责马卡帕加尔任期的前三年在军事基地修约问题上毫无作为,不敢对美国发起挑战、

---

① "Special Relations", *Philippine Free Press*, December 26,1964.

维护国家尊严,只是在枪击案掀起外交摩擦后才被动出招。

马卡帕加尔命令司法部部长马力诺提交一份详细的调查报告,全面调查克拉克和苏比克基地的两起枪击案,并且提出详细可行的建议阻止此类事故继续频发。1965 年 1 月底,马力诺公布了调查结果。调查报告不仅包括 1964 年底的两起案件,还提供了 1947 年至 1963 年克拉克基地发生的其他 28 起死亡事件的相关档案。根据这份报告,"美国士兵要为其中的 7 起命案负责,而其他 21 起死亡案件是美国空军招募的菲律宾籍士兵所为。案件涉及的所有美军士兵都在基地当局司法调查后被宣布无罪释放,并且都已经离开菲律宾"①。报告并未提及菲籍士兵的审判结果。

关于 1964 年的两起案件,菲律宾司法部认为根据 1947 年《菲美军事基地条约》,美国基地当局确实拥有司法审判权。但是报告指出由于科尔当时并未执行军事任务,根据美国与其他国家签订的基地协议,该国政府是有权要求美国让渡司法权的。报告最后建议:"由于菲美军事基地条约的缺陷,尤其是在司法审判权上的不合理安排,导致菲律宾政府无法执行主权和法律。因此,修改军事基地条约,尤其是司法权条款,规定菲律宾政府有权对基地内发生的某些重大案件行使司法权,势在必行。"②马卡帕加尔政府根据上述报告的建议,通知美国方面要求商讨修改司法权条款。然而出乎意料的是,美国方面这次立即积极回应:布莱尔大使宣布美国已经准备在司法审判权上向菲律宾政府让步,并且暗示美国将"放弃发生在基地内,但是嫌疑人当时并非在执行军事任务的案件",他还建议"双方政府在互相让渡对方非常重视的案件司法审判权方面,继续加强合作"。③

---

① Salvodor L. Marino. "Report of the Secretary of Justice Concerning Certain Incidents Inside the U-nited States Clark Air Bass", *Philippine International Law Journal*, Vol. 3, No. 3 – 4, July-December 1964, pp. 542 – 543.

② Ibid. , p. 545.

③ *The New York Times*, February 5, 1965.

美国方面之所以如此迅速地做出退让,主要出于两方面原因:一方面是因为1964年的连续两起枪击案确实引发大规模民族主义反美游行,美国和美军形象严重受损。美国方面试图通过主动示好,满足菲律宾人的"主权和尊严"要求,保证越战期间军事基地不受冲击。另一方面,1965年初约翰逊政府正在尽力劝说菲律宾政府派军参加越南战争,以支持约翰逊的"更多旗帜在西贡"计划。此时,约翰逊已经和马卡帕加尔在菲军入越参战的"报酬"问题上基本谈妥,只等1965年5月菲律宾参议院投票授权菲军入越。在这一背景下,约翰逊政府不希望司法权谈判问题破坏自己的越战战略大局,所以希望快速解决问题,并通过主动让步换取菲律宾参议院对越战问题的支持。

在菲律宾民族主义反基地运动和越南战争后勤保障的双重压力下,美军基地当局也迅速着手处理两起枪击案。1965年2月科尔在基地军事法庭开庭受审,被判"非故意谋杀",处罚为"三年劳役、降级为空军列兵并逐出部队"。① 菲律宾首席大检察官出席了庭审,并评价审判公正并符合菲律宾的判罚标准。但是媒体则讽刺美军基地当局,"如果不是科尔案引起菲律宾媒体和公众的广泛关注,科尔早就被偷运出菲律宾,就像以前那样"②。苏比克基地的两名海岸警卫队士兵则要幸运得多,军事法庭判定他们"过失杀人"并赦免释放。由于公众的注意力主要集中在科尔一案上,在科尔被"公正"审判后,舆论认为菲律宾人至少已经得到一些尊严,因此后者的赦免并没有引起舆论的反弹。

双方关于司法权的谈判断断续续进行到1965年8月,最终达成一项修正案协议。新协议关于基地司法权的规定与美国和其北约盟国的基地协议相差无几,与1947年菲美军事基地条约相比最主要的两个变化是:其一,发

---

① *The New York Times*, February 26, 1965.

② Judgment at Clark: The Trial of Larry D. Cole, *Philippine Free Press*, March 6, 1965.

生在基地内,但并非在执行军事任务的案件改由菲律宾法庭行使司法权;其二,发生在基地内,犯罪嫌疑人是菲律宾公民但并非美军正式成员的案件,由菲律宾法庭行使司法权。

菲律宾舆论对新协议的评论以正面为主。一名研究菲美关系的菲律宾学者对此评论道:"司法权问题的实质是菲律宾人的脸面问题。"①在当时的时空环境下,菲律宾的国防和经济严重依赖美国军事基地,菲律宾社会清楚他们不可能将美国人逐出菲律宾。即使民族主义在马尼拉政坛和媒体日益活跃,但是马尼拉以外的广大乡村地区,普通菲律宾人对国家尊严、民族主义独立外交、沙巴主权或者军事基地司法权这些问题并不感兴趣,他们所感受的美国是美式教育、美国和平队(Peace Corps)、美援农村电网和灌溉工程等正面形象,特殊关系仍然有深厚的群众基础。在这种情况下,迫使美国人做出一些让步足以暂时满足大多民族主义者,并让菲律宾政府有台阶可下。毕竟菲律宾在不对等的特殊关系中处于弱势的一方。然而值得指出的是,冷战时期菲美特殊关系中菲弱美强的态势也并非是一成不变的,随着东南亚地区冷战局势的突变,菲律宾也能在特殊的历史时期"以小博大",获取短暂的优势。

小　结

1962—1964 年是菲美关系处于特殊关系与菲律宾民族主义发展相互交织的过渡阶段,菲美双方达成了"去特殊化"的共识。菲律宾独立建国以来,传统的特殊关系在两国政治、经济、外交和安全领域都发挥着举足轻重的作用。作为双边关系中弱势的一方,菲律宾社会发展一直处于美国所设定的

---

① Julian C. Madison. The United States and the Philippines,1961 – 1965: Was There a "Special Relationship?" Ph. D Dissertation. University of Washington,1996. p. 174.

轨道和界限之中。进入 20 世纪 60 年代,菲律宾民族主义开始登上政治舞台,呼吁菲律宾获得主权完整、外交独立和经济自主。但是民族主义仍然处于量变发展的过程中,菲美关系继续保持在特殊关系的基本框架之中。

马卡帕加尔执政时期,菲美之间的几次主要摩擦的起因、过程和最后的结果无一不是特殊关系与民族主义相互交织、相互妥协的具体体现。战争损失赔偿案及其引发的外交危机让菲律宾社会产生了对特殊关系的集体幻灭感,刺激了菲律宾在双边政治领域对美"去特殊化"进程。马卡帕加尔政府的民族主义外交改革是菲律宾民族主义力量成为一支重要政治力量的体现,是菲律宾在外交领域"去特殊化"的一次重要尝试。就美国而言,"去特殊化"也是美国对菲政策的既定方针。然而一旦民族主义外交改革超过了美国的地区冷战安全战略利益的范畴,就不得不在美国的压力下半途而废。军事基地以及基地司法权争议是菲美特殊关系中的"顽疾",亦是菲律宾民族主义情绪爆发的"火药桶"。但是军事基地同样是冷战时期菲美同盟特殊关系尤其是军事安全同盟关系的基石,因此无论双方的感性情绪和争论有多激烈,双方仍然会在既定特殊关系的框架下达成某种妥协。

1962—1964 年,菲美关系虽然在"去特殊化"的轨道上进展并不迅速,但是双方在共识下至少保持尝试性的变革,也正在朝"去特殊化"的方向努力。然而南中国海西岸的越南局势此时发生的一系列变化并且逐渐占据冷战舞台的正中央,深深影响了美国亚太冷战战略,也严重影响了菲美关系变化的历史进程。毕竟菲美关系只是美国冷战大战略的小小一环而已,当 1964 年美国约翰逊政府开始在全球发起"更多旗帜"计划,菲美双边的"去特殊化"进程被迫中止,菲美关系发展的历史进程落入了更加宏大的越南战争叙事轨道中。

第二章 合作与分歧:马卡帕加尔时期的菲美冷战同盟

第一节 约翰逊政府的"更多旗帜"计划

一、约翰逊政府"更多旗帜"计划的背景

1964 年约翰逊继任美国总统伊始,南越政权已处于风雨飘摇之中,约翰逊迫切地感到必须对越南战场加大援助以挽救溃局。除了直接投入更多的美国人力、物力以外,约翰逊在其总统任职的几年间不遗余力地发起了一场全球盟国外交运动,旨在推动美国的"自由世界"盟友加大对南越政权的援助,与美国在越南战争的战场上并肩作战,这场外交运动通常被形象地称为"更多旗帜在西贡"(More Flags on Saigon),一般简称为"更多旗帜"计划。

早在肯尼迪执政时期,美国政府就开始研究获得盟国对其越南战争更多支持的可行性。① 1962 年 5 月,时任美国国务卿迪安·腊斯克在出访澳大

---

① Stanley Robert Larson and James Lawton Collins,*Allied Participation in Vietnam*,Washington D. C.:Department of Army,1975,p. 1.

利亚时指出:"整个东南亚地区的独立都维系于在越南①对抗共产主义之成败",他鼓励澳大利亚政府加强对南越的援助,"澳大利亚在越南战争中提供了重要的帮助,但是需要做得更多",并且公开呼吁"我们希望更多的自由国家伸出援助之手"。②

此时的美国本身尚没有公开地大规模介入越南战争,呼吁其他盟国支援的计划还很笼统模糊,亦不可能取得实质性的进展。然而在越南问题上雄心勃勃的约翰逊上台后,腊斯克在给约翰逊的报告中再次提出了"更多旗帜在南越"的建议,并且立即得到了约翰逊的响应。1964年4月23日,约翰逊在新闻发布会上面对记者关于美国可能给予西贡政权何种支持的提问时,适时地公开提出了"更多旗帜在西贡"的外交计划:

> 我们希望看到更多旗帜在那里(南越),更多国家,通过东南亚条约组织会议和其他会谈,我们应该联合一致阻止共产主义在那里蔓延、破坏自由。③

"更多旗帜"计划在此新闻发布会首次正式公开一周之后就迅速展开。1964年5月1日,国务卿腊斯克在发往美国驻各盟国使馆的电文中要求:

> 美国政府已经决定请求自由世界的其他国家通过向南越政府提供实际或物质援助的形式,以表达其对南越政府之支持。④

---

① 越南战争时期美国官方文件和档案中所指"越南"(Vietnam)通常是指南越政权,本书所述"援越"问题也是指越南战争期间美国及其盟友对南越政权的援助。

② Vietnam Support Sought, *United Press International*, Canberra, November 5, 1962.

③ Lyndon B. Johnson: "The President's News Conference", April 23, 1964, Public Papers of the Presidents of the United States.

④ Rusk to AmEmbassies, January 5, 1964, "Vietnam Memos", Vol. Ⅷ, L. B. J Library.

腊斯克在电报中向美国的驻外大使们强调"更多旗帜"计划的目的是获得尽可能多的盟国对南越政权的"非军事"援助,通过"在越南竖起自由国家政府的旗帜,表明这些政府对发生在越南的这场冲突基本性质的认可"①。"更多旗帜"计划的初期,约翰逊政府的主要目的还只是希望得到更多国家象征性的援助参与,从而间接证明其他盟国对美国越南政策的认同,重视参与援助国家的数目而忽视援助的实质内容,也没有过多地强调这种援助的"军事化"特征。但是随着越南战争的规模此后不断升级、美军伤亡人数的猛增和国内反战压力的兴起,约翰逊转而开始寻求实质性的军事援助以分担美国的军事和政治压力。另外,美国寻求盟国尤其是亚洲盟国的援助和参与,也是为了掩盖其师出无名的便宜之举。正如一家美国媒体所分析:"美国在越南的行动存在授社会主义阵营口实的危险,社会主义国家正24小时开动宣传机器抹黑美国人是帝国主义者、殖民主义和占领者。唯一的应对办法就是进一步把越南冲突国际化,不仅仅只是(盟国)象征性的援助水平。"②

无论约翰逊政府发起"更多旗帜"计划的目的何在,这项计划从一开始就举步维艰,让约翰逊大失所望。本来美国及其盟国大规模介入越南问题可利用的现成工具是东南亚条约组织,但是东南亚条约组织内部英法等国在介入越南问题上与美国存在分歧,反对美国武断地升级对抗姿态,约翰逊政府不得不放弃东南亚条约组织集体干涉的设想,转而通过双边外交谈判来寻求更多盟国的支持。

1964年底,"更多旗帜"计划仍然进展缓慢,约翰逊面对陡增的政治、军事压力,已经参与计划的各盟国提供的少量象征性援助已经无法满足其对抗压力的要求,不得不改变在全球广泛寻求象征性援助的政策,转为有针对性地与重点盟国谈判,期望得到这些重点盟国的进一步支持。1964年12月

---

① Rusk to AmEmbassies,January 5,1964,"Vietnam Memos",Vol. Ⅷ,L. B. J Library.

② *The New York Journal American*,August 12,1965.

3 日，约翰逊在发给驻西贡大使的电文中强调："我们计划寻求泰国、菲律宾、澳大利亚、新西兰和英国的军事和政治合作。"[①]约翰逊政府开始把菲律宾作为潜在的可以为越南战争提供"军事化"援助的主要谈判目标。1964 年 12 月 11 日，约翰逊在致马卡帕加尔总统的信中正式明确提出了"请求菲律宾政府提供更多援助，包括一项关于军事义务的特殊要求"[②]。事实上，约翰逊执政时期，菲美两国关于援助南越政府的谈判一波三折，也是这一时期菲美两国特殊关系中的核心议题，两国外交事务基本都是围绕这一问题。

二、追随美国的东南亚冷战政策：菲律宾早期在越南的活动

早在 20 世纪 50 年代，菲律宾就积极追随美国在东南亚的冷战政策，应美国要求介入印支地区冲突，与南越政权联系紧密。从 1954 年开始，菲律宾总统麦格赛赛执政时期就派出两个援助小组到南越从事军事、情报和民事支援等活动——包括"兄弟行动"和"菲律宾自由公司"。[③]

"兄弟行动"是日内瓦协议签订后不久成立的，由菲律宾医生和护士组成，其资金来源主要是菲律宾国内的非政府组织。"兄弟行动""分别向老挝和南越地区派出了一支分队，其主要任务是在两国的农村和郊区承担医疗援助工作"[④]。

麦格赛赛政府时期，美国大批军事特工人员在菲律宾活动频繁，帮助当时的麦格赛赛政府镇压"胡克运动"，领导美国在菲秘密行动的负责人是中

---

① Instructions from the President to the Ambassador to Vietnam (Taylor), Washington, December 3, 1964. FRUS, 1964 – 1968, Volume Ⅰ, Vietnam, 1964, Document 435.

② Robert M Blackburn. *Mercenaries and Lyndon Johnson's "More Flags"*: *The Hiring of Korean, Filipino, and Thai Soldiers in the Vietnam War*. Jefferson, N. C.: McFarland, 1994. p. 23.

③ Ibid. , p. 67.

④ U. S. Congress, Senate, Committee of Foreign Relations, Hearings, 91st Congress, 1st Session, Vol. 3, Republic of Philippines, 1969. p. 259.

央情报局的兰斯代尔(Edward Lansdale)。由于兰斯代尔在菲律宾积累了大量通过秘密战争"对付共产主义"的经验,1954 年美国政府把经验丰富的兰斯代尔从菲律宾调往越南建立了"西贡军事团"(Saigon Military Mission),通过"秘密援助的方式帮助南越政权从事非常规战争,尤其是准军事行动和政治心理战"①以镇压共产主义运动。兰斯代尔把之前在菲律宾国内镇压"胡克运动"的原班人马带到了南越,并且在麦格赛赛总统的支持下建立了"菲律宾自由公司",这个组织的成员大多由菲律宾富有镇压共产主义运动和秘密军事行动经验的专家组成。事实上,"菲律宾自由公司"是由美国中央情报局提供资金来维系运作的,是一支不折不扣的雇佣军。"菲律宾自由公司"的任务非常繁杂,不仅在"菲律宾克拉克空军基地建立了一个秘密训练营,为南越政府培训游击战人员"②,而且"派遣游击战人员潜入北越境内进行活动"③。"菲律宾自由公司"的活动包括一切美国或南越政府人员不方便参与的任务,"甚至包括帮助南越政府官员编写宪法"④。

1955 年初,吴庭艳请求"西贡军事团"帮其建立一支总统卫队,美国中央情报局"与麦格赛赛达成协议并借用其高参瓦雷利亚诺(Napoleon Valeriano)和其他三名高级官员(具有丰富的反共和训练总统卫队的经验)到西贡为吴庭艳建立了总统卫队",对于菲律宾的帮助,"吴庭艳对菲律宾政府表示了感谢,尤其是菲律宾人(向总统卫队)传授了忠诚和自由的观念"。⑤

菲律宾在越南的这些活动无论是公开的人道主义援助还是秘密的军事训练,都与约翰逊"更多旗帜"计划的性质是一致的,在美国及其盟国大规模

---

① The New York Times Edition. *The Pentagon Papers*, New York: Quadrangle Books, 1971. p. 54.

② Ibid. , p. 62.

③ Robert M. Blackburn. *Mercenaries and Lyndon Johnson's " More Flags"*: *The Hiring of Korean, Filipino, and Thai Soldiers in the Vietnam War*. Jefferson, N. C. : McFarland, 1994. p. 68.

④ Report of the Saigon Military Mission of General Lansdale, in Pentagon Papers, Gravel Edition, Vol. II, Boston: Beacon Press, 1972. p. 648. ; Stanley Karnow, *In Our Image: America's Empire in the Philippines*, New York: Random House, 1989. p. 355.

⑤ The New York Times Edition. *The Pentagon Papers*, New York: Quadrangle Books, 1971. p. 64.

干涉越南冲突之前,菲律宾就已经长期在越南扮演了重要的"第三国"角色,是美国越南政策的忠实追随者。因此,当1964年5月约翰逊正式发起"更多旗帜"运动时,迫切需要菲律宾拿出更多的援助行动以表明其支持立场,为其他美国盟国树立模范。美国方面根据过往经验预判将轻松获得菲律宾的大力支持,但是在经历了系列外交风波和开启了"去特殊化"进程的菲美关系已经与十年前大相径庭,新的援助计划不得不在谈判和争议中艰难展开。

三、菲美两国就"更多旗帜"运动合作的初期谈判

美国国务卿腊斯克1964年5月1日向驻各盟国使馆的指令发出后,美国驻菲大使馆迅速开始研究菲律宾政府可能提供的援助内容,同时与菲律宾高层秘密接触商讨具体的援助计划。

5月4日美国驻菲大使馆向华盛顿发送了第一份电报,根据与菲律宾的谈判情况草拟了一份"大使馆认为比较理想的援助清单"①:

第一,5支工程–医疗小队,每支小队包括:

1名官方任命的队长

2名无官方任命、主管任务和情报工作的军官

2名医疗专家

2名爆破专家

2名通信专家

4名武器专家

第二,2支菲律宾工兵连队,每支连队包括:

1名有丰富工程建设经验的军官

---

① AmEmbassy Manila to SecState,5/5/64,"Vietnam Memos",Vol. Ⅷ,5/64. L. B. J. Library.

　　　　20~25 名在役士兵,这些士兵可以在无重装备条件下从
事简单的工程建设
　　第三,1 支战地医疗队,人数尚不确定

　　菲律宾教育普及,具有良好的技术水平,尤其是菲律宾军队在国内工程建设、战地医疗和反共情报工作等方面经验丰富。美国驻菲大使馆在向华盛顿建议上述援助清单后与马卡帕加尔政府就细节继续谈判,但是大使馆的"理想清单"与菲律宾政府的意见从一开始就发生了重大分歧。

　　美国大使馆的清单无论是工程营还是医疗队都强调是在菲律宾正规军队基础上组建"民事行动"队,换言之,也就是打着民用人道主义组织的旗号但实际派出军事性工程－医疗人员;然而马卡帕加尔政府反对派出正规军队人员,只同意派出完全由民用非军事人员组成的工程－医疗队。但是约翰逊政府认为:"由一支军事部队承担民事工程工作更能够体现菲律宾政府对美国在越南问题上的支持态度。"[1]菲律宾政府,一方面出于美国方面的物质补偿诱惑、政治压力,以及菲律宾政坛自身反共产主义倾向等原因愿意响应约翰逊的"更多旗帜"计划;另一方面,身为亚洲第三世界国家又不得不掂量,如果派遣正规军事组织到越南可能背负西方帝国主义帮凶的恶名。菲律宾政府面对 20 世纪 60 年代此起彼伏的第三世界反殖民主义运动和菲律宾国内因为军事基地等问题而日益高涨的民族主义反美情绪,极力排斥向南越政府提供"军事"援助。美国驻菲使馆认为,菲律宾军队在镇压"胡克运动"的过程中积累了丰富的反叛乱、反游击战经验,正好可以用于南越反共产主义渗透的计划,希望菲律宾政府能够像 20 世纪 50 年代"菲律宾自由公司"行动那样协助美国并提供相关的军事专家来训练南越政府的军事人员。

---

　　① Robert M. Blackburn. *Mercenaries and Lyndon Johnson's "More Flags": The Hiring of Korean, Filipino, and Thai Soldiers in the Vietnam War*. Jefferson, N. C. : McFarland, 1994. p. 69.

同样，由于这些特殊军事专家具有军队背景，菲律宾政府不同意此计划，以防难以预测的政治风险。可以说，是"军事"援助还是"民事"援助的争论从始至终都是菲美关于援越谈判中的焦点问题。

谈判中另外一个主要争议是菲律宾援越计划的资金来源。美国驻菲大使馆在1964年5月4日的电文中也提到了关于资金的疑惑和建议："美国政府与菲律宾政府不得不面对一个无可避免的问题，即美国政府是否愿意全部或部分支付这些行动。菲律宾政府是有能力为这些行动提供财政支持的。我们首先应该提出我们希望他们能这样做，并且坚持这个问题也关系到美国评估菲律宾政府在南越问题上的参与程度。"①恰恰相反，菲律宾政府同意为南越提供援助行动的前提就是能够得到美国的财政补偿。在菲律宾一方看来，分歧的焦点根本不是由菲律宾政府买单还是美国政府买单的问题，而是美国政府准备花多少钱买单的问题。

当美国驻菲大使馆与菲律宾政府就"军事"还是"民事"僵持不下之时，争议因为华盛顿方面政策的突变而暂时搁置。由于南越军队在冲突中的伤亡数目猛增，华盛顿要求美国驻菲大使馆暂时停止整体援助计划谈判，改而催促菲律宾立刻派出一支医疗队增援南越前线。5月8日，一封发往驻菲大使馆的电报指令："全力促使菲律宾战地医疗队或医疗组织尽早派往南越……为了提高菲律宾最大限度地做出贡献的可能性……你们准备在谈判中增加额外的筹码。"电报并未明确指示驻菲大使馆在与菲律宾政府谈判时所增加的额外筹码是什么，但是大使馆在华盛顿的鼓励和催促之下加快了谈判节奏。

1964年6月初，"马卡帕加尔接到南越军事革命委员会主席阮庆（Nguyen Khanh）来信，请求菲律宾援助医生和技术人员"②，可见6月之前美国驻菲大使馆与菲律宾政府已就援助的具体事项和"额外的筹码"达成了协议。

---

① AmEmbassy Manila to SecState, 5/5/64, "Vietnam Memos", Vol. Ⅷ, 5/64. L. B. J. Library.

② Julian C. Madison. The United States and the Philippines, 1961 – 1965: Was There a "Special Relationship?" Ph. D. University of Washington, 1996. p. 192.

因为"更多旗帜"计划的合法流程是先由美国政府通过当地大使馆与各盟国政府直接双边谈判达成共识后,再由华盛顿指示南越政府向该国政府发出具体的援助请求,援助请求的具体条目与美国和该国谈妥的条件基本完全一致。显然菲律宾政府对南越援助的本质并非是对南越政府请求的回应,南越政府在"更多旗帜"计划中的角色只是需要按照美国的指令在恰当的时间发出内容合适的请求电报即可。正如《马尼拉时报》对南越政府在越战决策中的傀儡角色调侃道:"事情非常明显,南越政府在他们自己国家掌控这场战争的程度,就和菲律宾国家银行大楼的门卫掌控银行资金借贷和投资的情况差不多。"[1]一方面,美国不得不需要南越政府出面发出援助请求,因为"所有自由世界国家的援助都应该适宜并体面地由越南共和国政府接收"[2],以减轻反对美国干涉越南局势的舆论压力;另一方面,南越政府对"更多旗帜"计划并不热心,也并不认为第三国的援助能对局势起到什么帮助,"只不过是美国人处理他们自己政治危机的一项公关活动而已。如果需要有人提出援助请求的话,那应该是由美国人来干"[3],只是在美国政府的催促之下才被动地发出请求信。所以美国驻菲大使馆与菲律宾政府一切谈妥后,南越政府才会向马卡帕加尔发来了具体援助请求,其要求的"医生和技术人员"正是华盛顿新政策下菲美双方的谈判内容。

马卡帕加尔接到南越当局请求后,立即向菲律宾国会提交了"菲律宾特遣队"(Philippine Contingent,相关文件简写成 PHILCON)提案。1964 年 7 月 7 日菲律宾国会以压倒性优势通过了该提案,"同意派出 34 名医生和技术人员(军事外科医生和战争心理医生)前往南越,国会批准 100 万菲律宾比索

---

① *Manila Times*, 1 January 1966. Thompson Willard Scott. *Unequal Partners: Philippine and Thai Relations with the United States*,1965 - 1975. Lexington MA: Lexington Books,1975. p. 78.

② Rusk to AmEmbassies,5/1/64,"Vietnam Memos",Vol. Ⅷ,L. B. J Library.

③ Chester L. Cooper,*The Lost Crusade: America in Vietnam*, New York: Dodd and Mead Company, 1970. p. 266.

维持菲律宾特遣队一年的运作"①。随后,菲律宾国会增派了第二支"菲律宾特遣队",前后"两只医疗队总共有 68 名菲律宾工作人员将在南越服务数年"②。8 月 16 日,第一支菲律宾特遣队抵达南越。

华盛顿方面关于菲律宾援越计划的政策突变顺利解决了双方关于"军事""民事"的争议,虽然"菲律宾特遣队"仍然具有军用医疗队伍的背景,但是其工作性质是人道主义救援,对于菲律宾国内的反对者来说要比美国驻菲大使馆原计划的军事情报人员、工兵等要求从面子上更容易接受。双方谈判的重点是美国提供多少经济补偿,因为"即使只是大约 40 人(第一支特遣队),从逻辑上来看 100 万比索(当时约 25 万美元)也不足够全队一年的花销。然而菲律宾议员们似乎认为这个数目足够了"③。毫无疑问,菲律宾特遣队存在明显的财政问题,菲律宾国会却在投票过程中闭口不提,由此可以推论美国已经在之前的谈判中承诺了足够的"额外筹码",菲律宾方面认为美国的报价值得冒政治风险。

菲律宾国会在通过提案的同时,也发表了一项声明,指出菲律宾之所以向南越政府提供援助,是因为南越政府"正在遭受并抵抗共产主义的侵略,而南越在东南亚条约组织协议保护之下理应得到东南亚条约组织成员国的援助,而菲律宾作为东南亚条约组织成员国有义务为了民主和自由(援助南越)"④。菲律宾政府认为,援越计划的合法性源于东南亚条约组织的相关协议,但是菲律宾政府同时又默认这种援助只能限于"民事"援助。事实上,"根据菲美军事援助协议,美国帮菲律宾援建了一支菲律宾作战营专门用于

---

① Julian C. Madison. The United States and the Philippines,1961 – 1965: Was There a "Special Relationship?" Ph. D. University of Washington,1996. p. 192.

② U. S. Congress,Senate,Committee of Foreign Relations,Hearings,91st Congress,1st Session,Vol. 3,Republic of Philippines,1969. p. 259.

③ Robert M Blackburn. *Mercenaries and Lyndon Johnson's "More Flags": The Hiring of Korean,Filipino,and Thai Soldiers in the Vietnam War*. Jefferson,N.C.: McFarland,1994. p. 72.

④ *Official Gazette*,Republic of the Philippines,17 July 1965.

承担其东南亚条约组织的军事义务"①。但是由于菲律宾不愿意派出作战部队,导致这支特别部队从未在双边谈判中被提上议程。菲律宾一方面公开表明其愿意承担东南亚条约组织的义务,另一方面却有意忽视此义务原先的"军事"性质,与同为东南亚条约组织的泰国积极出兵越南完全不同,这与菲泰两国不同的地缘政治环境、国内政治结构和民族主义情绪等因素密切相关。②

第二节　马卡帕加尔时期的菲律宾民事行动小组谈判

一、马卡帕加尔访美与菲律宾民事行动小组谈判的启动

"更多旗帜"计划启动将近两个月后仍然进展缓慢,约翰逊对南越政府和驻各国大使馆对此计划的消极态度大为不满。1964 年 7 月 2 日,约翰逊向美国驻各盟国的大使们发去一封措辞强硬的电报,催促各大使馆加快与各国政府的谈判进展。他在电报中强调:"据我所知,在目前(美国政府)指令给你们的工作计划中,没有任何一项任务的紧迫性和重要性可以与此事('更多旗帜'计划)相比"③,外交官员们不得不再次启动援助谈判,而且筹码已经大大提高,菲律宾方面的态度开始发生微妙的变化。7 月 25 日,马卡帕加尔再次收到南越政府请求菲律宾加大援助的信件。由于此时菲美两国负责外交事务的官员已经在为随后 10 月马卡帕加尔总统对美国进行国事访

---

① U. S. Congress, Senate, Committee of Foreign Relations, Hearings, 91st Congress, 1st Session, Vol. 3, Republic of Philippines, 1969. p. 261.

② Thompson Willard Scott 在其作品 *Unequal Partners*: *Philippine and Thai relations with the United States*, 1965 – 1975 中关于菲泰两国地缘政治、政治结构等因素的比较有非常精彩的叙述。

③ President to AmEmbassies, 7/2/64, "Vietnam Memos", Vol. XII, 6/14 – 27/64. L. B. J. Library.

问的具体讨论议题做起草工作，双方达成共识，同意把菲律宾加大援助南越问题作为两国总统谈话议题中的主要内容。美方官员在双方关于准备工作的接触中得到暗示："一旦时机成熟，菲律宾政府愿意在南越问题上承担更多的'军事'义务"①，因此菲美两国此后两年波折不断的"菲律宾民事行动小组在越南"（Philippine Civic Action Group-Vietnam，大多数官方文件简称为PHILCAG 或者菲律宾民事行动小组）援助谈判浮出水面。

出乎美国政府意料的是，马卡帕加尔此时设想的"更多军事义务"比美国人期望菲律宾扮演的角色还要激进。9 月 22 日，马卡帕加尔对美方谈判人员说："越南问题已经恶化到快要绝望的程度"，"这部分是因为美国的参谋和军事人员是'西方人和白人'，这对越南人来说与先前的法国人并没有什么区别，难以取得群众的理解和共识"。马卡帕加尔接着惊人地建议"把1.6 万名在南越的美国军人换成等量的菲律宾和泰国军队"，当然"后勤保障和最终决策权仍然掌握于美国手中"。马卡帕加尔自信地表示，只要菲律宾不是单独执行此项任务，而是与泰国联手的话，他有自信在菲律宾国会获得支持。②

对于这个大胆的建议，时任美国国务卿腊斯克不以为然，他认为菲律宾军队的规模不足以支持这个计划，而且他也怀疑马卡帕加尔无法获得菲国会的支持。腊斯克建议约翰逊在与马卡帕加尔会面商谈此计划时感谢菲方，支持美国"在越南问题上亚洲人帮亚洲人的理念……但是美国对越南问题所承担义务的性质和深度，决定了美国不可能采取此类替换或缩减美国

---

① Rusk to Amembassy Manila, 10/10/64, "Vietnam Memos", Vol. XIX, 10/1 – 15/64. L. B. J. Library.

② Memorandum from Sectretary of State Rusk to President Johnson, October 3, 1964. FRUS, 1964 – 1968, Volume XXVI, Indonesia; Malaysia-Singapore; Philippines, Document 298; National Security File, Country File, Philippines, Vol. I, 11/63 – 11/64. Secret. L. B. J. Library.

军事力量的计划,因为这会导致南越政府乃至中国等其他国家误判美国政策"①。此外,美国驻泰国大使馆认为"泰国政府不大可能会赞成马卡帕加尔的计划",美国参谋长联席会议也认为:"用泰国和菲律宾军队替换美国在南越的军事人员是不现实的……建议民事方面和反叛乱培训等方面的援助。"②马卡帕加尔用菲律宾军队代替美国军队的计划并无现实基础,也未获得各方支持,很快便被双方谈判人员搁置。

不过,腊斯克在给约翰逊的关于马卡帕加尔来访的备忘录中,仍然乐观地估计马卡帕加尔一定会推进菲律宾参与支援南越的程度,存在的问题只是参与的具体程度和形式要符合菲律宾的能力,并且能够被菲律宾公众所接受。在马卡帕加尔大胆计划的鼓励下,腊斯克也向约翰逊提交了一份美国国务院认为符合菲律宾能力的援助清单:

1. 空军人员,用于支援南越空军;

2. 一支特种部队;

3. 最多6个工兵排;

4. 最多3个医疗排;

5. 技术领域的工作人员,包括信号、火炮、交通和后勤等方面;

6. 海空军专家,用于帮助南越空军丛林地带的飞行训练和海军的海上反叛乱演习。③

上述援助计划都需要菲律宾国会通过宪法程序批准,因此腊斯克建议暂时

---

① Memorandum from Sectretary of State Rusk to President Johnson, October 3, 1964. FRUS, 1964 – 1968, Volume XXVI, Indonesia; Malaysia-Singapore; Philippines, Document 298; National Security File, Country File, Philippines, Vol. I, 11/63 – 11/64. Secret. L. B. J. Library.

② Department of Defense, Joint Chiefs of Staff Files, Official File, 9150 (October 1, 1964).

③ Memorandum from Sectretary of State Rusk to President Johnson, October 3, 1964. FRUS, 1964 – 1968, Volume XXVI, Indonesia; Malaysia-Singapore; Philippines, Document 298.

优先增加民事方面等不需要菲律宾国会授权的援助项目,尤其是"大量增加民事医疗、工程和建设人员,以及各个民事行动领域的专家,比如农业专家;而且菲律宾还能提供化肥"①。

10月5日和6日,马卡帕加尔到访美国,同约翰逊就双边关系和东南亚局势达成多项共识。在6日发布的马卡帕加尔-约翰逊公报中,约翰逊表示:"深深感谢菲律宾政府对南越政府之援助请求的积极回应,以共同对抗共产主义的颠覆和侵略";而马卡帕加尔则鼓吹,"美国政府对于北部湾事件的反应再次证明美国捍卫东南亚的决心",最后双方同意"继续强调两国与南越人民一致之立场,重申两国在东南亚条约组织协议下对东南亚地区的安全义务"。②

联合公报中并未明确提及菲律宾加大对南越的援助计划,但是马卡帕加尔与约翰逊在私下谈判中基本达成共识,马卡帕加尔表示:"菲律宾准备向南越派出尽可能多的公共卫生、医疗、工程专家和特殊行动人员",但是他同时暗示菲律宾提高介入的程度至少需要泰国也有同等动作相配合,因为其他亚洲国家的参与能够减少或分担菲律宾参战的政治阻力。③ 几年后,马卡帕加尔在其写给朋友的私人信件中坦言:"(访问期间)约翰逊总统本人以及其他美国高级官员,例如国务卿……国防部部长、(驻马尼拉)大使……使尽招数劝说我的政府派出一支2000人的工程部队去越南。更多是出于我自

---

① Memorandum from Sectretary of State Rusk to President Johnson, October 3, 1964. FRUS, 1964 – 1968, Volume XXVI, Indonesia; Malaysia-Singapore; Philippines, Document 298.

② Text of Joint Communiqué of President Johnson and Macapagal, *Department of State Bulletin*, Vol. 51, No. 1323(2 November 1964). pp. 632 – 633.

③ Memorandum of Conversation, October 5 1964. FRUS, 1964 – 1968, Volume XXVI, Indonesia; Malaysia-Singapore; Philippines, Document 300; National Security File, Country File, Philippines, Vol. I, Memos, 11/63 – 11/64. Secret. L. B. J. Library.

己的意见,而非他们的劝说,我在 1965 年建议国会派出这支部队。"①无论是哪一方首先提出这一计划,双方已经取得了默契,而且这一新计划与马卡帕加尔原先替换美军的计划相比已经是保守得多了。无论是约翰逊政府还是马卡帕加尔政府,双方关于加大菲律宾对越援助"军事化"的原则似乎已无分歧。

1964 年 12 月中旬,约翰逊总统制定了"更多旗帜"计划的新思路,要求海外外交团队重点寻求包括菲律宾在内的五个国家的军事合作,②责令各个部门即刻制订详细的谈判计划。美国驻菲大使馆和国防部立刻向约翰逊提交了关于援助部队规模、组成等问题的报告,各方建议都带有强烈的军事色彩,只是对规模和人数看法不同,从 1500 人至 2500 人不等。美国国防部首次提交了美国军方的观点,认为这支部队应该包括"大约 1800 名军人……由工程建设营、民事行动专家、医疗专家、一支 C - 47 空军中队、一艘坦克登陆舰和若干民兵队组成"③。而大使馆的建议则要更加大胆一些:"一支陆军部队 2200 人(包括一个大本营、一个步兵加强营,一个工程建设加强营、特种部队和民事援助队)、三艘坦克登陆舰(配备 100 名海军士兵)和八架 C - 47 飞机(配备 200 名空军人员)。"④

虽然双方在细节方面的谈判仍在继续,但是在 1964 年底还是达成初步协议,并将这支新的援助部队命名为"菲律宾民事行动小组在越南",企图以民事援助人员的名义掩盖其军事性质。

---

① Macapagal to W. Scott Thompson, 20 April 1970. Thompson Willard Scott. *Unequal Partners*: *Philippine and Thai Relations with the United States*, 1965 – 1975. Lexington MA: Lexington Books, 1975. p. 79.

② 另外四个国家是泰国、澳大利亚、新西兰和英国。

③ Earle G. Wheeler to MaNamara, 11/4/64, "Vietnam Memos", Vol. XXII, 11/16 – 30/64. L. B. J. Library.

④ Memorandum, Chester L. Cooper and McGeorge Bundy to the President, Dec 22, 1964. DDRS, CK3100409033.

二、双方的谈判价码

在双方达成"菲律宾民事行动小组"协议之前，美国政府虽然已经做好为此买单的准备，但是这个账单仅限于支付菲律宾军队在越南执行任务所必需的花销，美国高层并不赞成把此谈判与其他菲美双边援助协议挂钩。腊斯克在给约翰逊关于马卡帕加尔来访的备忘录中就提醒总统："如果马卡帕加尔提出美国为菲律宾新的援越计划提供财政支持或者军事援助项目①（Military Assistance Program），你应该告诉他原则上美国愿意资助在越南的行动，但是不要让他觉得有提供军事援助项目可能的错觉。"②

但是随着谈判的深入，约翰逊迫切需要菲律宾这个重要的东南亚条约组织盟国尽快出现在越南战场上以缓解自己的政治压力，而美国唯一的法宝就是通过经济上的妥协换取菲律宾加快谈判议程。同时，菲律宾政府虽然表示支持"菲律宾民事行动小组"计划，但是国会中仍然存在强烈的反对声音，进展速度显然难以令约翰逊满意。在这一背景下，12 月 13 日华盛顿再发两封电报给驻菲大使馆催促谈判进程。第一封电报是转交给马卡帕加尔的约翰逊信件，约翰逊在信中说："我希望你们对越南的增援能在近期尽快实现。我理解您派出这样一支规模的军队到国外所遇到的实际困难，我已经向美国驻菲大使布莱尔授予全权与你讨论加快进程的办法。"约翰逊甚至急不可耐地催促马卡帕加尔"至少尽快把计划增援部队的一部分先派出去"③。第二封电报是约翰逊训示驻马尼拉大使馆所谓"加快进程的办法"，

---

① MAP（Military Assistance Program），根据 1953 年菲美军事援助协议（Military Assistance Agreement），美国长期向菲律宾军队提供资金、物质和技术支持。

② Memorandum from Sectretary of State Rusk to President Johnson，October 3，1964. FRUS，1964 – 1968，Volume XXVI，Indonesia；Malaysia-Singapore；Philippines，Document 298.

③ Outgoing Telegram No. 902，To AmEmb Manila，December 13，1964. DDRS，CK3100392256.

约翰逊指示大使馆:"我们当然希望菲律宾政府能为他们的越南计划提供财政支持。但是为了加快菲律宾军队派往越南的进程,国务院授权大使馆通知马卡帕加尔我们愿意为整个越南计划买单。在你们与菲律宾政府谈判具体的援助清单时,菲律宾政府必然会提出其他有争议的要求,你们有权直接与菲律宾政府讨论解决分歧的办法。"华盛顿确定愿意为整个援助计划买单的同时,也警告菲律宾政府,"我们不能为菲律宾军队在越南的回报开出一张空白支票",但是许诺菲律宾政府如果提高军事预算,并且越南计划顺利推行,"美国准备考虑提高对菲律宾的军事援助金额"。①

此时,约翰逊政府对菲律宾民事行动小组谈判的姿态已经非常明显,美国迫切需要用美元雇用一支菲律宾军队出现在越南战场上。在整个谈判过程中,美方一直担心计划会因钱的问题而耽搁,当任何争议出现时美国政府都尽量主动做出经济让步以换取菲方的妥协。即使12月13日约翰逊总统承诺为整个越南计划买单后,美国谈判代表团仍然担心菲律宾一方难以满足,而他们的担心也并非多余。

在美国一再催促下,马卡帕加尔政府终于亮明底牌,向美国大使馆提交了一份补偿清单:

1. 为菲律宾民事行动小组提供所需装备(借用的名义)和后勤补给;

2. 除去菲律宾政府支付的工资外,美国政府为所有人员提供海外津贴;

3. 民事行动小组派出后,需在菲国内建立替代部队,由美国支付全部费用;

4. 赠送两艘巡逻快艇;

---

① Outgoing Telegram No. 901,To AmEmb Manila. December 13,1964. DDRS,CK3100392252.

5. 为菲律宾国内的三个工程建设营提供现代化装备;

6. 为菲律宾军队提供可装备一个营的 M－14 步枪和 M－60 机枪。①

到 1964 年底,菲美双方都在谈判中开出了自己的价码,双方的代表团剩下要做的就是在 1965 年 1 月菲律宾国会讨论表决此议题前达成妥协。美方早已对菲律宾开出的条件有足够的心理准备,也基本同意了菲律宾提出的 6 条要求。然而双方仍然就此补偿清单的第二项——海外津贴的具体标准再次陷入争议和僵局之中。

三、津贴之争

菲律宾政府计划在为"菲律宾民事行动小组"项目提供基本工资和补贴以外,提出美国也必须为所有人员提供每日津贴和海外补贴。但是菲方所提出的补贴标准远远高于美国为韩国、泰国派往越南的军队所提供的补贴标准,美国驻菲大使馆感到如果同意菲方要求,必然会引发与其他盟国援助谈判的麻烦。虽然约翰逊已经授权驻马尼拉大使馆全权谈判,但是大使馆认为有必要请示华盛顿。1965 年 1 月 8 日大使馆电告国务院:

> 菲律宾谈判代表通知每日津贴标准为校级军官每天 15 美元、连级军官 12 美元、士兵 8 美元。在我们看来,这些津贴过高了。我们建议最好制定一个平均的每月补贴标准,例如每人每月 50 美元。②

---

① U. S. Congress,Senate,Committee of Foreign Relations,Hearings,91st Congress,1st Session,Vol. 3,Republic of Philippines,1969,p. 255.

② AmEmbassy Manila to SecState,1/8/65,"Vietnam Memos",Vol. XXV,12/26/64－1/9/65. L. B. J. Library.

但是由于此时"菲律宾民事行动小组"浓厚的军事性质,菲律宾谈判代表团是由军方主持的,菲律宾国防部部长佩拉尔塔(Peralta)在这一阶段的谈判中扮演了重要角色。菲律宾军方首先考虑的是军队福利,借此笼络人心,提升军方高层在军队中的威望,因此自然不会去考虑美国人对其越战全局的担忧,更不会去考虑美国其他盟国军队的情绪,这与美国代表团多为外交人员的情况大为不同。津贴之争本质上是菲美双方对越南战争的不同理解、各自利益的分歧和"更多旗帜"计划目的差异的体现。即使美国代表团保证不会动用菲律宾财政的一分钱,并且承诺以后还会有其他让步,但是菲方却顽固地坚持原先的补贴标准,"除非美国人同意支付全部补贴,否则不会考虑派出任何菲律宾军队"①。谈判再次陷入僵局,而此时菲律宾国会已经重启,美国不能错过这个菲国会正式授权"菲律宾民事行动小组"计划的机会。

菲美两国启动新的军事援助谈判已经过去两个月,不仅进展缓慢,且菲军方面姿态强硬,美国驻菲律宾大使布莱尔决定用陈述外交利害的方式游说马卡帕加尔以施压菲军。1965 年 1 月 14 日,布莱尔到马拉坎南宫②与马卡帕加尔单独会谈讨论津贴问题。布莱尔强调菲方在谈判中不现实的津贴标准所带来两点危害。首先,"如果菲律宾强迫美国同意此津贴标准,会给菲律宾带来政治上的风险",他提醒马卡帕加尔"必须保持与美国关系良好的氛围"。另外,布莱尔也坦承菲方的津贴标准会给美国的"更多旗帜"计划带来外交困难,因为菲方的要求远远超过了美国支付包括美军在内的其他越战部队的津贴,如果美国默许菲方的要求,"会影响其他在越服役人员的

---

① Robert M. Blackburn. *Mercenaries and Lyndon Johnson's "More Flags": The Hiring of Korean, Filipino, and Thai Soldiers in the Vietnam War.* Jefferson, N. C.: McFarland, 1994. p. 78.

② 菲律宾总统府府邸所在地。

士气"。面对布莱尔的游说和警告,马卡帕加尔只是模糊地承诺"继续研究"。①

事态的发展没有如布莱尔所愿,他与马卡帕加尔的会谈并没有起到什么效果。双方代表团在 1 月 21 日再次展开会谈集中讨论了津贴问题。菲方代表首先转达了"菲国防部部长佩拉尔塔反对任何改变菲方现有津贴标准"的立场。当美方代表指出菲律宾的津贴标准超过了越战中的南越和韩国军队的标准时,菲方辩称"菲律宾的生活消费水平要高于其他那些亚洲国家",并警告"降低标准会严重影响菲律宾军队的士气,不利于志愿者征募工作"。值得指出的是,双方在会谈中关于津贴支付的问题并不仅仅限于数目和标准,更为重要的是双方都要尽力避免津贴问题可能导致公众指责"菲律宾民事行动小组"是美国的雇佣军。正当菲美就津贴问题僵持不下之时,媒体曝光了美国与韩国的秘密补贴协议,指责韩国驻越军队是"为美元而战的雇佣军"。为了掩盖菲律宾雇佣军的事实,菲方提出"为了避免类似(韩国雇佣军报道)对美国和菲律宾政府的指责,由美国提前向菲律宾政府秘密支付津贴,再由菲律宾政府从自己的资金渠道拨付等量的比索",也就是说"菲律宾政府不需真正拨款,只是通过拨款制造合法的假象"。② 美国国务院在研究秘密资金的情况后,向约翰逊总统建议对菲方妥协,尽快解决这个问题,防止舆论介入。国务院就菲律宾援越问题给总统的一份报告写道:

> 菲律宾政府在与驻菲律宾美国联合军事援助团(JUSMAG)协商后,
> 拟定向越南派出一支特别军事力量。这些军事力量由 34 人组成的医疗

---

① AmEmbassy Manila to Secstate,1/14/65,"Vietnam Memos",Vol. XXVI,1/10 – 31/65. L. B. J. Library.

② Memorandum of Conversation,Washington,January 21,1965. FRUS,1964 – 1968,Volume XXVI, Indonesia;Malaysia-Singapore;Philippines,Document 303.

和民事小组和 2300 人的工程部队组成,这支部队包括安全和后勤保障人员。但是菲律宾政府无力提供足够的资金支付这些部队在越南的行动。另外,因为这些部队是菲律宾现役军队的重要组成部分,我们有必要为这些部队在菲律宾国内的替代部队提供训练和装备援助。……美国政府的财政支持避免公开是非常重要的,以防外界指责这些军事人员是美国的雇佣兵……掩盖美国政府支付的情况……这些秘密资金的使用情况是必要的。①

菲美两国通过运作秘密资金的方式解决了"菲律宾民事行动小组"的费用问题,随后双方一系列谈判都向公众隐藏美国政府出钱雇佣菲律宾军队的事实。虽然公众无从知晓细节,但是不合法的秘密资金却是一个"公开的秘密",双方国会议员亦都心知肚明,也为"菲律宾民事行动小组"后来寿终正寝埋下了伏笔。

菲律宾国会已经重开月余,经过多轮冗长而无进展的谈判,双方都意识到继续拖延可能会导致整个计划的破产,这是双方都不能承受的政治损失。腊斯克决定必须彻底解决全部谈判分歧。2 月 19 日腊斯克通知驻菲大使馆美国政府就"菲律宾民事行动小组"谈判的最终立场,"美国决定每年为菲律宾派出 2300 人的工程部队提供 913 万美元的补贴"。美国放弃了原先要求菲律宾派出海军和空军人员的要求,因为"美国没有做好为这些人员提供费用的准备"②。腊斯克在电报的结尾告诫菲律宾"美国的财政让步并不意味着美国愿意无限制地为菲律宾提供补偿"。③

腊斯克的 913 万美元补贴计划并没有达到菲律宾所坚持的标准,但是面

---

① Seagrave Stephen. *The Marcos Dynasty*. New York: Harper & Row Publishers,1988. p. 182.

② Intelligence and Reporting, Subcommittee of the Interagency Vietnam Coordinating Committee, Weekly Report,OCI No. 0602/65. Jan. 13,1965. DDRS,CK3100365380.

③ Rusk to AmEmbassy Manila,2/19/65,Philippine Cables",Vol. Ⅱ. 6/64 – 6/66. L. B. J. Library.

对美国人的"最后立场"，菲律宾方面也意识到在津贴问题上已经难以再争取更多，最终在 1965 年 3 月初同意了腊斯克的立场。在双方妥协的前提下，谈判确定所有"菲律宾民事行动小组"和之前的"菲律宾特遣队"的工作人员每月获得美国政府提供的 30 美元海外津贴，另外根据不同军衔等级获得每月 3 美元至 180 美元不等的日常补贴。这个标准显然与之前菲方代表强硬坚持的"校级军官每天 15 美元、连级军官 12 美元、士兵 8 美元"差异巨大。即使菲方做出了较大让步，行动小组从菲美两国政府所获得的报酬也是颇为可观的，并不存在所谓影响菲军士气的可能性。

表2-1 菲律宾政府为"菲律宾民事行动小组"人员提供的工资和补贴

（单位：美元/月）

	基本工资	补贴	总额
准将	275	30	305
上校	210	25	235
中校	175	20	195
少校	138	15	153
上尉	112	13	125
中尉	92	10	102
少尉	80	10	90
军士长	44	9	53
中士	44	9	53
下士	37	6	43
列兵	33	6	39

表2-2　美国政府为"菲律宾民事行动小组"人员提供的津贴和海外补贴

(单位:美元/月)

	日常津贴	海外补贴	总额
准将	180	30	210
上校	165	30	195
中校	150	30	180
少校	135	30	165
上尉	120	30	150
中尉	105	30	135
少尉	90	30	120
军士长	45	30	75
中士	15	30	45
下士	6	30	36
列兵	3	30	33

数据来源:U. S. Congress,Senate,Committee of Foreign Relations,Hearings,91st Congress,1st Session,Vol. 3,Republic of Philippines,1969. p. 265.

随着双方就津贴的分歧达成共识,马卡帕加尔政府与约翰逊政府拟定了完整的菲律宾军队介入越南问题的计划,几乎满足了菲律宾谈判团提出的全部6项要求。1965年初约翰逊政府已经开始大规模升级越南战争,3月美国海军陆战队登陆岘港,在这一背景下马卡帕加尔政府承诺尽快派出一支2000人左右的民事行动部队,包括工程建设营、战地医疗专家、情报收集、特种部队和常规军事人员。马卡帕加尔政府在菲律宾民事行动部队谈判中一改先前极力避免"军事化"的态度,改任军方代表主导谈判,同意派出作战部队。因而双方最后达成的援越部队协议具有强烈的军事色彩,只是冠以"民事行动小组"的虚名而已,企图借此减轻舆论谴责。另外,双方的计划具有显著的"雇佣兵"色彩,从1964年10月马卡帕加尔访美开启谈判,直到

1965 年 3 月双方就津贴问题达成妥协,整个谈判都围绕着补偿展开。双方的政府官员都心知肚明,"菲律宾民事行动小组"是一支雇佣兵,菲律宾政府希望抓住机会榨取尽可能多的利益,而焦头烂额的约翰逊政府愿意为此提供足够的美元。

两国政府达成协议并不意味着菲律宾民事行动小组能够被立刻派往越南,马卡帕加尔的援越计划还必须得到菲律宾国会的授权。当越南问题与菲国内政治派系斗争和诸多菲美外交摩擦混在一起,情况更为错综复杂。

第三节 马卡帕加尔援越议案的失败

"菲律宾民事行动小组"的派出和资金都需要菲国会的批准,而 1965 年是菲律宾的大选年,援越问题势必成为总统竞选中的关键议题。菲律宾政治模式模仿美国的两党制,长期由马卡帕加尔总统所在的自由党和民族党两大党相互竞争。1965 年大选开始前夕,马卡帕加尔领导的自由党在众议院占据多数席位,而反对党领导人马科斯则控制着参议院,马科斯也是马卡帕加尔连任竞选中的主要竞争对手。美国政府预料到"菲律宾民事行动小组"的授权问题必然成为总统竞选在国会的争夺阵地,因而采取了诸多行动解决双方长期悬而未决的分歧,进而帮助马卡帕加尔打赢选战,通过援越议案。

1965 年 3 月末,虽然援越议案已无资金上的麻烦,但是随着大选临近,政治问题却成为主要障碍。马卡帕加尔必须在赢得总统大选的同时,促使国会通过援越议案。马卡帕加尔向国会正式提交"菲律宾民事行动小组"议案后,菲律宾国内开始了广泛的公开讨论,尤其是反对派军入越参战的议员和媒体回应非常激烈,让信心满满的马卡帕加尔颇为尴尬。在众多质疑议案的声音中,既包括对未来美国越战政策的忧虑,也有观点强调菲律宾军队参战并无太大意义,其中比较有代表性的反对观点包括:

第一,一方面担心美国没有把越南战争坚持到底的决心,有可能在近期与越共达成和解并从越战脱身。如此一来,菲律宾军队在此时参战会让菲律宾在军事和政治上陷入被动。另一方面,即使美国政府有此决心,菲律宾社会又担心美国地面部队不断增援以及大规模轰炸会无限制升级越战,菲律宾难以承受卷入大国战争的风险。而且菲律宾社会普遍担忧战争升级会波及在菲的美国军事基地,尤其是承担大量越战后勤任务的克拉克空军基地和苏比克湾海军基地可能会遭到共产主义阵营的报复性打击。

第二,在菲律宾社会民族主义情绪不断膨胀的背景下,许多民族主义倾向的议员要求减弱菲美特殊关系,转而寻求新的亚洲国家身份。越南战争是美国白人新殖民主义企图征服东南亚的殖民战争,与19世纪末美国发动殖民菲律宾的战争性质相同。

第三,道义上,菲律宾对越援助应该仅限于非军事领域的人道援助,而非具有强烈军事色彩的马卡帕加尔提案。

第四,菲律宾的国力和军力弱小,在越南战争中并无重要的现实意义;而且菲律宾与东南亚大陆地区隔海相望,菲律宾社会怀疑美国政府所强调的"多米诺骨牌"理论对菲律宾这个岛国的适用性,共产主义革命难以延伸至此。菲律宾唯一可能面对的"共产主义威胁是其内部亲共的反政府武装,而消除革命武装威胁的最好方式是重建社会秩序、打击政府腐败和促进经济发展,让菲律宾人为其祖国而自豪"①,而非追随美国参加冷战对抗。

第五,菲律宾政府财政拮据,提案中用于军队参战的经费更应该用于菲律宾国内糟糕的社会经济发展。菲律宾虽然共有16支工程建设营,但是一名反对者的观点颇有代表性:"每支工程营都要在国内承担繁重的公路或学校建设任务,根本无力支援南越建设。事实上,只要看看马尼拉大街小巷遍

---

① *Philippine Free Press*, September 5, 1964.

布的坑坑洼洼,就知道我所言不虚。"①

美国国家安全委员会在评估菲律宾大选中援越议案可能面临的困难后,向约翰逊建议了应对方案:

> 越南政策:采取必要行动使菲律宾人尤其是马卡帕加尔相信美国在越南作战的决心,安抚菲律宾人可能会恐惧在越南孤军作战。例如,由约翰逊总统致信马卡帕加尔详细阐明美国的越南政策、决心和菲律宾军队即将担任的角色;增派地面部队进入越南,反驳美国只是动用海空军作战,而把地面作战任务留给亚洲盟友的谣言。

> 菲律宾内政:采取直接或间接行动加强马卡帕加尔在竞选中的优势,以安抚其担心坚持派出作战部队可能导致的部分选票流失:一是加快经济援助谈判,向菲律宾增援大米;二是寻找解决美国在菲军事基地摩擦的办法,我们正在修改军事基地司法权的条款,在军事基地问题上的分歧达成共识能够转化为马卡帕加尔的竞选优势;三是美国愿意赞助菲律宾提升其南部岛屿(棉兰老穆斯林地区)的防务开支;四是增加菲律宾政府所希望的军事援助项目;五是宣布约翰逊总统将在1965年11月大选之前访问菲律宾,推动菲律宾对南越的援助项目。②

得到华盛顿的指示后,驻菲使馆人员立即展开与菲律宾新一轮的经济、军事援助和军事基地谈判,提升马卡帕加尔在选民中的形象。即使美国人做出了很大努力,马卡帕加尔的援越议案也在菲律宾众议院轻松通过,但是

---

① We Can Expect Very Little More Aid from Allies by Walker Stone. September 22,1967, *Washington Daily News*.

② Memorandum From Chester L. Cooper of the National Security Council Staff to the President's Special Assistant for National Security Affairs, March 29,1965. FRUS,1964－1968,Volume XXVI,Indonesia; Malaysia-Singapore; Philippines,Document 305.

在 1965 年 5 月的菲律宾参议院投票中马卡帕加尔仍然失败了,而马科斯正是发起阻击援越议案的主要领导人。马科斯声称,"在出去试图解决另外一个国家的问题之前,菲律宾应该先解决好自己的国内问题"①。

面对参议院的投票结果,马卡帕加尔政府、美国驻菲大使馆和约翰逊政府都意识到通过增加援助和发展项目的办法争取民意支持不能解燃眉之急,必须采取一系列紧急措施扭转局势。1965 年 6 月,菲律宾驻美国大使莱德斯马(Oscar Ledesma)拜会约翰逊,莱德斯马不仅担任驻美大使,也是反对党民族党的重要元老。约翰逊意识到争取菲律宾援越军队不仅需要与马卡帕加尔达成共识,也需要获得控制参议院的民族党的谅解,美国政府不得不介入菲律宾内政中的党派权力斗争,因而极力游说莱德斯马对马科斯等反对者施加影响。但是马科斯已经决意通过反对援越议案打击马卡帕加尔以赢得竞选主动。

议案耽搁一个多月后,无论是华盛顿的美国外交参谋们,还是马尼拉的使馆人员都已经不能忍受马卡帕加尔的毫无作为,美国国务院开始对马卡帕加尔不满:

> 菲律宾人试图以国内政治困难为由,为他们的无所作为找借口,还向我们保证大选后再重启援越计划,这些都不能补救在这里(华盛顿)造成的恶劣影响。……援越议案是国际问题,其重要性超过菲律宾的国内政治斗争,毫无疑问,马卡帕加尔本人难辞其咎。②

华盛顿开始转变原先的在经济、军事援助以及军事基地谈判等方面向马卡帕加尔政府让利的办法,转而向马卡帕加尔施加更多政治压力,逼迫其

---

① *The Manila Times*,May 19,1965.

② Message,Rusk to AmEmbassy Manila,7/2/65,"Philippine Memos,Vol. Ⅲ,7/66 - 7/67," Item No. 154. NSF Country File-Philippines. L. B. J. Library.

继续推动援越议案。马卡帕加尔感到空前的压力，一方面华盛顿对进展缓慢不满而威胁延缓援助物质和款项，另一方面以马科斯为首的反对党强烈批评其军事干预越南问题，危及其总统大选。马卡帕加尔不得不想方设法绕开国会另辟蹊径，同时寻求华盛顿的同情和支持。

1965 年 7 月 5 日，马卡帕加尔约见了美国大使布莱尔，与其讨论解决措施。马卡帕加尔坦承"由于马科斯在国会发起阻击议案的行动，援越议案面临不确定的未来"，但是为了安抚失望的约翰逊政府，他向布莱尔保证"只要约翰逊能在 11 月以前如约访问菲律宾，他就有信心在选举中获胜。……如果他能在 11 月选举中获胜，尤其是以较大优势胜出，他就会推动国会召开特别会议促进一系列议案，包括援越议案"。接着马卡帕加尔提出了一个新的菲律宾志愿军计划，避开国会授权，建议暂时由"菲律宾组织一支工程建设营，作为志愿军入越参战，其资金表面上由菲律宾公众捐款支持，实际上由美国政府（中央情报局）负责"①。

事实上，马卡帕加尔所说的志愿军仍然由菲美已经议定的工程建设营人员担任，虽然只有一个工程建设营，但是菲律宾军方可以"在这支工程建设营中安排足够多的安全保卫人员"，也就是说这支志愿军以作战部队为主。他接着评论说志愿军计划"将向全世界宣示是国会阻止菲律宾履行其在越南事务上的义务，但是国会（反对党）并不能阻止菲律宾人民投身于抗击共产主义的事业之中。……这比原先的援越提案要好得多"②。

马卡帕加尔之所以提出新的志愿军计划，是因为他意识到很难在近期通过援越议案扭转局面，企图搁置议案以防影响自己的选举，而在选举获胜后再重新提交议案，而所谓的志愿军计划只是敷衍美国人的政治诱饵而已。

---

① Memorandum from the president's Special Assistant for National Security Affairs（Bundy）to President Johnson. July 7,1965. FRUS, 1964 - 1968,Volume XXVI,Indonesia；Malaysia-Singapore；Philippines，Document 307.

② Am Emb Manila,Telegram No. 27. Two Sections. July 6,1965. DDRS,CK3100374495.

这个计划并不现实,也不可能得到美国的支持。布莱尔当即反驳,"对于美国来说,寻找秘密财政资助这支志愿军是一个极为困难的问题。这很难保密,尤其是菲国会的反对党领袖已经得知美国会为原先的援越议案提供秘密财政支持。而且发起一次公众捐款活动本身就要花费大量时间,反而会不利于越南战场需要的紧急支援"①。

布莱尔很明白马卡帕加尔所提出的特别会议计划和志愿军计划都只是稳住美国,诱使美国继续支持其总统竞选的权宜之计。志愿军计划不仅没有可操作性,而且布莱尔也怀疑马卡帕加尔是否会真的有所实际行动。约翰逊的国家安全事务特别助理邦迪也强烈反对志愿军计划,他警告志愿军计划会"给中国介入越战提供一个糟糕的先例"②。

马卡帕加尔的如意算盘令华盛顿极为不满,但又不得不寻求马卡帕加尔在此问题上的继续合作。华盛顿在答复此志愿军计划的电报中承认马卡帕加尔在援越议案上短时间内已经难有作为,继续对其在此问题上施压也只能徒劳无功,因此指示驻菲大使馆"终止一切与马卡帕加尔以及其他菲律宾领导人关于援越问题的谈判,保持与马尼拉的融洽关系,以免危及大选后(马卡帕加尔)重提议案的可能性"。约翰逊政府承认,持续9个多月的"菲律宾民事行动小组"谈判已经失败,但是指示大使馆为菲律宾大选后重启谈判做好准备,尤其是"让马卡帕加尔感觉他亏欠我们,并且愿意与我们配合"。关于志愿军计划,华盛顿明确表示拒绝,要求大使馆向马卡帕加尔传达两点信息:

1. 马卡帕加尔的志愿军计划由其自己负责;对于美国政府来说,这

---

① Am Emb Manila,Telegram No. 27. Two Sections. July 6,1965. DDRS,CK3100374495.

② Memorandum from the President's Special Assistant for National Security Affairs (Bundy) to President Johnson. July 7,1965. FRUS,1964 – 1968,Volume XXVI,Indonesia; Malaysia-Singapore; Philippines, Document 307.

个计划不可接受也不实际。志愿军计划的性质与马卡帕加尔政府原先承诺以官方立场支持越战并不相符,而且美国政府难以用秘密资金渠道支持这个计划。

2. 在留有余地的前提下,向马卡帕加尔表达美国政府的失望。马卡帕加尔政府先是高调地公开宣传菲律宾将为越战做出巨大军事贡献,继而又无法兑现承诺,为反对美国越战政策的相关团体提供了口实。①

在收到华盛顿极为冷淡的反馈后,惊慌失措的马卡帕加尔再次提出立即召开国会特别会议,期望能够通过原先的援越议案,并且说服国会继续拨款支持已在南越服役的菲律宾医疗特遣队。正当菲国会再次陷入僵局之时,美国国务院把继续扩大越南战争的消息提前通知了菲律宾政府:"在越美军规模将由现在的7.5万人升至17.5万人。……估计这个决定会导致我们加大使用(菲律宾)军事基地的设施。"②而约翰逊也亲自致信马卡帕加尔通知战争升级和增派美军的消息,并再次催促:"由于战局突变,我希望您所承诺的增援计划能够尽快实现。"③马卡帕加尔意识到越战如此剧烈的规模升级会给菲律宾社会以强烈心理冲击,菲律宾公众必然恐惧菲律宾也会卷入看不到尽头的战争升级,而马科斯也会利用公众的恐惧指责他"将把更多的菲律宾青年扔到越南去送死"。马卡帕加尔之前提出,援越议案只是为拉拢美国作为支持其连任的政治手段而已,如今议案受阻而且战争继续升级,继续坚持议案只会弄巧成拙。马卡帕加尔也承认,为期9个月的谈判以失败

---

① Telegram from the Department of State to the Embassy in the Philippines. July 7,1965. FRUS, 1964－1968,Volume XXVI,Indonesia; Malaysia-Singapore; Philippines,Document 308.

② Outgoing Telegram No. 101,to Am Emb Manila. July 19,1965. DDRS,CK3100380366.

③ Macapagal Diosdado. *A Stone for the Edifice*: *Memoirs of a President.* Quezon City: Mac Publishing House,1968. p. 337.

告终,他回复约翰逊说:"由于菲律宾大选,预期中的增援计划不得不推迟。我相信大选结束后,我国将与盟友一起增加对南越政府的援助"①,马卡帕加尔决意完全放弃援越议案,静待自己大选获胜后再从长计议。

美国方面虽然失望但也别无选择,只能等待马卡帕加尔的承诺,但是急于推动"更多旗帜"计划的约翰逊政府仍然做出了姿态以表达对马卡帕加尔的不满。直到 1965 年 11 月菲律宾大选开始,约翰逊都没有如约访问菲律宾;而美国政府原先为支持马卡帕加尔援越议案而"承诺援助菲律宾的 10 万吨大米并没有如期而至,而是改为送往越南"②。和马卡帕加尔的决定一样,华盛顿也在等待大选结果。不同的是,马卡帕加尔是在等待自己获得连任后再次提交议案,而华盛顿等待的是下届菲律宾政府重启计划——第二任马卡帕加尔政府或者马科斯政府。

① Letter from President Macapagal to President Johnson. July 24,1965. FRUS,1964 – 1968, Volume XXVI,Indonesia; Malaysia-Singapore; Philippines,Document 310.

② Macapagal to W. Scott Thompson,April 20,1970. Thompson Willard Scott. *Unequal Partners: Philippine and Thai Relations with the United States*,1965 – 1975. Lexington MA: Lexington Books,1975. p. 79.

第三章　反向不对称：马科斯时期的菲美冷战同盟

第一节　马科斯重启援越谈判

一、马科斯改变立场

菲律宾大选开始后，美国对大选的进展非常关注，马尼拉与华盛顿之间电报来往频繁，尤其是马科斯和马卡帕加尔在竞选中关于越南问题和菲美关系的讲话。美国迫切希望新一届的菲律宾政府能够在越南问题上更加合作，以缓解约翰逊政府的压力。虽然马卡帕加尔在大选前夕拖延援越议案，令约翰逊政府大为恼火，但是至少马卡帕加尔承诺会在连任后继续推动已经谈妥的援越议案；况且马科斯是一个远比马卡帕加尔更加强硬的领导人，在政治、军事和外交等领域经常鼓吹民族主义和菲律宾的"亚洲化"，并且强烈反对军事干预越南问题，尤其在阻止马卡帕加尔的援越议案时态度强硬。美国外交人员大多判断马卡帕加尔继续执政要比马科斯上台更有利，远东事务助理国务卿邦迪也持有相同的观点。邦迪在递交给国务卿腊斯克的一份报告中分别分析了马卡帕加尔或马科斯获胜对援越议案可能带来的影响：

　　如果马卡帕加尔获得连任,我们可以指望他立刻展开国会特别会议,重启援越议案,派出工程建设营部队……我们估计也能够增加美国(在菲)军事基地和设施的使用力度,以支持越南战争……我们正在宿务加紧建设一个极为重要的美国空军设施。

　　如果马科斯获得总统职位,我们会在他就职后大约两个多月的时间内面临困难……恐怕这段时间内我们难以在援助南越的问题上取得什么进展……马科斯本人带有浓厚的民族主义倾向,民族主义在他的竞选中起到了重要的作用。因此,在外交问题上,我们和马科斯打交道所遇到的麻烦可能会比马卡帕加尔政府多得多。另外一方面,马科斯更加强硬,试图让这个国家更为关注国内问题。[1]

大选结果并未如邦迪所期望,相反,马科斯以较大优势获得胜利。虽然大选结果出乎意料,但是美国外交人员并未因此耽误菲律宾援越事宜,"甚至在菲律宾工作人员计票工作结束之前,华盛顿就展开了行动"[2],企图对马科斯发起游说攻势,改变其对"菲律宾民事行动小组"的态度。从1965年末至1966年初短短两月间,布莱尔大使奉命数次拜会马科斯专门讨论越南问题,"约翰逊政府更是派出了5支外交团队访问马尼拉,分别由副总统汉弗莱(Hubert Humphrey)、国务卿腊斯克、参议员麦克·曼斯菲尔德、总统特使威廉·哈里曼和兰斯代尔率领"[3]。

　　马科斯获选结果揭晓伊始,1965年12月13日布莱尔迫不及待地向马科斯正式提出了援越问题,表达"菲律宾作为一支国家利益与越南战场形

① Seagrave Stephen. *The Marcos Dynasty*. New York：Harper&Row Publishers,1988. pp. 178 – 179.

② Robert M. Blackburn. *Mercenaries and Lyndon Johnson's "More Flags"：The Hiring of Korean, Filipino,and Thai Soldiers in the Vietnam War*. Jefferson,N. C.：McFarland,1994. p. 83.

③ Man Mohini Kaul. *The Philippines and Southeast Asia*. New Delhi：Radiant Publishers,1978. pp. 144 – 145.

势息息相关的自由世界力量,美国政府殷切希望菲律宾政府增加对越援助。……至少一支包括安保力量的工程部队"。12月中旬菲律宾大选程序尚未完全结束,援越问题还不在马科斯的议事日程之中,马科斯只是回答"讨论这一问题为时过早",但是承诺"会与菲律宾国会领导人讨论援助的具体细节……并且会在总统就职仪式的演说中向菲律宾社会强调共产主义在越南造成的严重威胁"。马科斯向布莱尔坦言,自己"正计划把援越问题列为紧急事务加以处理,只是大选相关事宜拖延,并保证会在两周内与美国讨论此问题"①。为了消除因为越南问题而造成的舆论负面情绪,邦迪亲赴菲律宾参加两国民间交流集会,他在会上发表演讲,号召"搁置双方的分歧和不满……菲律宾人应该相信美国仍然重视他们,美国尊重他们在外交政策上希望更加自由的愿望"②。约翰逊政府对马科斯发起了紧密的外交攻势,一方面对菲律宾当局施加政治压力,许诺经济和军事援助;另一方面对菲律宾社会加强舆论宣传——菲律宾介入越南战争符合菲律宾自身国家利益,并非美国的强迫,从而为马科斯改变政策营造其所需的政治环境。

美国政府的大棒加胡萝卜政策很快就在马科斯身上看到成效。12月末美国副总统汉弗莱开始其远东之旅,督促亚洲盟国在越南问题上给予支持,到访马尼拉时出席了马科斯的就职典礼。坐稳总统宝座的马科斯迫切需要消除在援越问题上与美国的分歧,争取美国经济军事援助巩固政权——马科斯在"菲律宾民事行动小组"问题上改变了立场。马科斯向汉弗莱强调"准备要求菲律宾国会授权菲律宾政府派出军队。(马科斯)十分清楚这支军队包括工程部队和必要的安保力量。希望菲律宾能够成为越南战场上的

---

① DEC 13 Meeting with Marcos – Various Subjects, Secret, Cable, 01161, December 14, 1965. DN-SA, Philippines, PH00092.

② Golay Frank. *The United States and the Philippines*. Englewood Cliff: Prentice-Hall, 1966.

重要盟国"①。马科斯认为,既然南越政府请求的"菲律宾民事行动小组"名义上是一支工程建设和民事援助队伍,并非作战部队,那么只要民事行动小组是名副其实的人道援助队伍,就并非自己出尔反尔。虽然华盛顿更希望菲律宾派出的是以工程建设营为幌子的步兵作战部队,但是马科斯还是坚持"菲律宾民事行动小组"要尽可能地"非军事化",避免刺激反战反美政治团体。华盛顿明白短期内难以劝说菲律宾政府派出作战军队,不得不暂时默认马科斯的观点,确认了"菲律宾民事行动小组""非军事化"的宗旨。

马科斯在援越问题上的突然转变既出乎意料,又在意料之中。一个多月前马科斯还在竞选演讲中斥责派军参战的荒谬,因为"这个国家的危机是因为政府无能导致的内部腐朽不堪,而不是远在越南坍塌中的多米诺骨牌"②。转眼间,马科斯就高调宣布:"我真挚地决定派遣工程营部队去南越,是为了维护祖国的最高利益"③,让其越战政策的支持者颇为难堪。但是马科斯的转变又是菲美特殊关系背景下意料中的事情,只是时间早晚而已。邦迪在评估报告中认为马科斯执政后至少需要两个月才会转变政策;而事实上,马科斯在就任前就已匆忙向美国政府承诺派出"菲律宾民事行动小组"。即使马科斯被美国外交人员描述为民族主义者,但是马科斯本人并非一位"反美"民族主义者。当1965年5月马卡帕加尔把援越议案提交至国会时,马科斯决心角逐总统宝座已是众所周知。马科斯阻止援越议案的目的只是借此打击政治对手而已,并非由于其反对参加越战的政治理念。马科斯需要在公众面前展示其个人在国会的巨大影响力,并且使马卡帕加尔陷入无法兑现对美承诺的尴尬。同时,阻止援越议案使马科斯获得了美国

---

① Summary of Vice President Humphrey's Conversations with Leadership of Japan, Philippines, China, and South Korea. Miscellaneous. WHITE HOUSE. OFFICIAL USE. Issue Date: December 28, 1965. DDRS, CK3100317682.

② *Manila Chronicle*, May 19, 1965.

③ Philippines' Stake in Vietnam by Marcos, February 19, 1966.

反战政治力量和菲国内部分政治团体的支持。

马科斯非常清楚菲美关系的本质,也懂得在越战问题上何时作何抉择最符合自己的利益。菲律宾和美国之间长期的特殊关系有其两面性:一方面菲律宾历来在冷战中追随美国的外交政策,菲律宾也需要美国的军事、经济援助作为支持美国的回报。内外交困的约翰逊政府愿意付出高价来换取菲律宾军队参战,哪怕是象征性的军事行动。另一方面,菲律宾国内民族主义发展势头强劲,迫切要求摆脱美国控制,脱掉"亚洲小美国人"的帽子,因而反对追随美国去打一场美国人的战争。竞选前马科斯可以利用民族主义情绪反对参战的舆论阻击议案,打击马卡帕加尔;赢得大选后,马科斯急需向美国政府示好,让参战换取的美援在自己任期内开花结果。值得一提的是,菲律宾政治竞选中也周期性地存在新任总统与公众之间短暂蜜月期的传统,马科斯可以利用蜜月期的声望顺利推动提案,而拖延过久则存在更多变数,这也是马科斯迅速转变立场的原因之一。

马科斯在越战政策上的转变是菲美特殊关系的本质所决定的,事实上,变化的不是马科斯的政治观点,而是他的政治角色。当马科斯被记者问及为何改变立场时,他的借口是不明确美国在越南的动向,他向《华盛顿邮报》的记者解释:"我们很多人之前都感觉美国正准备从越南撤退,但是现在美国已经向我们展示它坚持到底的决心。"至于那些反对追随美国政策的声音,马科斯认为:"我们不能忽视或轻视民族主义在这里的存在,但是称之为反美主义是错误的。菲律宾保有对美友好的传统。"[1]马科斯在与美国周旋的政治游戏中,一方面他是一位民族主义领袖,代表菲律宾国家利益要求美国在双边关系中做出让步;另一方面,在必要的时候他又是一位传统的亲美政治家,在与美国的合作中寻求援助。马科斯极为善于把握菲美特殊关系

---

① Marcos Says He Will Send Troops to Vietnam by Stanley Karnow, *Washington Post*, November 28, 1965.

转型期的机会,获取自己的政治资本,这在援越谈判中表现得淋漓尽致。

1966年2月17日,马科斯向菲国会提交了新的援越议案。两天后,马科斯向全国发表了关于越南问题激情四溢的电视讲话。因为"更多旗帜"计划进展缓慢而烦恼不已的约翰逊政府为马科斯的讲话倍受鼓舞,一名支持越战的议员在美国国会会议上宣读了马科斯演讲全文,并声称:"我认为所有的美国人都应该读读马科斯激情澎湃的演讲。有些人总是问我们在东南亚的盟国和朋友是怎么看越南问题的,我觉得马科斯总统的演讲就提供了答案。"①马科斯在演讲中阐释了自己支持派出民事行动小组的原因,否认了美国压力,解释了援越部队的行事准则和非军事化性质:

> 我们加入了联合国和东南亚条约组织,后者是一个国家联盟,一致同意以军事手段对抗共产主义的武装侵略。我们不能无视这些国际义务和条约。……我国政府于1964年4月12日在东南亚条约组织联合公报中再次确认了这些国际义务,在公报中我们曾经承诺为南越政府提供精神和物质上的援助。……由于南越政府在1965年4月14日向我国正式提出增加援助工程建设部队的请求,我们的人民为此展开了广泛的公开讨论。……我在与许多有识之士反复商讨后……我做出了完全真诚和十分坚定的抉择——向南越派出工程建设部队,这是符合菲律宾最高国家利益的明智之举。
>
> ……
>
> 对于正在越南进行的这场战争,我们的行动要符合以下4个基本准则:
>
> 1. 我们希望尽可能早地、在合适的时机达成和平共识。
>
> 2. 在倡议和平协议的同时,我们有必要制止共产主义在越南的侵

---

① Congressional Record-Appendix, March 23, 1966. p. 1693.

略。如果我们只是坐等不确定的和平自己到来，终有一天我们醒悟时会发现已经没有什么可以谈判的了。

3. 我们有责任支助那些在越南为对抗共产主义而战的人们。

4. 最为重要的是我们要明白今天我们援助越南是为了将来我们自己的和平。广阔的海洋把我们和东南亚大陆分割开来，这或许会使我们免于共产主义从外部的威胁，但是并不能抵御国内的共产主义。可以确定的是，如果共产主义在越南取得胜利，意味着共产主义革命将在整个东南亚兴起，包括菲律宾。

我必须声明的是，我做出这个决定并非为了美国或其他组织的任何形式的援助。没有任何胁迫、威胁、敲诈或者金钱影响我的决定。只有菲律宾的国家利益才是我做出此决定的唯一出发点。……任何评论暗示我们受到国外压力而作此决定，都是对菲律宾人民的侮辱。我们在越南问题上所持的立场根源于我们国家的历史经验。

……

有人指责我在越南问题上出尔反尔。事实上，我之前反对的是派出作战部队。……我支持向南越政府增派人道主义援助和技术支持，因为在这些领域我们菲律宾人在东南亚是最为擅长的。即使我因此食言，也是为了国家利益之故。①

二、马科斯的角色

进入 1966 年，美国即将长期卷入越南战争已成定局。面对反战压力，东南亚条约组织尤其是东南亚盟国再次成为美国关注的焦点。没有东南亚条约组织盟国的强力参与和"领导"，美国在越军事行动的合法性就会受到强

---

① Philippines' Stake in Vietnam by Marcos, February 19, 1966.

烈质疑,组建一支主要由亚洲国家组成的东南亚条约组织多国部队再次被提上议事日程,尤其是逐步大规模引入菲律宾、泰国和韩国的军队。1966年3月,邦迪在发给驻各亚洲盟国大使的指示信中强调:"我们将组建一支东南亚条约组织联合军,初步建制在5000～7000人,部署在北纬17°线附近。……这支军队主要由步兵组成,擅长工程建设和通信。我们估计菲律宾将做出主要贡献,泰国其次,而澳大利亚、新西兰和美国只占极少部分。"①

马科斯以干练强硬的姿态登上东南亚的政治舞台,上任之初就改变立场更是让约翰逊政府认为菲律宾更大规模介入越战指日可待,让美国政府对其抱有厚望。马科斯极力宣传其民族主义观点和亚洲国家身份,关于东南亚防务——"亚洲问题应该由亚洲人自己来解决,美国人民只需要在背后支持我们"②,这与约翰逊政府"更多旗帜"计划中突出亚洲盟国作用的想法不谋而合,马科斯一时成为美国越战政策的关键角色。约翰逊的特别助理杰克·瓦伦丁(Jack Valenti)在巡访亚太地区后,向约翰逊报告:

> 我们需要亚洲人在亚洲事务中承担起领导的角色。一个强有力的亚洲领导人将是美国宝贵的财富,这位领导人是我们的朋友,理解我们的想法,能够把亚洲盟国融成一股团结的力量为我们共同的事业奋斗。我建议我们把这个赌注压在菲律宾的马科斯身上,他极有潜力成为那位强力而富有魅力的亚洲领导者。
>
> 马尼拉大使馆的一些人似乎对马科斯仍有所怀疑,因为马卡帕加尔就任之初也让人觉得希望无限,随后也沦于平庸。但是马科斯不同,他聪明异常,是亚洲最为杰出的演说家,而且强硬。我认为他有志成为

---

① SEATO Joint Volunteer Force for Vietnam, Secret, Cable, c. April 3, 1966. DNSA, Philippines, PH00112.

② Telegram from the Embassy in the Philippines to the Department of State, February 22, 1966. FRUS, 1964 – 1968, Volume XXVI, Indonesia; Malaysia-Singapore; Philippines, Document 324.

一位伟大的总统，为了达成这个目标而不惧艰险。

如果我们能够与他合作，为他提供合理的帮助，马科斯可以成为我们在亚洲的代言人。无论如何，亚洲问题必须由亚洲人来解决，而马科斯具备这样的头脑和勇气去完成那些必须做，而且必须由亚洲人自己出面去做的事情。

我建议我们在今年内邀请马科斯访问美国。①

约翰逊采纳了瓦伦丁的建议，随后致信马科斯邀请他访问华盛顿。约翰逊在信中表示赞同马科斯关于"由亚洲人领导亚洲事务"的观点，并且盛赞马科斯在"致力于亚太地区自由国家团结一致的事业上将扮演关键角色……马科斯向南越派遣援助人员决定将巩固菲美两国的坚实同盟"②。

在华盛顿上下普遍对马科斯持乐观态度时，只有与马科斯接触频繁的美驻菲大使布莱尔表达了不同的看法。布莱尔在发给美国国务院的一封电报中，警告"不要对马科斯有过高的期望"，他预见到"如果马科斯对于自己在菲美关系中的位置过于自信的话，他会制造很多的麻烦，他会设法左右美国的政策为其个人利益服务"③。布莱尔的预言很快就在新一轮"菲律宾民事行动小组"谈判中得到证明。

三、重启谈判

虽然同意派出"菲律宾民事行动小组"，马科斯敏锐地发觉美国人所希

---

①　Memorandum from the President's Special Assistant（Valenti）to President Johnson, January 4, 1966. FRUS, 1964 – 1968, Volume ⅩⅩⅥ, Indonesia; Malaysia-Singapore; Philippines, Document 322.

②　Telegram from the Department of State to the Embassy in the Philippines, February 25, 1966. FRUS, 1964 – 1968, Volume ⅩⅩⅥ, Indonesia; Malaysia-Singapore; Philippines, Document 326.

③　Stanley Karnow. *In Our Image*: *America's Empire in the Philippines*. New York: Random House, 1989. p. 376.

望自己扮演的角色,也明白自己有了更多与美国人谈判的优势,因而在原先双方拟定的条件上再次提高了价码。面对美国方面的国事访问邀请,马科斯并没有急于敲定访问时间,而是继续试探美国政府的价码底线。当汉弗莱向马科斯保证"我们是公平的合作伙伴……关于派遣菲律宾部队在财政方面的困难是可以解决的……我们能够找到办法",①马科斯在两国之前谈妥的条件基础上再次加码,包括:第一,除了原先拟定由美国提供3支工程建设营的装备外,美国还要为另外7个营提供装备;第二,美国为菲律宾提供更大规模的军事援助,逐步实现菲律宾军队的全面现代化;第三,美国优先在菲律宾采购越战后勤物资;第四,菲律宾承包部分南越房屋建设合同,并且这些项目必须雇用菲律宾劳工。

汉弗莱在马尼拉之行中对马科斯印象极好,在给约翰逊的报告中极力夸赞马科斯推动菲律宾改革和派军援越的决心和魄力。对于马科斯新提出的新要求,他建议约翰逊:"如果我们愿意接受马科斯的要求,提供合理数量的现代化军事装备,我认为我们能够期待菲律宾政府的巨大帮助。装备的数目可以谈判,我们应该立刻研究菲律宾军队的物资需求,如果我们需要这支菲律宾军队的话。"②邦迪在研究了马科斯的政治处境后,也同意答应马科斯的部分要求。邦迪在给美国国务院的备忘录中为马科斯再次加码辩护:"马科斯要比他的前任果断得多,但他毕竟只是在这个位置上刚刚站稳脚跟。……马科斯应该能够掌握参议院的大多数人,但是也存在潜在的风险。加之难以预估的政治形势,这也是他要求额外军事援助的原因。在我看来,每年花费400万至600万美元把他的军队改造成一支真正的工

① Vice President Humphrey and President Marcos Meet to Discuss Philippine Relations with Other Asian Nations, Support of U. S. Policy and Philippine Participation in Vietnam. Memo. Department of State. TOP SECRET. December 31,1965. DDRS, CK3100079785.

② Summary of Vice President Humphrey's Conversations with Leadership of Japan, Philippines, China, and South Korea. Miscellaneous. WHITE HOUSE. OFFICIAL USE. Issue Date: December 28,1965. DDRS, CK3100317682.

程、民事部队,加上潜在的政治回报,从各方面来讲都是一笔非常值得的投资。"美国国防部则有不同的看法,认为不能轻易满足马科斯的全部要求,"关于菲律宾要求美国额外援助其国内军队,国防部决定在1966财政年拨付价值230万美元的装备"。这230万美元只包括马卡帕加尔谈妥的3个工程营的装备,而非马科斯要求的一共10个营;而且国防部并不能保证这笔援助立刻到位,除非菲律宾政府完全解决援越"民事行动小组"的问题。美国国防部担心马科斯不会全力推动援越议案,重演马卡帕加尔的尴尬,建议"对于马科斯的援助要求,我们应该合理利用我们的回应,以此为筹码迫使马科斯透露自己的谈判底线,并且推动他解决菲律宾派军的问题"①。虽然外交官员们建议答应马科斯的新要求,国务院权衡利弊后更为倾向于军方的观点,同意"支付另外2个营的装备,加上原先承诺的3个营,一共5个营的装备,但是拒绝资助其余5个营"②。双方关于补偿款项再次陷入讨价还价的拉锯战之中。

除了军事装备外,马科斯注意到美国政府在越南消耗的大量后勤物资是菲律宾潜在的获利机会。朝鲜战争期间,美军在日本采购的大量物资是日本战后工业重新崛起的重要因素。在马科斯看来,菲律宾的美军克拉克空军基地和苏比克湾海军基地是离越南前线最近的后方补给基地,美国政府理应把这份厚礼送给菲律宾,作为菲律宾政府长期支持美国冷战政策的回报。但是韩国也对美国提出了相同的要求,并且韩国已经陆续派出地面作战部队赴越,因此汉弗莱以"韩国在物资采购和劳动力供应方面似乎更有

---

① Summary of a Meeting of the Far East Interdepartmental Regional Group, Memo. Department of State. SECRET. Issue Date: April 2,1966. DDRS, CK3100491744.

② Robert M. Blackburn. *Mercenaries and Lyndon Johnson's "More Flags": The Hiring of Korean, Filipino, and Thai Soldiers in the Vietnam War.* Jefferson, N. C.: McFarland, 1994. p. 85.

优先权"①为由婉拒了马科斯。直到马科斯的心腹本杰明·罗穆阿尔戴兹访问西贡归来后劝说马科斯:"在越南多付出,而不是争夺利润……避免越南人指责菲律宾是为了钱才来到越南的"②,马科斯才搁置了物资供应和劳务输出的要求,改而寻求美国对菲的直接经济援助和补偿。

1966 年 5 月初,双方敲定马科斯将于 9 月访问美国。腊斯克警告约翰逊:"虽然马科斯非常友好而且对您充满敬意,但是毫无疑问他会尽一切努力充分利用这次访问和援越问题,以求换取尽可能多的回报。"③果然,马科斯抓住商讨国事访问会谈事宜的机会,再一次大大提高了补偿要求。马科斯认为:"菲律宾民事行动小组到达南越的时间与他访问美国的时间重合,他有可能被人贴上'美国跑腿小弟'的标签。为了避免指责,他必须利用美国之行的机会解决双方一些新旧分歧。"④马科斯所说的新旧分歧是指马科斯上任前后双方有争议的各种新、旧矛盾。新分歧是指马科斯上任后提出的要求,包括 10 个工程营的装备、对越劳务输出、越战后勤物资采购、财政援助和帮助菲律宾军队现代化改革等;旧分歧是指两国之间长期悬而未决的争议,包括二战赔偿一揽子问题、军事基地谈判和劳雷尔 - 兰利协定修订。马科斯在援越议案即将提交国会表决前夕再次狮子大开口,让原先对马科斯寄予厚望的众美国官员们懊恼不已。一名美国国家安全委员会官员对此评论:"马科斯的访问事项越来越复杂了。马科斯表现得越来越像一位传统

---

① Summary of Vice President Humphrey's Conversations with Leadership of Japan, Philippines, China, and South Korea. Miscellaneous. WHITE HOUSE. OFFICIAL USE. Issue Date: December 28, 1965. DDRS, CK3100317682.

② Conversations with Benjamin Romualdez. Am Emb Manila, Airgram A - 905. April. 29, 1966. DDRS, CK3100392262;本杰明·罗穆阿尔戴兹是马科斯的政治顾问,也是马科斯的妻弟,后任菲律宾驻美国大使。

③ Rusk to Johnson, 7/6/66, Johnson Papers, L. B. J. Library.

④ A Marcos Visit: the Plot Thickens. Memorandum, James Thomson, Jr., Staff Member, to Walt W. Rostow, Spec. Asst. to the Pres. May 4, 1966. DDRS, CK3100391371.

的菲律宾总统，不再是上任之初那位果敢、有远见的新政改革者了。"①短短几个月的时间，马科斯就用行动证实了布莱尔的警告，他懂得如何利用美国政府的短板在两国事务中榨取最大利益。

5月中旬，马科斯交给美国谈判代表一张国事访问会谈清单，在满足原先马卡帕加尔政府所提6项要求基础之上，寻求美国更大的让步和补偿：

Ⅰ.彻底解决二战老兵补偿问题

Ⅱ.发展贷款基金

1.菲美双边经济援助项目

土地改革银行 ·············· 1000 万美元

粮食作物生产 ·············· 1500 万美元

港口建设 ·············· 2000 万美元

机场建设 ·············· 1000 万美元

灌溉工程 ·············· 2000 万美元

公路建设 ·············· 2000 万美元

农村电网建设 ·············· 2000 万美元

电力能源发展 ·············· 1 亿美元

合计 ·········· 2.15 亿美元

2.其他美国资金渠道

学校校舍 ·············· 5000 万美元

高速公路桥梁 ·············· 5000 万美元

水稻生产 ·············· 1500 万美元

灌溉工程 ·············· 3000 万美元

---

① Memorandum from James C. Thomson, Jr., of the National Security Council Staff to the President's Special Assistant (Rostow), May 4, 1966. FRUS, 1964 – 1968, Volume XXVI, Indonesia; Malaysia-Singapore; Philippines, Document 329.

港口建设 …………………………………… 1250 万美元

电力能源发展 ……………………………… 1 亿美元

农村地区建设 ……………………………… 750 万美元

淡水供应 …………………………………… 3000 万美元

农业机械、化肥及杀虫剂生产 …………… 3000 万美元

合计 ………… 3.25 亿美元

Ⅲ. 军事援助项目

1. 预备役人员训练

2. 反走私设备(船只和直升机)

3.7 支工程建设营的基本装备

4. 美援军事设备的维护和修理费用

5. 菲律宾空军的测绘装备

Ⅳ. 根据 480 号公共法案的粮食援助

Ⅴ. 3 亿美元的货币平准基金

Ⅵ. 在菲律宾建立一个物资采购局,负责在当地为美国军队采购补给物资①

清单只是马科斯价码中的物资补偿部分,还有其他关于两国经济、军事协议修订中一些有争议的条款,马科斯也希望能毕其功于一役。经济协议方面,马科斯要求美国确认将在 1974 年后放弃美国人在《劳雷尔－兰利协定》中的"平等权利",美国公民或公司不再享有区别于其他外国人在投资、贸易等方面的特权;但是协定中关于菲律宾农业产品出口美国的价格、配额优惠权仍然保留。军事协议方面,马科斯希望美国修改军事基地司法权条

---

① Philippines, Desire for U. S. Assistance. Am Emb Manila, Airgram A‑930. May 10,1966. DDRS, CK3100392267;这份清单提出的贷款和援助资金的总和高达 10 亿美元,而 1965 年菲律宾国内生产总值约为 58 亿美元。

款,并且将军事基地使用权由99年缩减至25年。马科斯在"平等权利"、司法权和军事基地主权方面的要求是对菲国内民族主义兴起的回应。马科斯知道自己不能错过越南战争这个良机,即从美国身上捞到尽量多的政治资本,以强硬的亚洲民族主义领导者的姿态登上政治舞台。

马科斯的清单超过了美国驻菲大使馆谈判官员的权限范围,双方不得不把细节谈判留给马科斯的美国访问之行。虽然美国方面还没有承诺同意所有的要求,但是马科斯明白,约翰逊政府没有更多的选择。他自己也需要有所行动向美国人表明自己的诚意和能力,而并非如马卡帕加尔那样在越南问题上虎头蛇尾。因此,马科斯在菲律宾全社会展开了一轮公关运动以确保援越议案能够顺利通过国会授权。

四、马科斯公关活动和菲律宾国会通过援越议案

当1966年初美国外交使节频繁出现在马尼拉,而马科斯暗示其可能改变越南问题立场时,菲律宾社会各界已经预感到马科斯的政治把戏,菲律宾军队出现在越南战场只是时间和规模问题。尽管马科斯反复声明自己的决定是出于菲律宾国家利益,而非任何外国势力的压力,但是只要是对菲美特殊关系稍有常识的菲律宾人都清楚这种"压力"的存在。《马尼拉时报》评论:"促使菲律宾政府派军的压力与20年前国会通过《贝尔贸易法案》时如出一辙,美国人暗示我们如果不满足他们的条件,就不会有任何援助。"[1]一名菲律宾参议员虽然否认国会受到外国压力,但是也不得不承认美国政府

---

① *Manila Times*,February 8,1966;《贝尔贸易法案》于1946年4月得到菲律宾国会授权,其规定菲律宾比索与美元挂钩、外汇自由流通、市场开放,从而保证美国在菲律宾独立后继续控制菲律宾市场。美国政府把法案通过与战后菲律宾重建援助资金挂钩,以此迫使菲律宾国会迅速通过《贝尔贸易法案》。

向马科斯总统本人施加了看不见的压力。①

菲律宾左派和反对参战的政治力量对此迅速展开批判美国干涉菲律宾内政、反对出兵越南的政治宣传。1966 年 2 月 21 日,马尼拉爆发数千人集会抗议活动。抗议者聚集在国会大厦、美国大使馆和总统府,谴责"马科斯背叛自己的承诺、屈服于美帝国主义的压力;反对汉弗莱访问菲律宾;反对国会为菲律宾民事行动小组拨款,因为菲律宾人正在因为财政匮乏而失业……"②。3 月 1 日,左翼大学生团体再次在国会广场扎营,抗议"国会讨论援越议案;谴责美国向马科斯政府施加压力"③。

面对抗议声,马科斯发起了广泛的公关活动为其越南政策辩护。在 2 月的全国电视讲话中,马科斯否认受到美国压力;针对反对观点,他反驳道:

> 反对派出工程部队到越南的观点主要有两条。一是这支工程部队事实上是作战部队;二是菲律宾援助对越南战争的贡献微不足道,而占用菲律宾自身发展的宝贵资源。关于第一点,这完全是一种误解。我们的工程部队是去那里发挥他们的技能,而不是去杀害共产主义者。……我们的工程部队与那些作战部队大为不同,我们的目的就是去重建那些被作战部队摧毁的地区。而且我们所有的人员都是志愿者。其二,我们对南越人民的帮助更多体现在精神上。通过行动,我们证明了我们将义无反顾地与那些致力于反抗共产主义侵略的人在一起,不惜任何代价。另外,这也是我们对东南亚条约组织义务的承诺。④

菲律宾外交部部长拉莫斯首先站出来声援马科斯,他在就任新闻发布会上

---

① *Manila Chronicle*, April 18, 1966.

② Mob Action. Confidential, Airgram, March 2, 1966. DNSA, Philippines, PH00107.

③ Mob Action. Confidential, Airgram, March 7, 1966. DNSA, Philippines, PH00109.

④ Philippines' Stake in Vietnam by Marcos, February 19, 1966.

呼吁："我们应该在国家利益的基础上精诚合作，让河内接受无条件谈判，从而为越南问题找到一个满意的答案。"①一名议员在国会辩论中批评那些认为越南的成败与菲律宾关系不大，以及菲律宾的资源应该用于国内发展的观点时说："我们应该搞清楚我们提供的帮助是在兑现承诺，当我们需要其他国家的帮助时，他们才会对我们兑现他们的承诺。如果有一天我们发现自己正处于南越政府现在的处境时，其他国家，在美国的领导下，一定会毫无怨言地为了我们倾注他们的财富和生命。"②

在菲美援越谈判条款中分得最大一块蛋糕的是菲律宾军方，因此菲律宾军方全力宣传民事行动小组赴越的种种好处。菲律宾武装部队总参谋长关于民事行动小组的报告代表了军方的观点：

菲律宾军方认为南越对于其他东南亚地区的安全是至关重要的。菲律宾派出民事行动小组是对南越政府请求的合法回应。因为菲律宾军队能力所限，我们所能提供的帮助仅限于民事工程建设，而南越政府的请求正是在我们力所能及的范围之内。

通过派出菲律宾民事行动小组，菲律宾军队能够帮助唤起国际共识、合作和友谊。我们的行动也证明了民事行动（赢得民意支持）是对抗共产主义军事行动的重要补充。

更为重要的事，那些参加过民事行动小组的军方人员在他们与外国友人交往过程中扩展了眼界，他们对于其他国家军队的武器知识、战略、风俗和传统等方面收获颇丰。③

---

①② Philippine Foreign Chief Urges Troops for Vietnam. *The New York Times*, June 5, 1966.

③ Memorandum, General Yan, Chief of Staff Armed Forces of Philippines to W. Scott Thompson, June 15, 1970. Thompson Willard Scott. *Unequal Partners: Philippine and Thai Relations with the United States*, 1965-1975. Lexington MA: Lexington Books, 1975. p. 103.

军方还列出民意调查和志愿者报告情况来证明菲律宾多数民众对民事行动小组的支持：每个民事行动小组编制人员的职位都有 5 名志愿者申请；而随机调查报告显示菲律宾人支持援助南越的人要多于反对的人（1965 年一份调查报告显示 47% 的人支持、30% 反对、7% 无所谓、16% 不予回答）。[①]在政府和军方的授意之下，菲律宾全国 35 个退伍老兵组织在左翼学生团体游行示威的第二天，组织了规模更加庞大的游行集会，以声援马科斯政府的"民事行动小组"计划。[②]

无论双方争论如何，获得总统大选的马科斯牢牢控制着参众两院。在做出让步即保证菲律宾民事行动小组的"非军事化"性质后，马科斯开始推动国会表决程序。援越议案在经过反复修改后，于 1966 年 4 月 11 日在众议院以较大优势通过（81 票赞成、7 票反对）；参议院于 6 月 3 日表决通过（15 票赞成、8 票反对）。菲律宾国会为"菲律宾民事行动小组"做出如下定义："在菲律宾政府和南越政府共同协商一致后，'菲律宾民事行动小组'由工程建设队、医疗队和农村发展援助队组成，承担社会、经济发展任务。民事行动小组的安全由其自带的安保人员负责。"[③]国会批准 3500 万菲律宾比索（约 900 万美元）用于"民事行动小组"一年的开支。约翰逊政府在历时长达两年的曲折谈判后，终于实现了菲律宾军旗出现在越南战场的目的。

当然，令约翰逊政府感到不足的是这支菲律宾军队并非美国人所希望的战斗部队。马科斯政府从始至终都坚持民事行动小组的"非军事化"，也是马科斯对自己的政治环境利弊权衡之后的妥协结果。在马科斯政府看来，派出作战部队有诸多弊端：

---

① Thompson Willard Scott. *Unequal Partners*：*Philippine and Thai Relations with the United States*，1965 – 1975. Lexington MA：Lexington Books，1975. p. 99.

② *Philippine Free Press*，March 5，1966.

③ U. S. Congress，Senate，Committee of Foreign Relations，Hearings，91st Congress，1st Session，Vol. 3，Republic of Philippines，1969. p. 356.

其一,菲律宾的媒体和反对派以"言论自由"而著称,而且反战声音至1964 年马卡帕加尔提出军事援助南越以来就从未间断;尤其是 1966 年后反战派别把批判的矛头指向了马科斯的言而无信,马科斯不得不改变原先的军事援助计划,减轻自己的政治压力。"菲律宾民事行动小组"只是在原先菲律宾对南越援助的基础上增加规模,并未改变人道主义援助的性质。另外,马科斯也看到美国国内声势浩大的反战运动所引发的一系列危机,而美国反战运动的影响已经延伸至菲律宾的政党、媒体和大学校园,此时向南越派出军事作战部队有引爆菲律宾国内社会危机的风险。

其二,日益升级的越南战争前景如何无人可以预料。如果战争无限制升级而菲律宾作战部队出现重大伤亡,这是菲律宾社会无法接受的结果。即使美军能够压制越共而取得最后胜利,持续不断的轰炸和屠杀平民的新闻源源不断从前线传来,菲律宾士兵会被描述为血腥的刽子手和帮凶,马科斯的个人政治形象亦会大大受损。马科斯同大多数美国盟国的领导人一样,尽可能从越战中捞到美国的让利,同时尽可能避免分担约翰逊的风险。另外,很多人担心美国会在约翰逊下台后突然改变越南政策而迅速撤出,菲律宾政府不应该在战争的尾声自寻麻烦。

其三,战争的风险无法把握,越南战争有可能升级成西方阵营与共产主义阵营的世界大战。菲律宾的两大美军军事基地(克拉克空军基地和苏比克湾海军基地)是美国在东南亚战略部署的核心枢纽,一旦世界大战爆发,军事基地很可能遭受袭击甚至核威胁。派出作战部队参加战争会提高报复的风险。

其四,马科斯以亚洲民族主义领袖自称,他在其众多阐述个人政治观点的著作中反复强调菲律宾不是美国的马前卒,而是要引领亚洲纯粹的民族主义,在摆脱西方新殖民主义阴影的同时与共产主义争夺民心。马科斯派出人道主义援助队而非作战部队,是维护自身亚洲领袖形象之举。派出民事行动小组后,菲律宾就成为越南问题的直接参与者,马科斯希望通过参加战后和平会议作为冷战双方的调停者,从而实现自己的政治抱负;然而一旦参与军事行动就失去了从中调停的可能性。

其五,即使马科斯高调宣传菲律宾安全取决于越战的成功,但是马科斯自己也明白菲律宾社会并没有多少人真正相信"多米诺骨牌"理论会波及菲律宾,因此没有为越南战争流血的必要。大多数反对者都认为共产主义对菲律宾的真正威胁是国内的"胡克运动"残余和左翼力量的革命宣传,并非越战。菲律宾应该把有限的财政和军事资源用于镇压国内反政府组织的武装叛乱。

其六,马科斯抓住了约翰逊急于寻求对越军事支持的弱点,他认为只要继续保留约翰逊政府的希望而没有真正派出作战部队,自己就有与美国人谈判的筹码,从而获得美国对菲更多政治让步和军事、经济援助。因此,马科斯在访问美国之前拟出了诸多要求,企图趁机大捞一笔,一揽子解决菲美关系中众多悬而未决的分歧。

煞费苦心的马科斯特意为"菲律宾民事行动小组"抵达南越的时间做出了特别安排。马科斯出访华盛顿抵达美国的同一天,第一支民事行动小组人员在南越登陆。1966 年底"菲律宾民事行动小组"共有 2050 人,其中工程建设人员 1000 人,安全部队 1000 人,以及少量随军医生、心理战专家和民事行动小组负责人,①大部分随后被安排驻防于越柬边境的西宁地区(Tay Ninh)。根据菲律宾、美国以及南越的三方军事协议,"菲律宾民事行动小组"的具体工作任务由"自由世界军事援助政策委员会"统一协调,主要是"通过建造、修理和发展公共工程和基础设施,以及在其他社会经济活动领域提供技术支持,从而为越南共和国提供民事行动援助"②。

---

① 1st Big Filipino Force Arrives in Vietnam. *Washington Post*, September 17, 1966.

② Allied Participation in Vietnam by Department of the Army, *Vietnam Study*, Washington D. C. 1975. p. 59.

第二节　马科斯政府初期的菲美关系

一、越南战争期间菲律宾对美国的战略意义

菲律宾群岛连接西南太平洋和南中国海，是冷战中美国第一岛链战略的重要组成部分。美国在菲律宾有 20 余个大小军事基地，构成了其东南亚战略部署的核心枢纽。随着 20 世纪 50 年代东南亚中南半岛地区冷战对抗形势加剧，美国在菲军事基地变得尤为关键。1964 年越南战争逐步升级，菲律宾两大军事基地——克拉克空军基地和苏比克湾海军基地，成为美军投放越战兵力、物资中转、后勤补给以及士兵休整的大后方。

根据 1959 年菲美双方关于军事基地使用协商规定的《波伦－塞拉诺协议》(Bohlen-Serrano Agreement)，"美国在基地采取任何军事行动，除《美菲军事防御协定》和《东南亚集体防御协定》所允许的行动以外，都必须事先与菲律宾政府协商讨论"[1]。而 1965 年约翰逊对北越发起了"滚雷行动"，此时迫切需要使用菲律宾军事基地作为 B－52 轰炸机的燃料补给站，甚至希望从菲律宾直接发动空中打击。[2] 在此背景下，菲律宾基地以及菲律宾政府对于基地用于越战的态度都关系到越战局势的发展。

除了越战战略以外，自冷战开始以来菲律宾都是美国在东南亚战略布局的主要支点，美国在菲律宾有众多利益，包括意识形态、经济贸易以及外

---

① U. S. Congress, Senate, Committee of Foreign Relations, Hearings, 91st Congress, 1st Session, Vol. 3, Republic of Philippines, 1969. p. 24.

② 由于菲律宾政府反对以及随后泰国军事基地建成，越战中美军并未直接从菲律宾军事基地发起军事行动。但是菲律宾军事基地仍然是越战中美军主要的后勤和补给大本营。相关细节在 Symington Report 中有详细陈述。

交等诸多方面。

首先，菲律宾曾经是亚太地区美国唯一的殖民地。几十年来美国在菲律宾移植美式政治制度，力图把菲律宾打造成亚洲的"民主橱窗"，以此与其他美国盟国及中立国家的军事独裁或极端民族主义作对比，从而借菲律宾推销美国价值观。菲律宾对美友好以及菲律宾社会的繁荣稳定与美国政治意识形态在亚洲的成败息息相关。在美国政府看来，"如果菲律宾——这个东南亚地区与美国保持密切关系最久的国家——开始质疑甚至停止寻求与美国的密切合作，会在整个亚洲地区产生恶劣的消极影响，从而严重削弱我们的政治影响力"①。然而当时的菲律宾社会却面临着严重的政治腐败、贫富差距以及反美民族主义等现实，美国政府不得不慎重考虑对菲政策。

其次，在社会经济方面，1965年美国在菲投资金额超过4亿美元，而1964年美国对菲出口额为3.6亿美元，菲律宾是美国在亚太地区第三大投资和贸易伙伴，仅排在澳大利亚和日本之后；由于美菲数十年的殖民和特殊关系，除了数万基地军事人员，还有2.5万名美国侨民长期生活在菲律宾。②

最后，菲律宾在外交方面一直紧跟美国冷战政策，在朝鲜战争、东南亚条约组织、台湾问题及对华政策、亚非会议和联合国等诸多外交事务上对美国亦步亦趋。20世纪60年代中期，菲律宾作为东南亚条约组织中仅有的两个东南亚国家之一，其对美国越战政策的支持对约翰逊的"更多旗帜"计划尤为关键。同时，菲律宾南部棉兰老地区紧邻印度尼西亚，美国深恐印度尼西亚民族主义运动和印马对抗会让美国的越战后方"后院起火"，因此菲律宾也是美国维持东南亚群岛地区稳定和东南亚集体安全体系的重要工具。

因此，美菲关系的发展被美国方面纳入越战乃至亚太地区冷战的战略考量之中，尤其是菲律宾国内民族主义以及反美思潮的走向尤其受到重视。

---

① National Policy Paper on the Republic of the Philippines – Part I, Secret, Report, December 1, 1965. DNSA, Philippines, PH00087. p. 1.

② Ibid., p. 5.

正是在这一背景下，20 世纪 60 年代中期美国对菲政策的基调是谨慎地抑制菲律宾反美情绪，避免刺激菲律宾的民族主义，为大局考虑适当调整美菲关系中的不平等因素，甚至可以做出较大让步。越战升级的窗口期为菲律宾在菲美特殊关系中临时占据主动权提供了短暂契机，而刚刚上任的马科斯敏锐地抓住了机会。

二、美国对菲国家政策文件的出台

发展迅猛的菲律宾民族主义在"菲律宾民事行动小组"入越参战问题的催化下，再一次发起了反思对美关系的运动。

1946 年菲律宾独立伊始，急需美援帮助恢复社会经济的菲律宾政府与美国签订了一系列双边条约，确定了两国的特殊关系。通过一系列军事基地条约和共同防御协议，菲律宾的国防操于美国之手；而 1947 年的《菲美贸易协定》和 1955 年的《劳雷尔－兰利协定》规定了美国公民不受菲律宾宪法对外国人投资、经营的限制，享有"平等权利"，从而大举进占了菲律宾市场。在两国政治、经济和军事特殊关系的约束之下，菲律宾长期处于美国的巨大阴影之中。但是从 20 世纪 50 年代末开始，新一代成长起来的菲律宾人开始走进世界政坛时发现，自己的亚洲邻居视菲律宾为西方和美国的附庸，而并非一个独立自主自尊自强的亚洲民族国家，例如"不结盟运动领导人尼赫鲁就曾经公开否认菲律宾的独立国家身份"[①]。对新一代菲律宾年轻人来说，菲美特殊关系中的历史情感因素正在日益淡化，他们所感受到的所谓特殊关系更多的是屈辱和不平等。因此，在美国大规模介入越南冲突之际，一些菲律宾民族主义知识分子强烈反对菲律宾继续追随美国冷战政策而入越参

---

① Berry, William Emerson. *U. S. Bases in the Philippines: the Evolution of the Special Relationship*. The Perseus Books Group, 1989. p. 102.

战。在他们看来,菲律宾外交政策的当务之急是修改一系列不利于菲律宾主权利益的菲美不平等条约和重塑自己亚洲民族国家身份,摆脱美国阴影。

菲美之间长期的不对等关系导致美国政府极少真正重视菲律宾社会的情感诉求和民族自尊。越战升级之初,约翰逊政府认为一向在国际事务上言听计从的菲律宾政府必然会顺利配合"更多旗帜"计划,而延宕两年之久的援越谈判让美国政府意识到菲律宾社会民族主义的发展已经到了不可忽视的地步。越战中菲律宾战略利益日益凸显,美国政府感到有必要明确对菲民族主义发展新形势的应对方针,因为美菲特殊关系的存在使得美国利益必然成为菲律宾民族主义者天然的攻击目标。在这一背景下,美国国务院在1966年3月向各涉菲事务部门下达了长达数百页的《对菲律宾国家政策文件》,详细阐述了对菲政策的原则和办法,而其核心内容就是应对菲律宾民族主义发展的指导思想。该文件在纲领部分说明:

> 菲律宾民族主义的发展是不可避免的。我们必须确保我们的行动不要看起来是反对这种民族主义的合理表达,同时要采取必要措施使其保持积极意义。现在美菲关系已经到了用自尊自立取代假情假意的亲情依赖的时候了;但是我们不允许沙文主义或者类似的极端亚洲民族主义的发展。①

该文件在罗列未来三到五年美国对菲具体目标时,分别在政治、外交、经济和军事基地问题上明确了对菲律宾民族主义的政策:

> 政治方面:鼓励菲律宾领导人和人民培养自强自主的独立国家精

---

① National Policy Paper on the Republic of the Philippines – Part I, Secret, Report, December 1, 1965. DNSA, Philippines, PH00087. Precis-iii.

神,取代一直以来过度依赖美国的习惯。同时,抑制极端民族主义在菲律宾的发展。

外交方面:我们要适应菲律宾不可避免的将会在外交政策上更为独立的趋势,但是寻求菲律宾与我们的立场保持基本的一致,尤其是在涉及对抗亚洲共产主义以及不结盟运动世界中亲共国家等问题上。

经济方面:确保菲律宾社会能够感觉到与美国继续保持紧密的经济合作是符合其自身利益的。同时,我们要在未来5年内废除那些美菲经济关系中的"特殊条款"。这些"特殊条款"已经不再有助于两国利益;相反,这些条款早已成为两国外交摩擦的催化剂。1974年(《劳雷尔-兰利协定》到期)时,建立起一个能让两国都满意的经济互惠关系。

基地方面:由于这一时期我们在菲军事基地对于我们在远东行动(越南战争)的重要战略意义,我们要维持与菲律宾政府和人民在政治、外交上的友好关系,确保我们在基地行动的便利环境。为了维持这一有利环境,我们必须谨慎考量菲律宾政府对于我们把基地用于(越战)军事行动的态度;我们要尽可能地减少可能的基地事故,防止过去曾经发生过的不快——极端民族主义运动要求美军撤出基地。①

这份文件关于应对民族主义的核心思想是把菲律宾民族主义的发展控制在合适的程度,使其朝有利于美国利益的方向发展。美国政府认为,合适的民族主义不仅是不可避免的,而且能够催生民族自豪、国家团结和奋进精神,避免菲律宾过度依赖美国。但是极端民族主义必须得到抑制,以防危害到美国国家利益。

在越南战争升级的背景下,美国政府极为小心地处理美菲之间的敏感

---

① National Policy Paper on the Republic of the Philippines – Part I, Secret, Report, December 1, 1965. DNSA, Philippines, PH00087. pp. 6 – 8.

问题。美国人意识到长久以来美菲之间不断产生外交摩擦的一个重要原因是:许多事件在美国人看来是无足轻重的,但是对于一部分人民族主义情绪弥漫而另一部分人对特殊关系抱有不切实际幻想的菲律宾社会来说却极为敏感。菲律宾社会强烈要求美国在这些外交摩擦中做出让步,无论是从反美民族主义者的角度,还是从对美国怀有亲情的亲美者的角度,这都是理所当然的。《对菲律宾国家政策文件》对此建议:"我们应该对菲律宾提出的要求做出迅速回应,甚至在合适的时机主动提出谈判并做出让步,在军事、经济、政治和其他方面重新调整两国的关系。"①

长期以来菲律宾民族主义对菲美同盟双边条约中一系列侵犯菲主权的条款深为不满,其中最为突出的问题包括:军事基地领土主权、军事基地司法权和经济协议中的美国公民"平等权利"。为了配合"更多旗帜"计划并促使菲律宾参战,约翰逊政府重点启动与菲律宾政府在这三个问题上的谈判,并且主动做出了让步,两国外交事务中的"强势方"和"弱势方"出现了逆转。

第三节　美国对菲谈判妥协

一、马科斯访美的主要议题

刚刚上任的马科斯敏锐地察觉到自己手中握有援越部队和民族主义两张好牌:如果菲律宾社会在越战局势危急的时刻爆发反美运动是不可接受的,那么美国人必然愿意为越战大局和安抚民族主义情绪付出代价。正是在这一背景下,马科斯在访问美国之前递交了援越问题补偿清单、要求修改

---

① National Policy Paper on the Republic of the Philippines – Part I, Secret, Report, December 1, 1965. DNSA, Philippines, PH00087. p. 35.

两国系列条约,力图抓住越战升级这个大好机会捞取足够的政治资本。

按照惯例,美国总统在与外国元首会谈讨论双边事项之前,美国国务院的幕僚们会起草一份事项清单,并且征求各方面意见后向总统建议谈判立场及措辞。在马科斯所要求的补偿清单中,二战老兵补偿和7个工程建设营现代化装备(在原先马卡帕加尔要求的3个工程营装备的基础上)这两项出乎美方意料,涉及美国国务院、财政部、驻菲大使馆、国际开发署和军方,因而在准备马科斯访美议题时相关外交信件往来不断。

由于菲美两国特殊历史关系,每年美国独立日时菲美两国的二战退伍老兵福利联合会都会展开会议专门讨论二战老兵福利问题。1966年6月,在美国老兵福利联合会代表团访问马尼拉前夕,马科斯专门致函约翰逊提出借此会议与美方重启讨论二战补偿一揽子问题(Omnibus Claims),对此美国国务卿腊斯克认为:"美国政府不可能完全拒绝讨论菲方提出的这些要求。……但是(美方)应该尽量避免在这些问题上明确表态。"①国家安全事务特别助理罗斯托(Walt Rostow)赞同腊斯克的看法,他向约翰逊建议在马科斯来访之前要保持良好的气氛,但是避免在访问前向马科斯透露美方的立场,避免马科斯抱有不切实际的期望。针对马科斯的来信,罗斯托在为约翰逊起草的回信中指出:"第一,美国愿意聆听所有两国分歧中的菲方立场,包括二战补偿一揽子问题;第二,针对马科斯要求借老兵福利联合会谈判此问题,我们必须指出美国老兵代表团在此问题上并未得到授权。"②此时,美国国务院在对菲谈判的各项事务上仍然没有清晰的思路,只能建议约翰逊见机行事。

1966年7月初,腊斯克亲往马尼拉讨论越南局势和双方合作问题,他发

---

① Secretary Rusk Discusses Philippine Veterans Claims. Cable. DEPARTMENT OF STATE. CONFIDENTIAL. Issue Date: Jun 26,1966. DDRS,CK3100278092.

② Walt Rostow Discusses Letter from President Marcos Regarding Philippine World War II Claims. Miscellaneous. WHITE HOUSE. CONFIDENTIAL. Issue Date: Jun 27,1966. DDRS,CK3100302316.

现马科斯极为重视二战补偿一揽子问题谈判,而"菲律宾社会普遍认为他们没有从美国政府那里得到他们应得的,美国政府没有尽到义务。然而如今二战一揽子补偿问题与越战出兵问题挂钩,菲方在谈判中优势明显,美国政府恐怕难以拒绝菲方的要求"①。美国驻菲大使馆同样倾向于妥协,并给出了自己的理由。7月中旬,大使布莱尔向国务院发回一封长电,就此次马科斯访问表明大使馆的基本立场。布莱尔预计马科斯偕夫人访美必然在美国媒体引发强烈关注,因为这对夫妇"一个是能言善辩的战争英雄,一个是美丽动人的第一夫人;而且马科斯坚定不移地与西方并肩对抗共产主义,是一位少有的具有民主理念的亚洲领导人"。布莱尔接着告诫国务院:"马科斯夫妇在美国民众中引发的好感和热情可能会让美国政府产生错觉,对他抱有过高的期望,这只会让现有的麻烦更加复杂。我们不应该冀望马科斯会在菲律宾创造奇迹。马科斯在菲律宾当今社会经济极度混乱的情况下只能掌握有限资源。国会议员钩心斗角……媒体腐朽而无社会责任感……而且极端民族主义决心在美菲关系间制造麻烦。……这些事实都决定了马科斯在未来几年不会有什么突破。"布莱尔接着谈到援助马科斯政府事关重大:"我们必须时刻重视菲律宾事务的几个关键因素。一是军事基地对于我们的最高战略至关重要,即使只从经济角度来讲,这些军事基地也价值数亿美元。二是菲律宾政府虽然效率低下,但是它至少成功避免了严重的(共产主义)革命运动。虽然菲律宾媒体大肆攻击美国,但是菲律宾社会整体保有强烈的亲美传统,这是我们的宝贵财富。三是马科斯与众不同,他是一个有决心也有能力的领袖,自信、果敢而强硬。"因此,布莱尔最后催促美国国务院支持马科斯:"现在开始全面评估马科斯的援助要求已经不算太早了,我们应该站在马科斯的立场上充分理解他的需要。我们应该意识到这次访问是

① Your Meeting with President Marcos July 3. Limited Official Use, Cable,002521,June 30,1966. DNSA,Philippines,PH00117.

巩固两国关系的良机。"①腊斯克和布莱尔在菲律宾援助要求问题上的妥协态度,使得美国政府的立场也逐渐明朗。

随着1966年9月访问的临近,马科斯在8月10日再次致信约翰逊要求援助和谈判老兵补偿问题。马科斯在信中巧妙地暗示约翰逊——美国政府在道义上应该为菲方派出"民事行动小组"提供补偿:"自从菲律宾政府决定为南越政府提供民事行动小组援助以来,菲律宾国内的叛乱活动明显增加。镇压叛乱活动需要军事解决和经济手段同时进行,因此菲律宾政府已经制订了一个庞大的土地改革计划和工业发展计划。"②显然,财政拮据的菲律宾政府根本无力开展这些计划,唯一的财政来源就是美国的经济援助。马科斯既需要向美国施压获得援助,又要极力避免自己是在"乞求",以避免国内的政治攻击。在老兵补偿问题上,马科斯只是在信中称赞两国老兵联合组织的会议成功举办,并感谢美国国务院对会议的支持,却对于老兵补偿问题只字未提。但是美国政府对于马科斯的本意心知肚明,开始着手研究马科斯清单各项要求的具体政策。

8月11日,美国国家安全委员会在讨论马科斯访问事务后提交了分析报告,报告指出:

> 此次访问有两个特点:①在我们的强烈要求下,马科斯已经同意向越南战场提供军队。马科斯把自己的政治声望押注于此。为了推动援越议案在国会通过,马科斯动用了自己的政治资源,并且不得不放弃了一些国内议案。马科斯对于获得他所要求的援助期望甚高。②这次访问将奠定未来我们与马科斯政府关系的基调。马科斯在国内经济发展问题上困难重重,他的资源极其有限。虽然过去的菲律宾新政府总是

---

① President Marcos's Upcoming Visit to Washington in September. Secret, Cable, 00497, July 14, 1966. DNSA, Philippines, PH00120.

② Presidential Visit. Confidential, Cable, 01445, August 10, 1966. DNSA, Philippines, PH00124.

让我们以失望告终,但是这并不能妨碍我们应该继续支持马科斯。

菲方的目标包括:①马科斯希望与美国建立互相尊重的关系。他对于菲律宾是"乞丐"的指责尤为敏感。②他希望避免所有可能暗示美国对菲援助是菲律宾民事行动小组的报酬的说法。③他希望扩大美国对菲双边经济援助,而不是通过多边组织——例如国际货币基金组织或亚洲发展银行。④他希望在其任期内美国加大对菲农业援助,例如灌溉、道路、火电厂、农村电网和土地改革等。⑤他希望我们立刻帮助他们镇压中吕宋地区的叛乱活动,例如在已有的 3 个营的基础上,再为7 个营提供现代化武器装备。

我们的目标包括:①作为一个亚洲自由国家领袖,马科斯总统在越战以及亚洲问题上支持我们,将会有利于美国政府在国内和国际上的处境。(例如马科斯总统可以在国会两院联席会议上发言支持约翰逊总统的越战政策。)②尽量用最少的物质代价满足马科斯的要求。③尽量强调多边合作,淡化双边援助。④尽快为马科斯提供镇压叛乱活动所需的军事物资。①

马科斯政府在美国要求下卷入越南战争决定了美国政府必须有所补偿。马科斯极力避免把访问谈判和援越问题挂钩,而且双方谈判代表在马科斯访问前后商讨军事基地协议、经济援助协定以及老兵补偿等问题时从未在台面上提到过"菲律宾民事行动小组"。但是双方谈判代表都明白,如果不是因为民事行动小组的话,美方不可能心甘情愿重启这些旧麻烦的谈判。例如菲律宾政府从 1946 年开始多次提出二战老兵补偿要求,美方从未同意谈这个问题,20 年后美国高层的主要官员却一致认为"美国不应该拒绝

---

① Memorandum from Donald W. Ropa of the National Security Council Staff to the President's Special Assistant (Rostow), August 11,1966. FRUS,1964 – 1968, Volume XXVI, Indonesia; Malaysia-Singapore; Philippines, Document 334.

菲方的这些合理要求"。1969 年美国国会召开的一次听证会甚至质疑"如果不是因为菲律宾民事行动小组,美菲重启各项谈判乃至马科斯访美能否成行都是疑问"①。

美国国家安全委员会提交报告的同一天,白宫幕僚们就马科斯访问召开了一次碰头会。罗斯托在会上代表总统向幕僚们就马科斯清单中的三项主要问题做出了工作指示:一是马科斯所要求的总共 10 个工程建设营装备;二是老兵补偿问题;三是各项经济援助,尤其是农业发展方面。② 罗斯托要求幕僚们各自分工,协调好各部门在上述三个问题上的意见,然后向总统提交最终立场的建议。

一是工程营装备问题。美国和菲律宾签有军事援助协定,根据协议美国政府每年需为菲律宾军队提供一定价值的军事装备。7 支工程建设营中 2 支的装备可以通过该协议完成,每支营大约需要花费 1700 万美元,但是对于另外 5 支工程营国务院一时找不到合适的资金来源。碰头会上负责装备问题的助理国务卿乔治·波尔(George W. Ball)致信国防部部长麦克纳马拉(Robert S. McNamara)询问是否可以由军方想办法"用国防部的越战款项填补资金空缺,用于支付 5 支工程营的装备"。波尔同时强调菲律宾国内共产主义反叛组织已经死灰复燃,这些工程营正是用于菲律宾农村基础设施建设,与反叛组织争夺民意支持。如果马科斯的要求得不到满足而共产主义在菲律宾发展迅猛,"我们将很快听到菲律宾军队撤出南越以应付国内问题的消息"③,显然会给军方在南越的军事计划和士气带来严重负面影响。

二是二战补偿问题。菲美老兵联合会美方代表团在 7 月访问马尼拉时,

① Robert M. Blackburn. Mercenaries and Lyndon Johnson's "More Flags": The Hiring of Korean, Filipino, and Thai Soldiers in the Vietnam War. Jefferson, N. C. : McFarland, 1994. p. 87.

② White House Interest in the Success of the Marcos State Visit. Confidential, Memorandum, August 15, 1966. DNSA, Philippines, PH00132.

③ Proposal for U. S. Funding of Engineer Construction Battalions for the Philippines. Confidential, Letter, August 11, 1966. DNSA, Philippines, PH00128.

约翰逊指示代表团评估菲方要求并向国务院提出建议。在代表团随后提交的报告中,代表团认为菲方关于老兵津贴补偿要求中的 4 项是"可以接受的"①,每年大约需要 1700 万美元的经费;②如果这个条款被美国政府批准,补贴将持续到公元 2000 年之后最后一名菲律宾老兵去世,总共需要花费约 4.2 亿美元。关于一揽子问题中的二战损失赔偿,代表团建议批准菲方 7 项索赔要求中的 2 项,大约 4200 万美元。③ 国务卿腊斯克和国防部部长麦克纳马拉在评估了代表团的报告后,都认为"这两条建议是非常合理的。如果现在能够及时解决掉这两个长期困扰两国关系的麻烦,势必会利于确保此次国事访问的最后成功"。腊斯克建议约翰逊在回复马科斯关于二战补偿问题时,强调三个原则:

1. 关于美国老兵代表团建议的两项损失补偿,美国政府非常理解和同情。

2. 如果美国政府批准这两项补偿,希望马科斯能够放弃其他五项索赔要求。④

3. 由于技术问题(款项发放方式、财政部相关手续、美国政府预算以及资金发放渠道等问题),这两项补偿办法的具体细节应在访问结束后由两国专家磋商解决。⑤

---

① Detailed Status Report on Marcos State Visit, August 15th, 1966. Secret, Memorandum, August 15, 1966. DNSA, Philippines, PH00133.

② 1966 年时美国政府官方承认的菲律宾二战老兵约有 10 万人。

③ Walt Rostow Recommends President Johnson Approve Payment of Filipino Veteran Claims and Benefits. Miscellaneous. WHITE HOUSE. Issue Date: Sep 1, 1966. DDRS, CK3100011134.

④ 其余 5 项索赔就是原先马卡帕加尔执政时期提交给美国国会的二战补偿议案的一部分,这 5 条索赔要求在当时已被美国国会拒绝并且声明不再受理。

⑤ Background Information for U. S. Visit of Philippine President Ferdinand Marcos regarding Settlement of 2 Philippine War Claims. Miscellaneous. DEPARTMENT OF STATE. SECRET. Issue Date: August 29, 1966. DDRS, CK3100316596.

二战补偿问题关乎千万菲律宾普通家庭，二十多年来一直是菲律宾社会热议的焦点之一，远比工程营装备问题受到更多的媒体关注，关系到马科斯的民众支持。马科斯迫于压力，不可能轻易放弃任何索赔项目。8月29日，菲律宾报纸曝光马科斯的访美计划包括拜访美国前总统杜鲁门和艾森豪威尔、解放菲律宾的英雄麦克阿瑟之子以及其他众多与菲律宾关系密切的政治名流。美国国务院警觉到马科斯极有可能游说这些名人支持菲律宾的补偿要求，因此特意提前向这些人发送了相关背景材料，防止他们的言行会被马科斯利用作为谈判筹码。①

直到9月7日，罗斯托综合了几个月来美国政府各部门的意见后，才向约翰逊提交了一份关于马科斯访问的总结报告。报告首先总结了此次访问双方的主要目标：

马科斯的目标：

1.强调他对于美国政府在东南亚政策的支持；他希望美国能明确表明对其领导地位的支持，并且帮助他推动菲律宾的经济发展。

2.避免菲国内批评他过于亲美的外交政策。

3.希望获得共10支配有现代化装备的工程建设营，用于农村地区的基础设施工程，从而刺激经济发展并抑制贫民对政府的不满情绪。

4.在二战补偿一揽子问题上有所收获（老兵津贴补偿和二战战争损失补偿），因为一揽子问题已经成为马尼拉媒体最为热门的话题。

5.要求我们确认同意商谈《劳雷尔－兰利协定》中的"平等权利"在1974年到期后的修约问题。

我们的目标：

---

① Veterans Benefits – Presidential Visit. Confidential, Cable, 02189, August 30, 1966. DNSA, Philippines, PH00141.

1.确保马科斯站在我们这一边,并帮他平息反对声音。

2.确保马科斯和菲律宾政府在军事基地使用问题上配合我们,尤其是有关把军事基地作为越战后勤基地的事宜。

3.继续扩大菲律宾军队参与越战的规模;有可能的话允许美军利用在菲军事基地发起越战军事打击。①

4.确保美菲经贸关系的友好氛围,尽可能保护1974年后("平等权利"条款到期)美国在菲的既得经济利益。②

此时的美国对菲政策可以总结为:外交上,促使马科斯政府继续追随美国的冷战政策对抗共产主义;内政上,要求菲律宾政府压制反美民族主义舆论的发展势头;军事上,保证"菲律宾民事行动小组"配合美军在越南的军事行动,继续扩大菲军参战规模,并且保证美军在军事基地行动的充分自由权;经济上,保护美国在菲律宾庞大的既得经济利益,防止经济民族主义的排美运动。为了达到以上这些目标,罗斯托建议约翰逊尽量满足马科斯的要求,例如在马科斯访问期间正式修订美菲军事基地协定,并承诺与菲政府讨论"平等权利"的未来地位,尤其是物质援助这种"显而易见"的好处。但是直到马科斯访问的前几天,国务院仍然拿不出完全解决三项主要援助问题(工程营、战争补偿和经济援助)的最后方案。

罗斯托之前向麦克纳马拉提出的由军方设法填补5支工程营资金漏洞的要求已经被国防部拒绝,"而国际开发署(USAID)不愿意接手军方发起的军事援助项目",因此在马科斯抵达美国之时,工程营问题"仍然无法解

---

① 这里所指的"军事打击"主要是指从菲律宾基地发起B-52飞机对北越的战略轰炸。

② State of Preparations for U. S. Visit of Ferdinand Marcos. Miscellaneous. WHITE HOUSE. Issue Date: September 7,1966. DDRS,CK3100011136.

决"。① 美国政府各部门已经协商同意"一揽子补偿"要求的部分款项,而且国防部可以通过"灵活的"渠道筹集资金而无须国会授权;但是此时美方并无把握保证这些已有的让步能满足马科斯的胃口,并让他放弃其他索赔要求。至于经济援助问题,腊斯克抱怨:"菲律宾甩给我们一长串的巨额军事、经济援助清单,却无任何关于这些援助工程的可行性分析,我们难以在马科斯到达前制定出合理的贷款计划。……世界银行强烈反对任何额外对菲贷款……而国际开发署也不赞成发起新的 PL–480② 项目。"③

菲律宾独立以来,菲律宾社会都视总统访美是确认两国特殊关系、争取美国援助的"拜访亲戚"之旅。但是 1966 年马科斯访美前夕,菲律宾民族主义的发展使得两国特殊关系呈现两面性的特点,菲国内就访问的性质展开了激烈的争论。一方面传统亲美者希望马科斯总统能够带回更多的物质好处,为菲律宾人民争取"公平和公道"④,例如战争赔偿和投资;另一方面,民族主义者则认为马科斯此行是"乞讨之旅",是去领取越战雇佣兵的工资。一位民族主义倾向的国会议员批评马科斯:"马科斯此行是去收获美国政府向他承诺的奖励,以回报他把菲律宾军队送到了越南战场。马科斯在急于领赏之前应该先把他的时间和精力放在解决国内的经济难题之上!"⑤9 月 9日,菲律宾大学学生会组织了 1000 人在马拉坎南总统府前抗议"菲律宾民事行动小组和马科斯访美",因为"这两件事情是赤裸裸的政治贿赂"。马科斯接见了学生代表,指出"领赏之说纯属谎言",他重申"派出民事小组是符合菲律宾最高国家利益的,因为只有亚洲盟国联合起来才能与共产主义相

---

① State of Preparations for U. S. Visit of Ferdinand Marcos. Miscellaneous. WHITE HOUSE. Issue Date: September 7,1966. DDRS,CK3100011136.

② 1954 年美国政府批准的第 480 号公共法案(PL–480),建立粮食和平办公室,负责对外粮食贸易和援助。其后美国政府文件多以 PL–480 代指对外粮食援助计划。

③ Robert M. Blackburn. Mercenaries and Lyndon Johnson's "More Flags": The Hiring of Korean, Filipino,and Thai Soldiers in the Vietnam War. Jefferson,N. C.: McFarland,1994. p. 86.

④ Why Marcos has to Say He is not Going to Beg,*Philippine Daily Mirror*,August 10,1966.

⑤ Presidential Visit. Unclassified,Cable,01485,August 11,1966. DNSA,Philippines,PH00126.

抗衡"。① 马科斯出发前夕,菲律宾各派媒体各执一词,支持派和反对派互不相让。在一片争议声中,马科斯抵达美国,开始了罕见的长达12天的国事访问。

二、马科斯的收获

事后看来,马科斯的1966年美国之行不仅是菲律宾政府的"丰收之旅",也是马科斯个人政治生涯的重要分水岭。历届菲律宾总统都会循例访问美国,但是马科斯在美国国会两院联席会议的长篇演讲、华盛顿市区彩带巡游和马科斯夫妇受到各大媒体追踪报道,却是菲律宾历届前任总统们从未享受过的待遇。菲律宾传统亲美政治和社会视此礼遇是在传达美国政府强力支持马科斯的信号,而且他们认为美国的支持也是菲律宾政府执政合法性的重要来源。菲律宾各大报纸连续数日长篇报道马科斯的国会联席会议演讲"全程有24次被美国议员们的热烈掌声长时间打断……简直就是全球政治演说的模范之作"②。马科斯在9月15日的美国国会演讲中极力奉承约翰逊政府在越南的军事干预是亚洲人民的福音,他说:"现在还不是你们放下重担之时,因为亚洲所有非共产主义国家都需要美国力量的庇护,免受共产主义的颠覆和侵略。……我不担心美国在越南的行动有任何殖民主义目的,无论菲律宾的一些极端民族主义者怎么高声叫嚷,我都相信美国在亚洲的军事基地和军队是为了保护我们免受共产主义的蚕食。"接着,马科斯在长篇的露骨奉承后道出了此行的目的——美国援助,他评论道:"但是菲律宾的老兵们却对你们很失望,很多菲律宾人已经对你们的公正失去了

①　Students Demonstrate against PHILCAG and President Marcos's Trip to the United States, Confidential, Cable, 2669, September 12, 1966. DNSA, Philippines, PH00153.

②　Manila Press Coverage of President Marcos's Visit to the United States Continues to Be "Extensive and Favorable". Confidential, Cable, 02998, September 20, 1966. DNSA, Philippines, PH00162.

最后一点信心。……贫穷是共产主义颠覆的大门,饥饿的不仅是我们的身体还有我们的灵魂,我们渴望公正和有尊严的生活!"①

马科斯结束美国之旅返回菲律宾时带回了丰硕的回报,几乎满足了马科斯所列天价援助清单的绝大部分要求。

马科斯和约翰逊在菲美联合公报中确认美国将启动一系列对菲经济和技术援助计划。美国承诺短时间内在菲律宾注资修建灌溉设施、提高大米产量、铺设农村电网和村镇公路。世界银行批准了新的对菲贷款,显然约翰逊政府对世界银行施加了影响。关于此次美国承诺的对菲经济援助数额,"菲律宾财政部长估计未来一年左右菲律宾可以获得1.25亿美元"②。另外,据马科斯估计还会有10亿美元左右的美、日等国的私人投资注入菲律宾。③ 双方经过妥协同意了美国提出的二战补偿一揽子解决方案,但是马科斯不承诺放弃其他5项索赔要求,而是留待以后继续商讨。双方一揽子问题的谈判代表在审核之前美国对菲战争赔偿账目时发现"还有2800万美元的余款没用完,因此两国商定用此款项设立了一个特别教育基金,用于推动菲律宾的文化事业发展"④。

政治方面,双方修订了军事基地条约。华盛顿同意把原先99年租用期缩短为25年,⑤美方承诺美军使用军事基地发起任何军事行动前都需事先征得菲方的同意。美国承诺立刻援建5支工程建设营,用于改善菲律宾基础设施建设和人民福利,并且答应考虑在下一财年援建另外5个营。外交方面,美国重申了支持加强东南亚地区的集体安全组织,例如重启东南亚联盟

---

① Congressional Record, September 15, 1966, Vol. 112, Part 17, p. 22740.

② Seagrave Stephen. *The Marcos Dynasty*. New York: Harper&Row Publishers, 1988. p. 186.

③ Marcos Returns to the Philippines, Greeted by Enthusiastic Crowd and Favorable Press. Unclassified, Cable, 03494, October 4, 1966. DNSA, Philippines, PH00168.

④ Buss. Claude Albert. *The United States and the Philippines: Background for Policy*. American Enterprise Institute for Public Research, 1977. p. 50.

⑤ 从此修订稿签署之日算起25年,也就是从1966年至1991年为止。由于双方同意不再续签条约,1992年美军正式放弃全部在菲军事基地。

(ASA),并鼓励菲律宾在东南亚地区事务中担任领袖角色。而且就在马科斯返回菲律宾后不久,他又收到约翰逊送给他的另一份"大礼"。约翰逊通过美国驻菲大使馆告知马科斯一个绝密级军事机密:美国在菲律宾军事基地秘密布置了战略核武器。长期以来,菲律宾方面一直都有人怀疑美国可能把核武器偷运至菲律宾,马科斯终于拿到了证据。约翰逊原本是想通过这个情报拉拢马科斯,但是马科斯意识到这个爆炸性秘密是自己在谈判桌上的又一武器,他可以威胁把秘密公开而从华盛顿拿到更多的援助或政治支持。

到1966年底,美国参议院又通过了另外一项二战补偿条款,"增加了菲律宾二战老兵的医疗保障和子女福利补贴"。同样是在1966年末,双方重启了《劳雷尔－兰利协定》的修订谈判,美国保证1974年协定到期后不再要求延长美国公民的"平等权利"。①

无论是援越问题谈判以来的短期摩擦,还是菲律宾独立以来的长期纠纷,菲美两国借马科斯访美之行几乎消除了众多困扰两国关系的所有分歧,菲律宾获得了巨大利益。但是如果不是美国深陷越战泥潭而急需马科斯力挺"更多旗帜"计划这一前提,美国不会主动做出如此大的让步。虽然双方在各项谈判以及联合公报中避而不谈"菲律宾民事行动小组",否认经济、军事援助或修订条约与民事行动小组有关,而且巧妙运作菲军在越的津贴,但是两国政客都明白其中内情。两位美国国会议员甚至在听证会上明言警告"除非菲律宾愿意在越南战场上承担更多的职责,我们不应该继续向他们提供(老兵)补贴"②。

约翰逊原先以为菲律宾是最愿意合作出兵越南的亚洲盟国,而马科斯

---

① Thompson Willard Scott. *Unequal Partners*: *Philippine and Thai Relations with the United States*, 1965 – 1975. Lexington MA: Lexington Books,1975. p. 82.

② U. S. Congress,Senate,Committee of Foreign Relations,Hearings,91st Congress,1st Session,Vol. 3,Republic of Philippines,1969. p. 260.

抓住约翰逊的弱点捞取了足够多的回报,却只派出了象征性的非军事工程营。事实上,马科斯在他的第一个任期利用美国援助的工程建设营大规模开展各选区的道路工程建设和拉选票的政治分肥,许多贷款和工程项目被马科斯分给自己的政治同盟。马科斯不仅利用美国经济援助为自己的连任竞选做好了准备,甚至早就显示了自己更大的政治野心,尤其体现在他凭借美国军事援助改革菲律宾武装力量,并将控制权牢牢抓在其个人手中。从1966 年中期开始,在美国军事顾问的协助下,马科斯就把配备美援装备的菲律宾陆军、保安队和警察力量整合成由总统直接统一指挥的国内安全部队,大部分中高层指挥官都遴选自马科斯的家乡北伊洛戈省(包括参谋长联席会议主席、警察总局局长和总统安全卫队司令),这也是随后马科斯建立个人军事独裁统治的关键。安全部队改革与美国希望平息菲律宾国内左派革命运动的利益是一致的,因而美国官方对此非常支持。马科斯从一开始就计划抓住美国越战政策的千载良机为自己的"马科斯帝国"铺平道路:

> 从一开始马科斯就致力于菲律宾军事现代化,并设法有效控制农村地区(与左翼武装争夺农村),从而保证政府的控制能力。但是菲律宾国内并无筹集资金的渠道,只有依靠美国军事援助。……然而除非马科斯派出军队入越作战,美国不可能愿意为马科斯的军事计划买单。①

利用越战局势巩固自己在国内的政治地位只是马科斯政治目的的一部分,马科斯致力于把自己塑造为亚洲民族主义的领袖:一个不盲从西方而

---

① Thompson Willard Scott. *Unequal Partners: Philippine and Thai Relations with the United States*, 1965 – 1975. Lexington MA: Lexington Books,1975. p. 84.

"带领自由亚洲人民对抗共产主义、重建和平与团结的民族主义英雄"①。访问美国期间，马科斯还倡议建立一个越南战争参战国组织（TCC，Troop Contributing Countries），号召越战中派出地面部队的 7 个参战国②首脑齐聚马尼拉，商讨政治解决越南问题的办法。约翰逊政府很乐意通过这样一个盟国峰会对外展现团结、宣传盟国对美国越战政策的支持，因此双方一拍即合商定尽快在菲律宾召开峰会。在马科斯看来，主办这样一次峰会将给他带来诸多政治好处：首先，约翰逊总统借此大会回访菲律宾，将进一步确保马科斯访美之行的众多成果和双边协议；其次，约翰逊总统亲临菲律宾表明美国政府对马科斯政权以及菲律宾经济发展计划的支持，这对马科斯执政乃至下次选举至关重要；最后，马科斯可以通过峰会向外界展示自己是一个"倡导和平的亚洲领袖"，首次亮相就有能力在地区事务中扮演关键角色。③

马科斯在邀请各国首脑赴会的倡议书中罗列了大会的以下原则：

1. 菲律宾政府倡导召开一个"和平会议"，寻找和平手段最终解决越南问题。

2. 亚洲人解决亚洲问题。

3. 解决越南问题不仅仅需要合理的"军事"手段，也需要合理的"社会"手段。菲律宾愿意介绍自己在解决"胡克运动"过程中积累的经验，例如政治赦免、安置游击武装人员和经济刺激计划等。西方军队应该被逐渐淡化，直到最后完全由亚洲人自己解决越南问题。

4. 亚洲的稳定需要建立起长效机制的地区经济合作、政治论坛和

---

① Ferdinand E. Marcos. *In Search of Alternatives*: *The Third World in an Age of Crisis.* Manila: National Media Production Center, 1980. p. 10.

② 七国分别为菲律宾、泰国、韩国、美国、澳大利亚、新西兰以及南越。

③ Visit of President Johnson to the Republic of the Pillippines, October 23 – 27, 1966. Paper. DEPARTMENT OF STATE. SECRET. Issue Date: October 6, 1966. DDRS, CK3100419829.

一个全新的亚洲安全合作组织。

5. 大会的最终成功取决于亚洲人民是否能够真正主导大会进程，而不是由美国政府来指导。[①]

马科斯的倡议主要强调"和平"和"亚洲"，试图凭借毫无现实基础的"和平主义"和"亚洲民族主义"口号占领道德制高点，从而登上亚洲政治舞台。[②]

1966年10月23日马科斯访美回国仅一个月后，峰会在马尼拉隆重召开，约翰逊终于访问了马尼拉。大会上，约翰逊当众宣称马科斯是他"强壮的亚洲右臂"，使得马科斯在众多盟国首脑前一时风光无二。但是大会联合公报只通过了一系列概念宽泛的口号，并无任何实际成果和计划。马尼拉峰会只是为约翰逊政府的"更多旗帜"计划提供了一个面子工程，也是马科斯借越战问题从美国捞取政治利益的顶点。

马科斯访美和马尼拉峰会仿佛又让菲美关系回到了亲密特殊关系的旧日时光，但是事实上这种亲密只是亚太局势剧变前夕美菲特殊关系走向衰亡的回光返照而已。

----

① Visit of President Johnson to the Republic of the Philippines, October 23 – 27, 1966. Paper. DEPARTMENT OF STATE. SECRET. Issue Date: October 6, 1966. DDRS, CK3100419829.

② 韩国政府强烈反对大会过于强调和平主题，认为"不惜任何代价的和平"毫无意义，"和平应该是军事胜利下的光荣和平，而不是轻易取得的和平"（韩国总统朴正熙语），而南越、泰国和澳大利亚也持有相同观点，所以马科斯被迫将原定的"马尼拉和平峰会"改名为"马尼拉峰会"。另外，韩国总统朴正熙在会前向菲律宾和美国强烈抗议由"马科斯倡议峰会"，因为韩国政府早在1966年6月就向美国提出由韩国主办参战国峰会，但是美国政府久未答复；朴正熙认为马科斯夺走了自己展示"亚洲民族主义"领袖形象的机会，而美国厚菲薄韩，是对韩国政府和其本人的轻视。

小　结

20 世纪 60 年代以来,菲律宾民族主义的迅猛发展猛烈地冲击着菲美特殊关系的樊篱。菲律宾社会开始有意识地寻找自己的亚洲身份和国家尊严,尝试走出"亚洲的小美国人"这个巨大的阴影;美国政府也意识到特殊关系在民族主义不可阻挡的发展浪潮中已经成为两国关系的历史累赘,开始主动调整对菲政策,促进"去特殊化"趋势。但是越南战争升级后美国政府把越南问题作为其亚太冷战政策的重中之重,美国的对菲政策只是其越战政策的分支和延伸,前者服从于后者的需要。在此背景下,约翰逊大力推动的"更多旗帜"计划打断了美菲两国已经启动的"去特殊化"政治进程。

作为东南亚条约组织中为数寥寥的东南亚国家和美国的老朋友,菲律宾援越被约翰逊视为缓解其政治困境的重要手段。在约翰逊政府的强力推动下,从 1964 年 4 月"更多旗帜"计划启动至 1966 年末马尼拉峰会召开,菲美两国展开了长达两年半的菲律宾援越问题谈判。

20 世纪 60 年代菲律宾民族主义已经发展成为一支重要的政治力量,但是菲美"特殊关系"仍然是菲律宾社会普遍的共识,此时的菲美特殊关系具有显著的"两面性"特征。冷战中的菲律宾有追随美国对外政策、仇视共产主义的传统,因此菲律宾政府无意也无力拒绝美国的援越要求。从一开始双方的分歧就只是集中在两个细节问题:第一,菲律宾援越部队的性质和规模;第二,美国愿意为这支菲律宾雇佣军提供多少利益回报。马卡帕加尔企图凭借援越问题换取美国支持其总统连任竞选,但是马科斯利用民族主义反战浪潮成功阻击了援越议案,导致马卡帕加尔弄巧成拙输掉了选战。马科斯阻击援越议案并非因为其真正反对议案,而是为了借此打击政敌,并且把雇佣军的回报果实据为己有。

继任的马科斯政府迅速转变了越战立场,通过了"菲律宾民事行动小组"议案。与马卡帕加尔时期不同的是，马科斯推动的援越议案有两个特点。首先，马科斯强调"菲律宾民事行动小组"的"非军事"性质，以缓解国内民族主义政治压力；其次，马科斯敏锐地察觉到约翰逊政府在越南问题上的窘迫处境，借援越问题从美国榨取了更多报酬，用于实现自己的政治野心。

　　冷战时期美国的对外关系政策常常在安全战略利益、经济利益和意识形态目标之间摇摆不定。但是在1964—1966年菲美援越谈判过程中，约翰逊政府为了达成菲律宾响应"更多旗帜"计划的大战略，不惜打断既定的"去特殊化"政策，并且在经济筹码上不惜代价。这一时期，美国将安全战略利益放在优先序位，在其他利益考量方面做出较大妥协。也正是基于此原因，马科斯才得以利用这短暂数年的谈判优势，为随后走向军事管制积累了丰富的政治和物质资源。

第四章 菲美"更多旗帜"合作的结束

第一节 马科斯政府越战政策的转变

在长达两年的菲美援越谈判过程中,双方都默契地极力避免把美国对菲律宾的各项让步或补偿与"菲律宾民事行动小组"挂钩,双方来往函件和谈判过程都被严格保密。无论是马科斯访美前的二战一揽子赔偿谈判,还是访问过程中双方确认修订《劳雷尔－兰利协定》,都被官方有意解读为时间上的巧合。整个马科斯访问前后,双方政府的官员也从未在正式场合公开提到过"菲律宾民事行动小组"。虽然所有局内局外人,包括政府、谈判代表、媒体和民众,都清楚马科斯访美的主题是敲定援越雇佣军的报酬问题,但在约翰逊－马科斯的联合公报中只是一语带过"菲律宾民事行动小组",双方都有意淡化这个问题。

双方如此刻意安排,都是出于各自国内政治环境的考量。对于马科斯政府来说,20世纪60年代是菲律宾民族主义势力发展的高潮期,即使马科斯总统本人也尽力把自己装扮成菲律宾民族主义的代言人和引路人,任何关于屈从美国利益的"雇佣军"或"傀儡政权"的指责都是对马科斯政权合法性的巨大威胁。马科斯从上任起就巧妙周旋于国内民族主义和美国援助利益之间,根据不同政治局势同时打"两副牌",最大限度利用民族主义迫使美国让利的同时利用美国援助稳固菲律宾政局,从而避免政治上的被动局面。对于约翰逊政府来说,"更多旗帜"计划的主要宗旨是展示盟国对美国越战政策的无条件支持,从而减轻美国国内反战运动的压力。然而用美国纳税人的美元去雇用外国军队制造盟国支持的假象只会适得其反,让美国政府更加难堪。因此,出于两国政府的政治需要,"菲律宾民事行动小组"的每笔开支虽然在表面上都由菲律宾财政划拨,实际却是由美国政府通过秘密渠道操作,尤其是菲律宾人员的工资和津贴等敏感问题。

秘密资金操作虽然在短期内缓解了两国政府的政治反对压力,但是却给马科斯政府持续主导"菲律宾民事行动小组"问题带来了巨大的后续麻烦。由于开支名义上是由菲律宾财政拨付的,资金预算就必须得到菲律宾国会的授权;然而1966年6月菲律宾国会批准的资金预算只是两千多名民事小组人员在越的一年开支,因此民事行动小组合法性的维持就不得不经历每年一次的国会投票。换而言之,秘密资金操作的弊端在菲律宾政府内部为马科斯的反对派提供了每年一度的火力弹药,"菲律宾民事行动小组"的维持并不保险。总而言之,马科斯在国内反对派的掣肘下不得不在援越问题上小心谨慎。

然而焦头烂额的约翰逊政府显然不愿意考虑马科斯的政治处境。美国国内呼吁亚洲盟国承担越南战争义务的呼声越来越高,正如一名美国参议员所言:"如果我们要承担起代表自由世界对抗共产主义的圣战的话,我们应该和盟友们并肩而行,而不是像现在这样独立支撑。"[1]没有盟国尤其是东南亚盟友的主动支持,很多议员质疑约翰逊越南政策的合理性。而战争本身似乎还会持续升级,"更多旗帜"计划显得更为迫切。在约翰逊看来,菲律宾政府在1966年通过的援越议案仅仅只是一个开始,菲律宾政府应该派出更多的"雇佣军"以为自己解燃眉之急。1966年末,韩国已经把多达5万正

---

① Lack of Help from Allies in the Vietnam Wars. *Congressional Record*, September 22, 1967.

规军送到了越南战场。约翰逊突发奇想地认为:"菲律宾人口是韩国的五分之一,应该能够贡献相应比例的军队,而不是现在可怜的象征性部队。"①1967年初,约翰逊命令驻菲大使布莱尔继续向马科斯施压,要求更多菲律宾军队援助越南战场。布莱尔熟知菲律宾政局,他深知马科斯极为看重1967年底的中期选举,绝无可能再为援越问题冒政治风险。他建议,美国国务院"不要指望从菲律宾得到更多援越军队了,菲律宾政府在国会面临严重的资金批准问题"②。即使布莱尔故意敷衍推脱,但在约翰逊的压力下只能向马科斯摊牌。不出布莱尔所料,马科斯委婉拒绝增援请求。美国国务卿腊斯克曾计划于1966年12月访问马尼拉与马科斯面谈增兵问题,然而马科斯意识到腊斯克来访有弊无利,任何美国的空头支票或者压力都不可能改变自己在国内的政治处境,甚至会带来危险。因此,腊斯克的面谈计划也被迫流产。

针对增兵问题,马尼拉的美国大使馆在1967年6月发回了一封长篇分析电报,表明了大使馆的态度。大使馆建议不要再就增兵问题施压马科斯。首先,菲律宾已经不太可能大量增派人员。即使马科斯能够获得众参两院多数支持,菲律宾社会也普遍反对这类计划,菲律宾大多民众认为在国内发展迫切需要工程建设部队的情况下,菲律宾甚至没有能力维持现有的2000人规模驻越部队。其次,即使美国成功获得另外1000至2000人的菲律宾增派部队,美国政府也不得不额外承担一笔不菲的开支,包括军费乃至更多经济让步。最后,为了通过增兵计划,马科斯不得不付出巨大的政治代价,甚至赌上他的政治威望。③ 远东事务助理国

① Thompson Willard Scott. *Unequal Partners*: *Philippine and Thai Relations with the United States*, 1965 – 1975. Lexington MA: Lexington Books,1975. p. 82.

② Meeting between Vice President Hubert Humphrey and Ambassador William Blair. Non-Classified, Memorandum of Conversation,April 20,1967. DNSA,Philippines,PH00178.

③ Increasing Philippine Involvement with U. S. Army in Vietnam. Secret, Cable, 00338, July 13, 1967. DNSA,Philippines,PH00180.

务卿邦迪在接到马尼拉大使馆的分析报告后也深表赞同,邦迪从美国国内政治形势的角度考虑认为美国推动亚洲盟国增派军队就必须付出额外的经济补偿,而这不可能长时间瞒住美国国会,也就不可避免地导致更多"美国在收买雇佣军"的指责。①

1967 年 6 月 17 日,在菲律宾国会即将投票表决下一年度"民事行动小组"预算之前,马科斯突然飞赴南越视察了援越菲军。马科斯在回国后的新闻发布会上着力强调菲军在越南战场人道主义方面的突出贡献,避而不谈军事部署。发布会上,马科斯回答了约翰逊非常关心的两个问题。记者向马科斯提问总统是否会继续寻求国会通过明年民事行动小组资金议案。马科斯回答说:"我将与国会领导人会晤并做出最后决定。我可以明确告诉你,我会继续支持议案,这只是时间问题。"但是当记者问到他是否计划增派菲军规模问题时,他明确表示:"不,没有增兵计划。"②

即使美国驻菲大使馆、马科斯乃至美国国务院幕僚们都反对再谈菲律宾增兵问题,约翰逊仍然对此不依不饶。1967 年 7 月,约翰逊派遣两位特使——克利福德和泰勒将军(Maxwell Clifford/Clark Taylor)巡访亚洲各盟国,游说各国加大对越军事援助。两位将军在公开场合表示访问计划将包括马尼拉,但是马科斯却在两人即将来访前出乎意料地紧急召见布莱尔大使,拒绝了两位美国总统特使的访问请求,因为"菲律宾政府正在推动国会通过下一年驻越菲军的拨款议案,克利福德和泰勒两位将军在这一敏感时刻到访会被议案反对者利用,借此批评马科斯总统是在美国政府的压力下

① Assistant Secretary of State William Bundy assesses the realistic possibilities of additional troop contributions to Vietnam by the following countries: Australia; New Zealand; the Philippines; South Korea; Thailand. Memo. Department of State. Secret. Jul 13,1967. DDRS, CK3100545895.

② U. S. Congress, Senate, Committee of Foreign Relations, Hearings, 91st Congress, 1st Session, Vol. 3, Republic of Philippines, 1969. pp. 359 – 360.

做出的决策选择,而非马科斯总统本人的意志"①。马科斯以两人到访会给议案带来负面影响为由予以拒绝。

即使如此,菲律宾国内的反对派也没有错过指责"傀儡"政府的机会,早在克利福德和泰勒出发前,菲律宾媒体就铺天盖地追踪两人的行程。美国政府不得不多次声明"两人访问亚洲的真实目的,是为了与包括马尼拉在内的亚洲盟国讨论下次(越南战争参战国)峰会安排的问题,绝非向各国政府施压增派军队"②。约翰逊特意交代布莱尔亲自向马科斯解释情况,并请求马科斯接见两人。但是马科斯在回信中拒绝了克利福德、泰勒访问要求,并且进一步明确表示自己暂时不会考虑增加驻越部队的规模:

我十分感谢您在我们取消克利福德、泰勒两位大使访问计划一事中给予的谅解。这是一个非常痛苦的选择,但是我们别无选择。

我十分同情您的处境,您希望盟国增派援越军队。但是很不幸,我认为菲律宾现在考虑增加战争贡献的时间不合时宜。菲律宾国会中存在强烈的反对声音。您应该记得1966年我为了通过援越议案而付出的巨大努力。……更糟糕的是,1967年是菲律宾的选举年,如果我国加大越战参与程度会被反对者在选举中加以利用。然而我已经决心维持"菲律宾民事行动小组"的现有规模。十一月选举结束后,我会重新考虑您的请求并做出决定。③

---

① U. S. Congress, Senate, Committee of Foreign Relations, Hearings, 91st Congress, 1st Session, Vol. 3, Republic of Philippines, 1969. p. 41.

② Substance of message from President Johnson to Philippine President Marcos' expressing concern that a Clifford/Taylor visit might be misunderstood. Cable. Department of State. SECRET. July 21, 1967. DDRS, CK3100076042.

③ Text of letter to President Johnson from President Ferdinand Marcos on U. S. cancellation of Clark and Taylor's trip to the Philippines and on Philippine opposition to sending troops to Vietnam. Cable. Department of State. SECRET. August 21, 1967. DDRS, CK3100076045.

讽刺的是,两位特使先前已经公开表示菲律宾在访问行程计划之中,只好"由于飞机机械故障"短暂访问了克拉克空军基地后匆忙离开菲律宾。拒访事件让两位特使和美驻菲大使馆颇为尴尬。

进入1967年,越战冲突日益升级,加之菲律宾国内民族主义日趋活跃,反对"为美国人做雇佣军"的呼声此起彼伏,甚至许多马科斯的政治心腹和盟友也开始公开反对过多涉足越南泥沼。马科斯逐渐意识到自己并没有把握在国会通过1967—1968财政年度的"菲律宾民事行动小组"预算议案,而议案一旦失败将波及自己的中期选举。随着1967年7月议案投票临近,马科斯突然决定主动放弃提交议案,转而动用总统特权命令拨付1967财政年度的部分国防预算用于"支付"驻越菲军经费。根据菲律宾宪法规定,总统有权不经过国会授权调整不同部门之间的部分经费预算,但是马科斯由此筹集的资金在账面上并不足以维持原先2000多人规模的开支。因此,即使"菲律宾民事行动小组"通过美国渠道实际上能够获得足够的资金,但是迫于两国政府隐瞒"雇佣军"真相的需要,合法的预算款项不能继续保持原有的军队规模,否则就难以自圆其说。马科斯不得不随后宣布即将缩减民事行动小组的规模,菲军人数由1966年底时的2068人逐渐缩减,至1968年底保持1500人左右规模。[①]

事已至此,约翰逊政府不得不接受菲律宾不可能增派民事行动小组,更不可能派出大规模正规作战部队的事实。但是急于寻求支持的约翰逊在幕僚的建议下另辟蹊径,又重提马卡帕加尔曾经提议过的在菲律宾征召志愿军的计划。马卡帕加尔在1965年援越议案失败后,曾向美国提出组建一支菲律宾志愿军的建议。马卡帕加尔设想的这支志愿军实际上由菲律宾正规军人组成,表面由菲律宾民间发起捐款筹资,实则由美国负责资金问题,然后以菲律宾人民志愿工程建设队的名义入越。马卡帕加尔的建议并不符合

---

① 500 Filipinos Leave Vietnam. *The New York Times*, October 29, 1968.

美国当时寻求菲律宾政府正式军事援助的需要,且由于各部门意见不合而不了了之。

与马卡帕加尔的建议略有不同,1967年约翰逊的志愿军设想源于殖民时期大量菲律宾公民曾经直接应征加入美军服役的传统,尤其是二战时期美国正规军中菲律宾人比比皆是。有此历史背景和传统,美国军方考虑征募约2000名或更多菲律宾公民加以训练,然后作为美国正规军一部分之菲律宾军团参战。这次,无论是美国驻菲大使馆、美国军方、美国国务院还是马科斯政府都赞成这个志愿军计划。根据1947年《美菲军事基地条约》第17条规定:"美国军事基地有权以志愿者的身份招募菲律宾公民为美国军队服役,美军官方有权训练、调度和管理这些军人,与美军其他部队相同。美军征募人数的限制根据美菲两国政府军事协议的变动而异。"①因为美军有招募菲律宾公民的法律依据,菲律宾国会中的反对派亦无法有效阻止。根据1954年两国军事基地条约修正案,美国海军和海岸警卫队分别有权每年征募2000名和400名菲律宾人服役,每年共2400人,其薪酬远远高于菲律宾人的日常工作,因此美军官方每年都能收到超过10万份申请应聘这2400个岗位。但是问题同样存在。首先,这可能会引起泰国或韩国驻越军队的不满,甚至会影响原"菲律宾民事行动小组"人员的士气,因为这2400人完全享受美军正式同级人员待遇;其次,这会引发菲律宾反美组织新一轮的批评,包括雇佣兵、花钱买炮灰、侵犯菲律宾主权和尊严、招致共产主义报复等旧话题。②尽管志愿军计划既满足了美国的增军要求,又能增加菲律宾获得的美援,但是两国政府在反战浪潮威慑下不敢明目张胆地执行此显而易见的雇佣军计划,相关计划并未进入实质性操作阶段。

---

① 1947 United States-Philippines Military Base Agreement, Article XXVII, March 1947.

② Increasing Philippine Involvement with U. S. Army in Vietnam. Secret, Cable, 00338, July 13, 1967. DNSA, Philippines, PH00180.

临近 1967 年底的中期选举,马科斯开始刻意与美国保持距离,不仅增兵问题已无可能,菲美关系因为之前两国总统互访而营造的良好气氛也再次紧张起来。

马科斯拒绝与克利福德和泰勒会面、拒绝增派军队已经让约翰逊政府十分失望乃至恼火。8 月马科斯又任命两位反美运动领袖入阁掌管菲律宾国家新闻署和劳工部,并且反对公开 1966 年商定的美国援助另外 5 支工程建设营装备的两国协议,而一年前马科斯还在为了不能落实这 5 支工程营装备而耿耿于怀。①

针对马科斯一系列不友好和反转举动,美国驻菲大使馆分析认为这并不能否认马科斯仍然"是一位亲美政治家,深知与美国的亲密关系对菲律宾至关重要",但是"马科斯也是一个精明且深思熟虑的政治战略高手"。所有这些举动都是他在重要选举期间操控国内政治局势的谋划。在大使馆方面看来,马科斯拉左派反美领袖入阁正是为了淡化左派的左倾立场,并且在中期选举期间笼络左翼和民族主义等反美力量,也不排除马科斯利用这些人来敲打美国的对菲政策,例如借此表明自己不愿意接受美国提出的不合理要求。大使馆的分析符合马科斯一贯游刃于民族主义和美国援助之间"打两副牌"的策略特点。至于马科斯拒绝将装备援助公之于众亦是此道理。1966 年马科斯访美之时,无选举压力的马科斯打的是"美援"牌,凭借丰厚的美国援助在国内树立"为民为国争利"的形象,迫切需要宣传美国的工程装备援助;1967 年选举迫近,马科斯转而打起了"民族主义"牌,急需表明自己不是"美国之子",这也正是马科斯在 1965 年总统大选角逐时强烈反对顺从美国入越参战的缘由。再次临近选举,"菲律宾民事行动小组"问题异常敏感,不仅增兵绝无可能,就连原计划中的工程装备援助都不可公开,因为"菲

---

① Report of strain in U. S. -Philippines relations discussed. Miscellaneous. WHITE HOUSE. SECRET. August 22 ,1967. DDRS,CK3100294020.

律宾公众普遍把前5个营的工程建设装备援助视为民事行动小组的报酬之一，此时美国宣布另外援助5个营的装备，可能会被理解为马科斯与美国达成某个秘密协议，将要扩大菲律宾的参战规模"①。不可忽视的是，菲律宾民族主义乃至极端民族主义势力自20世纪50年代末成为重要政治力量以来，在越战危机和菲律宾国内经济形势恶化的双重催化下，已经在马尼拉占据优势。一大批民族主义乃至反美倾向的官员在国会影响深远，马科斯在政治根基尚未稳固前必须在一系列对美事务上慎之又慎。

总之，马科斯在选举前已经决心不愿意提起任何与"菲律宾民事行动小组"相关的话题，马卡帕加尔先前的选举策略错误就是前车之鉴。因此，无论是增派军队规模，还是美国特使来访，或者宣布装备援助都是马科斯的禁忌，这显然与约翰逊政府的冷战大局和越战"更多旗帜"计划背道而驰。两国政府在根本上的利益差异、不可逆转的菲律宾民族主义风暴以及美国国内对于东南亚军事冒险的反思，都决定了"菲律宾民事行动小组"的前景并不光明，而菲美所谓的特殊关系也迎来巨变的历史良机。

第二节　菲律宾撤回民事行动小组

在1967年11月的中期选举前，菲律宾最大反对党自由党想方设法把"民事行动小组"与国内民生问题挂钩，在竞选中广泛宣传"维持在越菲军的开支分走了大量菲律宾国内民生建设急需的资金"。马科斯的策略是对"民事行动小组"三缄其口，避免越南问题与国内选举联系起来，而是留待选举获胜后再启动新一年度的拨款授权事项。结果证明马科斯的策略是对的，马科斯领导的民族党在参议院拿下8个改选席位中的6个。信心满满的马

---

①　Analysis of how Ferdinand Marcos reaches his decisions. Cable. DEPARTMENT OF STATE. SE-CRET. August 27,1967. DDRS,CK3100284533.

科斯立刻一改选举前避谈援越问题的态度,向国会提交了一份继续维持"民事行动小组"的 900 万美元提案。然而出乎马科斯意料的是,提案在己方占优势的参议院仍然没有通过,不仅自由党反对激烈,甚至不少民族党参议员也反对马科斯的越南提案。为了安抚反对者,马科斯开始逐渐象征性地撤回部分民事小组人员。1968 年初,驻越菲军的规模减至 1800 人左右。

即使马科斯迫于国内压力缩减菲军规模,但是马科斯政府的越南政策仍然认为"最大限度地保留'民事行动小组'在南越的规模,是有利于菲律宾国家利益的。因为民事行动小组的存在将保证将来越南战争谈判桌前有菲律宾的位置,而且菲律宾将有权分得战后多余的军事物资"①。面对菲律宾以及美国媒体广泛报道民事行动小组议案在国会受阻,以及菲律宾将完全撤出越南战场的传闻,菲律宾官方此时仍然信誓旦旦地重申政府的越战立场。菲律宾国防部甚至在 1968 年 3 月 19 日的新闻发布会上称:"撤军传闻毫无根据,部分部队回国只是正常的轮换,一旦国会批准资金,民事行动小组的规模就能立即恢复。"菲律宾常驻联合国代表洛佩兹也力挺"菲律宾对南越的义务是符合国家利益的,是荣誉和尊严的体现"②。

但是到了 1969 年 11 月 14 日,在没有任何征兆的情况下马科斯突然命令"菲律宾民事行动小组"完全撤回,只剩下先前的菲律宾医疗特遣队留在南越——作为保留菲律宾参战国身份的象征。回顾"菲律宾民事行动小组"在越的三年多时间,马科斯政府的援越政策一直处于频繁调整中,这是与马科斯政府对美关系调整相对应的。换而言之,菲律宾援越政策的变化是菲美关系变化的产物。马科斯本人在 1966 年上台后,其援越政策在短时间内

---

① Allied Participation in Vietnam by Department of the Army, Vietnam Study, Washington D. C. 1975. p. 71.

② Developments on the PHILCAG Appropriation Bill. Secret, Memorandum, March 19, 1968. DN-SA, Philippines, PH00190.

发生了一百八十度大转变,全力推动"民事行动小组计划"。马科斯也借此获得美国人的丰厚回报。但是1966年之后,马科斯先是拒绝继续寻求国会支持援越议案,随后更是顶着美国压力拒绝增派军队规模,甚至主动缩减人数。即使马科斯清楚约翰逊政府必然会为增派军队付出更加可观的报酬,其态度仍然再次逆转。到了"民事行动小组"撤出前的最后两年(1968年和1969年),菲美关系中的诸多重大事件在马科斯政策调整的过程中起到了关键的作用。这一时期,菲美关系的短暂蜜月期结束,两国再次在诸多问题上龃龉不断,加之尼克松新政府调整越战政策的趋势,促使马科斯先是缩减民事行动小组规模,后又完全退出越南战场。

上述促使马科斯抛弃原先越南政策的重大事件包括:一为1968年3月31日约翰逊公开演讲调整越战政策,次年尼克松上台后又推出了新的东南亚政策;二为1968年3月22日科雷吉多尔事件曝光引发第二次沙巴危机;三为1969年末美国参议院公开"赛明顿听证会"材料,揭露了美菲政府在援越谈判中的非法秘密交易。

在这一系列事件中,"菲律宾民事行动小组"的地位越来越尴尬,最后转变成为马科斯寻求总统连任的重要隐患。总之,马科斯政府援越政策的改变是菲美关系、美国越战政策以及菲律宾国内政治变化的综合反映。

一、美国越战政策调整

1968年初,北越发动的春季攻势成为压倒约翰逊强硬越战政策的最后一根稻草。3月31日约翰逊在白宫发表了广播讲话,在事实上承认了美国政府越战政策的失败。讲话主要包括两个方面的内容:一是美国将单方面降低战争规模并寻求和平协议,二是约翰逊承诺不再寻求连任。约翰逊在讲话中强调:"必须由南越人民自己担负起保卫自由的重担,美国和盟国力量的存在只是南越人民的后盾。最后的结果只能取决于南越人民自己的努力和决心。"①约翰逊的越战政策讲话事出突然,事先并无提前知会菲律宾等盟国,菲律宾媒体大肆渲染美国会"抛弃"东南亚的传闻,并指责马科斯外交政策的失败。几天前马科斯还在大谈特谈菲律宾在越南的责任和义务,由于约翰逊讲话陷入极端被动。

马科斯立即致信约翰逊,表达了自己的"忧虑":"我和其他(亚洲)领导人得知您决定不再寻求竞选连任,也注意到您决定停止轰炸北越。我对未来深表忧虑和担心。"马科斯尤为担心美国政府会迅速撤出东南亚,导致菲律宾在美国的战略考量中地位受损而影响美国对菲经济军事援助。马科斯在信中表达其希望美国继续"承担亚洲义务":"无论发生什么,我都希望重申我个人的看法,历史会证明您的政策的正确和合理。美国力量在亚洲的存在是必需的。我祈祷您的继任者能够继续执行相同的政策。"②

针对马科斯的悲观反应和各种传闻,约翰逊必须设法稳住亚洲盟国,以免影响越战士气,他回信安抚马科斯的担忧:"美国绝不会接受虚假的和平协议,直到我们取得光荣的和平。我希望您和其他盟国一起继续在越南的斗争。基于此,很遗憾我在 3 月 31 日的讲话被一些菲律宾媒体所误解。我听说菲律宾出现了一种错误的说法,认为美国会撤出或者减少对南越政府的义务。事实上,美国政府已经宣布了增加对南越的援助,并且会继续增兵。"美国也非常担心约翰逊的讲话会动摇美国的盟友在南越的军事部署,因此约翰逊在回信中警告:"我认为所有参战国保持现有在越立场是至关重要的。任何退缩行为都会让北越误读是我们立场的动摇,不利于最后的光荣和平;任何退缩行为都会被其他国家尤其是南越人民误读为我们不能信

---

① The President's Address to the Nation Announcing Steps to Limit the War in Vietnam and Reporting His Decision Not to Seek Reelection by Lyndon B. Johnson. March 31,1968, *Public Papers of the Presidents of United States*, XXXVI,1963 – 1969.

② President Marcos's Message to President Johnson of 2 April 1968 Regarding Johnson's Decision Not to Run Again and Suspension of Bombing in North Vietnam – President Johnson's Reply Included Confidential,Cable,April 9,1968. DNSA,Philippines,PH00193.

守承诺。"约翰逊没有忘记在信中敦促马科斯尽力维持"菲律宾民事行动小组"的现有规模:"我很高兴地注意到您之前承诺维持'菲律宾民事行动小组'现有状况基本不变的言论。我希望您在这一点上重新做出保证。"①

约翰逊的讲话和回信让马科斯一时措手不及。一方面,马科斯政府刚刚在约翰逊讲话前几天通过各种渠道表达了菲律宾继续插手越战的外交原则。约翰逊的讲话让马科斯的表态成为国内反对派的众矢之的,马科斯急需及时调整越战政策以顺应新的国内外政治形势。另一方面,约翰逊又在信中警告马科斯任何调整都会给越战局势带来不利,不允许马科斯做出应对调整。约翰逊甚至拿住马科斯先前的表态作为话柄,要求马科斯重申表态。在传统的大国和小国的盟国关系中,小国只有及时调整政策以应对大国的政策变化,才能维护自己的利益。但是约翰逊政府在越战政策调整一事上,事先没有通知菲律宾,事后又不允许菲律宾做出应对措施,约翰逊政府这种忽视自己政治利益的做法让马科斯大为恼火,马科斯决定有所行动。

马科斯政府通过媒体渠道放出消息称"菲律宾民事行动小组"的规模将进一步缩减至1400人,甚至准备用医疗人员替换全部军事人员。美国国务院责令马尼拉大使馆向马科斯政府确认消息的准确性,并预先起草了一份应对方案以报复菲律宾,包括:

1. 中止1968年5支工程建设营装备援助。

2. 停止在菲律宾采购与越战相关的后勤物质。

3. 由于菲律宾并没有向南越提供战斗部队,而且"菲律宾民事行动小组"规模进一步缩减,菲律宾政府是否有资格作为越战参战国组织(Councils of Troop-Contributing Countries to Vietnam)的一员列席和平谈

---

① Walt Rostow provides President Lyndon B. Johnson with text of Philippine President Ferdinand Marcos' response to Johnson's 3/31/68 speech declaring his decision not to run for reelection in 1968. Memo. White House. April 8,1968. DDRS,CK3100492857.

判仍存疑问。①

　　针对这一系列报复措施,国务卿腊斯克与总统特别助理罗斯托发生分歧。腊斯克反对向马科斯施压,以免双方争议难以收场;罗斯托则力主向马科斯通报美方的报复决定,从而"明确马科斯的真实意图,并迫使他立刻与大使馆谈话,最终确保'菲律宾民事行动小组'的完整"②。但民事行动小组确实难以通过菲律宾国会的授权拨款,美国也不得不接受菲律宾继续缩减规模的事实。双方达成妥协,"菲军将以每周撤回35人的速度直到民事行动小组规模减为1400人,如此不会引起太大的关注"③。报复措施也不了了之。

　　1969年尼克松上任后,美国从越南战场脱身的意图已经日趋明显。尼克松访问马尼拉时,亲口向马科斯承认"美国已经开始撤兵,并将制订全面的撤退计划"④。因此,虽然美国方面继续强调"菲律宾民事行动小组"留在越南的必要性,但是在美军将要撤退的前提下,要求菲军继续留守显然是站不住脚的。事实上,尼克松访菲时已经决定美国不再在菲律宾军事援助南越这一问题上继续纠缠,并且默认马科斯的缩减甚至撤军行动。1969年7月的一份尼克松访菲备忘录文件明确:"过去几年,美国付出了大量物质筹码和外交努力促成'菲律宾民事行动小组'成行。现在,我们应该坚持以下立场:保留或者撤回民事行动小组的决定权完全在于菲律宾政府。"⑤可见,菲律宾撤出越南战场在美国战略考量方面已无太大阻碍。

---

　　① Cable regarding U. S. concern over the Philippines' decision to reduce its number of armed forces in South Vietnam. Cable. Department of Defense. SECRET. May 1968. DDRS,CK3100160479.

　　②③ Action Memorandum from the President's Special Assistant (Rostow) to President Johnson. May 18,1968. FRUS,1964 – 1968,Volume XXVI,Indonesia; Malaysia-Singapore; Philippines,Document 366.

　　④ Telegram from the Embassy in the Philippines to the Department of State,August 4 1969. FRUS, Volume XX,Southeast Asia,1969 – 1972,Document 192.

　　⑤ Presidential Visit—Substance. Secret,Cable,July 7,1969. DNSA,Philippines,PH00241.

二、科雷吉多尔事件(第二次沙巴危机)

与马卡帕加尔相比,马科斯上任以来在沙巴问题上的外交态度更为务实。早在当选总统前,马科斯就亲口向来访的美国官员表示自己目前对沙巴问题没有多大兴趣。马科斯认为马卡帕加尔之所以贸然提出沙巴领土索求,只是为了其个人青史留名。在马科斯看来,"菲律宾和马来西亚在沙巴问题上的谈判已无进展可能,菲律宾政府在这个问题上把自己绕进了死胡同。……即使菲律宾得到沙巴,菲律宾将不得不直接面对与印度尼西亚接壤而带来的沉重国防负担"。因此,马科斯主张搁置争议,"把沙巴所有权问题和领土主权问题分开解决"①。马科斯上任后立即宣布承认马来西亚政府,加之越南问题凸显,沙巴问题淡出了马科斯政府的外交日程表。

虽然印马对抗已经结束,马科斯政府在台面上也淡化与马来西亚的领土争端,但是菲律宾军方仍然没有放弃通过秘密行动渗透沙巴。"早在1967年马来西亚的情报机构就已经获悉菲律宾军方正在秘密训练武装人员,试图渗透和颠覆沙巴。"马来西亚希望不动声色地暗示菲律宾马方已经知晓这些敌对计划,希望菲律宾知难而退放弃计划。"②但是1968年3月22日《华盛顿邮报》和《纽约时报》登载报道称,菲律宾科雷吉多尔岛的一处菲律宾秘密军事训练营发生兵变,哗变的士兵遭到屠杀,一名逃生的士兵供述了菲律宾军方建立此秘密营地的目的正是"为了训练从事对沙巴渗透、破坏的军事人员……已经有70名军事人员在3月7日被送往沙巴执行任务,正好与马

---

① Views of Nacionalista Party's Presidential Candidate Ferdinand E. Marcos as Expressed to U. S. Embassy Officers. Confidential, Airgram, January 13, 1965. DNSA, Philippines, PH00018.

② Intelligence Note from the Director of the Bureau of Intelligence and Research (Hughes) to Secretary of State Rusk, March 26, 1968. FRUS, 1964 – 1968, Volume ⅩⅩⅥ, Indonesia; Malaysia-Singapore; Philippines, Document 363.

来西亚前几日抓获 20 多名非法入境的菲律宾武装人员相吻合"①。

科雷吉多尔事件的曝光,两国民间敌对情绪迅速上升,菲马两国政府已无私下回旋谈判的余地,两国关系再次紧张。3 月 23 日,马来西亚政府向菲方正式提出强烈抗议,并指示马来西亚驻联合国代表向联合国秘书长通报此事。处境尴尬的马科斯政府对于马方把事情闹到联合国的做法恼羞成怒。马科斯强辩科雷吉多尔军营是为了镇压菲律宾南部的共产主义活动,并反过来指责马来西亚政府正在利用沙巴从事渗透菲律宾南部的敌对活动,马来西亚政府对此答复十分不满,双方矛盾日益升温。

马来西亚和菲律宾的外交反应只是此次事件的一个层面,更重要的是两国背后的大国对此有何态度。事发后,英美两国的态度截然相反,英国驻香港部队高层立刻表示"女王政府愿意为马来西亚提供保护"②,而美国则尽量处身事外,美国的态度直接影响了"菲律宾民事行动小组"的前景。

1968 年 5 月,访问美国的泰国外长指出菲马沙巴争端会危及当年东盟部长级会议的顺利召开,并提出希望由"美国出面劝说马科斯在争论中保持克制"。对于泰国方面的建议,美国负责亚太事务的助理国务卿邦迪认为:"美国应该继续避免介入到沙巴之争中,亦避免主动向任何相关国家提出此问题。"邦迪在给国务卿腊斯克的备忘录中罗列了美国回避沙巴问题的理由:第一双方矛盾在现阶段难以调和,马来西亚计划在沙巴开展军事演习,而菲律宾亦有断绝对马外交关系的意图。第二美国应该声明由菲马两国政府自己解决双边问题,或者由东盟成员国出面协调纠纷。如果美国对此问题施加影响力,会造成外界对东盟无力独立解决自身内部矛盾的印象。第三美菲特殊关系的存在,使得此时美国企图影响菲律宾极不明智。美国干

---

① Philippine Training of Subversive Teams for Use against Malaysia (Sabah). Secret, Memorandum, March 22, 1968. DNSA, Philippines, PH00191.

② Thompson Willard Scott. *Unequal Partners: Philippine and Thai Relations with the United States*, 1965–1975. Lexington MA: Lexington Books, 1975. p. 109.

涉会鼓励菲律宾政府进一步把美国卷入冲突,并寄望美国人帮助解决问题。而且其他东南亚国家会认为菲律宾政府没有担当,只是依赖"山姆大叔"的傀儡。[①]

7月,邦迪前往马尼拉与马科斯就沙巴问题交换了意见。马科斯认为事情已经发生,菲律宾国会、媒体和公众对这个问题极度关注,他被迫做出姿态并向外界表明强硬立场。马科斯告诉邦迪"由于马来西亚的过激反应并无视菲律宾的领土索求,菲律宾对外政策部门已经倾向于立即采取军事行动"。马科斯自然明白,美国决不允许菲律宾采取军事行动破坏其在东南亚地区的集体安全战略,接着向邦迪承诺其本人坚决反对任何军事计划。马科斯的"胡萝卜加大棒"策略无非是希望,"美国能够采取行动劝说马来西亚政府采取更加温和的态度,并暗示美国能够在联合国裁决沙巴问题上给予菲律宾支持"[②]。邦迪明确拒绝了马科斯的请求,声称"美国不会卷入沙巴争端之中",但是建议"菲马两国的亚洲友邦可以扮演重要的角色,例如东盟会议这样的平台"。[③]

在英国第一时间公开表示愿意军事支持马来西亚的同时,菲律宾政府和民众普遍希望美国能够做出某种姿态声援菲律宾。在菲律宾社会看来,美国是菲律宾的前宗主国,而且与菲律宾缔结了《菲美共同防御协定》,因此美国有义务支持菲律宾,这是维护两国的特殊关系的基础。更为重要的是,1968年的菲美关系背景与1962年第一次沙巴危机时大为不同。1962年时菲美关系中美国尚无有求于菲律宾之处,但是如今越战形势危急,"菲律宾

---

① Action Memorandum from the Assistant Secretary of State for East Asian and Pacific Affairs (Bundy) to Secretary of State Rusk, May 20, 1968. FRUS, 1964 – 1968, Volume XXVI, Indonesia; Malaysia-Singapore; Philippines, Document 367.

② Telegram from the Embassy in the Philippines to the Department of State, July 25 1968. FRUS, 1964 – 1968, Volume XXVI, Indonesia; Malaysia-Singapore; Philippines, Document 369.

③ Secretary Rusk's cable on the Sabah dispute between the Philippines and Malaysia. Cable. department of state. secret. July 25, 1968. DDRS, CK3100061145.

民事行动小组"和在菲军事基地都是美国不得不谨慎处理的问题。然后,令菲律宾社会失望的是,他们等来的美国对沙巴问题的唯一公开表态是:"美国于 1963 年无条件承认马来西亚,除了 1965 年承认新加坡独立以外,美国立场无任何改变。"①美国政府的表态被菲律宾媒体解读为在沙巴争议中公开支持马来西亚,引起轩然大波。菲律宾公众强烈呼吁报复美国这种"背后捅刀子"的冷漠态度,包括撤回"菲律宾民事行动小组"、修改或终止军事基地条约、重启防御协定谈判等。② 一名菲律宾议员向媒体抱怨:"为什么菲律宾必须支持美国在越南的军事冒险呢? 当菲律宾面临与邻国的冲突时,美国不愿意支持菲律宾……华盛顿放弃了每一个支持其前殖民地的机会!"③

虽然马科斯也计划做出强硬姿态以警告美国对菲律宾利益的忽视,但是马科斯显然不可能走得太远。对于马科斯政府来说,立刻撤回民事行动小组或者废除军事基地都是对菲美特殊关系的毁灭性打击,这显然是马科斯政府所承受不起的。只要民事行动小组还在越南战场上,菲律宾就在对美谈判中手握一张大牌;完全撤出民事行动小组,只会导致美方报复而使菲律宾政府陷入被动;至于军事基地更是如此,马科斯认为:"英国将在 1972 年撤回其在新加坡的军事基地,美国将成为东南亚地区唯一的重要西方势力。彼时美国将迫于冷战需要而更加重视其在本地区的军事存在,菲律宾则能够指望通过军事基地获得更多美国让利。"④因此,这些激进的报复计划都被马科斯所否决。

与几年前的第一次沙巴危机一样,美国的冷处理再次刺激菲律宾民族

---

① U. S. Congress, Senate, Committee of Foreign Relations, Hearings, 91st Congress, 1st Session, Vol. 3, Republic of Philippines, 1969. p. 349.

② Telegram from the Embassy in the Philippines to the Department of State, October 2, 1968. FRUS, 1964 – 1968, Volume XXVI, Indonesia; Malaysia-Singapore; Philippines, Document 370.

③ *Manila Bulletin*, July 24, 1968.

④ President Marcos' views on retaliatory measures against the U. S. for its failure to support the Philippines' claim to Sabah. Cable. central intelligence agency. official use. September 24, 1968. DDRS, CK3100239937.

主义的愤怒情绪。菲律宾独立以来两国时常把特殊关系挂在嘴边。尤其是在菲律宾看来,菲美关系至少在亚洲是独一无二的,没有哪个亚洲国家像菲律宾一样与美国之间存在如此紧密的情感纽带,没有哪个亚洲国家像菲律宾一样存在如此广泛而深远的美国政治、经济和军事利益。因此,即使美国政府也不得不承认:"美菲之间的紧密关系决定了美国不可能在菲律宾重大事务中完全置身事外,沙巴问题必定会波及两国双边关系。……美国政府的中立态度被菲律宾人民解读为背叛。"美国驻菲大使馆无可奈何地抱怨:"(科雷吉多尔事件后)当英国和马来西亚紧紧抱成一团时,菲律宾人的怒火却对准了美国。"①即使马科斯放弃了立刻撤回民事行动小组或终止军事基地条约等激进报复措施,1968 年末菲律宾政府仍然有意采取了一些针对美国的报复行为。除了将民事行动小组规模缩减为 1400 人以外,报复措施还包括鼓励民众在美国军事基地门口发起大规模示威抗议活动、限制美军飞机在菲领空的航行和降落区域、限制美国商品进口等,以缓解马科斯政府所承受的激进民族主义压力。

科雷吉多尔事件在 9 月 18 日菲律宾国会通过《菲律宾领海基线法案修订案》后达到高潮。修订案特别规定"原法案对于菲律宾领海基线的解释,与菲律宾拥有领土所有权和主权的沙巴地区之领海基线划定并不抵触"②,这是菲律宾第一次正式以法律形式宣布拥有沙巴主权。马来西亚也随之宣布断绝与菲律宾的全部外交关系。为了报复英国和澳大利亚支持马来西亚,菲律宾政府还特意向英、澳提交了一份备忘录,要求"所有外国军舰在通行菲律宾领海之前必须提前向菲律宾政府提交申请"③,也就是否认了所有

① Telegram from the Embassy in the Philippines to the Department of State, October 2, 1968. FRUS, 1964 – 1968, Volume XXVI, Indonesia; Malaysia-Singapore; Philippines, Document 370.

② Republic Act No. 5446, *Official Gazette of the Republic of the Philippines*, September 18, 1968.

③ Action Memorandum from the Deputy Assistant Secretary of State for East Asian and Pacific Affairs (Godley) to the Assistant Secretary of State for East Asian and Pacific Affairs (Bundy), November 15, 1968. FRUS, 1964 – 1968, Volume XXVI, Indonesia; Malaysia-Singapore; Philippines, Document 372.

外国舰船包括西方国家的自由航行权。美国国务院认为,菲律宾此举严重损害了美国以及"自由世界"盟国的战略利益,因此美国已经不可避免地插手此事。美国国务院不得不放弃先前的不干涉立场,指示新任驻菲大使威廉姆斯(Mennen G. Williams)与马科斯谈判以应对当前的沙巴危机,包括"提醒马科斯慎重权衡沙巴领土争端可能危及未来美菲关系、利用美国重要人物与马科斯的私人关系施加影响、威胁缩减菲律宾食糖配额进口等措施"[①]。

与第一次沙巴危机一样,在美国秘密介入之后,菲律宾政府被迫淡化冲突。尤其是进入1969年这一四年一度的大选年,而且菲律宾长期的经济结构失衡和社会矛盾等问题集中爆发,国内经济危机和暴力活动成为大选期间的主要话题。马科斯忙于应付关乎大选的众多国内议题,沙巴问题再次被搁置了。

科雷吉多尔事件与第一次沙巴危机有众多相同点:首先,美国在前后两次危机中都反对菲律宾在此问题上发难,破坏美国在东南亚地区的整体战略,因而都对菲律宾的求助反应冷淡;其次,菲律宾国内针对美国的冷淡反应都表现得极为愤怒,引发新一轮反美民族主义浪潮。但是菲律宾政府都尽量把报复措施克制在可控的范围内,而不愿意也不可能站在美国冷战战略的对立面。值得注意的是,在科雷吉多尔事件中,由于菲律宾军方是冲突的重要参与者,因此菲军方在此次反美浪潮中表现非常活跃。菲律宾武装部队总参谋长曼纽尔·杨就指责:"菲律宾迫于美国压力不得不宣布放弃武力解决沙巴问题,因此《菲美共同防御协定》在菲律宾类似沙巴危机这样的对外冲突中只是一张废纸。"[②]菲律宾军方普遍同意缩减甚至撤回民事行动

---

① Telegram from the Embassy in the Philippines to the Department of State, Telegram from the Embassy in the Philippines to the Department of State, October 2, 1968. FRUS, 1964 – 1968, Volume XXVI, Indonesia; Malaysia-Singapore; Philippines, Document 370.

② General Manuel T. Yan to W Scott Thompson, June 15, 1970. See Thompson Willard Scott. *Unequal Partners: Philippine and Thai Relations with the United States*, 1965 – 1975. Lexington MA: Lexington Books, 1975. p. 110.

小组以向美国施压。可见，菲律宾军方作为菲律宾国内传统亲美势力的中间力量，也是菲律宾参加越南战争获得美国让利的主要受益者，在第二次沙巴危机中对美态度出现分歧和松动，间接扫除了菲律宾退出越南战争的最大国内阻力。因此，科雷吉多尔事件亦是马科斯政府在援越政策上退缩的关键因素。

三、赛明顿报告

尼克松上任后不久，美国内部反对原先越战升级政策的力量立刻开始占据上风。尤其是在尼克松关岛讲话①之后，美国国会许多议员要求重新审视美国与亚洲各盟国的关系。在这一背景下，美国参议院对外关系委员会在 1969 年 9 月 30 日至 10 月 3 日召开了美菲关系听证会（赛明顿听证会系列之一，除了审查越南战争期间的美菲关系以外，还包括美国与其他盟友泰国、韩国的关系，赛明顿参议员是主要发起人）。听证会召回美国驻菲军事、外交和情报主要负责人当庭质问，调查"更多旗帜"计划中美菲秘密资金交易与菲律宾对越战贡献的关系。听证会结束后，参议院向公众披露了被称为"赛明顿报告"的会议记录，援越谈判中的秘密资金被公之于众。菲律宾舆论对于民事行动小组是"雇佣军"的指责让马科斯政府颜面尽失，这是促使马科斯迅速从越南战场撤回"菲律宾民事行动小组"的最后一根稻草。

在上述听证会正式召开前，马科斯政府预判，这只是美国国内大量反战运动在国会中的延烧，充其量只是反战派在越战政策争论中的一次反击而已。但是听证会上赛明顿和富布莱特两位参议员言辞激烈地大肆批评马科斯政府和约翰逊政府在共同安全、军事基地、美国对菲援助和"菲律宾民事

---

① 关岛讲话是指 1969 年 7 月 25 日尼克松在关岛向记者阐述了尼克松政府的新亚洲政策，确定了亚洲国家处理亚洲事务的原则，是尼克松主义的雏形。

行动小组"等问题上的政策,甚至质疑美国在菲律宾保留军事基地的必要性,反对继续对菲经济、军事援助。关于最为敏感的民事行动小组问题,富布赖特参议员指责菲军是赤裸裸的雇佣军:"(美菲援越谈判)我们所做的只不过雇佣菲律宾士兵,以此向世界证明有很多人支持我们在越南所进行的这场战争,而事实上并非如此。而且我们为此支付了过于高额的报酬。"富布赖特对于美国付出的过高"报酬"尤为不满:"菲律宾从美国身上榨取得太多,而付出的回报却太少。……美国向菲律宾注入了数百万美元,然而作为一个东南亚条约组织成员国,马尼拉甚至不愿意派出乃至一支象征性的作战部队,直到美国承诺提供工程建设营装备和驻越菲军津贴。……我对此极为反感。"[1]听证会还披露了"菲律宾民事行动小组"派出时美国政府"雇佣菲军"的款项明细:

与菲律宾民事行动小组–越南(PHILCAG – VIETNAM)相关的美国对菲补助[2]

巡逻快艇	800000 美元
工程建设营装备	1959834 美元
武器及后勤装备	190935 美元
菲律宾民事行动小组国内替代部队	511892 美元
装箱及运输	347000 美元
菲军海外津贴	35000000 美元
合计	38809661 美元

---

① U. S. Congress, Senate, Committee of Foreign Relations, Hearings, 91st Congress, 1st Session, Vol. 3, Republic of Philippines, 1969. p. 266.

② Ibid., p. 358.

这些数据尚不包括马科斯访美时与约翰逊政府商定的其他装备、贷款以及"二战赔偿一揽子"款项。早在听证会开始前,美国参议院对外关系委员会就决定对外公布全部听证会会议记录和报告。然而听证会关于美菲两国援越谈判细节的揭露,显然会让马科斯和约翰逊政府先前否认"雇佣军"的谎言不攻自破,尤其会让马科斯在寻求总统连任的关键时刻陷入尴尬的境地。因此,无论是美国国务院、美国驻菲大使馆还是在菲美国商会都强烈反对参议院公开听证会记录,以免激怒马科斯。

刚刚赴任的新驻菲大使亨利·白瑞德警告美国国务院:"在我看来,公开赛明顿听证会报告,会给美国在菲利益以及未来美菲关系造成灾难性的损失。……我们正面临一系列极为困难的军事基地、共同防御协定和经济条约谈判,此时公开报告会让我们陷于被动,最后损害我们的基地利益。在美菲双边经济关系谈判的重要时刻,这也将会给我们在此的商业利益造成重大打击。我估计纽约的商业团体,他们在菲律宾拥有 10 亿美元私人投资,一旦得知这个消息必然会在华盛顿表现得非常活跃。"①果然,1969 年 11 月7 日菲律宾美国总商会致信国务卿威廉·罗杰斯反对公开"赛明顿报告":"菲律宾美国总商会听闻赛明顿参议员领导的美国对外安全条约和义务委员会计划公开听证会上美菲条约、菲律宾军队在越情况等内容。商会成员对于报告公开后可能在菲造成的后果表示严重关切。我们担忧没有友好的氛围,公开报告必将切实妨碍美国与菲律宾的商业交往。"商会建议,"推迟报告公开的时间,与菲律宾总统大选时间错开;并且仔细权衡利弊,斟酌报告所要公开的内容"②。大使馆的态度更为坚决,要求国务院劝说参议院"完

① Telegram from the Embassy in the Philippines to the Department of State, October 30, 1969. FRUS, 1969 – 1976 Volume XX, Southeast Asia, 1969 – 1972, Document 196.

② Letter to Secretary of State William Rogers from Tristan Beplat, president of the Philippine American Chamber of Commerce, requesting that a report to be released by the Senate Sub-Committee on U. S. Security Agreements and Commitments Abroad be delayed. Letter. Department of State. CONFIDENTIAL. November 7, 1969. DDRS, CK3100564369.

全放弃公开报告,如果他们能够理解即将造成的严重后果的话。……或者只是公开参议院自己的会议报告,但是听证会会议记录仍然保密。"①

美国国务院和国防部的官员开始意识到问题的严重性,因此纷纷紧急劝说几位参议员做出让步。赛明顿勉强答应了"删去部分原先准备公开的敏感内容"②,并且承诺"在报告正式公开前提前递交给马科斯,方便马科斯有时间采取公关措施"③。但是马科斯最为担心的"民事行动小组"秘密资金的相关内容仍然在 11 月 11 日公开。关于秘密资金和雇佣报酬,美国政府的另外一份内部报告称:

> 我们没有发现能够证明菲律宾民事行动小组与美国对菲援助之间的直接关系的书面证据,但是口头谈判的会议记录显示美国资助与菲律宾民事行动小组之间确有关联。……会议记录显示美国对菲资助主要是菲律宾民事行动小组后勤补给和海外津贴的形式。美国在菲律宾国内基础工程建设、打击走私、工程建设营装备和巡逻快艇等方面的援助显然是帮助马科斯总统在国会通过援越议案的工具。
>
> 马科斯总统担心接受美国与民事行动小组有关的援助会有雇佣军的嫌疑,因此美国政府直接将美元支票付给菲律宾国防部。两国谈判官员达成共识——菲律宾政府可以向公众隐瞒接受美国资金的事实。很显然,菲律宾政府官员知道这笔现金交易或者交易用途的人也不多。④

---

① Telegram from the Embassy in the Philippines to the Department of State, October 30, 1969. FRUS, 1969 – 1976 Volume XX, Southeast Asia, 1969 – 1972, Document 196.

② Telegram from the Department of State to the Embassy in the Philippines, November 11, 1969. FRUS, 1969 – 1976 Volume XX, Southeast Asia, 1969 – 1972, Document 197.

③ Symington Hearings. Confidential, Cable, October 28, 1969. DNSA, Philippines, PH00304.

④ Review of U. S. Assistance to the Philippine Government in Support of the Philippine Action Group. Secret, Report, June 1, 1970. DNSA, Philippines, PH00348.

美国政府自己都在报告中承认雇佣军的事实,更是引发菲律宾媒体对马科斯和民事行动小组口诛笔伐,充斥"炮灰""雇佣军""美国代理人""骗子"等字眼。此时1969年菲律宾大选刚刚结束,马科斯不得不面临一个极为棘手的难题:马科斯先前声称缩减"民事行动小组"规模的原因是菲律宾国会拒绝拨款,也就是默认驻越菲军并无其他资金渠道。那么这些曝光的秘密资金流向了何处呢? 外界有足够理由指责马科斯将大量美国秘密资金用于个人总统竞选。因此,刚刚宣布获得总统连任的马科斯立刻采取了雷霆行动,避免民事行动小组问题祸及连任。

几天后马科斯突然宣布"菲律宾民事行动小组"将全部撤离,一个月之后菲军就撤出了越南,只留下一支小规模的医疗特遣队。同时,菲律宾政府否认了美国所公布的秘密资金用于菲军津贴:"并不存在美国资金雇佣菲律宾民事行动小组。菲律宾国防部确实曾经接受美国财政部约360万美元的援助,但并非用于民事行动小组,而是用于菲国内情报和安全计划;这些计划仍属国家机密,不便公开。"[1]至于美国参议院公布的数额巨大的"菲律宾民事行动小组"补助,"属于美国人用于越南战争的资金,出于美国政府内部财政统计报告的目的(错误地统计为菲律宾民事行动小组补助)"[2]。

菲律宾突然撤出越南战场,是马科斯政府对赛明顿报告公之于众的危机应急处理行为,并非既定政策。按照马科斯的原计划,逐步小幅度缩减人员规模的同时,应该尽可能保持在越南战场上的菲军建制,从而在未来的越战和平谈判开始时为菲律宾争取一个谈判席位,一则可以获得剩余战争物资,二则体现马科斯作为"亚洲领袖"的政治影响力。此外,只要菲军的旗帜还在越南战场上飘扬,菲律宾在与美国就军事、经济援助以及条约修订等方

---

[1]　Philippines' Regime, Leaders Deny U. S. Paid for Troops by Amendo Doronila. *The Evening Star*, Washington, D. C., November 19,1969.

[2]　Thompson Willard Scott. *Unequal Partners: Philippine and Thai Relations with the United States*, 1965 – 1975. Lexington MA: Lexington Books,1975. pp. 96 – 97.

面就掌握主动,即使新上台的尼克松政府可能会调整越战政策,短时间内也愿意为了维持战场上盟友士气继续支付报酬,为美国越战政策调整争取缓冲期。即使马科斯不得不缩减军队规模以缓解反战压力,但是完全撤军并不在马科斯的日程表中。但是赛明顿报告的公开从内政和外交两个方面迫使马科斯临时改变计划。

在菲律宾国内看来,日益膨胀的民族主义情绪绝不允许"菲律宾雇佣军替美国人做炮灰"这种耻辱存在。"即使菲律宾政府接受过一笔360万美元的资助,菲律宾公众也不愿意公开承认这笔钱与援越菲军有关,这事关每个参议员、记者、出租车司机乃至所有人的荣誉,尽管事实与此相反。"[1]菲律宾众议院对外关系委员会主席对于赛明顿报告恼羞成怒,否认美援和越战菲军关系的同时,他反讥富布赖特:"美国政府应该让富布赖特先生查看所有的文件,他就会发现还有更多美国政府对外援助项目存在。这样一来,他就没有必要如此恬不知耻地用谎言侮辱菲律宾的正直。"另外一名菲律宾众议员指责,报告是"严重扭曲事实,危险地颠倒黑白。……菲律宾人民应该考虑驱逐美国军事基地"[2]。对于马科斯个人来说,政治声誉方面的损失更是不可接受。马科斯从1966年执政以来,一直保持果敢而富有魅力的亚洲民族主义领袖形象,对于"美国傀儡、代理人"的批评异常敏感。所以马科斯宁愿每年费心劳力地在国会力争援越菲军拨款,也要掩盖秘密资金的存在:

> 马科斯的立场是,他不希望我们与他的交易被公开……我们要应付菲律宾人两种矛盾的态度——既不愿意表现出被收买,同时又要有

① Thompson Willard Scott. *Unequal Partners*: *Philippine and Thai Relations with the United States*, 1965 1975. Lexington MA: Lexington Books,1975. p. 97.

② Marcos Denies U. S. Paid for Unit. *The New York Times*, November 20,1969.

一些收获展示给民众。①

秘密公开后,马科斯唯有迅速撤军才能把其政治损失减到最低程度。

从外交方面来看,赛明顿系列听证会是美国政府内部对于越南政策和亚太政策转变的又一个重要信号。马科斯敏锐地意识到——在越战政策和与亚洲盟国关系等问题上,美国国会中的反战派开始重新占据优势主导地位;加之尼克松在关岛和其他亚太地区的系列讲话,未来数年美国的亚太地区政策已经逐渐明朗。政治经验丰富的马科斯有理由担忧其所期盼的越战参战国谈判地位,很有可能在美国突然退缩后反而成为其政治负担,不如抢在美国人之前主动采取行动。

即使菲律宾撤军引起了越南战场其他盟国的不安和不满,但是美国政府并没有采取进一步应对措施,因为一来尼克松政府已经宣布准备逐步淡化美国在越南战场的存在,"更多旗帜"计划已经被证明没有起到预想的政治效果,已经不再是紧要事务,美国方面也在 1969 年 7 月尼克松访问菲律宾之前告知菲方,"'菲律宾民事行动小组'无论是保留还是撤军,其未来应由菲律宾政府自行决定"②;二来赛明顿报告同样让美方十分难堪,因此美国在"菲律宾民事行动小组"撤军问题上选择了沉默和低调。

---

① Message, AmEmbassy Manila to SecState, 2/26/1966, "Philippine Cable, Vol. Ⅱ, 6/64 – 6/66," Item No. 13. NSF Country File-Philippines, Box 278. L. B. J. library.

② Presidential Visit – Substance Secret, Cable, July 7, 1969. DNSA, Philippines, PH00241.

表4-1 菲律宾、泰国、韩国军队在越战场人数(1964—1972)(单位:人)

年份	菲律宾	泰国	韩国
1964	17	0	小于130
1965	72	16	20620
1966	2061	244	44566
1967	2020	2205	47829
1968	1576	6005	50003
1969	189	11568	48869
1970	77	11586	48537
1971	50	6000	45700
1972	50	40	36790

资料来源:U. S. Congress, Senate, Committee of Foreign Relations, Hearings, 91st Congress. *Republic of Philippines*; *Republic of Korea*; *Thailand*, 1969 - 1970; Stanley Robert Larson and James Lawton Collins, *Allied participation in Vietnam*, Washington D. C. : Department of Army, 1975, p. 23.

从1964年5月至1966年9月,经过历时两年多的拉锯式谈判,菲律宾拿到高额补偿后才派出了一支象征性部队投入越战。1969年底,当美国的其他盟友在越军队规模达到顶峰时,菲律宾却悄然退出。菲律宾不是第一个登上舞台,因为马科斯先要确保收获足够的报酬;而菲律宾却是第一个离开舞台,因为马科斯要确保自己的损失降到最低。作为同盟关系中的弱小一方,菲律宾已经充分利用了越战这次绝佳良机获得了反向不对称优势。但是尼克松主义并非是"良机"的结束,而只是马科斯展现政治手腕的开始。

小　结

　　1969 年菲律宾突然退出越南战场是"国际性"和"本地性"多种综合因素作用的结果。从国际层面看,约翰逊宣布放弃连任竞选、尼克松随之上台等迹象表明美国政府的越战政策即将发生根本性变化。对于菲律宾方面来说,菲美"更多旗帜"合作的外部基础已经不复存在;从本地因素考虑,菲律宾国内受到国际反战运动影响,加之科雷吉多尔事件和赛明顿报告等突发危机再次刺激民族主义反美情绪爆发。马科斯以危机公关的方式迅速撤回"菲律宾民事行动小组",一方面这是菲律宾作为小国对于大国战略变化的被动反应,另外一方面,马科斯政府有效地控制了自身政治风险,以最小的代价获得了最大利益,并非死板地等到美国政策剧变后再仓皇应对,也体现了菲律宾对美政策的主观灵活。马科斯果决并主动地退出"更多旗帜"计划也为随后配合尼克松主义重启双方被越战升级所中断的"去特殊化"进程做好了充分准备。

第五章　菲美关系转向"去特殊化"

第一节　菲律宾反美民族主义的发展

在美援二战后重建资金和朝鲜战争的刺激下,战后菲律宾经济发展速度曾经一度居于亚洲领先地位。但是进入20世纪60年代后,菲律宾社会的一些痼疾再次引发严重的社会危机。

在经济领域,进口替代型工业阻碍生产效率、农产品出口过于依赖美国市场、贸易和关税控制催生了屡禁不止的走私问题,贫富差距不断扩大。即使菲律宾利用参加越战获得大量美国援助,但是这些财富也被马科斯集团用做政治竞选资金,甚至流入马科斯家族的私人账户。

在政治领域,菲律宾传统的土地权贵制度渗透到国家机器的方方面面,从贸易到政治,少数权贵家族都占据垄断地位。虽然菲律宾仍然保持表面上所谓的美式民主,但是国内的政治、经济以及土地改革都在既得利益的阻碍下难以推进。

在外交领域,西方在越南战场上进退两难,第二次沙巴危机导致菲律宾在东南亚共同体的国际舞台上难有作为,与共产主义阵营国家敌对严重,菲律宾外交完全被菲美特殊关系封印,迟迟没有发展。

在社会领域,过快的人口增长率和逐渐疲软的经济引发严重的失业问题,暴力犯罪活动有蔓延之势。最令菲美两国政府恐惧的是——左派运动再次抬头。菲律宾共产党重建了游击组织"新人民军",重拾武装斗争的革命道路。菲律宾新一代的青年学生成长为社会新思潮的中流砥柱。这批年轻人大多是在菲律宾独立后出生,与他们的父辈相比,没有太多殖民时代的亲美记忆。20 世纪 60 年代末正是第三世界国家民族主义、革命浪漫主义思潮鼎盛时期,与其他世界各国的大学生一样在反越战运动的反抗精神催化下,活跃在反殖民主义的第一线。蓬勃发展的青年民族主义思潮和传统的亲美主流思想严重对立,导致菲律宾社会难以形成统一的身份认同,造成了严重的社会裂痕。

菲律宾社会矛盾和经济危机的恶化,促使各方反思问题的根源和解决危机的办法,对此菲律宾民族主义者和亲美派有着截然不同的看法。

民族主义者把菲律宾的社会、经济和政治问题归咎于美国新殖民主义。民族主义者认为,菲律宾经济凋敝的根源是《劳雷尔－兰利条约》所规定的美国公民"平等权利"条款。他们反对外部西方资本的渗透,尤其是美国资本在菲律宾外贸市场的优势地位,部分极端民族主义者还反对菲律宾国内的华人经济,要求由菲律宾人完全掌控国家经济命脉行业。同时,民族主义者也非常重视政治、外交领域的独立自主,因此民族主义者反对菲律宾政府在外交事务上长期唯美国马首是瞻,希望重新签订军事基地条约。民族主义者呼吁菲律宾政府在国际关系事务中扮演更加重要的角色,尤其是在东盟和联合国亚太经社理事会等区域组织,菲律宾有能力在区域小国俱乐部内与其他邻国协商解决分歧,有助于菲律宾社会重新获得民族身份认同和国际尊重。因此,部分人提出了菲律宾要致力于推动整个东南亚地区在冷战中保持中立的政治理念。

20 世纪 60 年代末,大部分菲律宾普通民众的看法是国内权贵家族和美国帝国主义联合压榨菲律宾人民。但是这些人对美国的态度又是矛盾的。一方面,他们厌恶美国资本在菲律宾的经济特权,挤占本土企业的发展空间;另外一方面,大多民众并不希望美国人离开,无论是遍布全国的军事基地还是美国援助都能带来大量就业。很多人一厢情愿地希望美国能与权贵集团脱离关系,甚至动用强大的资源迫使菲律宾政府改革。长期的特殊关系导致了错误的幻象——前宗主国是拯救菲律宾社会崩溃的最后希望。

美国政府和菲国内的亲美派则否认美国在菲律宾的经济殖民政策,因为"美国商品占有菲律宾市场份额是逐年下降的,由1950年的70%下降为1969年的29%"①。美国相关机构在提交给国务院的菲律宾形势与政策评估报告中指出,菲律宾的主要问题是保守的寡头家族垄断经济和政治资源,在政治改革短期内难以实现的情况下,只有继续加大引进外国投资和贷款才能拯救菲律宾濒临破产的经济。换而言之,菲律宾应该继续保护美国投资环境,而非任由反美民族主义发展。在菲律宾政治经济生活中占有统治地位的是少部分权贵家族,这些传统权贵反对激进的经济民族主义或者中立主义思想,因为他们的经济帝国大多与美国军事基地或菲美经贸协议息息相关,例如菲律宾主要出口产品糖和椰油的利润直接取决于美国给予菲律宾的配额有多少。一旦经济民族主义成为菲律宾的主流观点,不但美国人在菲律宾的金融、能源和制造业的投资环境恶化,菲律宾传统权贵阶层也将损失惨重。对应民族主义者发起的反美浪潮,亲美派也发起了"五十一州"运动——即要求菲律宾并入美国的签名请愿活动,至1972年签名者达到700万人之多,不过这些人大多为马尼拉以外的文盲和穷苦农民,他们简单地认为并入美国将获得更多农产品配额和经济补助。

---

① Economic Colonization. Non-Classified, Fact Sheet, April 10, 1970. DNSA, Philippines, PH00338.

表5－1　美国商品出口菲律宾市场总额及占菲律宾总进口比例

年份	价值总额（亿美元）	比例（％）
1950	2.34	74.6
1960	2.55	42.2
1965	3.33	33.9
1968	4.72	32.4

表5－2　菲律宾商品出口美国市场总额及占菲律宾总出口比例

年份	价值总额（亿美元）	比例（％）
1950	2.35	72.5
1960	2.84	50.7
1965	3.55	45.4
1968	4.35	45.2
1970	4.4	41.4

表5－3　1968年年底菲律宾外债来源总额及比例

	美国	国际复兴开发银行	国际货币基金组织	日本	西德	英国	法国
总额（单位：千美元）	435146	100379	173031	14642	11306	1308	1839
比例（％）	59.0	13.6	23.5	1.9	1.5	0.2	0.3

数据来源：The Philippine Economy and the United States. Non-Classified, Fact Sheet, June 26, 1970. DNSA, Philippines, PH00353；Trade, Non-Classified, Fact Sheet, November 26, 1971. DNSA, Philippines, PH00455.

　　虽然从20世纪60年代开始，美国有意缩减菲美贸易占菲律宾进出口的比例，但是此举的主要原因并非美国有意去除新殖民主义的痕迹，而是为了扶植二战后日本的崛起并重返东南亚市场，以对抗共产主义阵营在东南亚的影响力。至尼克松时代,1971 年菲律宾对外贸易总额中美国和日本各占三分之一。但是美国仍然是菲律宾最主要的贸易对象和债务国,控制着菲律宾经济的主要命脉,遑论美国还在菲律宾政治、外交和军事等领域的传统强势,必然成为菲律宾民族主义的天然目标。

菲律宾独立以来一直保持着亲美传统,每至大选年菲律宾各政党都大肆吹嘘与美国政府和高官的良好关系,暗示能够争取更多的美国援助。但是在菲律宾国内危机爆发、菲美外交摩擦、越南战争及尼克松主义等多种因素的影响下,1969 年大选中反美民族主义在菲律宾历史上首次成为政党吸引年轻人选票的竞选纲领。

民族主义者呼吁重新评估菲美特殊关系,发起了一系列反美运动。在国际事务上,民族主义者要求建设独立、主动的外交关系,包括淡化菲美特殊关系和加强与亚洲邻国的合作,从而重建菲律宾的民族国家身份认同。在国内事务上,激进的学生组织在大选前后发起多次针对军事基地和菲美经济关系的游行示威活动。

尤其是军事基地作为殖民关系遗存的主要象征,在民族主义运动中格外引人注目。菲律宾大学校长在媒体上呼吁"撤出基地,因为只要基地仍然保留,菲律宾就不可能获得真正的独立和自由"[①]。美国方面为了反击撤出基地的言论,也在菲律宾媒体上公布大量经济数据强调"与基地有关的经济消费是刺激菲律宾市场、缓解就业压力的重要保障"[②]。根据美国国防部统计数据显示:1966 年美国军事基地消费占菲律宾当年国民生产总值的9.5%;1966 年美国军事基地雇用的菲律宾人占菲律宾全国就业劳动力的

---

① Interview of Jose Adeva by Sol L. Villa, *The Manila Chronicle*, 4 March 1968.

② The Philippine Economy and the United States. Non-Classified, Fact Sheet, June 26, 1970. DNSA, Philippines, PH00353.

3.5%。① 民族主义倾向的报纸也针锋相对:"菲律宾绝大部分年轻人绝不接受美国侵犯菲律宾主权,例如基地治外法权等,菲律宾人民已经做好基地关闭后承受经济震荡的准备。"②即使在菲律宾政府内部,关于重启基地谈判以维护菲律宾国家主权、甚至驱逐基地美军的观点也获得上风。一名众议员"要求所有外国军事基地撤出东南亚地区,并实现该地区的完全中立化",他评论"所谓的美国基地保护菲律宾安全的说法只是一个传说而已"。③

马科斯政府发言人劳雷尔在竞选宣传演讲中指责"反对党(自由党)有屈服于外国利益的历史传统",并且自豪地宣布"马科斯总统就从未被外界认为是美国之子",④讽刺自由党前总统麦格赛赛因亲美著称并自称"美国之子"(1969 年自由党总统和副总统候选人分别是自由党前总统奥斯敏纳之子和麦格赛赛之弟,两位前总统都是著名的亲美派)。菲律宾民族主义知识分子更是发起了一场对美国文化清算的"文化复兴"运动,许多学者在报纸上撰文提出:"从美国移植而来的个人主义和自由主义,将菲律宾传统的家庭观破坏殆尽;美国的物质观念和清教思想严重威胁着菲律宾悠久的天主教文化;而正是美国政府的利己主义和短视才是菲律宾土地改革、工业化和民主建设等事业发展迟缓的罪魁祸首。"⑤

美国驻菲大使馆的政治事务顾问安德希尔在观察 20 世纪 60 年代末菲律宾蔓延的民族主义浪潮时说:"对于极端民族主义者来说,民族主义就等同于反美。一个菲律宾人越是反美,越是对美国不妥协,就越能获得民族主义爱国者的美名。现在,与美国达成任何友好协议都是对菲律宾民族主义

---

① The Role of U. S. Military Bases in the Philippine Economy, Report, April 1971, DNSA, Philippines, PH00380.

② I. P. Soliongca, "Dealing With Americans", *The Manila Chronicle*, November 21, 1969.

③ Manuel S. Enverga, "Filipinos and U. S. Friendship", *Philippine Free Press*, April 20, 1968.

④ Philippines: Political Parties Choose Candidates for November Election. Secret, Memorandum, July 8, 1969. DNSA, Philippines, PH00242.

⑤ Claude A. Buss. *The United States and the Philippines: Background for Policy*. Washington, D. C.: American Enterprise Institute for Public Policy Research, 1977. p. 54.

的挑战,没有任何一个菲律宾人可以公开为任何美国行动辩护,否则就会被贴上奴性的标签。"①菲律宾独立后经过一代人的时间,菲律宾社会的对美舆论发生了天翻地覆的变化。

在各种游行示威和社会舆论制造的反美声势下,马科斯发现自己在选举前夕处于不利的位置。先前马科斯政府支持美国的越战政策以及"菲律宾民事行动小组"等问题,给了自己的对手以口实,使得马科斯处于民族主义的对立面。马科斯急需寻找一个契机重建自己民族主义领袖的形象,或者说要表现得比民族主义者更加民族主义,除了从越南战场脱身外,更需要从菲美特殊关系的枷锁中脱身。因此,随着菲律宾民族主义力量的进一步发展,重启被越战问题打断的"去特殊化",从菲律宾一方来看时机已经成熟。

对于美国来说,菲律宾民族主义的发展已经到了迫使美国必须调整对菲政策的地步,尤其是马科斯开始刻意利用民族主义反美情绪转移国内矛盾,否则美国在菲利益必然会严重受损。1969年大选期间,马科斯担心美国中情局会插手选举反对自己,因此组织了数次反美游行向美国政府施压。一份马科斯与美国驻菲大使的会谈记录证实,马科斯亲口承认:"他确实与一些反美示威游行团体保持着紧密联系,尤其是学生和工会团体。……但是他保证事态处于他的掌控之中,这些反美游行不会失控。"②菲律宾社会矛盾日益加深,尤其是左翼运动和民族主义运动风起云涌之时,美国方面越来越担忧美国在菲庞大的军事和经济利益会成为这些运动的攻击对象,从而陷入菲律宾内部矛盾的泥潭之中。因此,"去特殊化"在尼克松上台之初就成为美国应对菲律宾民族主义运动的主要方针,美国一方的条件也已经

① Gleeck, Lewis E. *Dissolving the Colonial Bond: American Ambassadors to the Philippines*, 1946 – 1984. Quezon City: New Day Pub., 1988. p. 248.

② Telegram from the Embassy in the Philippines to the Department of State, October 14, 1968. FRUS, 1964 – 1968, Volume XXVI, Indonesia; Malaysia-Singapore; Philippines, Document 371.

具备。

在菲国内民族主义和美国尼克松主义的合力下,因菲律宾追随"更多旗帜"计划而被打断数年的两国关系"去特殊化"进程重新开始。

第二节 尼克松主义对菲政策调整

一、尼克松主义的国际背景和主要内容

菲律宾国内民族主义的进一步发展只是推动菲美关系"去特殊化"的本土因素,20世纪60年代末国际冷战大环境的风云突变更是美国调整对菲关系的另一个重要前提。正是在国际局势变化的影响下,尼克松主义登上历史舞台,美国的亚洲政策发生重大转变的同时,美国对菲政策也随之调整。

二战结束以来,美国军事基地环布整个太平洋,美国在整个亚太地区处于一枝独秀的地位。但是到了20世纪60年代末,亚太冷战局势已然发生了重大变化。首先,社会主义革命运动接连在中国大陆、朝鲜和北越获得重大成功,朝鲜战争和越南战争证明社会主义阵营有能力与以美国为首的西方阵营一争高下。战后,共产主义或者民族主义者领导的反西方反殖民民族解放运动在东南亚地区发展迅猛,美国政府尤为恐惧东南亚国家如"多米诺骨牌"一样纷纷倒向社会主义阵营。其次,复苏的日本经济重新在东南亚地区获得优势地位,加上日益融合的西欧经济体,都对美国在亚太地区原材料和投资市场的支配地位发起了强有力的冲击。在资本主义经济危机的刺激下,西方阵营内部的经济和政治矛盾日益扩大,美国越来越难以在冷战事务中调和盟国间的内部矛盾,越南战争期间西欧国家的不合作态度就让美国政府有独木难支之感。

各种错综复杂的利益矛盾都在漫长的越南冲突中体现得淋漓尽致。越

南战争的泥潭也成为 20 世纪 60 年代至 70 年代美国霸权的重大挫折,并且成为迫使美国转变冷战政策的分水岭。至 1969 年尼克松上台时,美国人败走越南的前景已经逐渐明朗化。在东南亚战场以外,民族解放运动和反殖民运动在非洲、拉丁美洲等地同样严重威胁西方国家的殖民体系。尼克松政府在全球意识形态领域的竞争中危机重重。著名国际关系学者斯坦利·霍夫曼把这一阶段世界体系的这些变化精辟地解释为"战后美苏之间严格的两级抗衡体系,至 60 年代末时其他国家也加入这个体系,形成了一个多极世界"[1]。

尼克松上台时面临上述国际新局势,无论是美国公众还是尼克松政府都感到必须改变美国干涉东南亚的现有立场,调整对菲政策是此外交改革的重要一环。长期以来,美国通过军事基地和秘密军事行动直接干预包括菲律宾在内的东南亚国家事务。这种直接干预政策虽然确保了美国的冷战战略利益,但是同样给美国政府带来很多麻烦:美国军事力量的高调部署刺激了各国民族主义反美情绪的发展,反过来威胁到美国资本的投资环境,并且给美国在冷战意识形态领域的"正义"形象造成负面影响。在新的国际形势下,尼克松政府意识到暂时放低姿态的必要性。"放低姿态"政策具体到对菲关系调整,主要包括修改经济和军事基地条约。

尼克松的亚洲新政上升为"主义"是在其 1969 年 7 月访问亚太各盟友时提出的"关岛主义"。尼克松在关岛讲话的主旨是"亚洲化",即亚洲盟国自己承担更多的反共安全防务责任,避免美国再次直接卷入类似越南战争的困境。尼克松向亚洲盟友强调美国仍然保持在亚洲的军事部署,但是他希望盟国能在美国间接经济和军事援助下,发展自己的军事力量以对抗共产主义,从而使美国对亚洲的干预维持在所谓"谨慎的平衡"状态。尼克松

---

① Stanley Hoffmann. *Gulliver's Troubles*: *or*, *the Setting of American Foreign Policy*. New York: McGraw-Hill, 1968. pp. 33 – 35.

在关岛讲话中解释,保持"低姿态"和"谨慎"的原因除了避免卷入另外一场战争之外,还包括亚洲民族主义的发展。尼克松在著名的关岛讲话中单独强调了菲律宾民族主义的反美特征。

美国即将面临一个关键的抉择:越南战争结束后,美国将在亚太地区扮演何种角色?我们不得不面临这个抉择。同时,亚洲各国也很好奇美国会做出怎样的抉择。

……

在我看来,即使我们在越南战争中经历了如此大的挫折,即使很多美国人倾向于认为:"我们只需要避免卷入亚洲事务就好了。"但是我认为唯一避免美国卷入另外一场亚洲战争的办法就是:美国继续在亚太地区扮演重要角色。无论我们愿意或者不愿意,地理位置都决定了美国是一个太平洋国家。

……

但是只要我们继续在这里扮演这个角色,就要注意到这里出现了两个新的关键因素。首先,尤其是在我们下站即将到达的菲律宾,你会发现一些 1953 年时不曾出现的问题:民族主义的迅速发展,即使是在菲律宾,(民族主义)也是针对美国的。另外,国家和地区尊严正在成为另一个关键因素。我们这次访问的所有亚洲国家都不愿意被外界所支配。亚洲是亚洲人的亚洲,我们所要扮演的角色是:帮助而非支配。

……

同时,我们将继续提供政治和经济援助计划,我们也将继续遵守条约规定的所有义务。但是我们必须避免出现这样的政策:导致亚洲国家过于依赖我们,以至于把我们拖入类似越南战争这样的冲突之中。[①]

关于安全问题,尼克松自己将"尼克松主义"总结为三点:

1. 美国将保留全部防务条约的义务。

2. 如果我们的盟国,或者对我们的安全至关重要的国家,受到有核国家的军事威胁,我们将为其提供核庇护。

3. 如果是其他形式的侵略,我们将根据条约义务提供军事和经济援助。但是我们要求遭到威胁的国家能够自己承担提供军事部队的主要责任。[②]

二、尼克松主义对菲政策调整

在 1969 年 7 月尼克松访问亚洲之前,时任国家安全事务助理的基辛格在 4 月提前到马尼拉释放了尼克松主义的信号。马科斯与基辛格在会晤中达成共识,确认了双方关系"去特殊化"的基调。马科斯强调:"菲律宾不应该被美国视为傀儡,而应该被当作朋友",并抱怨约翰逊总统在 1966 年越战参战国马尼拉峰会上所说的"马科斯是我在亚洲强壮的右臂",如今给他带来很大的麻烦,他希望双方言行谨慎,避免遭到民族主义的攻击。马科斯向基辛格重申他愿意与美国保持亲密,但是"采取独立的姿态"。基辛格同意马科斯的提议:"美国不需要卫星国,我们也希望菲律宾能表现得更加独立。

---

① Richard Nixon: Informal Remarks in Guam With Newsmen, July 25, 1969. *Public Papers of the Presidents of United States*, XXXVII, 1969 – 1974.

② Richard Nixon: Address to the Nation on the War in Vietnam, November 3, 1969. *Public Papers of the Presidents of United States*, XXXVII, 1969 – 1974;关于尼克松主义的详细阐述,见 U. S. Foreign Policy for the 1970s: A New Strategy for Peace. A Report to the Congress by Richard Nixon, February 18, 1970。

我们辨别一国是否友好主要通过其实际行动,如果菲律宾同意美国在亚太地区的行为,美国不在乎那些表面的因素(刻意表现出独立的姿态)。"关于修改经济关系和基地条约问题,两人同意在保留原框架的基础上,"减少美国的存在"①。事实上,"减少美国存在"的计划早在尼克松主义宣布之前就开始推行。1967 年美国驻菲使领馆共有 700 名美国工作人员,而至 1969 年时这一数据已经减至 494 人。② 基辛格与马科斯的这次会谈为随后尼克松访问马尼拉和新政解读做好了准备。

尼克松访问前夕,美菲关系因为各种因素而分歧不断。菲律宾国内呼吁反越战、反菲律宾参战的声音已经成为社会主流,民族主义者反对继续追随美国的冷战外交政策;第二次沙巴危机中美国态度冷淡,菲律宾民族主义者对美菲同盟存在意义的强烈质疑仍然持续发酵;菲律宾民族主义的怒火把矛头对准了美国在菲经济和军事利益,美菲殖民历史和特殊关系已然成为两国关系继续保持"亲密"的累赘。民族主义者把菲律宾糟糕的经济表现归结为美国的经济新殖民主义控制,而军事基地也成为频繁的学生反美游行的抗议对象。因此,尼克松此次访问菲律宾的主要目的一为宣传新的尼克松主义亚洲政策;二为安抚菲律宾民族主义,开启淡化两国特殊关系的新外交思路。

关岛讲话的第二天,尼克松抵达马尼拉进行了短暂的访问。尼克松在抵达机场的讲话中明确了淡化美菲特殊关系的美国对菲政策:

> 与其他亚洲国家相比,菲律宾与美国关系的历史最为悠久;与其他

---

① Memorandum of Conversation, April 2, 1969. FRUS, Volume XX, Southeast Asia, 1969 – 1972, Document 186.

② Backchannel Message from the Assistant Secretary of State for East Asian and Pacific Affairs (Green) to the Ambassador to the Philippines (Byroade), December 31, 1969. FRUS, Volume XX, Southeast Asia, 1969 – 1972, Document 203.

亚洲国家相比,美国人民觉得与菲律宾人民在情感上更为亲近。但是我们两国关系近来因为种种原因出现了嫌隙。但是我们仍然是十分亲密的朋友,即使朋友之间也会有争吵。……这次简短的菲律宾之行,我希望美菲关系能够开创一个新的时代,不是回到旧的特殊关系的路子上去,因为特殊关系的历史因素都已经沧海桑田。我们要建立一种全新的关系,这种新型关系是建立在互相信任、互相尊重和相互合作的基础之上。①

关于菲律宾发展迅猛的民族主义问题,尼克松并没有在公开场合刻意回避,而是企图引导民族主义与反美运动脱离。尼克松在告别演讲中谈道:"在美国看来,菲律宾作为曾经的殖民地而随后获得独立,如今我们察觉到菲律宾独立自主的意识、积极向上的民族主义意识……我认为这将是未来亚洲历史的潮流。"②尼克松接着向菲律宾民族主义者示好:"在两国未来关系的看法上,美国与菲律宾的愿望是一致的——你希望菲律宾在各个领域都能够强大、自主、独立,正如我们所愿。亦如你们所愿,美国会做你们的忠实的后盾……我们都明白,用马科斯总统的话来说,就是亚洲人民必须用亚洲的办法解决亚洲的问题。"③

尼克松主义正式提出后,美国对菲具体政策在1969年下半年至1970年经历了一轮全方位调整,尤其体现在以下三个方面:一是经济关系中的"平等权利"问题,二是军事基地规模缩减和主权问题,三是菲律宾的国内安全问题。

长期以来,"平等权利"和军事基地被视作美国对菲殖民历史的延续,也

---

①　Richard Nixon: Remarks on Arrival at Manila, the Philippines, July 26, 1969. *Public Papers of the Presidents of United States*, XXXVIII, 1969 – 1974.

②③　Richard Nixon: Remarks on Departure from Philippines, July 27, 1969. *Public Papers of the Presidents of United States*, XXXVIII, 1969 – 1974.

是独立后美国新殖民主义控制的标志,吸引了菲律宾民族主义绝大部分的火力;同时,"平等权利"和军事基地问题是美国在菲利益的核心,美国政府必须尽可能保留这些既得利益。因此,新政策的主要着力点是在保留美国主要利益的同时,在菲律宾经济和基地主权的问题上做出一些对民族主义的让步。

另外,尼克松访问马尼拉期间表达了美国支持菲律宾"独立自主"的民族意识,即对内发展独立的现代军事武装以应付反政府运动,对外发展地区主义集体安全以应对冷战压力。结合尼克松主义的主要内容来看,援助菲律宾发展国内安全武装,是为了在继续遏制共产主义运动的同时,避免美国被卷入菲律宾的国内矛盾,从而"避免美国卷入下一场亚洲战争"。

1. 经济关系中的"平等权利"问题

长期困扰美菲关系的《劳雷尔－兰利协定》和"平等权利"条款,将在1974年到期失效。二十多年来,美国投资者和贸易商凭借强大的经济实力和经济特权牢牢控制了菲律宾的众多经济领域。菲律宾与美国的经济关系是典型的农业生产原料供给－工业产品输出关系,菲律宾出口至美国的多为糖和椰等农业初级原料,而美国出口菲律宾的产品以工业品为主。时至20世纪60年代末尼克松主义提出时,在经济危机和第三世界民族解放运动的压力下,美国经济利益集团对菲律宾市场、经济特权、自然资源的需求并未减少,反而更加强烈。美国资本在菲律宾所积累的庞大金融帝国和市场规模,要求美国必须继续控制支配菲律宾经济。但是菲律宾民族主义猛烈迸发的现实决定了"平等权利"等经济特权难以长期保留。对此,多位访问菲律宾的美国政治领袖也都表示美国无意寻求1974年后延长"平等权利"。美国商界和政界以及政府内部在"平等权利"问题上一直存在分歧,必须寻求一个妥协的折中方案。

表5-4 20世纪60年代菲律宾出口美国市场主要产品（单位:百万美元）

年份	1960 年	1965 年	1970 年
总额	284	349	440
糖	129	132	188
椰油	16	54	84
椰肉	50	52	35
椰子粉	17	16	15
铜矿	0	0	24
其他	72	95	94

表5-5 20世纪60年代美国出口菲律宾市场主要产品（单位:百万美元）

年份	1960 年	1965 年	1970 年
总额	255	274	315
机械类	60	83	100
交通工具	19	32	34
化学品和炸药	17	19	26
谷物及谷物制品	12	27	25
普通金属	22	9	20
其他	125	104	110

数据来源:Trade,Non-Classified,Fact Sheet,November 26,1971. DNSA,Philippines,PH00455.

表5-6 1962—1974 年美国在菲律宾直接投资总资产价值（单位:百万美元）

年份	1962 年	1963 年	1964 年	1965 年	1966 年	1967 年
资产总额	375	415	473	530	486	550
年份	1968 年	1969 年	1970 年	1971 年	1972 年	1973 年
资产总额	592	672	640	663	644	656

数据来源:Revised Data Series on U. S. Direct Investment Abroad,1966 – 1974,United States Department of Commerce. ; Survey of Current Business,1952 – 1977,United States Department of Commerce. Edberto M. Villegas. *Studies in Philippines Political Economy*. Manila：Silangan Publishers,1983. Appendices 177.

　　早在 1966 年马科斯访美时,双方就开始为"平等权利"过期后的美国资本利益寻找安全渠道。1967 年 9 月马科斯政府出台了《投资鼓励法》,在法律上确保西方资本的合法性。在此基础上,美国政府的一些政策制定者主张正式声明 1974 年后不再延长《劳雷尔－兰利协定》,不仅放弃"平等权利",而且废除菲律宾商品进入美国市场的配额优惠,旨在完全去除经济领域的特殊关系,从而一举解决菲律宾反美民族主义运动中的经济因素问题。但是《投资鼓励法》和废除经济领域"特殊关系"遭到美国在菲资本的强烈反对。菲律宾美国商会在"平等权利"问题上一贯采取强硬的保守立场,认为:"《投资鼓励法》只不过是把平等权利的特权扩展到其他所有外国资本,美国商会的经济利益将遭到严重挑战。"至于废除菲律宾商品的配额优惠,商会认为这极有可能引发菲律宾的贸易报复,有损美国公司的利益。与商界的观点相反,尼克松主义出台后,美国国务院的菲律宾政策专家们则认为:"平等权利已经没有存在的必要,不仅刺激菲律宾民族主义的神经,而且也冒犯了其他并未对美国资本设置障碍的西方盟国。"①对于商界和政界的各自主张,美国驻菲大使馆选择偏向商业资本。大使白瑞德在致国务院的信中说:"对美国海外商业利益的保护,也是国家利益的一部分。……我并非是提出任何延长平等权利的建议,但是我认为有必要慎重地全盘考虑。……如果国务院的决心已定,国务院也有义务提前通知美国商界以避免更大的经济损失。"②

　　1970 年 6 月,白瑞德应尼克松的要求,撰写了一份菲律宾形势分析报告及美国政策的建议。白瑞德表示同意尼克松主义的观点:"在相互承认最惠国的基础上,将美菲关系现代化。我们需要加紧推进主要领域的谈判……

---

　　①　William J. Pomeroy. *An American Made Traged*: *Neo-colonialism & Dictatorship in the Philippines*. New York: International Publishers,1974. p. 97.

　　②　Telegram from the Embassy in the Philippines to the Department of State, March 6,1970. FRUS, Volume XX ,Southeast Asia,1969 - 1972,Document 213.

最尖锐的分歧主要体现在基地条约和《劳雷尔－兰利协定》。"关于美国国务院和美国商界在经济特殊关系上的分歧,白瑞德建议双方妥协:"我们应该做好准备,继续给予菲律宾人某种形式的优惠待遇(市场配额),同时我们要保护美国在菲商业的合法利益。"与此同时,白瑞德给出了自己的建议:"多利用国际货币基金组织和世界银行等国际机构出面,并且鼓励日本介入菲律宾经济领域,通过国际化的办法加速两国脱离紧密的双边特殊关系轨道。"①换言之,白瑞德建议美国站在幕后操纵第三方继续干涉菲律宾经济,但是避免明显侵犯主权的经济条约。尼克松最后批准了白瑞德的报告。

2. 基地规模缩减问题

基地问题是除了"平等权利"以外特殊关系中的又一核心问题。军事基地规模调整以及基地条约重修也是尼克松主义放低美国姿态的主要内容。美菲很快在尼克松新政的框架下开始商讨新约。

1969 年 9 月,基辛格在一份国家安全研究备忘录②中指示各个部门研究重修菲律宾基地条约。备忘录指出:"(尼克松)总统认为美国应该准备调整与菲律宾的军事基地条约,使其条款与其他拥有美国军事基地之主权国家的基地条约一致,借此消除菲方任何指责美国拥有法律或其他特权的理由。在总统看来,菲律宾无论是官方还是非官方观点,都对不公平条款高度敏感,从而给美菲关系带来相当大的困难。"③备忘录还专门指出政策研究部门要特别关注基地租期、司法裁判权、归还多余的基地设施等受菲律宾媒体关

---

① Memorandum from the President's Assistant for National Security Affairs (Kissinger) to President Nixon , June 16 , 1970. FRUS , Volume XX , Southeast Asia , 1969 – 1972 , Document 222.

② 国家安全研究备忘录以及国家安全决策备忘录,是 1969 年 1 月 20 日美国国家安全委员会在尼克松指示下建立的,旨在协助制定国家安全和外交政策。1969 年至 1974 年,尼克松政府共发布了 206 份国家安全研究备忘录。

③ Revisions in U. S. Military Bases and Agreement with the Philippines , September 16 1969. NSSM 73 , *National Security Study Memorandum* , Nixon Presidential Library and Museum.

注的问题。

美国国家安全委员会随后总结了菲方在基地问题谈判的立场。国家安全委员会指出:"菲律宾所有政客都在利用一切机会,炒作美国基地的各种负面因素。但是除了桑格里角基地(Sangley Point Base)①以外,菲律宾人无意把我们彻底赶出基地,而是期望缩减我们自由行动的权力而迎合其民族主义利益;菲律宾人非常关注基地使用的补偿款,会进一步要求提高军事援助;菲方要求我们尽量降低后越战时期基地消费缩减可能会给菲律宾经济带来的冲击。"②国家安全委员会同意尽量考虑菲方的立场。但是关于基地谈判中的各项事务,美国政府内部各个部门仍然存在较大分歧,尤其是菲律宾基地的美军规模缩减的程度成为争议的热点。

在美国参议院外交事务委员会中举足轻重的曼斯菲尔德参议员首先表态国会支持总统的决定。曼斯菲尔德在报告中承认军事基地事关美菲两国安全,但是美国政府中有些人天真地以为符合美国利益的政策就符合盟国的利益。他提醒这些过于自我的官员:"军事基地的价值不仅仅取决于我们的意愿,还取决于菲律宾政府对条约的态度。我们每个人都要搞清楚一点,菲律宾早已不再是美国的领土,而且菲律宾政府对军事基地主权问题十分敏感。"③

尼克松本人倾向于大规模缩减驻菲基地人员。1969年12月尼克松将一份其手写的指示递交给美国国务院政策专家仔细研究,表明"有意缩减克拉克空军基地50%的美国人员,大概占美国全部在菲基地人员规模的

---

① 桑格里角基地是苏比克湾和克拉克基地以外的美国在菲第三大军事基地,于1971年被美国移交给菲律宾。

② World-Wide Base Study. Secret, Memorandum, September 20, 1969. DNSA, Presidential Directives, Part II, PR00304.

③ Senator Mike Mansfield. Perspectives on Asia: The New U. S. Doctrine and Southeast Asia. Current Comment of Philippine-American Relations Series No. 8, Reprinted from a report to the U. S. Senate Committee on Foreign Relations. p. 14.

25%"。1969年底,美国在菲"全部基地人员有50863人,其中军事人员27423人、文职1443人、家属21997人;其中最大的克拉克基地拥有32916名美国人员,分别为军事人员16968人、文职737人、家属15211人"①。若按照尼克松的计划,美国将在短时间内从菲律宾撤回约16000多人。

美国国务院在接到尼克松的指示后,觉得问题棘手,不宜草率决定,因此咨询驻菲律宾大使白瑞德的意见。白瑞德对于尼克松这份略显草率的手写指示不以为然。首先,白瑞德质疑,无论是国务院还是大使馆都不适合做出结论,而是"应该由五角大楼来做出判断,因为如此规模的撤退将影响国防部的兵力部署。……国务院可以发出声音,但是主导者应该是军方,而非国务院。况且,这还牵涉到美国的战略部署、与菲外交关系以及对菲律宾经济造成的冲击等诸多问题"。其次,白瑞德认为如此巨大的缩减规模对美国弊大于利。他暗示克拉克空军基地和苏比克湾海军基地分别是空军第13航空大队和海军第7舰队的重要基地,缩减计划"严重影响美国在越南战场的处境,以及在远东地区的长远战略。而且,还应该考虑基地设备和人员的转移需要巨额费用"。白瑞德批评尼克松设想的"缩减规模并不符合美国最大利益",因为"评估缩减规模的多少应该从实际战略计划的角度出发,而非简单地以数学百分比来衡量,以免矫枉过正"。最后,白瑞德指出计划中的缩减规模会对菲律宾从政治和经济两方面造成负面影响。政治方面,"尼克松主义可能被亚洲领袖简单地误解为溃退";经济方面,"缩减会给菲律宾经济造成1亿7100万美元的损失,占菲律宾1969年国民生产总值的2%。菲律宾经济将受到严重威胁,包括外汇储备剧减、经济活力衰退、就业率降低

---

① Backchannel Message from the Assistant Secretary of State for East Asian and Pacific Affairs (Green) to the Ambassador to the Philippines (Byroade), December 31, 1969. FRUS, Volume XX, Southeast Asia, 1969 – 1972, Document 203.

等……"①

美国国家安全委员会的高级军事顾问海格准将在收到尼克松的指示后,也表示了强烈反对。海格致信基辛格,措辞非常强硬:"我必须指出这个计划近乎荒谬。无论我们在菲律宾的军事部署如何多余,如此规模的缩减都是难以置信的。我们在菲律宾的军事部署直接关系到南越军事行动的成败,(总统)竟然没有咨询任何一个对此问题(越战军事行动)了解的专家。"海格甚至在信中讽刺这个计划"只不过是总统一时兴起提出的"。海格自然明白基辛格也参与制订了这个计划,他"提醒"基辛格,"我们的工作就是阻止总统犯下这种头脑发热的错误。……如果我们把这个计划的备忘录发给军方,这会成为我们行政系统最大的笑话,而且他们会质疑我们保持外交政策系统、稳定的能力"。海格作为军事专家顾问,从军事战略角度分析了计划的后果。他指出:"菲律宾基地缩减计划,加上我们在亚洲的其他撤军行动,即使是业余观察家也会看出我们是在打造一个封闭、孤立、排外的美国本土堡垒,哪怕那些外交辞令说得有多漂亮!"最后,海格还是谨慎地提醒基辛格和尼克松参考多方意见,他"强烈建议总统组织多部门联合报告,尤其考虑这个缩减计划对越南战争、太平洋海空力量以及菲律宾经济稳定的影响"②。

面对多方反对意见,尼克松和基辛格做出了些许调整。1970 年 3 月 25 日,尼克松重新向国家安全委员会提交了一份新计划。新计划由原先缩减克拉克基地 1/2 人员改为缩减 1/3;此外,新计划还准备在一年半内把美国驻菲的各政治、经济、文化官方机构全部职位缩减 1/3。尼克松指示国家安全委员

① Backchannel Message from the Ambassador to the Philippines (Byroade) to the Assistant Secretary of State for East Asian and Pacific Affairs (Green), January 2, 1970. FRUS, Volume XX, Southeast Asia, 1969 – 1972, Document 204.

② Memorandum from the Senior Military Assistant (Haig) to the President's Assistant for National Security Affairs (Kissinger), March 4, 1970. FRUS, Volume XX, Southeast Asia, 1969 – 1972, Document 212.

会对新计划再次进行评估,并制定出一个可行的撤军日程表。①

　　重新提交的新计划只是在基地规模缩减上稍微做出一点让步,反而又提出了裁减全部在菲机构的1/3职位。所谓的在菲官方机构,主要是指美国驻菲律宾的使领馆系统。因此,本来就不同意大规模裁撤基地的驻菲大使白瑞德,更是不能容忍白宫转而拿自己开刀。白瑞德向委员会表示:"对职位裁撤的规模感到震惊,并且指出这个决定所造成的后果将难以估量。"白瑞德抱怨,"为了完成这个裁撤计划,许多项目或机构将不得不退出,会严重影响大使馆的正常运作",他甚至转而否定尼克松总统所提出的"通过减少美国存在的方式淡化特殊关系"的合理性:

　　　　美国的存在(对两国关系)的影响是难以量化的。对于马尼拉媒体和学生中的激进分子来说,对美国的敌意是根深蒂固的历史因素所致,这与菲律宾有多少美国人毫无关系;对于菲律宾乡村社会来说,对美国的亲近感和敬爱仍然非常强烈。确实,基地及其周边社区暴露了很多问题。但是基地给这些社区带来的社会、经济影响绝非仅仅是负面的。况且,菲律宾政府从未表达过"这里的美国人太多了"这种观点。恰恰相反,菲政府正在竭尽所能吸引更多美国游客。②

白瑞德回复的建议是仅仅裁撤3%的使领馆人员职位。

　　在经过各方争论、妥协后,美国国家安全委员会在将近4个月后(1970年7月)才完成了报告,关于人员缩减的意见与尼克松修改后的计划相差不

---

①　Memorandum from the President's Assistant for National Security Affairs (Kissinger) to the Chairman of the National Security Council's Under Secretaries Committee (Richardson), March 25, 1970. FRUS, Volume XX, Southeast Asia, 1969–1972, Document 214.

②　Telegram from the Embassy in the Philippines to the Department of State, April 7, 1970. FRUS, Volume XX, Southeast Asia, 1969–1972, Document 216.

大:第一,克拉克基地人员裁减 1/3,全部基地人员的缩减规模要达到 1/4,基本恢复越战前的水平,最迟 1970 年 10 月前完成撤军。第二,部分军事设施转移到西太平洋其他地区,与此相关的约 400 个职位撤销。第三,在菲使领馆人员裁减 12%,全部机构人员和家属合计裁减 32%,最迟到 1971 年 6 月完成。[①] 尼克松批准了这个报告。

美国国家安全委员会在提出裁撤计划的同时,也指出了计划可能会给菲律宾政治、经济带来的潜在风险。这些风险包括:首先,规模缩减也会导致基地内的 3000 至 5000 名菲律宾雇工被迫离开基地,以及 11000 名菲律宾合同工也会因此失业,极有可能引发菲律宾工会组织对基地的抗议活动。其次,菲律宾将每年减少 3000 万至 4000 万美元的外汇收入,加重菲律宾的外汇收支失衡危机。再次,菲律宾社会可能解读此次裁减为美国全面撤退的信号,菲律宾乱象频生的政坛会更加动荡。最后,可能会被误解为美国对马科斯政权不满,动摇马科斯的政治地位。美国国家安全委员会担心马科斯政府难以接受如此迅速的大规模缩减计划,因此也建议国务院同时制定一些补救措施,以应付菲律宾政治、经济方面可能发生的动荡。

果然,即使美国国务卿罗杰斯(William P. Rodgers)和驻菲大使白瑞德已经多次向马科斯暗示即将开展的缩减计划,当美国大使馆向马科斯转告尼克松的最后决定时,马科斯仍然"对裁减的规模以及计划将即日执行感到震惊"[②]。但是毕竟马科斯与尼克松政府早就在基地缩减问题达成了共识,虽然对于规模和时间表并不满意,马科斯也勉强同意接受这个计划。

---

① Memorandum from the President's Assistant for National Security Affairs (Kissinger) to President Nixon, July 13, 1970. FRUS, Volume XX, Southeast Asia, 1969 – 1972, Document 225.

② Telegram from the Embassy in the Philippines to the Department of State, July 22, 1970. FRUS, Volume XX, Southeast Asia, 1969 – 1972, Document 226.

表5-7　1969年美国驻菲律宾军事基地军事人员裁军时间表（单位:人）

1969年7月在菲军事人员	1970年11月	1971年12月
28300	22000	18900

数据来源:Reduction of U. S. Presence in East Asia. Unclassified,Memorandum,November 4,1970. DNSA,Philippines,PH00368.

除了人员缩减问题以外,美国国家安全委员会还拟定了向菲律宾归还部分基地主权的计划,包括放弃多余基地土地、部分基地整体移交、租期以及司法裁判权等热点问题。在一份国家安全委员会的决议书中,尼克松政府详细阐明了基地调整的所有细节。国家安全委员会和军方希望通过在基地主权问题上主动作出象征性的让步,一方面响应尼克松主义所要求的"淡化特殊关系",另一方面安抚菲民族主义、换取菲律宾政府继续支持美国在菲的核心利益。具体内容包括:

关于基地土地归还:放弃克拉克基地36%的土地,并考虑进一步放弃更多土地;一旦桑格里角海军基地的越战任务结束,立即完整归还给菲律宾;归还苏比克湾基地约36000英亩土地;碧瑶海约翰基地可以保留,如果菲律宾政府坚持归还再做考虑;上述土地都应作为基地谈判筹码提出,以换取菲律宾在其他核心问题上的让步。

租期:美菲军事基地条约至1991年到期。如果菲律宾政府坚持,可以考虑缩短租期。

司法裁判权:继续研究改进司法程序,与菲方尽量达成谅解。但是优先考虑保留现有美方权限。

基地"菲化":加快基地行政改革,允许菲方在移民、卫生和海关等方面扮演更重要的角色;建立象征性的联合基地司令官制度。[①]

菲律宾军事基地是美国在海外最重要的军事设施群之一,尤其是在美国军事力量即将退出东南亚大陆之时,日益成为后越战时代美国在东南亚的战略基石。基地调整和规模缩减问题涉及美国政府不同部门的切身利益,美国国务院、军方和驻菲大使馆都有自己的考虑,因而最后的结论经过了反复的磋商和妥协。与美国情况一样,基地问题作为菲美关系的核心部分,美国的基地调整政策也引起了菲政府内部各政党、亲美派以及民族主义者的不同理解和争论。

民族主义者普遍要求菲律宾减少对美国的政治、经济依赖,因此也大多赞同尼克松对基地的缩减调整;极端民族主义者则认为基地调整只是美国政府弃卒保车的小伎俩,美军应该完全撤出菲律宾;另外一些菲律宾人则从经济的角度反对基地缩减:一旦规模缩减,失业问题和财政收入锐减也会随之出现。同样,有些人认为美国可能进一步撤军,菲律宾将不得不担负更多国防开支,导致入不敷出的财政雪上加霜。一名参议员承认美军裁撤会导致菲律宾经济衰退,但是"他乐观地认为,只要没有大规模社会动乱,菲律宾经济能够存活下来。他相信从长远来看,只要能减少对美国的依赖,即使经济衰退都是值得的"[②]。

反对党自由党高层都支持尼克松主义和基地缩减。尼克松访问马尼拉后,自由党高层发表了致尼克松的集体签名公开信,呼吁美国减少对亚洲的直接军事干预。他们认为"这种行动只会加强菲美双边关系,不会损及菲律宾或者美国的安全利益"。公开信的结论认为:"改善菲美关系的关键正是军事基地问题",理由包括:第一,军事基地已经成为菲美关系的负面因素。

---

① Memorandum from the President's Assistant for National Security Affairs (Kissinger) to President Nixon, May 23,1970. FRUS, Volume XX, Southeast Asia,1969 – 1972,Document 221.

② Hilario G. Molina,"The Myth of Mutual Defense", *Philippine Free Press*,July 15,1972.

第二,基地是菲律宾社会秩序崩溃的诱因之一。第三,基地是反政府游击组织以及其他暴力犯罪组织的主要武器来源。第四,基地的美国商品大量走私进入菲律宾市场,严重阻碍菲律宾工业发展,并使得失业问题恶化。第五,基地周围社区卖淫和黑社会犯罪猖獗。第六,长期以来军事基地只是给菲律宾社会提供了虚假的安全感。最后,自由党指出:"美国的最佳选择是撤回军事基地,并集中资源帮助菲律宾发展经济活力和政治公平。如此,共产主义游击武装问题自然会迎刃而解。"①参议员迪奥克诺也表达了相同的观点,他建议尼克松放弃军事基地,基地土地可以用作菲律宾土地改革和工业化建设用地。迪奥克诺同样认为放弃基地而节省下来的美国开支如果能够支持菲律宾的社会改革项目,会更有效地保证菲律宾的安全,因为他认为"菲律宾国内叛乱要比外部侵略危险得多"②。

也有部分议员公开反对基地缩减计划。参议员奥斯敏纳就认为:"越战后的东南亚仍然是冷战的焦点,美国军事基地是保全菲律宾安全的主要依靠。"奥斯敏纳指出:"如果第13航空大队和第7舰队不再担负菲律宾防务,菲律宾自己的财政难以负担。"在奥斯敏纳看来,"国家安全考量要远比因为基地而造成的小摩擦要重要得多"③。当然,美国尼克松主义和菲律宾民族主义已经达成共振,基地缩减作为菲美关系"去特殊化"的重要象征已经不可阻挡。

3.菲国内安全问题

基地缩减确实让美国省下大笔海外开支,但是这些资金并未如菲律宾议员们所愿——援助菲律宾社会经济改革,而是流入所谓的菲律宾"国防自主"建设。就在尼克松主义正式提出之时,菲律宾"新人民军"于1969年重

---

①② *Philippine Free Press*,16 August 1969.

③　Sergio Osmena,"Common Sense and National Security",*Philippine Free Press*,April 20,1968.

拾武装斗争的路线，因而更多美援以"国内安全"项目的形式，帮助马科斯政府发展"安全部队"镇压反政府运动。换言之，军事基地缩减并非意味着美国放松对菲律宾左派反政府武装的警惕。对于美国来说，在民族主义发展迅猛的情况下，通过间接手段扶植隐蔽的"军事代理人"政权，能够更有效地实现镇压共产主义运动的目的，这也是尼克松主义的主要内容之一。

针对菲律宾的国内安全问题，美国通过军事援助的手段对菲律宾的警察、军队和政府机制进行了改造。尤其从 1969 年开始，菲律宾"警察部队军事化"和"国家军事化"改革井喷式展开，一个"军事代理人"政权逐渐成形。

1969 年，美国国际开发署开始密切关注菲律宾的国内安全问题，其在菲律宾的"公共安全项目"改名为"国内安全项目"，这笔项目援助款的预算从 1961—1968 年的 8 年 190 万美元快速攀升至 1969—1973 年的 5 年 390 万美元。国际开发署在其一份阐述东南亚公共安全项目目标的文件中明言："公共安全项目将致力于关键部门的机制改革和发展，例如通信网络和培训系统。在农村地区，提升警察预防和控制游击武装的能力；在城市，加强警察控制市区动乱或人群暴动的能力。"[①]

菲律宾警察部队原先是由各地地方政府管理，中央政府只是直接控制一支特殊的"菲律宾保安部队"，类似于专门应对严重犯罪或者突发事件的特种部队。美国在制订基地缩减计划的同时，国际开发署新的国内安全项目也同时启动。在国际开发署美国顾问的指导下，菲律宾全国警察部队的指挥权开始集中于马尼拉中央政府手中。9 个地区警察学院建立，由美国安全顾问担任教官，主要任务是向学员灌输反共思想和传授反叛乱技术。"国内安全项目"的援助资金帮助"菲律宾建立起一整套军事工业，可以生产枪支弹药、中短距离导弹、迫击炮、炸药及军事电子设备"，加上国际开发署援

---

① William J. Pomeroy. *An American Made Tragedy*：*Neo-colonialism & Dictatorship in the Philippines.* New York：International Publishers，1974. p. 109.

助的最先进的警用技术和装备,菲律宾警察系统迅速完成军事化和现代化。"1969 年后美国对菲律宾的公共安全项目(国内安全项目)援助资金呈几何倍数增长,1962 年只有 6.2 万美元,1970 年和 1971 年则骤升至 82.5 万美元和 90 万美元。"①

除了对警察部队的军事化改造外,美国也加大对菲律宾军队的援助,快速膨胀的军队在政府事务中占据了举足轻重的地位,从而可以间接控制菲律宾内政事务。按照菲律宾政治的传统,军队并无参与政治事务的习惯。但是 1969 年后军队许多退役军官在行政系统占据了重要职位。也就是说,在特殊关系表面淡化的同时,美国对菲律宾的新殖民主义手段更加隐蔽。长期以来,美国对菲联合军事顾问团(JUSMAG-Philippines)通过军事援助条约牢牢把控菲律宾国防。菲律宾军队的武器装备、训练和军官选拔都唯顾问团马首是瞻。"从 1966 年至 1972 年,145 名菲律宾中级军官在军事援助项目资助下在美国军校学习防暴和镇压技术。"②军队出身的马科斯也一直把军队作为巩固自己政治地位的秘密武器,在援越问题谈判中获取大量美援军事装备,提拔来自于自己家乡的军官担任要职,收买军队以获得对自己的支持。尼克松主义新政对菲律宾国内安全的援助为随后马科斯军事独裁提供了客观条件。在美国联合军事顾问团和马科斯个人野心的双重影响下,菲律宾扩军速度极快,1969 年后军费增速尤其明显(见表 5 - 8)。1971 年马科斯政府将军队规模由 5.4 万人扩到 8 万人,这与美国基地规模缩减计划几乎同时进行,两者之间不无因果关系。总而言之,不能忽视菲律宾军队在 20 世纪 60 年代至 70 年代初扩张的重要背景——尼克松主义要求盟友反共军队"亚洲化"以及亚洲盟友"分担责任"。

---

① William J. Pomeroy. *An American Made Tragedy*: *Neo-colonialism & Dictatorship in the Philippines.* New York: International Publishers, 1974. pp. 109 – 110.

② Amy Blitz. *The Contested State*: *American Foreign Policy and Regime Change in the Philippines.* Lanham, MD.: Rowman & Littlefield Publishers, 2000. p. 108.

表5-8　1965—1972年菲律宾军费预算（单位：百万菲律宾比索）

年份	军费预算款项
1965	271.1
1966	324.2
1967	366
1968	415
1969	513
1970	670
1971	740
1972	815

资料来源：William J. Pomeroy. *An American Made Tragedy*；*Neo-colonialism & Dictatorship in the Philippines.* New York：International Publishers，1974. p. 113.

同时，东南亚集体安全也是美国寻求巩固菲律宾及其他盟国国内安全的重要手段，在美国的支持下东南亚国家联盟（简称东盟，ASEAN）在20世纪70年代迅速成长起来。东盟符合尼克松主义关于亚洲盟国集体安全的构想。1973年4月东盟第6次会议特别强调"所有成员国需要联合起来共同处理长期困扰地区稳定的安全事务"。在这次会议上，菲律宾时任外交部部长罗慕洛呼吁："东南亚条约组织及其军事色彩应该走下历史舞台，我们必须致力于区域国家情报互享，寻找一个互帮互助、共同应对国内反政府叛乱，和其他安全问题的合作机制。"①

---

① 　William J. Pomeroy. *An American Made Tragedy*：*Neo-colonialism & Dictatorship in the Philippines.* New York：International Publishers，1974. p. 95.

第三节　马科斯政府"新发展外交"

一、菲律宾民族主义外交新思路

1969 年伊始,马科斯政府对菲律宾的外交政策做出了一次历史性的调整,这次外交政策调整被称之为"新发展外交"。菲律宾外交部部长罗慕洛将"新发展外交"定义为:"新外交政策是基于菲律宾人民对民族身份的认同感以及联合国的基本外交理念。新发展外交政策的目的是符合菲律宾社会经济发展的需要、是减少菲律宾对美国过于依赖的历史需要。"[1]"新发展外交"政策的核心思想就是菲美关系外交领域的"去特殊化",改而追求更加务实、更为重视现实利益的民族主义多边外交政策。

马科斯推行"新发展外交"的主要原因是对于美国亚洲政策调整的预判和及时反应。当约翰逊宣布不再竞选、尼克松初登舞台时,美国对于越南战争以及亚太地区的未来政策仍不完全明朗,但是有两点非常明确:一是约翰逊执政末期已经明确越南战争将逐步降温,美国将寻求和平协议。而尼克松刚一上台就制订撤军计划,菲律宾在尼克松政府未来冷战战略地图上的地位还不清晰。关于美国将"抛弃"东南亚的传闻不绝于耳。因此,作为菲美同盟中的弱势一方,必须提前做出调整以适应强国政策的变化。二是1969 年是菲律宾大选年,民族主义已经发展成为菲律宾政治思想的主流。对于寻求连任的马科斯来说,民族主义是吸引选票的不二之选。因此,在尼克松主义正式推行之前,马科斯政府就发起了如火如荼的民族主义外交改革。根据菲律宾官方的解释,新外交政策既不是"反共主义",也不是"排外

---

① "An Innovative Approach to Our Foreign Relations" by Carlos P. Romulo, January 2, 1969.

主义"，而是重视"菲律宾人民的意志"和"菲律宾的历史传统，同一个祖国、同一个血脉、同一个梦想(one land,one blood,and one dream)"。①马科斯在1970年国情咨文报告中总结："我们外交政策的关键词是独立自主;方法是灵活地实现国家目标;我们的口号是民族主义!"②

为了推行"新发展外交"，马科斯任命菲律宾著名外交家罗慕洛出任外交部部长主持改革。罗慕洛在1969年1月履职演讲中宣布："从今天起，菲律宾不再是寻求父母教导的孩子，而是一个独立寻求自身安全和福祉的成年人。……菲律宾政府已经决定全面审视与美国关系的各个方面。"关于菲美之间一系列条约和协议，罗慕洛指出："这些曾经对我们起了作用，但是还不够好。这些条约只是在一定限度上符合菲律宾的利益，而我们牺牲了独立自主的代价。"③罗慕洛指出在新外交政策的指导下，菲律宾不愿意成为某一个强权国家的海外据点，也无意成为某个国家或集团的傀儡。他说："菲律宾与美、日本、澳新美安全条约组织和东南亚条约组织的友好关系将继续保留，但是菲律宾作为一个独立主权的亚洲国家，将不再盲目跟从上述国家或组织的意识形态，而是以菲律宾的国家利益为重。"④

1969年7月，尼克松在关岛和马尼拉的讲话表明美国并不反对马科斯政府新的民族主义外交政策。在获得尼克松的首肯后，马科斯推行民族主义外交的决心更加坚定。马科斯高度称赞了尼克松主义与菲律宾民族主义政策的高度默契。他评论说："在尼克松总统来访前，我们曾经惴惴不安。但是现在已经很清楚了，美国既不会抛弃亚洲，也不会走向殖民主义的老路。美国总统已经明确表示，他鼓励所有亚洲国家的民族主义，包括菲律

---

① ④　Claude A. Buss. *The United States and the Philippines*: *Background for Policy*. Washington, D. C. : American Enterprise Institute for Public Policy Research, 1977. p. 52.

②　Ferdinand E. Marcos, "Fifth State of the Nation Address", *Official Gazette of the Republic of the Philippines*, January 26, 1970.

③　"An Innovative Approach to Our Foreign Relations" by Carlos P. Romulo, January 2, 1969.

宾。……我很高兴美国在亚洲政策上采取鼓励民族主义和独立自主的同时,尼克松总统并没有计划抛弃亚洲;当我们努力向政治、经济和国防独立的目标迈进时,他将尽可能提供一切帮助。"[1]

马科斯政府的民族主义"新发展外交"政策在1969年底基本成形,这与尼克松主义亚洲外交政策出台在时间上的重合并非巧合,而是两者相互影响的结果。一方面,尼克松主义淡化美菲特殊关系的重要原因是菲律宾民族主义的强势;反过来,菲律宾民族主义之所以迅速成为菲律宾外交指导方针,也是由尼克松主义催化而来。新外交的具体措施也很快随之展开。

二、菲律宾"新发展外交"政策的具体内容

马科斯在1970年国情咨文中宣布了"新发展外交"的具体措施:一是重新审视与美关系,重修各项条约和协议;二是在社会经济事务上,加强地区主义合作,尤其是在东南亚地区东盟组织的建设;三是缓和与共产主义国家的敌对情绪,加强与共产主义阵营之间商业、文化交流。[2]

1. 重修菲美各项条约

自独立以来,菲律宾的外交政策都是在菲美特殊关系的背景下紧紧追随美国。"新发展外交"改革的基础必须建立在重新定位与美关系之上,首要的就是各项侵犯菲律宾主权的条约,使其更符合菲律宾的国家利益。

马科斯首先对《菲美共同防御协定》中美国对菲律宾安全所承担的军事义务提出异议。根据协议内容,如果菲律宾遭到敌方武装攻击,美国没有自

---

① In Response to Nixon Farewell Remarks by President Ferdinand E. Marcos, *Official Gazette of the Republic of the Philippines*, July 27, 1969.

② Ferdinand E. Marcos, "Fifth State of the Nation Address", *Official Gazette of the Republic of the Philippines*, January 26, 1970.

动宣布参战的义务,而是"根据宪法程序,采取相应措施以应对共同的威胁"。历届美国政府只是口头承诺会在危急时刻向菲提供军事援助。[①] 马科斯希望美国以立法的形式,向菲律宾做出类似北约组织军事条约中所规定的义务,即对任何一方之攻击都被视为对双方的侵略。马科斯向菲律宾国会提交了修改《菲美共同防御协定》的提案。但是在1969年底的赛明顿听证会上美国国务院表明将拒绝菲律宾的要求,认为美国无义务保证菲律宾免于侵略而宣战,除非美国在菲基地或美军遭到直接攻击。显然,当菲律宾部队还在越南战场上为美国利益卖命的同时,美国人却明确拒绝履行同等义务,这显然有违主权平等原则。赛明顿报告公布后,失望的马科斯也立刻从越南战场撤回了"菲律宾民事行动小组"。

其次,马科斯继续在基地问题上向美国施压。马科斯与尼克松政府在调整两国相互外交政策时,双方都把重心放在了基地问题这一敏感话题上。马科斯对媒体谈道:"国际政治形势风云变幻,现在是时候重新考虑菲美关系以及美国军事基地的未来地位了。这并不是指必须给两国关系和基地地位做什么最终定论。唯一可以确定的是——菲美关系现在必须根据我们各自的国家利益做出调整。"[②]1970年菲律宾政府成立了一个谈判小组,旨在与美国谈判组商谈去除基地条约中的不平等条款或者侵犯损害菲律宾主权的条款。随后,马科斯多次在公开讲话中质疑军事基地侵犯菲律宾主权,他在演讲中说:

> 我们建立这些基地的最初原因如今已经荡然无存。在现在的情况下,出现了这样一个问题:这些基地的存在只是单纯为了维护菲美两国的共同安全?还是为了保证美国有能力永远插手菲律宾内政?或者是

---

① 约翰逊总统在1966年《马科斯 – 约翰逊联合公报》中做出上述援助保证。
② *The New York Times*,January 6,1969.

为美国在亚洲的军事冒险提供保障?[①]

外交部部长罗慕洛也直言:"建立在他国土地上类似国中国的军事基地,是对国家主权的侵犯",他承诺谈判小组将"全面调查美国基地的司法裁判权、征税、海关以及移民管理等诸多主权问题"。[②] 至1972年,谈判双方在修改基地条约问题上已经达成了部分共识,包括归还桑格里角海军基地、归还克拉克基地和苏比克基地多余的土地,以及在租期、司法裁判权、基地日常管理等主权事宜中美国都做出了一些让步。

关于经济协议中的不平等条款,马科斯政府坚持完全废除"平等权利"条款。罗慕洛把"平等权利"和军事基地并称为"殖民与奴役阴魂不散的象征"。[③]首先,为了制衡美国资本对菲律宾市场的垄断,马科斯发起了吸引日本经济援助和资本投资的外交运动,即使马科斯仍然表达了对日本军国主义可能重新崛起的担忧,但是他希望日本资本能够缓解菲律宾经济对美国的过度依赖。其次,马科斯政府与七十七国集团加强合作,共同向国际社会呼吁"发达国家向发展中国家开放更自由的市场、减少贸易壁垒,敦促发达国家对发展中国家的产品执行关贸总协定的国家贸易非歧视待遇原则"[④]。

2. 发展东南亚地区主义

马科斯常常把"亚洲人解决亚洲问题"挂在嘴边,因此重视东南亚地区主义是"新发展外交"的另一重要举措。之前的东南亚联盟(ASA, Association of Southeast Asia)和马菲印多联邦都是菲律宾对东南亚地区主义的尝试,但是并不成功。东盟于1967年由菲律宾、印度尼西亚、泰国、马来西亚和

---

① "FM Urges Review of Bases Pact",*Philippine Free Press*,June 24,1972.

②③ Claude A. Buss. *The United States and the Philippines*: *Background for Policy*. Washington,D. C.: American Enterprise Institute for Public Policy Research,1977. p.53.

④ Jose D. Ingles. *Philippine Foreign Policy*. Manila: Lyceum of the Philippines,1982. p.27.

新加坡发起建立,但是其真正得以快速发展是在尼克松主义出台后。在"亚洲化"理念的主导下,西方色彩浓重且军事化明显的东南亚条约组织已经越来越不合时宜,不得不让位于获得新机遇的东盟。20世纪60年代末东盟5国虽然某种程度上都受到英美的强烈影响,服务于西方冷战利益仍然是其重要特点之一,但是其秉承的东南亚地区主义原则更容易被民族主义所接受。

马科斯政府支持东盟是一个经济、社会和政治联合体,否认其军事性质。1971年马科斯政府参加了在吉隆坡举行的特别会议,会上包括菲律宾在内的东盟成员国发表了《东南亚中立宣言》,提出了使东南亚成为不受外部强国干涉的和平、自由和中立地区的目标。成为中立地区的前提是完全撤出外国军事基地,也就是说,菲律宾至少在形式上通过东南亚地区集体组织的渠道宣布美国军事基地只是暂时保留,明确了在冷战中追求"中立"的长期目标。

在"亚洲化"的口号下,马科斯政府亦更为积极参与亚洲发展银行筹建和东南亚经济交流。与东南亚邻国相比,菲律宾拥有更高的教育普及率和技术人才储备,菲律宾国内残破的市场难以为大量专业人员提供合适的工作岗位。因此,马科斯政府希望通过推行东南亚地区主义"把菲律宾工程师、医生、管理人才和各种技术工人输出到东南亚其他国家"①。

3. 加强与共产主义阵营外交往来

尼克松政府的外交政策改革开启了美中和解以及美苏缓和的新步调,敏锐的马科斯政府察觉到外交突破的时机已经到来。"新发展外交"包括一系列与社会主义国家初步接触的尝试。

---

① Man Mohini Kaul. *The Philippines and Southeast Asia.* New Delhi: Radiant Publishers, 1978. p. 164.

1969 年 6 月,罗慕洛在东京亚太理事会上首次公开向中国示好,他认为"只要中国愿意,就应该被接纳为亚太理事会的成员"①。马科斯通过公共渠道向苏联示好,他表示"菲律宾愿意以独立、友好、公开的姿态与苏联发展外交关系"。② 菲律宾政府也鼓励新闻记者和国会议员以非官方身份访问中国。马科斯此举除了有开辟外交新大陆的目的外,还有在共产主义阵营国家发展有潜力的进出口市场、吸引投资贷款等经济目的。由于至 1974 年《劳雷尔－兰利协定》即将到期,菲律宾产品很有可能将失去美国市场的配额,马科斯政府必须尽快为这些产品寻找新的市场,而很多东欧国家也有意愿购买菲律宾的椰油等产品。

1970 年,菲律宾外交政策委员会建议政府以试验模式的方法与东欧国家开展直接贸易,而且只是物物贸易的形式。外交政策委员会的打算是打破坚冰之后,再寻求与苏联和中国开展交流,如此可以避免很多法律和政治上的阻力。但是由于菲律宾与社会主义国家并无外交关系,贸易交往阻碍重重。直到 1972 年事情才有了转机,马科斯政府开始寻求与社会主义国家建交,并在 1972 年 3 月专门出台了一项法律鼓励与所有社会主义国家开展贸易。③ 到 1972 年底,菲律宾与南斯拉夫和罗马尼亚正式建交;1973 年时,建交国家的范围迅速扩大到民主德国、保加利亚、匈牙利、波兰、捷克斯洛伐克和蒙古国。④ 打破外交壁垒的第一年,双方的贸易就到达一定规模,"菲律宾出口东欧国家贸易值 1990 万美元、进口 1910 万美元,菲律宾的出口产品包括椰油、椰子食品、木制品和建材"⑤。贸易伙伴多样化被视为独立外交

---

① *Philippine Free Press*,January 31,1970.

② Claude A. Buss. *The United States and the Philippines*:*Background for Policy*. Washington,D. C. :American Enterprise Institute for Public Policy Research,1977. p. 56.

③ Promulgating Policy Guidelines and Trade with Socialist and Communist Countries,*Official Gazette of the Republic of the Philippines*, March 11,1972.

④ 马科斯分别于 1975 年和 1976 年访问了中国和苏联,并建立了外交关系。

⑤ Jose D. Ingles. *Philippine Foreign Policy*. Manila:Lyceum of the Philippines,1982. p. 66.

政策的重要象征,之前菲律宾"去特殊化"在经济上的措施多为引进日本资本和市场代替美国,而菲律宾在加强与社会主义国家关系后,民族主义经济政策更具灵活性。

在新外交政策受到菲律宾国内保守派攻击之时,罗慕洛辩护称:"过去22年我们的政策太单极化了。……我们把通向世界另一半国家的大门关闭了。为什么我们还要这样做呢?美国也在和社会主义国家建立关系。我们为什么要比教皇本人更天主教教条化呢?"①显然,菲律宾的社会主义阵营外交运动并非是尝试脱离美国的冷战轨道,而是尼克松主义的正常外延。换而言之,尼克松主义才是马科斯政府改变对社会主义国家态度的真正原因。因此,虽然马科斯政府的"新发展外交"试图探索更加独立的外交思路,但是整个外交改革的方向和界限仍然限制在美国的整体冷战战略框架之中,仍然具有明显的被动性,但是"去特殊化"的方向不可否认,这是量变与质变之间的关系。

小　结

20世纪60年代末马科斯政府发起的民族主义外交新政,与60年代初期马卡帕加尔的民族主义外交相比,两次外交政策改革的国内外环境存在巨大差异。因此,两者的结果也不尽相同。

不可否认,马卡帕加尔的外交改革是菲律宾外交史上脱离"以美国为中心"的第一次尝试,也取得了重大外交成果,并为菲律宾国家自主意识的发展打下了坚实基础。但是彼时的菲律宾民族主义力量仍然势单力孤,在大部分民众保有美国情结的背景下,注定难以走得太远。马卡帕加尔时期,菲

---

① Gleeck, Lewis E. *Dissolving the Colonial Bond*: *American Ambassadors to the Philippines*, 1946 - 1984. Quezon City: New Day Pub., 1988. p. 239.

律宾社会确实经历了一阵反思特殊关系的思想解放运动,但是这种运动是因为"战争赔偿问题""沙巴问题"和基地纠纷等突发矛盾带来的"一时之怒",而且活跃者多为小部分民族主义倾向的精英和媒体,并没有广泛的社会认同,或可以视之为一次"启蒙运动"。另外,20世纪60年代初菲律宾的美军基地战略位置异常重要:西面是冲突日益升级的中南半岛,往南是在两极之间摇摆不定的苏加诺政权,美国不可能在这种敏感时刻放任菲方的举动。因此,马卡帕加尔政府在这一背景下仓促发起的民族主义外交改革只能虎头蛇尾。

到了20世纪60年代末至70年代初,菲律宾全社会才真正经历了一次全民的反思运动。以反越战民众运动为契机,菲律宾民族主义者、激进学生团体、知识分子和工人阶层联合起来,发起了反美反新殖民主义运动并呼吁菲美关系"去特殊化"。广泛的公众讨论让普通民众意识到想要推动菲律宾的民族认同和国家利益自主,就必须重新评估菲美关系。更为重要的是,这一阶段的国际形势发生了剧烈的变化:美国的越战前景日益黯淡、尼克松主义出台、中美关系缓和、核武器和高新技术的发展、亚非民族解放和独立运动、能源危机和石油输出国组织的崛起,等等。菲律宾各界都意识到继续把鸡蛋放在美国这一个篮子里并不明智,而且急于退出越南冲突的尼克松政府也无意干涉菲律宾的民族主义诉求。在上诉背景下,20世纪70年代马科斯执政时期的"去特殊化"和亚洲外交要比马卡帕加尔走得更远。

尼克松主义的出台对亚太局势产生了深远的影响,尼克松政府的对菲政策是尼克松主义背景下亚太政策的重要组成部分。由于越南战争升级而被打断的菲美关系"去特殊化"与尼克松主义在很多方面不谋而合,因此1969—1970年前后可以说是尼克松主义外交对菲新政,也可以看成是重返"去特殊化"轨道。尼克松主义对菲政策调整主要着重于经济、军事和安全领域,美国在"低姿态"和"以退为进"的原则指导下淡化了美国对菲的直接经济和军事控制。在经济方面,美国利用第三方力量进入菲律宾市场,避免与菲律宾极端民族主义的正面对抗,确保菲律宾贸易和金融环境的长期开放。在军事和安全方面,缩减军事基地规模并归还部分基地主权,通过国内安全援助项目武装菲律宾军事力量,扶植"军事代理人"保障美国的安全利益。

除了尼克松主义这一"国际性"因素,菲律宾国内民族主义的继续发展则是菲美双边政策"去特殊化"的"本地性"因素。越南战争进一步刺激了菲律宾反美民族主义运动反弹式爆发,1970 年前后菲律宾民族主义与传统的亲美主义发生激烈的思想交锋并占据优势,一跃成为主流思潮。民族主义一方面促使马科斯政府寻求外交方面更多的自主性,但是另一方面不可否认的是民族主义运动中的非理性情绪也成为马科斯随后发动军事管制的重要工具。

在民族主义和尼克松主义的推动下,马科斯政府发起"新发展外交"运动,包括重修菲美各项条约、发展东南亚地区主义和加强与社会主义国家友好往来。"新发展外交"相比之前的历届菲律宾政府的外交政策都走得更远。

第六章 菲美特殊关系的终结

第一节 菲律宾社会危机与美国的立场

一、菲律宾社会危机和矛盾

独立后菲律宾政治制度虽然披着美式民主的外衣,但其实质却是政客与权贵争名夺利的合法竞技场。历届菲律宾政府一直被选举舞弊、腐败和低效所困扰,政治权力牢牢控制在传统土地权贵和精英阶层手中,整个菲律宾社会并没有形成西方式的中产阶级。当1966年马科斯以强硬领导人姿态上任时,他在就职典礼上强调菲律宾传统社会结构已经处于崩溃的边缘,并承诺将勇于挑战权贵集团的利益推行社会改革。

马科斯在第一届任期内(1966—1969年)采取了一些提振经济的改革措施,包括缩减政府开支、裁撤部分闲散的政府雇员;马科斯在1965年角逐总统大选时就提出了"稻米革命"的口号,在人口快速增长的压力下减少粮食极度对外依赖的窘境。马科斯政府在菲美共建的马尼拉国际水稻研究所的基础上开展"绿色革命",推广高产量的"奇迹水稻"种植,使菲律宾历史上第一次实现粮食自给。"1968 年菲律宾首次对外出口了 4 万吨稻米"[1];马科斯还把"民事行动小组"援越谈判获得的美援工程建设装备,大规模投入农村地区道路、学校和其他公共工程建设。

表6-1　1963—1973 年菲律宾稻米总产量及进出口量（单位:千吨）

年份	总产量	进口量
1963	2658	256
1964	2575	300
1965	2675	569
1966	2729	108
1967	2743	239
1968	3056	- 40
1969	2978	0
1970	3506	0
1971	3737	369
1972	3568	633
1973	3088	238

数据来源:Statistical Yearbook of the Philippines 1974,National Economic and Development Authority,Republic of Philippines,1974. p. 331. 1972 年中吕宋地区发生严重台风灾害导致 1972 年至 1973 年菲律宾稻米产量有所下降。

马科斯经济计划的核心是通过大规模政府投资刺激经济迅速增长,但是菲律宾财政根本不足以支撑如此规模的投资。因此,马科斯政府只好依靠寻求外国资本借贷和投资,提高菲律宾比索货币发行总量、发行国债、取消物价管制等强力经济政策;与日本重修了友好通商条约,旨在吸引日资进

---

[1]　Economic Survey of Asia and the Far East,United Nations,1968.

入菲律宾市场;加强了对海关和税收部门的腐败整顿,财政收入有了很大的提高。除此以外,马科斯利用约翰逊政府急于获得盟国对其越战政策的支持,"敲诈"了大笔美国军事和经济援助。"国民生产总值年增长率在马科斯第一个任期内势头迅猛,尤其是农林渔矿等原材料生产领域和建筑行业有较明显发展。"[1]

但是当马科斯政府沉醉于经济政绩时,菲律宾社会背后隐藏的危机亦逐步浮现。第一,马科斯政府的经济成就是建立在政府超过自身能力的大规模投资之上的,但是菲律宾的工业水平并没有多大提升,在国际市场链条上仍处于原材料供应者的末端,长期的贸易逆差导致菲律宾政府外汇储备能力薄弱。换而言之,经济发展完全建立在借贷基础之上,并无可持续的自我造血功能。从1949年至1965年的16年间,菲律宾政府的国内公共债务年均增加1.67亿比索,而马科斯执政期间年均增加6.75亿比索;外债的增长速度更是惊人,短短四年间菲律宾的外债总额竟然翻了将近10倍,从1965年0.9亿美元猛增至1969年的8.28亿美元。第二,马科斯政府在投资基础设施建设的过程中,出现了惊人的贪污和回扣现象,使得投资的有效利用率大打折扣。这些工程项目花费了大量国家财政资源,却对马科斯个人有着重要的政治意义——当地居民都认为自己是这些基础设施工程如公路、学校的受益者,而不会像土地改革那样招致部分人反对,这也是马科斯后来赢得连任的重要原因。不仅如此,马科斯本人有意培植自己的经济和政治势力集团,大量工程被违规安排给总统的"密友集团"[2],而马科斯家族也利用权力积极插手政府投资收取巨额回扣。"据统计,1969年时马科斯家

---

①　Filemon C. Rodriguez. *The Marcos Regime*, *Rape of the Nation*. New York: Vantage Press. 1985. p. 25.

②　"密友集团"是指马科斯执政时期,菲律宾原先权贵阶层的部分力量和技术官僚聚集在马科斯家族周围,成为马科斯家族的"密友"(crony)。这股新的政治经济势力对菲律宾传统的权贵家族发起了巨大的挑战,并在马科斯独裁期间成为新的权贵阶层。

族就已经聚集了1亿美元的巨额财富"①,菲律宾媒体称马科斯是亚洲首富。第三,因为越战而获得的美国援助和"秘密资金",大量流入马科斯密友集团之手。美国援助不仅未能改善菲律宾经济,反而催生一批"传统权贵"之外的新生"特殊权贵",菲律宾社会矛盾的结构更加复杂。总之,菲律宾并不算突出的经济增长背后,广大人民并没有从经济增长中获得太多的好处;反而是在传统的权贵-贫民二元社会基础上,一个新的马科斯政治经济"帝国"初步形成,社会矛盾进一步加剧。

1969年大选马科斯以巨大优势获胜,他也突破性地成为菲律宾独立后历史上第一个获得连任的总统。1969年大选也是菲律宾独立以来花费最多、贿选和舞弊丑闻最多的一届选举。大量证据表明双方,尤其是马科斯在大选中普遍收买选票、政治分肥。巨量的财政支出几乎掏空了菲律宾政府的财政,短时间内庞大的资金流入市场引发比索快速贬值以及急剧的通货膨胀。从表6-2可见,这段时间菲律宾经济虽然还能保持稳定的高增长,而财政赤字和货币发行量在1969年大选期间出现不正常的急剧飙升。

表6-2　1966—1969年菲律宾国内生产总值、财政赤字及货币发行量

(单位:百万比索)

年度	国内生产总值	财政赤字	货币发行量
1966	25745	153	3371
1967	28734	203	3782
1968	31791	216	3982
1969	35012	934	4754

数据来源:Filemon C. Rodriguez. *The Marcos Regime*, *Rape of the Nation*. New York:Vantage Press. 1985. pp. 37 – 40.

---

① Karnow,Stanley. *In Our Image*:*America's Empire in the Philippines*. New York:Random House. 1989. p. 422.

马科斯政府输血式经济发展模式在其第二任期刚开始就已经穷途末路,菲律宾财政在1969年大选政治分肥盛筵中消耗殆尽;马科斯政府只能继续举新债还旧债,更不可能继续大规模投资拉动经济。雪上加霜的是,尼克松主义出台导致美军在菲的越战物资采购和驻军消费也快速直线下降。伴随着政府支出紧缩、裁员和加强外汇管制等措施,经济危机终于全面爆发——比索币值持续动荡、市场萧条、失业率增加、物价飞涨,并催生了严重的犯罪问题。

比经济危机更加危险的是,菲律宾社会结构经年累月积聚的矛盾也随之火山式地爆发。虽然菲律宾民主制度只是少数权贵寡头家族的遮羞布而已,但是无论是权贵还是贫民都已经习惯在国会协商解决分歧,暴力并非解决问题的首选。然而从马科斯连任的第一天起,菲律宾政治就趋向于暴力化,各方势力都在展开角逐。

在二战后菲美特殊关系的背景下,美国和菲律宾权贵阶层掌控着菲律宾政局,四年一届的两党(民族党和自由党)政权交替只不过是美国在菲律宾的"左膀右臂"之间交换权杖而已,并不影响这个"稳定"的权力框架。

但是马科斯抓住了20世纪60年代菲美特殊关系剧烈调整的历史机遇,崛起成为一股新的政治力量。马科斯站在民族主义和特殊关系亲美势力拉锯的中间地带左右逢源:一方面他以民族主义领袖自居,实施脱美入亚外交、向美国争取收回主权;另一方面他又是约翰逊在亚洲的"右臂",是积极反共的冷战领袖。另外,马科斯把握了越南战争带给他的政治机遇,无论是在"更多旗帜"计划中还是在"尼克松主义"的大环境下都尽可能地捞取更多个人利益:马科斯首先利用援越参战谈判积累了政治经济基础,然后利用尼克松主义降低姿态、扶植反共代理人的机会控制军队,为打造"马科斯帝国"做好了准备。马科斯在菲律宾政治竞技场中成为新的一极。

对于美国利益来说,马科斯在1969年连任有利有弊。一方面,马科斯明确表示愿意配合尼克松主义,确保美国在菲核心利益不受影响;另一方面,马科斯选举舞弊、培植个人政治集团的野心等因素给菲律宾现有政治框架的稳定性带来巨大风险。

广大菲律宾人民一直在菲美特殊关系框架下的政治游戏中扮演平和的配角,但是在当时菲律宾社会陷入严重危机的情况下,他们便以激进的方式站出来维护自己和国家的权益,其中以马尼拉街头的民族主义大学生运动和中吕宋的新人民军武装反抗最有代表性。

总之,回顾菲律宾独立至20世纪60年代末,社会矛盾经历了几次较为明显的变迁。首先,占人口少数的权贵家族控制着各种资源,阻碍任何有损他们特权的改革方针出台,导致菲律宾社会结构的严重不平等。进入20世纪60年代以后,随着民族经济和民族主义意识的缓慢发展,原先的社会贫富阶层矛盾中又加入了新的元素——反美民族主义与菲美特殊关系的路线之争。少部分权贵家族中的民族主义者反对美国在菲的经济、政治和军事特权,争取获得更多的发展空间,而更多的权贵阶层则保守地维护美国特权 – 菲律宾权贵的联盟。随着越南战争局势逐渐明朗、马科斯连任和经济危机爆发,菲律宾政治局势又发生了新的重大变化——左派运动重新兴起、尼克松主义去特殊化、马科斯集团崛起、大学生运动成为民族主义运动新代表。因此,进入20世纪70年代初,菲律宾的各种政治力量之间的冲突集中爆发。

面对社会危机,1970年初菲律宾参议院组织了一个特别调查委员会,诊断菲律宾社会存在的各种顽疾。委员会的研究报告几乎罗列了全部可以想到的问题:诸如穷人缺乏经济机会、殖民主义经济、人口膨胀、贪污腐败、选举分肥、司法不公、执法不严、教育与社会脱节、帝国主义—封建主义—法西斯主义的压迫、放任自由资本主义以及社会结构失衡等。报告估计社会冲突和反政府运动会进一步加剧,但并没有提出能够缓解危机的有效措施;然而马科斯总统早在发动军事管制之前,就已经在公开出版的个人著作①中为菲律宾社会的病症开出了自己的药方——军事独裁和威权主义,并详细阐述了其实施个人独裁统治的理论和现实依据。

1970 年 1 月 26 日,马科斯在国会发表了连任后的第一次年度国情报告。虽然马科斯在会场内得到了民族党议员的热烈欢迎,但是此时会场外已经聚集了两万名反对马科斯的示威者,多由大学生和城市工人组成。示威者将国会大厦包围,要求政府调查选举舞弊、举办无党争的公民宪法大会、废除美国特权和加快土地改革等。② 当并无心理准备的马科斯和夫人伊梅尔达走出国会大楼时,情绪激动的示威者与警察发生了激烈的冲突。报纸描述当时场景:

> 有人看到他出现,并高呼"马科斯"! 安全人员催促马科斯赶快进入轿车。人群开始高喊"马科斯! 傀儡!"随后一口黑色棺材由远及近从人群头顶传至近前,寓意菲律宾民主已死。当防暴警察向前阻止棺材时,学生的愤怒爆发了,无数的石头和玻璃瓶向马科斯扔去。……马科斯夫妇只能在安保人员以身为盾的掩护下逃入轿车,一名扈从被杂物击中受伤,马科斯扭伤了脚。③

这是菲律宾独立以来第一次总统遭到人身攻击,随后示威者和警察的冲突持续了两个多小时,导致七十多人受伤。舆论对马科斯政府的批评很快就铺天盖地而来。在大选中落败的自由党领袖奥斯敏纳表示,示威活动证明马科斯选举胜利是作弊所致,要求推翻选举结果;各大媒体都指责总统

---

① 马科斯在发动军事管制前论述菲律宾政治问题的个人著作是 *Today's Revolution-Democracy* (1971),随后十几年马科斯又陆续出版了近十部政论类专著,为其威权主义个人独裁辩护。

② The January 26 Confrontation, *Philippine Free Press*, February 7, 1970.

③ *Manila Chronicle*, January 27, 1970.

滥用武力镇压手无寸铁的示威者,即使是马科斯的选举搭档副总统费尔南多·洛佩兹家族控制的《马尼拉纪事报》也大肆批评总统(洛佩兹家族的产业横跨各个领域,马科斯"密友集团"的崛起对洛佩兹家族产业造成了严重威胁,双方当时已经分裂);一向避免直接参与政治斗争的天主教会也向马科斯递交了公开抗议信,宣布也将发动神职人员和教会学校师生游行抗议马科斯,部分激进的神父威胁将组织教会的游击武装。暴力冲突让更多对马科斯不满的温和派开始采用更为激进的方式发泄不满,舆论呼吁各团体联合起来去街头对抗马科斯。

随后菲律宾 36 所大学的学生组织以及 12 个全国青年组织的 120 名领导人聚集开会,共同向政府发出接受谈判的最后通牒,并且计划从 1970 年 1 月 30 日开始连续发动更大规模抗议活动。菲律宾青年组织企图效仿当时延烧整个美国的青年左翼反越战运动,在街头持续向政府施压。1 月 30 日下午,5 万多名示威者把集会地点改在总统府马拉坎南宫门前,入夜之后冲突立刻升级,激进分子将一枚自制燃烧弹投入总统府点燃了人群情绪。示威者劫持了一辆消防车进攻马拉坎南宫,在冲毁大门后数百名示威者攻入院内。总统卫队用高压水枪将人群驱赶到大街,混乱的游行队伍还趁机洗劫了周边的商店,整夜的混乱共造成 4 人死亡。1 月 30 日夜马尼拉的混战是当时菲律宾自战后经历的最为严重的冲突,随后几十天更多游行、罢工和暴力事件如雨后春笋在马尼拉街头迸发。1970 年,美国情报部门记录马尼拉地区发生的"学生游行和集会达 250 多次,其中 20 次发生了暴力事件,共造成 9 人死亡、100 多人受伤";"单单 1971 年上半年发生暴力事件的游行就达到 70 次,14 人死亡、150 多人受伤、200 人被捕入狱"。[1] 各种政见不同的团体,包括学生、教师、左倾党派、传统权贵家族、政府解雇人员、贫农、工人和出租车司机,在共同的反马科斯目标下第一次集合在了一起。

---

① Philippines: The Radical Movements. Secret, Report, May 3,1971. DNSA, Philippines, PH00383.

1970 年 1 月的冲突爆发后,马科斯在总统府召集了军方高层和情报官员研究反政府运动的"幕后势力"。马科斯接到了两份情报文件,第一份情报指责"爱国青年"组织发起并煽动暴力反政府活动,第二份情报是美国大使馆和美国情报人员秘密参与了这些活动。① 马科斯的幕僚们建议总统采取果断的紧急行动,但是政治经验丰富的马科斯并没有冒失地发起反制,而是试探和等待。

关于第一份情报,马科斯将其视为实现个人野心的重大利好。"爱国青年"组织在他加禄语中简称为 KM(Kabataang Makabayan),是由菲律宾著名的左派运动领袖何塞·西桑(Jose M. Sison)于 1964 年组建。"爱国青年"曾在菲美越战谈判和 1966 年马尼拉越战"七国峰会"时发起猛烈的反越战反美活动,吸引了大批左倾和民族主义学生的参与。1969 年左派武装组织"新人民军"(New People's Army)建立,成为菲律宾所有反政府组织中理论指导最为完备的一支。随着 1969 年马科斯大选连任和菲律宾社会矛盾的集中爆发,"爱国青年"的发展更为迅速,并且在西桑的影响下更倾向于新人民军的革命斗争路线。

马科斯从登上总统宝座开始,一直有建立个人军事独裁的野心,而"爱国青年"的左派背景正是马科斯实现野心的钥匙之一。建立个人军事独裁首先要有一个让菲律宾统治阶层和美国政府可以接受的借口。在冷战两大阵营对抗的大背景下,防范"共产主义的颠覆"就是马科斯最理想的借口。因此,马科斯急于把全国所有反政府反马科斯的运动和组织全部贴上共产主义的标签。"爱国青年"和左倾团体在反对马科斯政府的运动中发挥了积极的作用,但是显然更多的学生并非共产主义运动的支持者,而是反对美国新殖民主义特权的民族主义者。事实上,正如一份分析"爱国青年"的美国

---

① William C. Rempel. *Delusions of a Dictator: Mind of Marcos as Revealed in His Secret Diaries.* Little, Brown & Company, 1993. p. 33.

政府秘密文件所指出的那样:"爱国青年等激进组织的实力远没有达到威胁马科斯政权的地步。……即使在学生团体中也并非主流。……将来爱国青年组织会继续骚扰马科斯政府但也仅止于此。"这份文件非常有前瞻性地总结道:"菲律宾最关键的问题不在于'爱国青年'未来会怎样,而是愤怒的马科斯政府会如何应对这些反对者。"①虽然马科斯在公开场合把共产主义列为替罪羊,然而他在自己私人日记中吐露了真实的想法——他的政治对手才是反政府活动的幕后推手:

> 事情已经再明了不过,这些游行和暴力活动是自由党推动的……我们必须揭露这些藏在孩子后面的无政府主义者们。②

他还声称自由党中最有领袖魅力、最有可能对其总统宝座发起挑战的参议员尼诺·阿基诺(阿基诺二世)③也是一个"共产主义者"。马科斯并非意识形态上的坚定反共者,反共只不过是其在美国人面前表演的道具而已。总之,马科斯把"反共"当成实现自己政治野心的万灵药,反复把"共产主义阴谋"抬出来作为幌子,最后反共产主义颠覆也可以成为其发动"紧急措施"的依据。马科斯在1970年2月6日的日记可以证实这一点:"我很痛苦,他们迫使我不得不寻求反共亲美这一避难所。"④

在把青年组织贴上共产主义颠覆的标签后,马科斯就能够合理地推销自己的"最终解决方案"——个人军事独裁。1970年3月22日,马科斯在菲律宾军事学院的讲话中警告:"如果共产主义威胁成为重大危险,并危及国

---

① Philippines：Hijacking Focuses Attention on the KM. Secret, Report, April 5, 1971. DNSA, Philippines, PH00381.

② Monday, February 2, 1970. *Diary of Ferdinand E. Marcos.*

③ 尼诺·阿基诺是后来任菲律宾第11任总统科拉松·阿基诺的丈夫、第15任总统贝尼尼奥·阿基诺三世的父亲。

④ Friday, February 6, 1970. *Diary of Ferdinand E. Marcos.*

家安全的话,我将实施军事管制法或者中止宪法赋予人民的人身保护条例。"①马科斯甚至私底下盼望出现更多暴力事件,只有持续的混乱和恐惧才符合他的个人利益,马科斯私人日记相关内容包括:

　　这一次我内心反而希望游行队伍袭击总统府,这样我们就可以发动最后的解决方案,即使这将非常血腥。(1970 年 2 月 12 日)②

　　我们应该允许他们积聚力量,只要他们的力量还在我们控制的范围内即可。(1970 年 2 月 17 日)③

　　他们(爱国青年组织)的行为越来越接近我中止人身保护条例或者发动军事管制之所需。就差一点点,我就可以行动了。(1970 年 2 月 18 日)④

　　马科斯敢于发动军事管制是因为军队在其个人掌控之中。马科斯刻意经营军队已久,主要高级将领都是马科斯军事独裁的重要策划人和支持者。从第一个任期开始,马科斯就利用美国的军事援助对军队及警察系统进行了大规模改组,在提高军队镇压反政府活动能力的同时,确保武装力量对马科斯个人的绝对服从。改组计划包括废除原先的 4 个地区警察总署,警察部队全部军事化,即警察部队加上菲律宾军队组成 10 个军事大区。每个军事大区由总统直接任命一位司令官,直接向三军最高统帅马科斯负责。马科斯还系统地在军队各个要害部门安插了来自自己家乡北伊洛戈省的心腹,遍布通信、交通、情报和后勤各个系统,甚至在司法部门都形成了北伊洛戈

---

① Filemon C. Rodriguez. *The Marcos Regime*, *Rape of the Nation*. New York：Vantage Press,1985. p.49.

② Thursday,February 12,1970. *Diary of Ferdinand E. Marcos.*

③ Tuesday,February 17,1970. *Diary of Ferdinand E. Marcos.*

④ Wednesday,February 18,1970. *Diary of Ferdinand E. Marcos.*

同盟。马尼拉街头陷入混乱之时,军队将领们纷纷赶往总统府向马科斯表达忠心,空军司令甚至向马科斯发誓"如果必要,他甚至愿意同美军作战"①。

早在 1970 年 1 月 30 日示威队伍进攻总统府时,马科斯就已经咨询过军队高层对军管的态度。他试探性地向将军们宣布他将对极端分子发起反击、实施宵禁、中止人身保护条例以便于任意逮捕可疑人员。但是在场的军官都认为菲律宾军队并没有保证军事管制的绝对实力,还需进一步加强装备和训练,马科斯不得不推迟计划。马科斯在日记中记载:

> 大多数人(军方)觉得不应该采取强硬措施。所以我不得不推迟中止人身保护条例。我们将继续静观事态发展。……同时,我能做的也只有咬牙等待。②

二、美国驻菲大使馆的立场

第二份情报对马科斯来说是一个棘手的坏消息,菲律宾情报机构称几个与美国大使馆关系密切的在菲美国人参与了示威活动,"(美国)大使馆或者中情局可能正在秘密策划推翻马科斯的政变"③。此时马科斯的处境与南越吴庭艳倒台前颇为相似,马科斯非常担心美国人会站在他的对立面。1970 年 1 月 26 日的游行示威后,马科斯紧急召见了白瑞德大使,马科斯当面质问白瑞德,美国政府是否参与了策划暴乱,并点出了具体人名。白瑞德向马科斯解释:"美国政府不干涉菲律宾内政的政策没有改变。……在传统

---

① Sunday, February 15, 1970. *Diary of Ferdinand E. Marcos.*

② Saturday, January 31, 1970. *Diary of Ferdinand E. Marcos.*

③ Filemon C. Rodriguez. *The Marcos Regime, Rape of the Nation.* New York: Vantage Press. 1985. p. 33.

的菲律宾政治游戏中,政客们总是放出一些美国支持他们的流言。"白瑞德向马科斯做出了两点保证:"一是他会亲自与菲律宾反对派领导人交涉,向他们强调美国的不干涉立场;①二是他确保大使馆的人不再有此类违反美国政策的行为。"②白瑞德的答复让马科斯"感觉轻松了一些",他在日记中说:"他(白瑞德)看起来很吃惊并且表示会高度重视。他说只要他和尼克松还在管事,美国就不会与我作对。"③

但是几天后1月30日冲击总统府的事件发生后,"马科斯身边的幕僚们不断暗示美国参与了煽动游行队伍进攻马拉坎南宫",理由是"菲律宾和美国关于修订《劳雷尔-兰利协定》和军事基地协议的谈判即将开始,美国想借此向马科斯施压"。④马科斯因此再次召见白瑞德,警告"他有可能不得不实行军事管制,他想知道白瑞德是否支持他","并要求美国向菲律宾提供紧急经济、军事援助,尤其是防暴乱训练"。⑤美国国务院在给驻菲大使馆的回复中,要求白瑞德与马科斯保持紧密联系、帮他分析形势,但是强调:"不要向马科斯提供任何具体建议。……尽可能避免美国或者至少在表面上避免卷入目前的危机之中。……同时,劝阻他不要采取极端行动。"⑥高度紧张的马科斯迟迟等不来美国支持军事管制的明确承诺,于是决定给美国人一点小小的提醒。

正好此时军事基地发生了一起美军士兵强奸菲律宾妇女的刑事案件,

---

①　1970年2月1日白瑞德秘密会见了自由党领导人奥斯敏纳,提醒他美国将会刻意保持与自由党的距离。

②④　Backchannel Message from the Ambassador to the Philippines (Byroade) to the Assistant Secretary of State for East Asian and Pacific Affairs (Green), February 2,1970. FRUS,1969 – 1976,Volume XX,Southeast Asia,1969 – 1972,Document 205.

③　Tuesday,January 27,1970. *Diary of Ferdinand E. Marcos.*

⑤　Memorandum from the President's Assistant for National Security Affairs (Kissinger) to President Nixon,February 7,1970. FRUS,Volume XX,Southeast Asia,1969 – 1972,Document 207. ;尼克松在这份文件空白处批复"他们需要改革"(They need reform)。

⑥　Telegram from the Department of State to the Embassy in the Philippines,February 7,1970. FRUS,Volume XX,Southeast Asia,1969 – 1972,Document 208.

而基地美军当局却在菲律宾法庭发出传票后将嫌犯转移回美国,此举牵涉敏感的基地司法裁判权问题,菲律宾社会再次发起对美国的舆论批判。大批民族主义团体"在 2 月 18 日的游行活动中离开大部队,转向美国大使馆。在美国海军陆战队赶到前,情绪激动的游行队伍攻破了大使馆的外围防线,用燃烧弹和石块猛烈攻击了大使馆,一个警卫室被焚毁"①。这次示威活动不仅是菲律宾建国以来规模最大的反政府反美游行,也是菲律宾民族主义者首次武力攻击美国大使馆。美国大使馆指责马科斯操纵舆论、转嫁矛盾,因为"游行者武力攻击大使馆前,游行队伍中超过三分之二的演讲和口号都提到了马科斯大力炒作的强奸案,这是游行队伍突然转变目标的重要原因"②。美方认为,马科斯企图通过强奸案引导反政府情绪将矛头对准美国:一则转移矛盾,缓解自己的压力;二则敲打美国人迫其表态;三则制造紧张气氛,为最后的所谓"紧急行动"提供依据。因此,美国向菲律宾提出语气强硬的官方抗议,随后大使馆又打电话给马科斯提出口头抗议。但是马科斯否认任何煽动反美游行的指责,拒绝向美国大使馆道歉,即使在私人日记中也否认:

> 那些疯狂的美国人竟然认为是我把游行队伍从马拉坎南宫引向了美国大使馆,说是为了把他们卷进事态之中。荒谬!③

---

① 人群向美国大使馆发起攻击后,白瑞德打电话给马科斯请求武力援助,但是马科斯故意拖延时间。白瑞德最后只能动用美国海军陆战队驱散了人群。

② Memorandum from the President's Assistant for National Security Affairs（Kissinger）to President Nixon,February 20,1970. FRUS,Volume XX,Southeast Asia,1969 - 1972,Document 211.;白瑞德在一份提交给国务院的电报中,记载了他与罗慕洛的一次私下谈话。白瑞德警告罗慕洛美国将采取行动,报复菲律宾政府在媒体宣传反美情绪。罗慕洛让步,主动将菲律宾政府起草的反美社论稿给白瑞德过目,但是表示这些社论稿已经发给各大报社,来不及撤回命令。第二天各个报社都登载了政府授意并起草的这批反美社论。

③ Friday,February 20,1970. *Diary of Ferdinand E. Marcos.*

无论大使馆袭击事件是否确为马科斯导演,混乱的局势使得美国方面的很多人都认为不应该完全置身事外,大使白瑞德就更倾向于支持马科斯。大使馆事件后,马科斯与白瑞德几乎每天都在总统府密谈,马科斯反复向白瑞德灌输所谓的共产主义威胁论,希望白瑞德为菲律宾争取更多美国军事援助用于镇压反政府活动。虽然白瑞德并不认同马科斯夸大共产主义威胁的说法,但是他仍然支持美国帮助马科斯控制局势。马科斯向白瑞德透露他将对中吕宋山区的新人民军营地发起围剿,但是希望美国提供 M-16 枪械及弹药和直升机。白瑞德在给美国国务院的电报中建议"先期提供 5 架直升机和 1600 支 M-16 步枪",他的理由是"马科斯是想通过军事援助确认美国对他的支持,更重要的是这亦是对尼克松主义的考验"。另外,白瑞德也认为"新人民军在中吕宋地区的活动始终对附近的克拉克空军基地构成威胁"①。

回顾马科斯政权走向军事独裁的政治进程,白瑞德在这个过程中起到了推波助澜的作用,至少他从未真正执行过华盛顿关于劝阻马科斯的命令。白瑞德与马科斯的私交很好,二人在脾性爱好等方面都有很多共同点,他亦从未掩饰对马科斯"紧急措施"或者"最后解决方案"的认同,即使在马科斯发动政变进行军事管制后,他也从未在公开场合发表过对马科斯不利的言论。

在白瑞德看来,菲律宾混乱的局势就是需要一位强硬的领导人使用非常手段才能避免崩溃。白瑞德曾经作为马歇尔将军的副手全程参与了调解 20 世纪 40 年代的中国国共内战,这段经历也对他认同马科斯的独裁计划产生了很大的影响。在 1988 年的一次口述史采访中,白瑞德认为之所以"丢掉中国"是因为:

---

① Telegram from the Embassy in the Philippines to the Department of State, February 17, 1970. FRUS, Volume XX, Southeast Asia, 1969-1972, Document 210.

委员长(蒋介石)只能够小心翼翼地在军阀之间左右平衡才能维系权力,他根本没有权力推动可以影响普通大众的强力改革措施,这些改革可以改善人民的生活水平。……只有改革才能拔除共产党的民意基础……消除他们的威胁。

……

即使我们(马歇尔使团)失败了之后,我也觉得我们当时应该给予委员长更多支持,让他有推进改革的信心。现在回想,我们并没有这样做。①

白瑞德觉得马科斯与蒋介石面临类似的处境。他认为美国应该支持马科斯把权力集中起来,用强硬手段发起自上而下的改革,祛除菲律宾社会的顽疾、挖掉共产主义革命的社会基础。因此,白瑞德在表面上遵从华盛顿的指示劝阻马科斯采取极端行动,完成自己的公务使命;私底下却不止一次鼓励马科斯采取行动,多篇不同时间的马科斯日记都记载白瑞德向他表示"支持"。在上述同一口述史采访中,白瑞德也与采访者谈到马科斯军管,他对当时情况的描述和采访者的反应都耐人寻味:

白瑞德:在我的任期(美国驻菲律宾大使)开始时,菲律宾的情况已经开始变得越来越糟了,日复一日的游行越来越暴力。政府四分五裂,高官们拥有自己的私人武装,每个人都有枪。这是一个无法无天的社会,随之而来的就是军事管制。我非常努力地阻止马科斯这样做。

采访者:是阻止他这样做,还是鼓励他这样做?

白瑞德:阻止他这样做。他从未用过"军事管制"这个词,他只是说他

---

① Oral History Interview with Henry Byroade. Potomac, Maryland, September 21, 1988 by Niel M. Johnson. Harry S. Truman Library & Museum.

有必要采取"特殊办法"。显然他是指类似限制公民自由等办法。……人民喜欢军事管制初期的政策,马科斯把一支聪明、诚实和受教育的技术官僚队伍带进政府。经济快速发展,商人们恢复了信心,我不得不说军事管制头一年是菲律宾有史以来最好的政府。当然,后来他们开始堕落了。①

一位研究菲美关系的学者这样评价白瑞德:"白瑞德来菲律宾的时候马科斯是民选总统,大使眼睁睁看着总统成为军事独裁者。白瑞德对事态的发展是负有责任的。即使白瑞德是一位优秀的军人和政治家,但是马科斯是他的污点。在全世界他所知的统治者中,马科斯是他的最爱。"②

白瑞德确实偏爱马科斯,即使马科斯那些千夫所指的缺点在白瑞德看来反而是优点。随着马科斯"密友集团"网罗巨额财富,马科斯的政敌们在美国宣传马科斯集团的腐败和贪婪,因此尼克松政府出现了一些质疑马科斯的声音。1970 年 5 月,白瑞德让基辛格将自己亲手写的一封长信转交给尼克松,专门为马科斯辩护各种针对他的指责。这里摘录该信为马科斯腐败辩护的部分内容,可见白瑞德在整个事态中持何种立场:

> 政治是菲律宾最大的一门生意。政客们为了获选会自掏腰包,当然一旦获选他们都要收回自己的"投资",马科斯并不例外。跟其他政客一样,以美国的标准来看,马科斯是腐败的;但是以菲律宾的标准来看,他不好也不坏。……然而如果你把他和其他菲律宾总统对比,马科斯的政绩要比几个他的前任加起来还要多。他修建道路、推广奇迹大

---

① Oral History Interview with Henry Byroade. Potomac, Maryland, September 21, 1988 by Niel M. Johnson. Harry S. Truman Library & Museum.

② Bonner, Raymond. *Waltzing with a Dictator: the Marcoses and the Making of American policy.* New York: Times Books. 1987. p. 91.

米、建学校等等。虽然他的敌人指责他从中渔利,但是这些都是实实在在的证据证明他前所未有的成就。

......

一个华人商会领袖跟我讲:你们美国人对马科斯太挑剔了,他是我见过最好的菲律宾总统。马科斯之前,不到 20% 的财政拨款能够用到实处,马科斯把这个数据提高了一倍——这就是进步。

......

财富拥有巨大的力量,而在菲律宾财富是唯一的力量。马科斯坚信只有集聚足够的财富,他才有实力向那些保守的封建寡头和既得利益者发起挑战……改革才刚刚开始。政治家的伟大不是对危机的无动于衷,我们不要低估马科斯迎战危机、维护他自己以及国家利益的能力。

......

而且,实质上他是亲美的。①

白瑞德极力向尼克松推销一位勇于改革、政绩卓越,但是有一点小瑕疵的第三世界盟国领袖。当然,最后一句话——"亲美"才是关键。

三、白宫的立场

按照马科斯与反对派达成的协议,无党派性质的公民宪法大会将在 1971 年中旬召开,而宪法大会的人民代表在 1970 年 11 月的全民选举中产生。宪法大会将决定马科斯的政治前景,因此随着选举时间的临近,双方都

---

① Letter from the Ambassador to the Philippines (Byroade) to President Nixon, May 13, 1970. FRUS, Volume XX, Southeast Asia, 1969 – 1972, Document 219.

开始做最后的准备。菲律宾天主教会中的左翼团体组织了"天主教社会主义运动",包括教会大学雅典耀大学校长在内的一批知识分子积极准备参选。1970 年末,梵蒂冈教皇计划访问菲律宾,敏感时刻对于菲律宾社会有着强大影响力的天主教会突然参与政治、接触反政府团体,马科斯感到此次代表选举压力剧增。因此,马科斯觉得必须得到美国决策高层乃至尼克松的亲口表态支持,随即展开一轮政治公关。

　　1970 年 9 月菲律宾第一夫人伊梅尔达作为马科斯的私人代表秘密抵达华盛顿。9 月 22 日伊梅尔达与尼克松、基辛格三人进行了一次短暂的闭门会谈,伊梅尔达向尼克松转达了马科斯的诉求。会后,尼克松指示中情局局长赫尔姆斯处理伊梅尔达提出的具体要求。伊梅尔达的主要目的是希望美国中情局或国务院能够通过秘密资金渠道支持马科斯的代表打赢这次选战,她警告:"共产主义联合其他反政府团体企图在代表选举中阻击政府。她认为如果没有一个额外援助计划,马科斯政府很可能输掉选举。……菲律宾政府将变成社会主义或共产主义政府。"她强调:"除非美国在这个艰难时刻出手相救,否则菲律宾民主必将难以存续。"伊梅尔达提出的额外援助计划包括:第一,选举前启动农村电网改造计划,借此提高马科斯政府在农村的支持率;第二,提供一笔额外资金,用于资助忠于马科斯的村级代表参选;第三,美国金融机构提供一笔保证金,帮助菲律宾政府稳定比索汇率;第四,启动人口控制和家庭计划项目。[①] 马科斯希望所有援助项目都在选举前高调启动,尽可能制造更多的政治宣传效果。此外,由于伊梅尔达熟知美国政治的规则,在与尼克松、基辛格面谈后的几天之内还拜访游说了众多并不熟悉菲律宾情况的美国国会议员们。一位美国国务院主管菲律宾事务的外交官员抱怨"伊梅尔达来了之后,他就接到很多愤怒的参议员来电,他们质

---

① Memorandum of Conversation, September 22, 1970. FRUS, Volume XX, Southeast Asia, 1969 – 1972, Document 227.

问国务院准备怎么对付那些正在起草菲律宾宪法的共产主义者"①。

9月24日基辛格召集国家安全委员会讨论菲律宾宪法大会选举和马科斯的援助请求。会后基辛格将讨论结果呈报给尼克松:"会议认为如果极端或左翼组织控制宪法大会并主导宪法修订,正如马科斯夫人所言将把菲律宾变成一个马克思主义国家,这是不可接受的。但是目前我们还没有掌握有关宪法大会的足够信息用于制定政策,相关政策和援助方式有待信息完备后再作讨论。"随后,尼克松指示"国务院跟进菲律宾宪法大会的情报收集,让白瑞德大使分析涉及美国利益的相关事宜,尤其是左翼组织控制宪法大会的可能性有多大"。显然,无论是尼克松本人还是他的幕僚们都不太相信伊梅尔达所言——左翼组织将取代马科斯政府的警告。一位幕僚在报告中讽刺:"马科斯夫人是唯一一个认为左翼组织将控制菲律宾宪法大会的人。事实上,圈内几乎没几个人相信马科斯夫妇不会操纵大会。"②

伊梅尔达的华盛顿之行无功而返,并没有得到预期的尼克松支持。不同于美国政府幕僚们一致看好马科斯必将成功操纵宪法大会,马科斯夫妇自己却异常紧张。当然,与其说马科斯是担忧宪法大会代表选举败选,还不如说是因为马科斯对于美国方面迟迟不作表态而惊恐不安。马科斯仍然担心美国人之所以不明确表态支持自己,是因为准备利用第三方替代自己。焦虑万分的马科斯甚至不得不玩弄文字游戏,用模糊的措辞向媒体暗示——尼克松向伊梅尔达透露将支持马科斯参选,并将提供总额9亿美元的援助。10月3日,伊梅尔达再次拜访美国大使馆打听消息,白瑞德明确表示:"美国在选举前向菲律宾援助大笔资金是绝无可能的,一来是因为美国严格的财政支出制度,二来是因为插手宪法大会不符合现阶段的美国亚太

---

① Bonner, Raymond. *Waltzing with a Dictator: the Marcoses and the Making of American policy*. New York: Times Books. 1987. p.84.

② Memorandum from the President's Assistant for National Security Affairs (Kissinger) to President Nixon, September 25, 1970. FRUS, Volume XX, Southeast Asia, 1969 – 1972, Document 228.

政策,尼克松政府高度重视履行尼克松主义的纲领。总统更倾向于菲律宾寻求'多边主义'资金援助。"①

　　根据尼克松的要求,白瑞德撰写了一份关于宪法大会的详细报告给国家安全委员会参考,他指出马科斯在共产主义威胁问题上夸大其词。报告承认激情高涨的反美代表准备在宪法大会上提交一些反美议案,但是这些议案还是那几个老话题:"平等权利"条款、军事基地主权、独立外交,等等。白瑞德再次确认"亲马科斯的代表联盟实力最强大,其他代表只能组建一些小联盟分别诉诸商业、宗教或地方利益。……在所有的 2500 多个候选人中,1800 人将涉及与美国利益相关的议案,这些人绝大部分对美持中立立场,只有不到 20 人可以归类为极左或共产主义者。"②因此,白瑞德建议美国政府继续保持观望,不要插手宪法大会,更不要向马科斯或任何一派表态;即使宪法大会发生不利于美国的紧急状况,美国也可以与部分利益联盟直接或间接接触以维护美国利益。白瑞德自信只需要拿下 20 个重要代表就能控制大局。中情局在分析宪法大会的参选代表情况后,也认为"马科斯当局将获得 50% 以上的席位,反马联盟则不会超过 25%"③。

　　在收到驻菲大使馆和中情局的报告后,10 月 6 日和 10 月 14 日基辛格又召集了两次安全委员会会议讨论菲律宾宪法大会。最后,基辛格代表安全委员会向尼克松递交了会议最后结论——不建议插手菲律宾宪法大会,也不要表态支持马科斯政权。经过一年的等待,马科斯仍然没有能够得到他迫切想要的美国"定心丸"。

---

① Telegram from the Embassy in the Philippines to the Department of State, October 3,1970. FRUS, Volume XX, Southeast Asia,1969－1972,Document 229.

② Paper Prepared in the Embassy in the Philippines, October 13,1970. FRUS, Volume XX, Southeast Asia,1969－1972,Document 231.

③ Memorandum for the Record, October 6,1970. FRUS, Volume XX, Southeast Asia,1969－1972, Document 230.

第二节　1970 年菲美双边关系的新发展

一、菲律宾社会矛盾进一步激化

1971 年初,菲律宾政治经济形势进一步恶化。1 月,马尼拉发生出租车司机抗议油价飞涨的罢工,这次罢工吸引大批左翼学生团体重回街头。激进学生团体与菲律宾安全部队在马尼拉全城各处展开新一轮暴力冲突,尤其是部分极端组织用路障和自制地雷爆炸物封锁了菲律宾大学及周边地区,宣布校园自治并与安全部队武力对峙,警察还曾一度攻入校园内并威胁将接管马尼拉地区。根据美国国际开发署公共安全办公室的档案记录,菲律宾全国的游行示威和街头暴力活动从 1969 年开始猛烈增加,相关统计数据如下:

表 6-3　马科斯执政以来菲律宾大规模游行示威情况

时间	游行次数	发生暴力活动的游行次数
1966 年	7	0
1967 年	9	0
1968 年	14	0
1969 年	106	0
1970 年	300	20
1971 年	311	26
1972 年 1—2 月	172	13

数据来源:Evaluation of the Public Safety Program. Secret, Report, April 1972. DNSA, Philippines, PH00488.

马科斯集团与菲律宾传统权贵家族的矛盾也完全公开,尤其是马科斯原先的盟友洛佩兹家族。马科斯毫不掩饰地处处为难洛佩兹家族庞大的经济帝国,双方彻底决裂,洛佩兹家族的一些产业很快落入马科斯集团手中。在政治事务中,代表家族利益的副总统费尔南多·洛佩兹也与马科斯分道扬镳(洛佩兹随后退出马科斯所在的民族党,加入反对马科斯的自由党),两人频繁地相互攻讦。马科斯在国会演讲中暗示,以洛佩兹家族为代表的权贵家族是国家的毒瘤,公开指责洛佩兹"为左翼激进学生提供资金"。而洛佩兹则在 1971 年 2 月 3 日的演讲中反击马科斯,要其"停止对国家的政治强奸",并指责总统"沉迷于自己内心的贪婪,却对社会要求公正和怜悯的呼声置之不理"。[①] 洛佩兹家族及其他权贵家族控制的媒体对马科斯展开舆论攻势,揭露总统"贿赂宪法大会代表和国会议员、培育密友经济、参与军队腐败和性丑闻",马科斯以权谋私成为"亚洲首富"的恶名传遍大街小巷。马科斯也对媒体针锋相对,他控告媒体界多是些"不负责任的极端主义者",与武装叛乱分子一样犯下叛国大罪。马科斯说:"媒体对政府的诽谤是权贵和既得利益者对他本人打击腐败和垄断的报复",而且"权贵与共产主义者相互利用,企图合作推翻政府"。[②] 如此一来,不仅所有学生运动,包括权贵家族和媒体在内所有反对者都被马科斯贴上了共产主义的标签。

二、白宫对马科斯的态度变化:有保留的支持

随着 1971 年初形势继续恶化,马科斯身边的政治盟友和幕僚开始投其所好,不断鼓励马科斯立即宣布军事管制。1971 年 1 月 14 日,马科斯秘密

---

① Monthly Report – Public Safety Program. Unclassified, Airgram, March 12, 1971. DNSA, Philippines, PH00379.

② Filemon C. Rodriguez. *The Marcos Regime, Rape of the Nation*. New York: Vantage Press. 1985. p. 65.

签署了宣布军事管制的总统令,但是马科斯在犹豫之下并没有立即对外公开并正式实行军事管制。但是随后这份迟迟未被宣布的文件被泄露给媒体引起轩然大波,尴尬的马科斯不得不出面否认"谣言"。既然马科斯已经做好了宣布军事管制的最后准备,却为何临阵退缩呢? 显而易见,马科斯所顾虑的唯一不确定因素,仍是美国方面的真实立场。在尼克松政府没有明确给出承诺前,马科斯不愿意冒险。

在马科斯起草这份流产文件的同时,他请求白瑞德大使亲赴华盛顿要求尼克松务必当面表态。一旦尼克松同意他实行军事管制,这份文件就会立即发布;如果尼克松反对军事管制,这份文件就不得不作废。在马科斯签署该文件后第二天,他终于等来了尼克松的第一次明确表态——"有保留的支持"。

1971 年 1 月 15 日,尼克松在白宫召见了白瑞德,向来支持马科斯的白瑞德在会谈中几乎成了马科斯的私人大使。白瑞德向尼克松灌输了两个观点:一是菲律宾的局势确实很糟糕,但是在马科斯政府的努力下,仍然出现为数不多的亮点,包括"奇迹水稻"带来的粮食增产、人口控制初见成效、新提拔的技术官僚队伍确保菲律宾财政稳定和市场对美国开放。二是马科斯的政敌试图在马尼拉制造暴力事件,破坏马科斯的威信。以洛佩兹家族为首的反对派不仅危害菲律宾社会的稳定,还危害美国在菲利益。总之,白瑞德在此次会谈中的逻辑可以总结为:马科斯政府的统治有利于菲律宾的稳定,菲律宾的稳定符合美国在菲利益;一切反马科斯势力的反政府行动都会危害美国利益,即可视为反美势力。

在为尼克松提供菲律宾"政策咨询"后,白瑞德切入正题。他宣称在马科斯总统的要求下,他要当面向尼克松询问一个极为敏感的问题,会谈记录记载:

在他与马科斯的临行交谈中,马科斯警告他可能有必要在近期中止人身保护法并在马尼拉地区宣布军事管制。马科斯想知道的是:一旦他认为有必要在马尼拉实行军事管制，美国是否会支持他？或者美国是否会反对他？白瑞德承认他已经向马科斯承诺他会带回尼克松总统的亲口答复。①

尼克松给了白瑞德和马科斯一个非常满意的答复，却不失谨慎。白瑞德这样概括：

> 总统（尼克松）回答我们将"绝对"并"全力以赴"地支持马科斯，只要他的所作所为是在维护现行秩序的稳定，而不是以自由的名义去破坏秩序。我们不会支持任何想要做军事独裁者的人，但是我们会竭尽所能帮助那些维护制度和秩序的人。当然，我们理解马科斯的动机并不是完全出于国家利益，但是我们对一个亚洲领导人已经有此心理准备。现在重要的是防止菲律宾社会的崩溃，因为菲律宾政府的成败关系美国的重大利益；无论发生什么，菲律宾都是我们的孩子。总统认为积极挽救危局必然好于坐视不理。②

白瑞德对于这个答复表示"非常高兴"，并承认"马科斯会在军事行动中趁机报复政敌，但是总的来说他会走在正确的道路上"。在确认尼克松的支持态度后，白瑞德还与尼克松约定"一旦马科斯发生人身意外"，美国将干涉菲律宾政治进程。白瑞德建议美国先保持观望，如果局势恶化到菲律宾军方决定出手，军方必然会向美国请求援助。白瑞德认为那个时候美国政府应该积极响应，因为"军方领导人是可靠的，他们全部都是西点陆军军官学

---

①② Memorandum of Conversation, January 15, 1971. FRUS, Volume XX, Southeast Asia, 1969 – 1972, Document 233.

校和安纳波利斯海军军官学校的毕业生"。①

白瑞德和尼克松的这次谈话对于菲律宾随后十多年的历史发展具有重要影响,也决定了20世纪70年代菲律宾政治的基本格局。换言之,在菲律宾社会危机已经无法挽回的情况下,美国一定会出手在幕后操纵菲律宾军方控制局势,并且希望在表面上维持菲律宾民主存续的假象。在尼克松主义框架下,美国既要"减少在菲律宾的存在",又要确保矛盾重重的菲律宾社会维持稳定,那么培植一个合法的代理人政府是最好的解决办法。但是尼克松面临的主要麻烦是:马科斯可能会利用美国政策走得太远。尼克松政府希望马科斯政权保持稳定,在逐步淡化特殊关系的大背景下维护美国在菲核心利益,但是并不希望菲律宾出现一个军政府。

站在尼克松政府冷战全局的角度考虑,美国在亚洲盟国的核心现实目标是一个亲美的稳定政府,例如菲律宾的稳定能够确保美国军事基地和投资的安全。但是菲律宾问题的特殊性是两国特殊的历史殖民关系:与有军事独裁统治传统的其他亚太盟国不同,菲律宾的美式民主是几十年来美国一手创建的,是美国在亚太地区打造的民主橱窗,有其意识形态领域的重要象征,也是两国特殊关系的"特殊"之处。美国驻菲大使馆曾在报告中以泰国这另一东南亚盟国做比较:"泰国如何改变他们的政治体制,都不会在美国国内激起一点涟漪。但是菲律宾的情况就会大大不同,菲律宾民主制度本身就是我们推销产品的样品。"②如果尼克松政府坐视马科斯为了个人利益而打碎民主橱窗,尼克松既要面对冷战对手意识形态的竞争和美国民主形象的损失,又要面对美国国内政治对手的压力。因此,两难取舍之下尼克松对马科斯的答复是有保留的"绝对支持"。

---

① Memorandum of Conversation, January 15, 1971. FRUS, Volume XX, Southeast Asia, 1969 - 1972, Document 233.

② Telegram from the Embassy in the Philippines to the Department of State, September 15, 1972. FRUS, Volume XX, Southeast Asia, 1969 - 1972, Document 256.

三、马科斯对尼克松政府的回应

马科斯清楚美国政府固然看重意识形态利益,但是美国在菲律宾的核心利益是军事基地和经济权利。正如一位在驻菲大使馆工作的美国外交官员所言:"对于美国外交政策而言,民主并非最重要的考虑因素,最重要的因素是美国国家利益、安全利益和经济利益。如果两者发生矛盾怎么办呢?这样说吧,如果全世界领袖都是麦迪逊和杰斐逊,那最好不过了;但是他们不是。"①

那么马科斯所要做的就是再添一把火把水烧开,创造条件让美国人相信——美国的意识形态利益与现实利益发生了严重冲突,美国政府不得不放弃所谓的美式民主,而必须支持他的军事独裁统治以最大限度维护美国的国家利益。马科斯已经决定发起军事行动,他所需的是等待"合适的时机"发起最后一击。在得到尼克松的明确答复后,马科斯开始有意导演事态发展,为"合适的时机"创造有利条件,从而使美国人甚至菲律宾人民相信军事管制措施是合理而无法避免的。

从马科斯的日记内容来看,就连他自己都"相信"军事管制并非出于自己的权力欲望,而是出于菲律宾人民福祉。作为一个天主教徒,他认为这是上帝的旨意。马科斯长期在深夜因为焦虑和做梦而惊醒,1971 年的多篇深夜日记自述:"他是上帝的工具,他的所作所为全部是遵照上帝的旨意阻止共产主义颠覆、推行菲律宾政治体制改革。他从不怀疑他的人生和政治命运都是上帝安排的。"②1971 年 3 月马科斯在一篇日记中记载上帝在他梦中

---

① Bonner, Raymond. *Waltzing with a Dictator: the Marcoses and the Making of American policy.* New York: Times Books, 1987. p. 133.

② William C. Rempel. *Delusions of a Dictator: Mind of Marcos as Revealed in His Secret Diaries.* Little, Brown & Company, 1993. p. 74.

的训示：

> 这是你人生的主要使命——把这个国家从共产主义者、无政府主义者和极端主义者手中拯救出来,没有任何别的事情比这个更重要了,而且你是唯一可以拯救这个国家的人。①

无论马科斯是为了诱使尼克松政府支持,还是为了遵从"上帝的旨意",他都采取了一系列政治手段为自己的最后目标创造时机：

第一,允许公众讨论军事管制,甚至他在自己的著作中暗示军事管制是解决菲律宾社会问题的最佳办法。一则通过舆论覆盖让公众在潜移默化中逐渐接受军事独裁的观念,二则宣传军事独裁统治的逻辑和理论基础,美其名曰"民主革命"。在 1971 年出版的马科斯个人专著《今日之革命——民主》中,马科斯的逻辑是菲律宾的社会危机在于一方面权贵阶层保守固化,企图继续利用不平等的社会制度压榨穷人；另一方面意识形态的异端者企图颠覆政府,建立共产主义国家。马科斯在书中暗示他将采用强硬手段,不仅可以在短时间内压制共产主义,还能够利用权力集中快速改良社会制度,大功告成后他会还权于民。

当然,马科斯的真正目的是实现长期个人独裁统治,他把独裁统治美化为"民主革命"的同时,也是在配合尼克松政府的脸面。简而言之,马科斯辩护自己的独裁统治是为了维护社会秩序、防止国家崩溃、推动社会进步,并非是想成为军事独裁者。因此,"民主革命"与尼克松的表态并无冲突。

第二,利用民族主义者在宪法大会上制造的反美浪潮,威胁美国的核心利益。在美国人紧张起来后,马科斯再以强硬姿态收拾残局,成为美国在菲利益的保护人。

---

① Saturday, March 6, 1971. *Diary of Ferdinand E. Marcos.*

第三,利用突发危机(米兰达广场爆炸案)打击政敌,并为强硬措施寻找借口——军事管制是为了维护秩序和安全。

1971 年 6 月,筹备已久的宪法大会正式召开。虽然双方在宪法大会上就各个议题展开了激烈的争锋,但是几乎没有人怀疑马科斯会达到自己的目标,因为"宪法大会逐渐变成了马科斯大会——很多原先支持反马条款的代表们已经被收买、恐吓或者倍受压力。320 名代表中的 157 人掌握在总统手中。大会中的重要职位都被政府官员所占据"①。根据美国驻菲大使馆的情报分析,"225 名代表将遵照马科斯夫妇的指示,另有 95 人是自由党成员、反马科斯的知识分子或教会代表,其中只有 20 人属于左派组织"②。经过几个月的拉锯,反马科斯的一揽子提案最终以 131∶155 落败,"投票现场有 31 名代表弃权,其中 27 人偷偷溜出会场"③。马科斯提议把菲律宾政治制度改为英式内阁制,由自己担任总理继续独揽大权。最终马科斯的内阁制度议案以 158∶120 通过,马科斯大获全胜。

在马科斯集团和权贵家族在宪法大会上一决高下的同时,菲律宾的民族主义力量也把宪法大会视为反美运动的良机,发起了新一轮的反美运动。一些民族主义倾向的代表向大会提交了大量去特殊化甚至反美议案,在民族主义思想已经成为公众主流思想的情况下,马科斯集团和反对派的议员同样对民族主义倾向的议案表现出极高的热情。这些议案主要集中在三点:

首先,要求在新宪法中声明菲律宾在国际冲突中秉承中立主义原则,重新考虑与美军事同盟关系和菲律宾在东南亚条约组织的义务。

---

① Filemon C. Rodriguez. *The Marcos Regime*, *Rape of the Nation*. New York: Vantage Press. 1985. p. 52.

② Philippines: Marcos and the Constitutional Convention; Opportunities and Pitfalls. Secret, Report, May 7, 1971. DNSA, Philippines, PH00384.

③ Filemon C. Rodriguez. *The Marcos Regime*, *Rape of the Nation*. New York: Vantage Press. 1985. p. 53.

其次，要求继续从美国手上收回更多军事基地主权或者要求美军完全撤出。

最后，限制美国人在菲律宾的经济特权，尤其是在《劳雷尔－兰利协定》到期后收回美国公司通过"平等权利"获得的资源和市场，扩大经济国有化和菲化的领域。

外交中立主义并非 1971 年宪法大会上所首创，十几年来一直伴随着菲律宾民族主义对美去特殊化和东南亚地区主义发展进程而不断成熟。在 20 世纪 70 年代初期中美关系缓和的背景下，中立主义再次被提上议程。菲律宾政府在 1963 年 8 月菲马印（尼）三国峰会上首次正式宣布中立主义目标，但是在随后越南战争升级的情况下并无太多实际意义。即使此时越南战争进入尾声、中美缓和，但是菲律宾对美国冷战的战略意义也并非减少了，而是进一步提高了，因为菲律宾可能将是后越战时代美军在东南亚的唯一据点。此外，即使民族主义发展迅猛，菲律宾社会希望摆脱西方的历史阴影，但是在意识形态上仍然普遍对共产主义阵营的冷战对手怀有敌意。因此，在军事基地问题无法迅速解决的前提下，中立主义只不过是政客们的口号而已。白瑞德大使评论所谓的中立主义议案时说："在抽象理念上虚张声势，不会有切实行动。如果没有更多实际动作和证据，我们可以将其视为纸老虎，中立主义不可能成为菲律宾的国际事务立场或者对美关系的关键因素。"①

与中立主义口号一样，驱逐美军或收回军事基地等激进议案并无实现可能，况且马科斯的军管计划迫切需要美国的军事援助（双方默认美国对菲军事援助作为菲律宾提供军事基地的报酬或租金）。但是从 20 世纪 60 年代开始，反基地运动让越来越多的菲律宾人开始关注军事基地的司法裁判权、

---

① Constitutional Convention – Issues and Prospects. Confidential, Airgram, August 12, 1971. DNSA, Philippines, PH00396.

关税和治安等问题，一批强硬的民族主义者也坚持只要军事基地存在就是对菲律宾国家主权的严重侵犯。美国驻菲大使馆的评估报告认为："我们不排除新宪法会在基地问题上做出一些外在的或者较温和的实质性改变。我们预计会出现一些菲律宾拥有基地主权和司法权的声明。但是我们认为马科斯和大多传统主义者都会从现实角度出发，为这些改变设置安全阀门，以免激怒我们。"[①]

　　宪法大会上对美国核心利益威胁最大、争论最多的是经济国有化议案。1974 年 7 月《劳雷尔－兰利协定》即将到期——也就是说美国公司和公民将失去在菲"平等权利"特权，菲美双方都已经声明无意延长"平等权利"条款。大会代表们争论的焦点是 1974 年之前美国人通过"平等权利"特权获取的土地、自然资源、公司股份等既得利益如何界定其法律地位，支持剥夺美国人全部既得利益的代表并不在少数。1971 年 12 月 10 日，前总统马卡帕加尔（时任宪法大会主席）在菲律宾美国总商会发表演讲，释放宪法大会可能危及美国经济利益的信号。他向美国人警告："随着《劳雷尔－兰利协定》到期，未来 2 到 3 年外国投资者将面临严峻的形势"，他呼吁美国商会"调整以利益为导向的美国式商业态度……美国公司要准备牺牲部分利益以补偿菲律宾人民，这是美国公司能够继续在菲律宾做生意的前提"。[②] 白瑞德向美国国务院建议："绝不可低估菲化所有经济领域这一强烈情绪化诉求，新宪法非常有可能出现打击外国资本的剧烈变动。……现在解决问题的关键是马科斯总统是否认为他的利益与我们一致。"[③]

　　在马卡帕加尔发出警告后两天，宪法大会的纲领和原则指导委员会发布了《国家政策纲领指导文件》，把战后菲律宾民族主义和菲美关系去特殊

---

　　①③　Constitutional Convention – Issues and Prospects. Confidential, Airgram, August 12, 1971. DNSA, Philippines, PH00396.

　　②　The Constitutional Convention and the American Business Community. Limited Official Use, Airgram, January 4, 1972. DNSA, Philippines, PH00464.

化思想推向了高潮。这份纲领性文件的核心在于"民族主义",其中亦不乏左倾意识,例如部分条款如下:

> 菲律宾是一个民族主义和社会民主主义共和国。
>
> 政府承认个人私有财产权利,但是通过调控手段要求每个人的财富不仅惠于本人,也要惠及全社会。政府将通过立法手段规定财富的所有权和使用权,使其最大限度地贡献社会。
>
> 只要外国利益仍然支配着国家的社会、经济和政治活动,我们就不可能改善人民的生活水平。国家利益必须绝对高于私人和外国利益。
>
> 菲律宾必须切实执行推动与所有国家和平并存、通商互利和共同合作的外交方针,无论意识形态、种族、宗教和文化有何差异。……菲律宾领土不得存有任何外国军事基地。①

这份新宪法修订指导文件措辞严厉地针对美国军事基地和经济特权,而且处处强调菲律宾政府对经济的计划调控,严重挑战传统亲美的自由资本主义思想。美国方面嗅到了危险的信号,无论是美国商界还是中央情报局都开始积极行动游说大会代表,尤其是关注马科斯对军事基地和美国资本的态度。此后一段时间,菲律宾的主流报纸开始频繁曝光美国人(美国公司和中央情报局)插手宪法大会的传闻,证明美国方面已经改变原先的"不插手"方针。马科斯本人便开始出手敲打反美民族主义,他不能错过这个向美国示好的良机;对于反美民族主义"先利用后打压"也是马科斯筹划军事管制、争取美国支持的重要步骤。

围绕指导文件中关于外国基地和外国资本的争议,宪法大会议员和媒

---

① Principles and Ideologies-For a National, Social Democracy. *Philippine Free Press*, December 12, 1971.

体中的亲美、反美两派展开了将近半年的舆论战。有证据表明美国情报部门和马科斯都在背后插手了争论。根据美国驻菲大使馆给美国国务院的报告："近期宪法大会大多数代表们的态度是反对在新宪法中强调禁止外国基地。几位代表经常接触大使馆向我们通报利于保卫军事基地权利的消息。最明显的是马科斯控制下的60位北伊洛戈联盟联合发表了《关于菲律宾的军事基地意见书》。"①这份意见书认为宪法大会并非讨论美国军事基地去留的最佳场所，因为这会让菲律宾在即将开始的菲美新一轮军事基地谈判中处于不利的地位，并劝说代表们删除《国家政策纲领指导文件》中涉及禁止军事基地的条文。文件用大量篇幅从历史、外汇收入、就业率、军事安全、地缘政治、核保护和菲美谈判地位等多角度论证保留军事基地的必要性。军事基地是美国在菲利益的重中之重，两国实力差距巨大的同盟关系决定了禁止美国军事基地并无实现的可能，而且无论是对马科斯政府还是对传统权贵都无实质上好处。因而至1972年中旬，随着舆论导向逐渐扭转，宪法大会上关于禁止军事基地的呼声逐渐平息。

军事基地问题更多是国家主权和尊严问题，但是民族主义倾向的经济政策牵涉到更多普通民众实实在在的现实利益，因此争议性更大。根据菲律宾宪法规定，菲律宾的一切农业、林产、水产、矿产、石油、煤炭以及其他所有潜在的能源和自然资源都属于国家所有，只有菲律宾公民才享有这些资源的开发、占有和使用权；如果是由股份所有制公司经营，菲律宾公民必须占有60%以上的资本。同时，根据《劳雷尔－兰利协定》的"平等权利"条款，菲律宾宪法的特殊条款规定美国公民和公司与菲律宾公民享有同等权利，因此菲律宾几乎所有的关键国民经济产业都掌握在强大的美国资本手中。随着1974年"平等权利"条款终止的最后期限已经临近，菲律宾民族主

---

① Status of Foreign Bases Question in the Philippine Constitutional Convention. Confidential, Airgram, July 1, 1972, DNSA, Philippines, PH00502. 事实上，《关于菲律宾的军事基地意见书》是由马拉坎南总统府办公室起草，借用宪法大会代表的名义提出。

义者普遍期望严格限制美国资本的竞争，夺回资源和市场主导权。美国资本的主要考量是"平等权利"平稳过渡，保持菲律宾市场对外开放，保障在菲既得利益的安全。马科斯即使有意出手抑制经济民族主义，但是迫于强大的民意，也没有做出太多动作，况且他本来就有意利用极端经济民族主义给美国商业和金融圈造成恐慌，迫使美国人支持自己的强硬军事独裁统治。

与之利益攸关的菲律宾美国总商会同样不便高调行动，所以由菲律宾公司联合会在1971年12月底（实际上该组织的会员主要是在菲美国公司及少部分本土公司，罗慕洛担任名誉主席）首先对指导文件发难。该联合会指责指导文件"具有强烈的民族主义和社会主义倾向，将把新宪法置于极端民族主义和社会主义的束缚之下，并严重破坏菲律宾赖以生存的自由主义市场经济体系"。针对美国资本干涉宪法大会的批评，菲律宾公司联合会进一步强调："该组织有权利在宪法大会发出自己的声音。菲律宾的失业、低效和财政问题必须借助于国内和国外的投资。"①双方在民族主义经济政策问题上的争论你来我往，一直持续到马科斯发动军事管制前夕才见分晓。②

四、米兰达广场爆炸事件

在利用宪法大会民族主义浪潮成为"美国利益保护人"之后，马科斯的下一步也是最后一步棋是向尼克松证明"军事管制是维护菲律宾稳定和安全的必由之路"，让尼克松政府无保留地支持自己。1971年8月发生的马尼拉米兰达广场爆炸事件为军管提供了预演的舞台。1971年8月21日，反对

---

① Private Enterprise Issue before Constitutional Convention. Limited Official Use, Airgram, January 15,1972. DNSA, Philippines, PH00469.

② 1972年8月17日，菲律宾最高法院重新解释宪法补充条款中的"平等权利"，对美国人在菲经济活动进行严格限制，彻底废除了菲美特殊关系中的经济部分，民族主义派在理论上获得重大胜利。但是由于一个月后马科斯就发动军事管制，最高法院的判决从未真正执行。

党自由党在马尼拉市中心的米兰达广场召开中期选举参选人见面会,1 万多名自由党支持者参加集会。当自由党的参议员候选人集体登台时,两枚手榴弹在主席台旁发生爆炸,造成 10 人死亡、100 多人受伤。台上的 8 名自由党参议员候选人全部受伤(其中 2 人重伤致残),另外几十位地方议员或市长候选人也不同程度受伤,自由党的整个领导层几乎完全陷于瘫痪。唯一幸免的是自由党秘书长阿基诺参议员,阿基诺是自由党内最有号召力的政治明星,在集会上被安排压轴出场。有意思的是,阿基诺在前往会场之前接到匿名电话警告将有袭击发生,因而回家去取防弹衣致延时抵达会场,他也因此逃过一劫。

对于米兰达广场的恐怖袭击,马科斯的反应是立即宣布中止人身保护法,授权安全部门可以随意逮捕任何可疑人员,并威胁可能会实行军事管制。在没有任何证据的情况下,马科斯指责是共产主义同情者发动了这次恐怖袭击,并且指控阿基诺参与共产主义者的计划。马科斯在 8 月 23 日的广播讲话中宣称:"持异端意识形态的激进分子,在国外政治势力的支持下企图推翻宪政,并以马列主义取而代之。"①警察随后抓捕了数十名左派知识分子和社会运动领袖,但没有提供任何证据指控这些人。根据后来菲共领导人的自述,无论是菲律宾共产党还是新人民军都无组织能力也无意愿在城市发动主动攻击。新人民军当时的革命纲领是建设农村革命根据地,避免在城市与政府发生冲突以免危及城内组织网络。讽刺的是,菲律宾警方随后追查手榴弹的来源,发现这是美军当时正在越南战场上使用的最新批次的产品,而且线索一直追溯到菲律宾军方的军火库。一份美国国务院内部提交给基辛格的报告称:"根据大使馆得到的情报,嫌疑人初步锁定是民

①　Government Moves Following Plaza Miranda Bombing. Confidential, Cable, 07912, August 23, 1971. DNSA, Philippines, PH00402.

族党内的激进分子,有明显的马科斯政府背景。"①

无论是马科斯还是反马科斯势力制造了这起事件,菲律宾的社会矛盾进一步急剧恶化,马科斯抓住机会中止了人身保护法。米兰达广场事件正是马科斯期待已久的突发事件,基本符合马科斯的全部政治目的,各方对马科斯的怀疑也不无道理:

首先,自由党决心在 1971 年底借助中期选举向马科斯发起挑战,马科斯在支持率迅速下降的情况下,非常担忧选战失败。米兰达广场爆炸几乎将政敌一网打尽,马科斯还在新闻发布会上控告唯一幸免的阿基诺"自 1954年以来长期与共产主义武装分子来往甚密",并暗示"阿基诺向新人民军提供了大批武器"。②

其次,马科斯借此事件再次宣传"共产主义威胁",镇压左派反政府运动,同时向尼克松政府证明自己符合美国的反共冷战利益。

最后,米兰达广场事件等爆炸案件是菲律宾社会秩序即将崩溃的最好证明,只有强力的军事管制才能力挽狂澜,因此马科斯的强硬措施符合美国利益。恐怖气氛造成社会恐慌扩散,民众希望出现强硬政府恢复秩序和安全。

即使马科斯把责任都推给了共产主义者和阿基诺,但是无论菲律宾媒体还是美国政府都不相信马科斯的结论,而且马科斯中止人身保护法的举动受到了各方质疑。媒体和知识分子声讨马科斯,马科斯手下的部分民族党领导人也辞职以示抗议,就连米兰达广场事件的受害者自由党也强烈反对马科斯的"政治阴谋";根据媒体对马尼拉市民的民意调查,"仅有 25% 的

① Bombing Incident at Philippine Liberal Party Rally. Confidential, Memorandum, August 23, 1971. DNSA, Philippines, PH00403.

② President Marcos Accuses Aquino in Bombing Incident. Limited Official Use, Memorandum of Conversation, August 24, 1971. DNSA, Philippines, PH00407.

人支持中止人身保护法"①。美国政府也担心马科斯会以抓捕共产主义者的名义报复政敌,尤其质疑马科斯故意夸大所谓的共产主义威胁。事实上,从1969年尼克松主义调整对菲政策并启动"国内安全项目"开始,美国国际开发署和中央情报局都每月定期向国务院呈交菲律宾的国内安全评估报告,"共产主义威胁"和新人民军动态是系列报告的重点内容。美国中央情报局在1971年10月对新人民军的现状评估是"弱小而脆弱……活动范围仅限于吕宋岛的边远山区"②。

虽然马科斯在中止人身保护法问题上承受了巨大的政治压力,他仍然坚信他会像两年前连任选举时一样——在中期国会议员换届选举中轻松获胜。马科斯掌握着巨额财富,控制着地方民生工程项目,同时自由党的候选人们还躺在医院的病床上。因此,马科斯估计民族党会再次以压倒性的优势获胜,并估计他的自由党对手们会"控诉作假,并为他们的惨败寻找各种各样的借口"③。只要再次拿下选战,马科斯就能向公众和美国政府证明其民意所归——所有的游行示威、政敌批评和舆论质疑都会不攻自破,他就能继续中止人身保护法。

由于舆论环境更加恶化,马科斯再次担心美国中央情报局可能对其中止人身保护法不满,发动类似除掉吴庭艳那样的军事政变。中期选举即将开始前,1971年10月伊梅尔达再次作为马科斯私人代表前往华盛顿游说。伊梅尔达向美方表示"此行的目的是评估美国政府对她丈夫的态度,提醒美国政府不要低估菲律宾面临的共产主义威胁"。她向美方人员提出要求,"希望与去年会晤过的那些行政及国会领导人单独会谈,并专门强调要见中央情报局局长"。伊梅尔达省去了1970年访美时那些"维护菲律宾民主"等

---

① William C. Rempel. *Delusions of a Dictator*: *Mind of Marcos as Revealed in His Secret Diaries*. Little, Brown & Company. 1993. p. 114.

② Ibid., p. 122.

③ Monday, September 6, 1971. *Diary of Ferdinand E. Marcos*.

虚伪托词,直截了当地向尼克松摊牌——"她的丈夫已经决定向共产主义发起最后的决战,但是他们想知道是否能够指望美国政府"①。

尼克松对伊梅尔达的摊牌还是没有当面回应,但是就在伊梅尔达离开白宫办公室5分钟后,尼克松在办公室接见一位议员时说出了自己的真实想法。他对马科斯企图实行个人军事独裁统治而摧毁菲律宾美式民主表达了自己的不满,然而并没有透露有何应对政策:

> 民主并非一件简单的事情! 刚才我就是在与马科斯夫人谈论菲律宾的民主。你猜他们怎么说的? 他们认为共产主义威胁已经迫在眉睫,以至于他们将会——也可能不会——重写宪法。这样,他们不需要投票,民主就能自己实现了! 在菲律宾,我们努力建立起了美式民主制度并希望能在亚洲推广。②

无论尼克松对马科斯军管计划持何种态度,中止人身保护法似乎是马科斯错判政治形势后犯的一个重大错误:米兰达广场爆炸案让自由党获得大量的同情票,而马科斯则因为中止人身保护法招致更多政敌。最后1971年中期选举的结果完全出乎所有人意料:自由党完胜,拿下8个参议员席位中的6席,马科斯的团队甚至在其家乡北伊洛戈省也输给了对手。马科斯的第一反应是"共产主义颠覆分子和自由党权贵阶层的联合阴谋",而并非是他的政策或政府有何过错。他在日记中说:"选举结果证明激进分子和颠覆分子已经获得权贵和底层的支持。……最重要的是,我们要做好准备迎接共产主义者在刺激下发起新的暴力袭击,还有反对派和权贵们更歹毒的阴

---

① Mrs. Marcos Trip to the U. S. Secret, Cable, 09500, October 8, 1971. DNSA, Philippines, PH00431.

② National Archives, Nixon Presidential Material, White House Tapes, Recording of conversation between Nixon and Frelinghuysen, Oval Office, Conversation No. 599 – 612.

谋,他们已经尝到了第一滴血。"①中期选举的惨败也预示着马科斯已经难以夺得1973年大选胜利,一周后马科斯被迫恢复了人身保护法。他在日记中预言:"从明年(1972年)1月直到夏天,马尼拉市区将会有更多恐怖袭击。和平、秩序和经济稳定的目标似乎遥不可及,除非菲律宾出现一个独裁者式的总统。"②

马科斯的预言实现了。中期选举前后,权贵家族控制的私人武装之间频繁交火,造成223人死亡和250人受伤(菲律宾的权贵家族有豢养私人军队的传统。这些军阀很多身兼政府要职,根据菲律宾选举委员会的报告全国至少有80个"政治军阀",其中包括6名参议员和37名众议员);③进入1972年夏,马尼拉市区发生密集的神秘炸弹袭击案。这些炸弹袭击的主要目标是供水厂、电站、电话公司、政府建筑、银行和工厂等公共设施,最主要的特点是案发时间几乎全部是夜深人静时。美国方面评论这些炸弹袭击案"主要目的是煽动恐慌,而非造成生命财产损失"④。美国中情局和兰德公司的多份报告都认为是马科斯操纵这些爆炸案。马科斯按照惯例在没有证据的情况下指责爆炸案是共产主义威胁上升的证据,而自由党则不停暗示这些案件与马科斯控制的军队有关;与此同时,南部棉兰老地区穆斯林与天主教居民发生了大规模流血冲突,马科斯甚至称南部的穆斯林反政府武装组织是"共产主义穆斯林游击队",要求美国紧急援助镇压"共产主义对南部

---

① Monday, November 8, 1971. *Diary of Ferdinand E. Marcos.*

② Sunday, December 5, 1971. *Diary of Ferdinand E. Marcos.*

③ William J. Pomeroy. *An American Made Tragedy: Neo-colonialism & Dictatorship in the Philippines.* New York: International Publishers, 1974. p. 123.

④ COP Emphasizes Subversive Threat as Bombings Continue, Limited Official Use, Cable, 08513, September 11, 1972. DNSA, Philippines, PH00516.

渗透"。①

菲律宾社会各种由来已久的矛盾和冲突在 1972 年夏天全部火山式的爆发出来。此时菲律宾权力竞技场的几乎所有势力都认为马科斯必将发动军事管制以应对危局,大家所等待的是马科斯将在何时、如何发动军管。同时,包括马科斯在内的所有人也在等待尼克松政府将如何应对菲律宾社会危机和即将到来的马科斯军事统治,是反对、置身事外、有所保留、默认并暗中支持还是全力支持?

第三节　美国对马科斯军管计划的态度

菲律宾的社会矛盾已经难以调和,马科斯决定用军事方式解决问题,尼克松政府也已经从驻菲使馆情报和伊梅尔达来访获悉情况。至 1971 年尼克松主义推行两年以来,菲律宾国内形势与 1969 年相比已经大为不同,变化主要表现在两个方面:一是,反美民族主义运动对美国利益开始构成实质性威胁,尤其是《劳雷尔 - 兰利协定》即将到期之时,美国在菲既得经济利益面临巨大风险,从菲律宾的角度看菲美特殊关系续存的基础在不断弱化;二是,菲律宾的各种内部矛盾到了难以调和的程度,而且马科斯的个人政治野心和决心公开化。美国政府必须在挺马和反马两极之间做出明确的选择,不能再以含糊其词的口头表态拖延敷衍。因此,尼克松政府不得不出台一个纲领性的菲律宾政策指导文件,明确尼克松主义背景下的美菲关系。

从 1971 年末至次年上半年,美国国务院与驻菲使馆之间的形势分析报告和政策文件来往非常频繁。这些文件着重分析 1969 年以来菲律宾的政

---

① An Analysis of Non-Communist Threat in the Philippines, Memorandum, December 4, 1972. DN-SA, Philippines, PH00592. 1970 年摩洛民族解放阵线在棉兰老州立大学成立,旨在南部穆斯林地区建立独立的伊斯兰教国家。摩洛民族解放阵线得到利比亚卡扎菲政府和部分中东国家的支持,通过沙巴或印度尼西亚获得外国武器援助。

治、经济、安全、外交和美菲关系的发展情况，为随后出台国家安全决策备忘录提供背景资料和政策建议。① 这些文件确定了尼克松主义背景下美国在菲的四大现实核心利益以及美国对于美菲特殊关系未来走向的态度：

第一，亚太地区冷战开始以来，菲律宾军事基地一直是美国在菲的核心利益。美国的目标是继续维持在菲军事基地的权利，使军事基地的外部环境有助于后越战时代美国在亚太地区的战略部署。20 世纪 70 年代初，由于越南战场的不利形势和尼克松主义，美国军事力量很可能撤出东南亚大陆，加之美国有必要调整在日本的军事部署，以适应美中关系缓和的新环境。因此，菲律宾军事基地对美国的重要性进一步上升。即使美国方面继续缩减菲律宾军事基地规模以缓和民族主义情绪，但是美国政府非常重视军事基地的外部环境安全，以及美军在军事基地的自由行动权。

第二，确保美国在菲的贸易和投资安全，使美国资本的"平等权利"特权在"后《劳雷尔－兰利协定》时代"平稳过渡，尤其防止极端民族主义威胁美国在菲经济利益。菲律宾 1971 年宪法大会上经济菲化和国有化议案让美国商界忧虑重重，美国在菲投资规模高达 10 亿美元，很多产业在殖民时代就初具规模，一旦投资环境恶化将损失一个重要传统市场。更紧迫的是，一些菲律宾激进民族主义者要求没收美国人在菲土地和公司股份，这在当时其他

---

① 这些建议文件包括 1972 年 3 月《政策分析与资源分配－1973 财年菲律宾》和 1972 年 8 月《国家安全研究备忘录 155－美国对菲律宾政策》(NSSM-155)，原文见 PARA－Philippines－FY 1973, Secret, Report, March 10,1972. DNSA, Philippines, PH00479. ; NSSM-155: U. S. Policy toward the Philippines, Secret, National Security Study Memorandum, August 28,1972. DNSA, Philippines, PH00510。1972 年菲律宾正式开始实施军事管制时，《国家安全决策备忘录－菲律宾》尚未来得及定稿，最终版本的决议是在 1973 年修改后通过。美国《国家安全决策备忘录》制定要经过数个阶段，依次是《政策分析与资源分配》(PARA)、《国家安全研究备忘录》(NSSM)、国家安全委员会高级评审小组会议(SRG)和最后的《国家安全研究决策备忘录》(NSDM)共四个阶段。前一阶段文件都是后一阶段文件出台的主要参考资料。1972 年至 1973 年间尼克松政府出台对菲政策的系列文件和重要会议主要包括：PARA-Philippines, 1972 年 3 月 10 日——NSSM-155, 1972 年 8 月 28 日——NSSM-155-Annex on the Quasha Decision (菲律宾最高法院平等权利裁定), 1972 年 9 月 21 日——NS-SM-155-Annex on Martial Law, 1972 年 10 月 17 日——SRG-Philippines, 1972 年 11 月 30 日——NSDM-209, 1973 年 3 月 27 日。

激进民族主义盛行的第三世界国家并非没有先例。

第三，菲律宾是美国的传统盟国，也是美国在冷战意识形态领域的忠实追随者，双方签订有众多军事、经济和安全条约。在民族主义运动和尼克松主义的背景下，美国的目标是在继续淡化特殊关系的同时确保菲律宾支持美国在亚太地区的政策，同时鼓励菲律宾积极参与地区经济、政治和安全合作，缓解菲律宾民族主义运动的反美情绪。

第四，无论是维护美国军事基地权利还是经济利益，菲律宾的稳定和国内安全都是一个必不可少的前提。亚洲盟国承担更多的国内和区域安全责任是尼克松主义的核心内容，因而美国继续加大菲律宾国内安全项目援助计划，确保菲律宾安全部队有能力镇压反政府和叛乱活动。在菲律宾社会矛盾激化的背景下，美国政府的当务之急是尽力维护菲律宾社会秩序，并实现政局平稳。只有政局稳定，菲律宾政府才可能在美国经济和技术支持下推进社会改革，从根本上抑制共产主义和民族主义反美运动，否则菲律宾经济或政治混乱都会导致美国军事基地和资本成为天然的攻击目标。

因此，马科斯政权至少在短期内是符合美国利益的，尼克松政府无意与孤注一掷的马科斯站在对立面。随着菲律宾的暴力恐怖事件频发，马科斯的军事管制计划也得到美、菲两国各方面支持的声音。

以白瑞德为首的美国驻菲大使馆在与马科斯政府私下接触时，许多美国大使馆官员都表达了个人支持立场。虽然没有证据表明华盛顿对此问题的明确态度，但是至少美国国务院从未向大使馆下达坚决阻止马科斯计划的命令。马科斯的军事管制计划是建立在菲律宾军队支持的基础上的，而美国政府对菲律宾军队的绝对影响力是众所周知的事情，美国方面并没有任何行动阻止菲军支持马科斯。一名美国大使馆官员后来的评论能够代表美国政府当时大多人的观点："这里是毫无希望的废墟。权力如此分散，无论什么计划都难以推行。腐败和贪污随处可见。街道上没有安全可言。菲律宾需要一个强人，一个马背上的强人重新组织这个国家。看看韩国的朴正熙、印度尼西亚的苏哈托和新加坡的李光耀所做出的业绩。"①显然,美国政府内很多人欢迎一个亲美而独裁的马科斯。

　　土地改革问题也是很多美国政府官员倾向于马科斯军事强权统治的重要原因。早在 20 世纪 50 年代,美国国际开发署就反复强调菲律宾的胡克运动(以及后来的新人民军)等国内安全问题本质上是土地问题,传统的土地结构失衡是共产主义运动在农村地区发展的根源。历届菲律宾政府上台之初都信誓旦旦地把土地改革作为施政的头等要务,但是事实证明菲律宾政治权力掌握在土地权贵家族之手,所有的土地改革政策都难以推行。因此,一些美国政府内部的菲律宾事务官员认为一个与传统权贵为敌的独裁政权是克服土地改革阻碍的唯一办法。马科斯曾经表达过相同的观点:"菲律宾的革命已经不可避免,如果政府不主动发起自上而下的革命,人民就会发起自下而上的暴力革命。"②总而言之,尼克松主义指导下的美国对菲政策要设法维护美国核心利益、抑制极端民族主义并推动政治经济改革。因此,即使菲律宾抛弃美式民主外衣和虚妄的菲美特殊关系、建立军事独裁政权,对于美国现实利益来讲也是利大于弊的。

　　军事独裁统治对菲律宾的美国社区同样有巨大的吸引力。第一,美国在菲公司普遍认为军事管制能够把近期的民族主义运动关进牢笼,阻止"不负责任的极端民族主义"威胁外国公司。第二,菲律宾的美国商人对于"强权政治推动改革并清除腐败和犯罪"非常感兴趣。菲律宾政治和社会的腐败问题非常严重,贿赂和回扣无孔不入。例如,从事进口贸易的外国商人必须设法打通各个环节才能在海关顺利通行,美国商人们对此积怨已深。此外,社会低效腐败引发的高犯罪率和治安问题,给美国商业环境带来很大麻

---

① Bonner, Raymond. *Waltzing with a Dictator*: *the Marcoses and the Making of American Policy*. New York: Times Books. 1987. p. 93.

② Telegram from the Embassy in the Philippines to the Department of State, September 15, 1972. FRUS, Volume ⅩⅩ, Southeast Asia, 1969 – 1972, Document 256.

烦。因此,纽约和马尼拉两地的美国富豪们很乐意看到马科斯采取行动。

几乎基于同样的原因,菲律宾国内也有越来越多人支持马科斯的强硬措施,尤其是与马科斯"密友经济"和政治同盟联系紧密的商界领袖和技术官僚。这些人大多依附马科斯集团在近期崛起,现有体制下的传统土地权贵阶层成为这些新兴权贵们前进的绊脚石。即使很多在斗争中持中立立场的人,也认为别的总统不一定比马科斯做得更好;既然现行美式民主体制下菲律宾将要崩溃,马科斯的"民主革命"值得一试。持这种观点的代表人物是菲律宾德高望重的外交部部长罗慕洛。在 1972 年一次接待韩国外交使团的宴会上,罗慕洛在祝词中比较了菲、韩两国在不同政治体制下的国家建设,他认为菲律宾的国家发展受累于制度劣势。私底下罗慕洛向美国官员解释说:

> 在现行菲律宾"绝对民主"的制度下,菲律宾难以跟上亚洲邻国们的步伐。你们的民主显然难以让菲律宾摆脱困境并走上真正的崛起之路。你们的民主适合发达国家,发展中国家难以承担"民主的代价"。菲律宾人民与美国人民是不同的。当菲律宾人在堕落的泥沼中无法自拔时,他们自己是无法爬出来的,除非有一双异常强硬的手把他们拉出来。①

美国使馆人员及其他菲美两国官员的支持态度让马科斯备受鼓舞,马科斯甚至不避讳在私下场合与白瑞德探讨军事管制的可能性。但是美国驻菲大使馆只是美国对菲政策的执行者,尼克松和基辛格才是政策的决定人,由于白瑞德担心废弃美式民主制度会在华盛顿国会引起麻烦,尼克松又将面临连任选举,因而他不敢保证尼克松政府会作何反应。1972 年 8 月初,在

---

① Telegram from the Embassy in the Philippines to the Department of State, September 15, 1972. FRUS, Volume XX, Southeast Asia, 1969 – 1972, Document 256.

马科斯的再三要求下，白瑞德第二次作为马科斯的"私人大使"前往华盛顿面见尼克松和基辛格，争取明确的书面承诺。在白宫的椭圆办公室内，白瑞德向尼克松、基辛格和其他安全顾问分析了菲律宾军事管制的利弊。但是他的问题完全被尼克松和基辛格无视了。"一位在场的国家安全委员会成员回忆说，在整个谈话期间，尼克松的注意力都不在白瑞德的话题上。"①对于马科斯来说，这次会议或许是决定其个人和菲律宾国家命运的关键，而此时尼克松正被越南战场撤军、连任竞选和水门事件所烦扰，菲律宾政策并非尼克松最紧要的事务。基辛格也忙于越战停战谈判，不愿意在菲律宾这样的小问题上分散精力。根据白瑞德事后回忆，他不想空手回去见马科斯，所以以美国国务院的名义草拟了一份模糊的政策决议，宣布"在共产主义威胁属实的情况下，美国政府完全支持菲律宾总统（采取行动）"②。白瑞德认为这份决议并无破绽，也足以回去向马科斯交待，在与国务院菲律宾事务办公室商议后发给了马科斯。两年来，马科斯终于等来这份正式书面政策文件，并判断为鼓励信号。马科斯认为所谓的共产主义威胁这一前提只不过是美国人保存面子的辞令而已。巧合的是，1972 年 8 月开始菲律宾各地的恐怖爆炸案井喷式增加，马科斯加紧指控所谓的共产主义颠覆。

除了尼克松和基辛格的首肯，马科斯没有忽视白瑞德所警告的"国会麻烦"。同在 1972 年 8 月，菲律宾最高法院的一次民族主义反美裁决给了马科斯争取尼克松政府支持的绝佳良机。1972 年 8 月 17 日菲律宾最高法院重新解释宪法，其裁定：1947 年宪法修正案特殊条款（"平等权利"条款）只是允许美国公民拥有菲律宾的公共土地资源，所有美国公民购买的菲律宾私人土地违反了菲律宾宪法；1974 年 7 月 3 日《劳雷尔－兰利协定》到期后，美

---

①　Bonner, Raymond. *Waltzing with a Dictator: the Marcoses and the Making of American Policy*. New York: Times Books. 1987. p. 96.

②　Karnow, Stanley. *In Our Image: America's Empire in the Philippines*. New York: Random House. 1989. p. 358.

国公民不得继续拥有菲律宾私人土地。换言之,不仅美国人对私有土地的所有权在 1974 年后不得延续,1974 年之前购买的私人土地由于违宪也面临被没收的风险。① 这一判决引发菲律宾美国社区的强烈震荡。"从 1946 年至 1972 年美国人共购买了 3.7 万英亩(约合 149.73 平方千米)菲律宾土地,其中四分之三都是私人土地。"②加之菲律宾法院裁决所有"平等权利"在条约到期之时立刻终止,没有设置缓冲时间。如果该法院判定执行,美国在菲的 10 亿美元投资将遭受毁灭性冲击。菲律宾最高法院的另外一项决议还包括 1974 年后所有外国人都不得在菲律宾公司中担任高层管理人员或董事会成员。正如白瑞德向美国国务院所报告的一样,美国商人们只能指望"马科斯的利益是否与他们一致";然而马科斯与美国商业资本利益一致的唯一前提条件就是——美国人支持军事管制。

美国商务部官员要求马科斯干涉并收回菲律宾最高法院的裁定,马科斯意识到纽约的商界能为己所用。随后马科斯派特使赴纽约会见利益相关的商界大鳄们,传达"马科斯对于他们对其政府的支持力度不太满意"。马科斯暗示美国商界向美国政府施压:"菲律宾总统非常担心他的国家和人民安全受到共产主义的威胁,远要比对他们(美国商界)的财产重视得多。他们对总统所面临的威胁并没有提供过帮助;相反,他们并不重视总统的困境,从未为对抗共产主义施以援手或同情。"几天后,马科斯对来访的美国石油行业考察团高管们表示"当美国人在为他们的财产和利润担心之时,菲律宾人也在担忧自己国家的存亡"③。他在自己的日记中记载:

---

① Philippine Supreme Court Reports, Annotated, Vol. 46, July-August, 1972.

② NSSM - 155: Philippine Policy - Annex on the Quasha Decision Includes Attachment, Secret, Cover Memorandum, September 21, 1972. DNSA, Presidential Directives, Part II, PRO1072.

③ William C. Rempel. *Delusions of a Dictator: Mind of Marcos as Revealed in His Secret Diaries*. Little, Brown & Company, 1993. p. 174.

我要求他们向他们在商界和政府的老板们明确传递这个信息——我希望他们帮助我们对抗共产主义。否则,我们不能帮助他们。这是我们的原则。①

如马科斯所愿,菲律宾美国总商会很快组织了一个游说团到华盛顿同美国国务院交涉。商会向国务院负责亚太事务的助理国务卿和菲律宾事务官员表示:"菲律宾近期商业环境发生的改变,实质上是政治问题。马科斯的目的是想向美国政府施压回应他的要求。"商会转达了马科斯的威胁信息:"马科斯决心维持他的地位,在他关心的政治问题没有解决之前,菲美经济关系问题就难以解决。如果他最终下台或者菲律宾局势崩溃,美国的商业利益以及其他利益也将付出代价。"商会接着催促美国政府:"如果我们想继续留在菲律宾,我们就得迅速为此买单。"商会还向美国国务院提交了正式书面请愿书:

美国商界严重关切菲律宾事态的发展,催促政府在此问题上有所行动。如果美国政府试图消极处理这一问题,这将是严重的错误。如果政府近期没有有效行动,商会各大公司的高层将重新组织正式代表团重返华盛顿直接向尼克松总统交涉。②

商会的警告很快有了回应。1972 年 8 月菲律宾新人民军的主要活动区域伊莎贝拉省发生严重台风和洪灾,9 月 1 日美国国会委派夏威夷州参议员井上健(Daniel K. Inouye)以考察台风灾区和援建的名义访问菲律宾,并秘密会见了马科斯。马科斯日记记载这次会谈时说:"他向我坦白此行的目的不

---

① Wednesday, September 6, 1972. *Diary of Ferdinand E. Marcos.*

② Memorandum of Conversation, September 26, 1972. FRUS, Volume XX, Southeast Asia, 1969 1972, Document 261.

只是视察灾区,还有评估菲律宾整体形势的任务。他承诺他会回去呼吁美国多关注菲律宾。他还透露他与白瑞德大使在共产主义威胁问题上有相同的看法。参议员将对菲律宾大有帮助。"井上健询问马科斯在军事管制问题上有何具体打算,马科斯非常老道地回复:"我根本不需要通过军事管制来巩固位置。如果我们(指马科斯和伊梅尔达夫妇)还在用军事管制的政治游戏来赢得选票就显得太过时了。但是不要曲解我的决心。如果共产主义在马尼拉播撒恐惧——例如爆炸、纵火、谋杀或绑架,如果他们使用越共的那套策略,我会毫不犹豫地宣布军事管制。"马科斯继而向井上健提出美国把越南战争的大批剩余军事物质分给菲律宾,包括直升机、迫击炮和火箭炮,"用于提升菲律宾军队的反颠覆能力"①。

几年来,马科斯的烦恼主要在于马拉坎南宫与白宫对于"共产主义威胁"的看法大相径庭。马科斯抓住一切机会夸大"新人民军"的实力,不断提醒美国人共产主义即将接管菲律宾。1972 年夏,他声称"新人民军至少有8000 名游击武装人员,拥有 10000 名较为活跃的支持者和大约 10 万同情者"。而美国兰德公司在同一时期的报告是"大约 1000 名武装人员,另外有5000～6000 名的半军事民兵。他们大多没有良好装备,很多人武器陈旧,非常容易走火"。美国国务院自己的情报研究局后来评论"菲律宾军事管制时新人民军的军事活动无论规模和范围都非常有限,他们的重心放在招募和组织建设"。而新人民军后来自己公开的历史档案表明,军事管制前夕"有枪的一线战斗人员是 350 人"②。

很快,马科斯和美国对所谓共产主义威胁的分歧已经不重要,因为双方已经为军事管制找到了利益共同点。进入 1972 年 9 月,菲律宾最高法院突然冻结两周前关于"平等权利"解释的裁定,宣布择期再议。很显然,马科斯

---

① Friday, September 1, 1972. *Diary of Ferdinand E. Marcos.*

② Bonner, Raymond. *Waltzing with a Dictator: the Marcoses and the Making of American Policy.* New York: Times Books, 1987. p. 118.

对最高法院施加了压力,迫使司法部门改口,菲美两国大部分局内人甚至认为这一切本就是马科斯自导自演向美国施压的政治手段。与此同时,美国方面也对马科斯投桃报李,再次向菲律宾台风灾区追加3000万美元援助款,并宣布了一批民生工程项目和军事援助计划。针对军事管制的舆论也随风向而发生变化。9月13日,阿基诺参议员在菲律宾参议院讲话声称他从军方消息渠道拿到了军事管制的总统令副本,军事管制计划的代号为"射手座计划(OPLAN SAGITTARIUS)"。① 阿基诺暗示美国人已经批准了马科斯的计划,菲律宾自由党的部分宪法大会代表联名谴责这份计划是"美国军方参与策划的帝国主义阴谋的一部分,美国政府企图扶植傀儡政府操纵国家。美国之前已在拉丁美洲、印度尼西亚和泰国有相同之举"。有意思的是,根据美国方面的解密文件记载,阿基诺在曝光这份文件前夜曾经秘密到访美国大使馆,并把文件给白瑞德过目。他私下向白瑞德表示"如果他是总统也会推动军管",并且告诉白瑞德"如果马科斯真的行动,他将会支持马科斯"。②

随着美国人支持军管的消息传出,部分一直反对马科斯的媒体顺风而倒。1972年9月14日《菲律宾先驱报》在首页社论称:"军事管制将得到广泛的社会认同,如果政府能够改善治安并推动社会经济改革的话。"9月15日《马尼拉纪事报》披露:"马科斯已经得到了美国的通行证,军事管制只是时间问题。马科斯和美国唯一的分歧是军事管制的紧迫性,因为美国大使

---

① OPLAN SAGITTARIUS(射手座计划)常被菲律宾学界用来代指马科斯的军事管制计划。但是,根据马科斯当时的智囊团成员、国家新闻俱乐部主席Primitivo Mijars在其纪实著作中披露,马科斯在1972年发动军事管制前密封了12份计划副本交给12位高级官员和心腹。马科斯在每份密封文件中分别用不同的十二宫代指军管计划,这十二位成员互相之间并不知情。其中,菲律宾国家情报协调局局长Marcos Soliman拿到的那份是OPLAN SAGITTARIUS。马科斯也因此得知反对者为何屡屡提前获得自己的绝密计划资料。9月23日Soliman被关押审讯,几天后就死于狱中。

② Senator Aquino Reacts to Martial Law Rumors, Limited Official Use, Cable, 08738, September 15, 1972. DNSA, Philippincs, PH00520. 美国大使馆分析阿基诺觉得人势已定,他私下向美国大使馆表露对马科斯的支持立场是想借白瑞德之口向马科斯示弱自保。

馆与菲律宾政府在共产主义威胁的严重性上看法不同。现在正是马科斯设法让美国妥协的关键时刻。"①

从美国国务院和驻菲大使馆在军事管制前一周的来往文件来看,菲律宾媒体关于"美国策划或支持马科斯军事管制"的传言并非事实。马尼拉的美国官员和商人们从自己的角度考虑诚然倾向于支持马科斯发动军事管制,但是华盛顿则要从冷战利益的全局来判断利弊。从已经解密的外交文件来看,华盛顿并不反对军事管制,但是在事发之前也并不主动支持。尼克松政府的基本政策是希望马科斯能够维持现状,在1972年底美国总统大选结束之后双方再作商议。对于尼克松政府而言,最好的结果仍是马科斯以其他更温和的方式实现菲律宾政局稳定。

1972年9月15日,白瑞德向美国国务院提交了一份报告,分析何种政策才能最大限度维护美国在菲利益。白瑞德认为,马科斯有足够的政治资源维护统治,不会真的发动军事行动,也无须美国的帮助或介入。相反,马科斯更加担心的是美国可能会反对他。白瑞德建议:"国务院立即私下向马科斯表达我们对他的支持(例如保障菲律宾糖的配额、加大军事援助规模),但是也要强调他的所作所为必须遵守菲律宾宪法。同时,我们也要毫不犹豫地要求他采取措施维护双方的贸易利益。⋯⋯例如给美国资本10到15年的缓冲时间。"②白瑞德的看法非常乐观,他认为菲律宾美式民主制度的外衣基本保留的前提下,美国也能够轻松地从马科斯那交换到足够的利益。白瑞德之所以如此乐观,是因为他太轻信马科斯对他的"坦诚"。白瑞德撰写这份报告的前一天,特意前去拜访马科斯,要求马科斯对他坦诚相告。白瑞德记录了两人的对话,马科斯几乎做出程序式的模板答复:

---

① Senator Aquino Reacts to Martial Law Rumors, Limited Official Use, Cable, 08738, September 15, 1972. DNSA, Philippines, PH00520.

② Telegram from the Embassy in the Philippines to the Department of State, September 15, 1972. FRUS, Volume XX, Southeast Asia, 1969 – 1972, Document 256.

昨天我问他是否打算突然宣布军事管制给我们一个措手不及,他回答现状下不会。他还说如果恐怖主义进一步升级,他会毫不犹豫地这样做。例如马尼拉遭到纵火、政府的一名高级官员或外国大使遭到刺杀或绑架,但是我们两人都怀疑共产主义有发起此类行动的能力。①

马科斯提到军事管制的前提是发生恐怖主义活动,巧合的是仅仅几天后恐怖主义活动就发生了。1972 年 9 月 19 日菲律宾宪法大会代表们在戒备森严的马尼拉市政大楼开会时两枚炸弹在楼内爆炸,其中一枚在会议大厅隔壁,造成多名代表受伤。这次爆炸完全符合马科斯所言的"恐怖主义进一步升级"。马科斯向加德士石油公司(CALTEX)透露军事管制的准备工作已经进入最后 48 小时倒计时,授意纽约商界为他全力争取华盛顿的支持。美国方面立刻着手评估马科斯借此发动军管的可能性。美国国务院将情报部门收集到的大量菲律宾高官谈话、媒体舆论和军事部署等信息发给驻菲大使馆,指令大使馆重新评估军事管制在近期发动的可能性。美国国务院特别交代白瑞德再次与马科斯开展一次深入谈话,试探马科斯的真实计划,并设法拖延马科斯行动的时间。

1972 年 9 月 21 日中午,白瑞德前往马拉坎南宫与马科斯密谈。当晚的马科斯日记和白瑞德的秘密报告都证实——白瑞德以军事管制会给尼克松竞选带来麻烦为由,劝说马科斯重新考虑时间表。白瑞德提出美国正处于大选的关键阶段,"乔治·麦克格文(1972 年美国大选民主党总统候选人)会抓住菲律宾军事管制作为尼克松亚洲外交政策彻底失败的证据"②。"民主党还会渲染即使菲律宾这个政治制度完全由美国亲手缔造的国家,也变得如此糟糕,也落入军事独裁之手,而且还是在美国装备的帮助下。菲律宾

---

① Telegram from the Embassy in the Philippines to the Department of State, September 15, 1972. FRUS, Volume XX, Southeast Asia, 1969—1972, Document 256.

② Thursday, September 21, 1972. *Diary of Ferdinand E. Marcos.*

将是下一个越南。"白瑞德语气强硬地警告马科斯:"现在这么关键的时刻,如果菲律宾政府在尼克松总统脸上狠狠打上一巴掌,尼克松会非常愤怒。"这是两人在军事管制前的最后一次会谈,其中最重要的一个疑问是两人是否在会谈中就军管"推迟至少6个星期"达成一致。白瑞德在报告结尾记录,他临行前马科斯突然问他美国大选还有多久开始,白瑞德回答"大概6个星期"①,白瑞德错误地判断他已经说服马科斯推迟行动。

美国驻菲大使馆于1972年9月22日向美国国务院发出了最后一份总结性电报,仍然坚持原先的乐观态度。这份三页长的报告被标记为"绝密"和"特别传送通道",大使馆的结论是:

> 根据近期马科斯总统和白瑞德大使关于美菲关系的一系列谈话,大使馆相信总统已经明白军事管制带来的可能后果——尤其是在美国政府内部可能引起的反弹,包括美国国会的可能反应,以及会给菲律宾利益带来的危害,例如国会近期将要讨论的5800万美元菲律宾洪灾重建援助资金。
>
> ……
>
> 从现在的情况来看,大使馆的结论是:在未来6个星期左右的时间内,宣布军事管制的可能性已经降低了。……大使馆认为现状下我们对军事管制的不欢迎态度——虽然没有过多公开表达——已经传达给马科斯总统,而且马科斯已经理解我们的立场。②

有意思的是,马科斯和白瑞德从这次密谈中得出了完全不同的结论,两

---

① Telegram from the Embassy in the Philippines to the Department of State, September 21, 1972. FRUS, Volume XX, Southeast Asia, 1969 – 1972, Document 258.

② Marcos Considers Martial Law, Secret, Cable, 08990, September 22, 1972. DNSA, Philippines, PH00529.

人都从这次谈话的只言片语中解析出自己想要的结果。马科斯在 9 月 21 日的日记中回忆了当天和白瑞德的谈话："我告诉他我不想指责他是在干涉菲律宾内政。现在还没有最后的决定，但是我承受着巨大压力而且已经没有任何其他解决办法。他赞同我的说法。"马科斯据此判断白瑞德并不反对自己即刻采取军事行动。讽刺的是，当天白瑞德还与马科斯的心腹本杰明·罗穆阿尔戴兹①进行了一次会谈，白瑞德向罗穆阿尔戴兹表示是他说服了马科斯，而非马科斯说服了他。马科斯在日记中抱怨："他（白瑞德）告诉罗穆阿尔戴兹我会把军事管制推迟到（美国总统）选举之后。我不明白他是如何得出这个结论的。此人似乎缺乏逻辑推理能力，我必须保持谨慎。"②

白瑞德的误判是其外交生涯继 20 世纪 40 年代随马歇尔代表团调解中国国共双方失败后的又一次重大失误。当 1972 年 9 月 23 日凌晨菲律宾军队封锁马尼拉市区几个小时后，睡梦中的白瑞德才接到美国国务院菲律宾事务办公室从华盛顿打来的电话，告知其美国媒体报道菲律宾已经进入军事管制。无论马科斯是否有意误导白瑞德，他都达成了自己的政治目的。首先，他已经通过美国非官方渠道向美国政府传达了立即军管的消息，表明他对美国的善意；其次，他在与美国官方交涉时却使用模糊的语言，既达到

---

①　本杰明·罗穆阿尔戴兹（Benjamin Romualdez）是马科斯妻弟（伊梅尔达之弟），1967 年至 1986 年长期担任莱特省省长，1975 年中菲建交后担任首任菲律宾驻华大使，1982 年至 1986 年担任菲律宾驻美大使。

②　Thursday, September 21, 1972. *Diary of Ferdinand E. Marcos.*

了出其不意的效果防止泄密,又向美国人展现了强硬,从而在谈判中争取主动。① 多年后白瑞德在口述回忆中说:"我不能草率地讲马科斯欺骗了我。我觉得他没有说过他不会有任何行动之类的话。但是他给我一个强烈的暗示是他和我在担心同一件事情——美国的负面反应。他的话非常模糊以致我觉得他会继续等待。"②无论如何,白瑞德对马科斯的信心和乐观导致了重大失误,随后他失去华盛顿的信任和美国驻菲大使馆的主导权。③

事后证明,白瑞德所担忧的美国内部,例如部分国会议员的强烈反应并未发生。军事管制后,美国官方用长时间的沉默表明了态度。

---

① 笔者收集的多部学术论文和专著都曾援引不同渠道的消息,曝光马科斯在宣布军管前的9月18日左右曾与尼克松有过两次直接电话交谈。马科斯在电话中询问尼克松如果自己即刻宣布军管,美国将作何反应,尼克松表示他会支持马科斯,但是美国目前已经解密的档案并没有相关记载。这些著作包括:Raymond Bonner 在其著作 *Waltzing with a Dictator: the Marcoses and the Making of American Policy* 一书中记载作者1980年采访马科斯身边一位高级幕僚,这位幕僚透露这是马科斯亲口对其身边亲信所言(尼克松表示支持);军管宣布前时任菲律宾外交部长的 Raul Manglapus 在其文章 The Marcos Dictatorship and U. S. Policy, *Asian Thoughts & Society: An International Review* (p. 134, April 1977)中记载罗慕洛曾经告诉他关于马科斯和尼克松的两次电话交谈,罗慕洛后来对此拒绝评论;马科斯的幕僚 Primitivo Mijars 在叛离马科斯政权流亡美国后,在其纪实著作 *The Conjugal Dictatorship of Ferdinand and Imelda Marcos I.* (p. 6.)记录伊梅尔达对其讲过相同的话。其中 Raymond Bonner 的著作于1987年出版后,《纽约时报》报道了这则"旧闻"。尼克松的私人律师随后致信该书的出版商否认尼克松提前获知菲律宾军事管制的具体计划。Raymond Bonner 在1988年第二版著作中补录了尼克松的律师函,律师函称:"关于尼克松政府的所有档案记录清楚地证明,尼克松从未与马科斯有此电话交谈。"

② William C. Rempel. *Delusions of a Dictator: Mind of Marcos as Revealed in His Secret Diaries.* Little, Brown & Company, 1993. p. 182.

③ 事后白瑞德虽然抱怨马科斯不够坦诚,但是继续同情马科斯的做法。1986年菲律宾"二月革命"马科斯政权倒台前夕,白瑞德曾作为美国政府特使与马科斯谈判。

第四节　马科斯军管和美国对菲政策的调适

一、马科斯发动军事管制

当白瑞德发回 1972 年 9 月 22 日的电报时,马科斯已经密令菲律宾军方完成了最后的军事部署,只等马科斯在总统命令书上签字生效。但是马科斯还缺一个导火索。无论是在公共场合还是与美国人密谈,马科斯都反复强调他不会轻易发动军事管制,他向美国保证只有"马尼拉遭到纵火、政府的一名高级官员或外国大使遭到刺杀或绑架",他才会立即行动。虽然 9 月 19 日已经发生马尼拉市政大厅爆炸案,但是还需要更多恐怖主义突发事件证明军事管制的必要性。马科斯在军方的代言人国防部长恩里克扮演了导火索的角色。

9 月 22 日傍晚,菲律宾国防部的武装车队像往常一样护送恩里克下班回家。恩里克似乎预感到有危险发生,选择乘坐随行军车而非自己每日乘坐的座驾。巧合的是恩里克的座驾在路上遭到枪手伏击,但是没有人在事件中受伤。马科斯以此为借口,在当晚发动了军事管制。[①] 9 月 23 日凌晨马科斯签署了 1081 号总统令,宣布全国军事戒严。[②] 在首先抓捕阿基诺后,天亮之前军警把 200 多名反对派领袖送进了集中营。被捕者包括自由党主要领导人、各大媒体的主编和记者、教会牧师、学生领袖等反马科斯运动的组

---

① 1986 年二月革命中,恩里克倒戈反对马科斯。恩里克在新闻发布会上承认 1972 年 9 月 22 日的伏击是他和马科斯设计的阴谋,为军事管制发动寻找借口。

② 总统令 Proclamation 1081 上的落款时间是 1972 年 9 月 21 日,很多学者曾经猜测是马科斯于 9 月 21 日签署了命令,等待"突然事件"发生后再最后公布。恩里克在 1986 年透露,该命令确实是在 9 月 23 日签署,但是由于马科斯长期迷信 7 和 7 的倍数是自己的幸运数字,所以把落款时间改为 9 月 21 日。马科斯签署的大部分重要总统文件的日期都是 7 的倍数。

织者,军方的理由是保护他们免受叛乱者的伤害。"在军事管制开始的几周内,马科斯政府逮捕了约 30000 人。1975 年马科斯告诉国际特赦组织共有50000 人由于军事管制被捕,在押的还有 6000 人。"①

马科斯在 1972 年 9 月 23 日晚的全国电视广播讲话中指责菲律宾旧有的社会制度已经腐烂,面临着共产主义接管的危险。他承诺军事管制是为了建设菲律宾的"新社会",军事管制的初步措施包括解散私人军队、没收武器、打击暴力犯罪、稽查走私、整顿税务、打击腐败、提高政府效率以及针对传统权贵的土地改革等。宣布军事管制后,马科斯政府首先开始在全国没收私人武器,要求所有人上交自己的枪械。至 1972 年底,政府共收缴了 60万件枪械。菲律宾全国每天从午夜至凌晨 4 点实行全面宵禁,因此犯罪率急剧下降,马尼拉的谋杀案件在一个月内就迅速下降了 90%;②菲律宾的各大报社一向以自由敢言而著称,但是媒体在政治冲突中充斥着太多的谣言和阴谋,许多不负责任的报道反而让民众心生厌恶。马科斯关闭了所有的报社,只允许政府控制的少数几家媒体发布独家消息。未经政府允许,媒体从业人不得向国外传出任何新闻稿件,记者也不得出国采访;国会被无限期关闭,全国法庭都无限期停止运作,各地由军方建立军事法庭取代民事法庭,所有法律和政令都以总统令的形式发布,马科斯独揽全部行政、司法和军事大权;所有集会游行和工会罢工都被禁止,马尼拉街头一夜之间恢复了平静;1972 年 9 月 26 日,马科斯在军管时代的第一份总统令宣布将在全国推广土地改革,宣誓将与土地权贵阶层斗争到底;随后一系列总统令还包括整饬政府官员的腐败和低效、改革军队中的陈规陋习,等等。马科斯在全国讲

---

① Stephen Rosskamm Shalom. *The United States and the Philippines*: *a Study of Neocolonialism*. Philadelphia,Penn. : Institute for the Study of Human Issues,1981. p. 170.

② Marcos Proclaims Martial Law, Limited Official Use, Cable, 09014, September 23, 1972. DNSA, Philippines,PH00536. 收缴武器的政策从整体控制了菲律宾社会治安长期恶化的趋势,但是由于大多南部棉兰老地区的穆斯林居民拒绝向马尼拉中央政府上缴武器,反而造成南部穆斯林武装与马科斯政府军队冲突加剧,摩洛民族解放阵线的实力迅速提升。

话中强调:"一切阻碍新社会改革的行为都将受到严惩。"①

军事管制后很长一段时间内菲律宾并没有出现很多人预期的争取恢复民主制度、反马科斯军事独裁的抗争运动。相反,由于各个反对组织的领导人全部被捕,大多反对组织务实地保持了沉默。由于几个主要领导人在米兰达广场爆炸中重伤,加之阿基诺被捕入狱,群龙无首的自由党已经元气大伤,无力对抗强硬的马科斯军政府;所有大学从 1972 年 9 月 26 日起全部封校,学生运动失去了组织平台,部分学生运动领袖逃往中吕宋地区参加了"新人民军",其他逃过追捕的反对派领袖大多流亡国外;马科斯最为痛恨的媒体悉数关闭,《菲律宾自由新闻报》《马尼拉时报》和《马尼拉纪事报》最新一期批评马科斯的社论已经印刷,但都没有来得及出现在街头。因此,赞同军事管制的声音反而远远大于反对者。

菲律宾商界是马科斯强硬行动的忠实支持者。早在军管之前,菲律宾商业代表请愿团就向政府呈交了一份经济报告,指出弥漫全社会的恐慌和暴力事件严重破坏了经济环境,国民生产总值增长率不及原先目标的一半。各商会都希望马科斯早日发动军事管制,恢复社会治安。军事管制仅仅几天后,菲律宾股票市场逆转之前几年的低迷恢复了活力。天主教会从 1970 年以来一直是反对马科斯运动的重要力量,但是军事管制后除了几篇谴责大规模逮捕行动违反人权的声明以外,教会并没有对军事管制发表任何反对意见。马科斯发动军事管制的主要理由包括借机整改菲律宾腐烂的社会体系,因此马科斯的改革承诺得到了技术官僚阶层的集体拥护。接受良好教育、雄心勃勃的技术官僚们对于菲律宾传统政治体系的低效和腐败非常不满,这些中产阶级的代表受到传统权贵家族的打压,无论是在政治还是经济上都难以施展抱负,以土地改革为首的各种改革措施在旧体制中处处受

———————

① Marcos Proclaims Martial Law, Limited Official Use, Cable, 09014, September 23, 1972. DNSA, Philippines, PH00536.

到掣肘,难以有效推行。技术官僚把军事管制视为政府改革和社会进步的契机。但是大多技术官僚也担心马科斯和军队无意坚持改革,可能会以改革的名义长期维持军事统治。白瑞德在报告中称:"公众对军事管制的初期反应是令人难以置信的集体接受,甚至可以说是赞成。"①大众的默认让阿基诺非常失望,他在狱中评论:"我正确地判断了马科斯,但是我错误地判断了人民。"②

二、美国非官方各界的回应

马科斯用强硬行动迅速扫平了国内的反对声音,但是华盛顿的声音才是关键。马科斯虽然得到尼克松有条件的背书,但是华盛顿还有众多实权人物可能影响其军事统治的存续。马科斯熟谙政治游戏规则,美国大选前尼克松的政治对手极有可能借题发挥。一旦美国对菲经济和军事援助受阻,不仅军事管制赖以维持的物质基础受损,菲美关系恶化也会严重破坏马科斯统治的合法性;另外,尼克松政府是否连任尚且存疑,马科斯尤其担心美国军方和情报部门的立场,防止出现吴庭艳政权失败的重演。

在宣布军事管制的同时,马科斯委派自己的助手、总统府行政秘书梅尔乔(Alejandro Melchor)前往华盛顿公关。梅尔乔有着深厚的美国背景,毕业于美国海军学院,长期在华盛顿从事外交工作,与美国政商军各界都关系熟络。1970年和1971年伊梅尔达两次赴美游说的重点对象都是中央情报局,因为美国情报部门在菲律宾宪法大会和中期选举等选举事务上有着重要影响力。但是在军事管制的背景下,梅尔乔的游说对象则改为政商军的决策

①　Preliminary Reactions to Martial Law, Confidential, Cable, 09256, September 28, 1972. DNSA, Philippines, PH00559.

②　William C. Rempel. *Delusions of a Dictator*: *Mind of Marcos as Revealed in His Secret Diaries*. Little, Brown & Company, 1993. p. 192.

部门,其到达华盛顿的第一天就旋风式地拜访了美国国家安全委员会、国际开发署、参谋长联席会议以及世界银行的主管人。梅尔乔的首访对象是国家安全委员会的远东事务顾问何志立(John Holdridge),并向国家安全委员会保证军事管制不会损及美国的商业利益。同一天,梅尔乔还拜访了国际开发署负责人,在承诺美国经济利益得到保护的同时,请求国际开发署加快对菲律宾洪灾重建和土地改革的资金援助。随后梅尔乔前往五角大楼总部与参谋长联席会议主席托马斯·穆勒(Thomas Moorer)会谈。"穆勒没有要求任何保证,他对于宣布军事管制非常欢迎;他对自己的助手说这是菲律宾的最佳选择。"[1]梅尔乔的最后一站是世界银行总部,前美国国防部前部长、世界银行总裁麦克拉马纳当场承诺对菲贷款增倍。随后6天的密集行程中,梅尔乔集中公关国会山议员们,包括刚刚访问了菲律宾的夏威夷州参议员井上健,夏威夷州是美国的菲律宾侨民重要聚居地,其菲律宾社区对于美国的菲律宾政策有重要影响;还有参议院两位掌管对外关系的重量级人物:参议院对外关系委员会主席威廉·富布赖特,也是赛明顿系列听证会发起人;参议院多数党领袖迈克·曼斯菲尔德,梅尔乔邀请曼斯菲尔德亲自到菲律宾观察时局。几位参议员无一人对军事管制有负面评价。1972年12月底,曼斯菲尔德委托助手前往菲律宾考察。这位助手在考察报告的结论部分说:"暴力的反政府活动已经被压制,纪律和秩序又重新回到了菲律宾。"[2]

马科斯一直为媒体的负面报道所困,菲律宾的媒体虽然全部关闭,但是他没有忽视美国媒体的影响。除了政府部门,梅尔乔亲自登门拜访所有美国主流媒体。因此,军事管制后头几天,美国主要报纸几乎无批评的声音。《新闻周刊》的第一篇关于菲律宾军事管制的评论说:"虽然他的行动不可能不含私利,但是我倾向于相信马科斯总统是诚心实意利用军管赋予的权力

---

① Bonner, Raymond. *Waltzing with a Dictator*: *the Marcoses and the Making of American Policy*. New York: Times Books, 1987. p. 110.

② Congressional Record, February 21, 1973. S4841 – 4844.

为菲律宾人民造福的。"①《华盛顿星报》评价马科斯："马科斯的批评者说他是一个残暴贪婪的独裁者，指责他仅仅为了个人统治就扼杀了三十多年的美式民主。但是我认为马科斯是一个令人钦佩且充满智慧的社会理论家、虔诚的天主教徒和二战以来这个国家最杰出的英雄。"②《纽约时报》和《基督教科学箴言报》在军事管制后也对马科斯大加赞美。《纽约时报》评论马科斯是"这个前途不明的国家唯一的象征和强人"，而其在军事管制中的行为表明"他看起来并不像一个无情的独裁者，他的行为克制、优雅且低调"。③《基督教科学箴言报》赞赏马科斯是"优秀的法学院学生、睿智的辩护律师、英勇的二战游击队员和这个国家最杰出的战士"④。梅尔乔在美国各大报社唯一遇到的麻烦是《华盛顿邮报》，《华盛顿邮报》的编辑和记者当面质疑军事管制的合理性。梅尔乔对此反唇相讥："军事管制对菲律宾是好是坏的唯一审判标准不是《华盛顿邮报》，而是菲律宾人民。"⑤

　　梅尔乔的任务完成得非常顺利，没有美国官员公开反对军事管制，所有人最关心的都是军事管制是否能够抑制波涛汹涌的反美民族主义运动。在现实利益面前，常把意识形态理念挂在嘴边的美国议员们都选择性忽略事实。几乎所有人都清楚军事管制的主要目的是维护马科斯政权的统治，美国政府并不看好所谓的菲律宾社会改革前景，也不认同所谓的共产主义威胁，但是美国各个部门的官员们都在称颂马科斯的改革勇气。白瑞德之前所警告的"负面反应"并没有发生，他后来承认："我大大地错估了可能的反应。"⑥

①　The Marcos Gamble, *Newsweek*, October 9, 1972.

②　Revolution from Center, *Washington Star*, December 14, 1972.

③　Man in the News, *The New York Times*, January 19, 1973.

④　Manila Enjoys Respite from Crisis Conditions, *Christian Science Monitor*, October 2, 1972.

⑤　Bonner, Raymond. *Waltzing with a Dictator*: the Marcoses and the Making of American Policy. New York: Times Books, 1987. p. 110.

⑥　William C. Rempel. *Delusions of a Dictator*: Mind of Marcos as Revealed in His Secret Diaries. Little, Brown & Company, 1993. p. 188.

最为支持军事管制的美国人莫过于菲律宾的美国商人们。当时菲律宾有 800 多家美国企业,涵盖所有经济领域,包括糖、椰、木材、水果等菲律宾传统农业经济支柱产业,也包括民航、汽车、金融和石油等美国优势领域。这些公司大多是大型跨国公司,在美国政界有着深厚的影响力。菲律宾最高法院解释"平等权利"条款的排美决议出台后,美国商人们一直热切盼望马科斯用军事管制保护他们的经济利益,马科斯也指望美国商界为其游说华盛顿。1972 年 9 月 27 日,马科斯接受了《纽约时报》的专访,他在采访中非常高调地宣布"将用总统令的形式帮助美国人解决投资问题"。马科斯此举无疑是向反对派表明:军事管制和美国人的利益是一致的。同时,马科斯也盼望通过释放信号争取纽约商界的继续支持,也避免华盛顿出现他所担心的"负面反应"。美国驻菲大使馆对此分析:"马科斯总统会迅速兑现诺言……会释放更多的善意信号,以争取美国早日转为全力支持。"[1]马科斯很快就得到了回报,至少美国官方保持沉默,没有他之前担心的强烈声明,官员和媒体纷纷表示鼓励。9 月 28 日,菲律宾美国总商会同时向菲律宾政府和美国商界发表了致马科斯的公开信:

> 美国总商会预祝您致力于恢复和平秩序、市场信心、经济增长和菲律宾人民福祉的行动取得圆满成功。我们向您保证,我们将真诚地与您合作,协助达成这些目标。我们也正致力于与美国国内的商界交换意见。[2]

---

[1] Telegram from the Embassy in the Philippines to the Department of State, September 27, 1972. FRUS, Volume XX, Southeast Asia, 1969 – 1972, Document 262.

[2] American Chamber of Commerce Wishes Philippines President Ferdinand Marcos Success in His Attempts to Restore Peace and Order, Telegram, September 27, 1972. DNSA, Philippines, PH00554.

三、美国官方的回应

1972 年 9 月 23 日,混乱中的自由党派遣代表前往美国驻菲大使馆游说。自由党谴责"马科斯军事管制打击反对团体远多于打压共产主义叛乱","要求美国政府尽早对军事管制公开表态"。① 但是自由党所期望的美国谴责并没有出现,第二天美国国务院回复驻菲大使馆要求不得发表任何言论:

> 我们未来几天的姿态应该是"等等看",静观事态发展。我们计划尽可能把我们的官方回应限制在"我们正在密切关注事态发展"。我们建议你通知所有在菲美国官方人员保持相同的谨慎态度。马科斯或者其他菲律宾官员可能会催促你提供私人观点、建议或者透露美国政府的指示。你可以见机行事,应付此类试探,但是谨记不要向马科斯和菲律宾人民释放任何特别信号。②

随后,华盛顿又以文件形式确定此态度。尼克松政府的对菲政策国家安全研究备忘录(NSSM - 155)是在军事管制之前出台的,由于菲律宾局势再次发生剧变,美国国家安全委员会必须再次修订备忘录。1972 年 10 月 17 日,亚太事务助理国务卿马歇尔·格林向委员会高级评审小组提交了修订版。

最新修订版的主旨就是通过正式文件的方式协调各部门对军事管制的反应,即统一对军事管制保持"默认"的姿态。这份文件首先很乐观地评论

---

① Liberal Party Inquires Re USG Attitude toward Martial Law Proclamation, Confidential, Cable, 09005, September 23, 1972. DNSA, Philippines, PH00533.

② State Department Counsel's Reserve in Response to Declaration of Martial Law, Secret, Cable, 174413, September 24, 1972. DNSA, Philippines, PH00538.

了军事管制后的菲律宾局势："宣布军事管制是一次豪赌，但是最近事态发展有利于马科斯。军队的行动给了马科斯强力支持；反对派一片混乱；普通大众倾向于给马科斯一次机会，让他用军事管制完成社会改革。"安全委员会对于美国在军事管制中的态度提供了指导："我们认为马科斯在其承诺的改革领域取得进展，是符合美国利益的。……我们也认为美国对马科斯采取羁縻政策的最佳方式是：继续保持不置可否的态度，既不公开支持也不公开反对军事管制。我们需要牢记的是——马科斯的成败将更加依赖于我们的支持。他为了寻求美国继续承认其合法性，只能采取主动行动来争取。"①

　　换言之，国家安全委员会的策略是暂时静观其变或者保持默认态度，利用马科斯急于寻求美国表态的心态，驱使马科斯主动将美国利益最大化。相反，且不论公开反对军事管制会招致马科斯对美报复，即使过早的公开支持也会轻易失去调控马科斯的杠杆。可见，无论是菲美援越谈判还是军事管制前后的政治博弈，菲美双方都在尽量利用对方的弱点争取本方的最大利益。唯一变化的是，不同的政治环境决定双方谈判优劣势发生互换而已。

　　白宫和美国国务院长时间完全保持沉默，所有美国官员都未在公开场合评论过军事管制。有意思的是，在菲律宾进入军管时代后不到一个月，美国在亚太地区的另一盟友韩国也于1972年10月17日宣布军事戒严，朴正熙总统解散了政党和国会。美国政府在新闻发布会上对朴正熙政府的行为表示了"遗憾和不支持"；而当记者在发布会上接着提出要求评论菲律宾事态时，发言人的回答显得欲盖弥彰——"美国政府事先并不知情"。其他一切关于菲律宾军事管制的提问，美国官方的回应一律都是"不予评论"②。

　　尼克松政府的外交决策人无疑是尼克松本人和基辛格。1972年9月23

---

　　①　NSSM - 155：Philippine Policy - Annex on Martial Law（Includes Attachment），Secret，Cover Memorandum，October 17，1972. DNSA，Presidential Directives，Part II，PR01073.

　　②　Bonner，Raymond. *Waltzing with a Dictator：the Marcoses and the Making of American Policy*. New York：Times Books，1987. p. 112.

日前后,尼克松的主要精力放在准备即将到来的总统大选和应对水门事件司法调查。马科斯的动作显然不在尼克松的议事日程上。基辛格也没有时间召集幕僚们讨论菲律宾问题,而是频繁进出巴黎与冷战对手讨论越战和平协议。"基辛格只是简单通知国务院的相关部门,美国政府赞同马科斯的行动。"菲律宾事务的主要负责官员——亚太事务助理国务卿马歇尔·格林曾在内部会议上建议:"军事管制遏制了菲律宾的混乱局势。……华盛顿可以向马科斯寻求某种承诺,保证军事管制只是临时措施,例如六个月或一年"。[1] 但是美国官方从未对马科斯提出过此类要求。

尼克松主义的"亚洲人解决亚洲事务"原则,从客观上决定了尼克松政府倾向于支持混乱的盟国出现强硬的军事独裁者。军事独裁保证秩序和稳定,填补美军规模缩减后的空隙。军事独裁者亦是美国势力离开后,缓解所谓的盟国"国内安全问题"和打压共产主义运动的最佳替代品。因此,尼克松主义施行后,从亚太地区到美国的后院拉丁美洲集中出现了大量军事独裁政权。这些军事独裁政权多是在推倒美国政府所标榜的美式民主制度后建立起来的,而尼克松政府与这些代理人都保持了良好的合作关系。这些独裁政权多是通过军事政变夺权,而且不乏美国势力的插手,随后废除宪法或解散国会。这一清单包括:1970 年柬埔寨朗诺军事政变、1971 年泰国他侬军事政变、1972 年菲律宾马科斯和韩国朴正熙军事管制、1973 年智利皮诺切特军事政变。由于美国未批评马科斯政权,韩国反对党领袖金大中悲观地对《纽约时报》记者说:"我预计同样的不幸也会发生在我的国家。"[2]

随着时间的推移,尼克松政府的高层越来越多人倾向于为马科斯军事独裁寻找借口。《华尔街日报》的一名记者担忧地批评这些官员:"很多美国人或西方人非常的自私和傲慢,他们认为亚洲,尤其是菲律宾人,似乎不适

---

① Bonner, Raymond. *Waltzing with a Dictator: the Marcoses and the Making of American Policy.* New York: Times Books, 1987. p. 115.

② *The New York Times*, June 23, 1974.

合民主制度。"尼克松政府觉得只需要用一句简单的结论——"菲律宾还没有为民主做好准备",①就可以应付批评者,然而即使尼克松政府最高层和尼克松本人的想法也确实如此。

1973年2月初,美国副总统阿格纽(Spiro Theodore Agnew)巡访东南亚各国,马科斯非常重视这次军事管制后美国领导人的首次访问。马科斯为阿格纽举办了盛大的欢迎仪式,并在仪式上发表了十年来少见的亲美演讲。阿格纽本人亦非常支持马科斯,在整个会面过程中默契地避谈军事管制。访问过程中有一个小插曲:马科斯向阿格纽抱怨美国驻菲大使馆的参赞哈密尔顿"不太配合"。1973年2月10日,阿格纽返回华盛顿向尼克松汇报时说:"此次访问的所有国家的外交团队都非常优秀,但是菲律宾除外。哈密尔顿参赞非常糟糕——傲慢、自以为是,对马科斯颐指气使。"②尼克松当即下令把哈密尔顿调走。③ 在两人的这次谈话中,尼克松还首次私下对菲律宾军事管制发表了个人观点:

> 我们应该意识到民主制度的建立并不简单,英国人花了500年时间才成功。菲律宾的民主程度在亚洲相对来说是最先进的,但是如果马科斯觉得他必须毁灭民主制度来拯救这个国家,那么他应当这样做。菲律宾缺乏成熟的政治经验,民主制度带来了太多的问题甚至会毁灭这个国家。媒体经常批评与我们保持友好的国家的民主制度存在不足,例如南非、巴西和菲律宾,却对非洲的专制一言不发。我并非批评非洲国家缺乏民主,然而重点是我们不应该尝试把民主强加到朋友身

---

① Peter Kann, The Philippines Without Democracy, *Foreign Affairs* (April 1974), p. 613.

② Memorandum of Conversation, San Clemente, February 10, 1973, 10:05 – 11:30 a.m. FRUS, Volume E – 12, Documents on East and Southeast Asia, 1973 – 1976, Document 1.

③ 哈密尔顿是美国驻菲大使馆仅次于白瑞德的二号人物。他随后被调回国务院的情报研究局(Bureau of Intelligence and Research),情报研究局也是美国政府内部少数强烈反对马科斯军事管制的部门。

上。我们感兴趣的只是这些国家的外交政策。我们欢迎并鼓励民主化,但是他们对美国的态度才是最重要的。①

尼克松的这段评论体现了军事管制前后,美国对菲政策保持默许的背后逻辑:现实利益优于意识形态。敏锐的马科斯牢牢抓住尼克松的这一心态,随后给予了美国人足够的利益回报。马科斯的目的并非仅仅是美国政府继续保持默认态度,而是美国人公开的全力支持,从而保证军事独裁统治基础的牢固。

四、马科斯对美回报

宪法大会上极端民族主义的反美举动给美国的基地和投资利益带来了强烈的危机感,尤其是商界担忧《劳雷尔－兰利协定》到期后可能恶化的资本安全和投资环境问题。但是军事管制让马科斯与美国利益绑在了一起,美国人担心的问题迎刃而解。正如美国驻菲大使馆的一名官员所评:"纽约和华盛顿对于军事管制反应积极。对于美国人来说,我们只需要跟一个人谈妥平等权利或者其他议题即可,这个人就是总统先生。"②

军管之前,1972 年 9 月 20 日马科斯在与白瑞德密谈时就袒露:"虽然他面临非常多的困难,但是他觉得有必要让美国政府明白——他花了相当多的时间和精力来考虑如何解决美国人经济方面的麻烦。"③马科斯表示他不赞同菲律宾最高法院的排美决议,他会尽快行动排除美国资本遇到的障碍。

---

① Memorandum of Conversation, San Clemente, February 10,1973,10:05 – 11:30 a.m. FRUS, Volume E – 12, Documents on East and Southeast Asia,1973 – 1976, Document 1.

② Martial Law: Arrests and Crackdowns, Confidential, Cable, 09089, September 25, 1972. DNSA, Philippines, PH00546.

③ Telegram from the Embassy in the Philippines to the Department of State, September 22, 1972. FRUS, Volume XX, Southeast Asia,1969 – 1972, Document 259.

军事管制开始后,马科斯所做的比他的承诺还多。他不仅废除了菲律宾最高法院之前限制美国投资土地和商业的裁定,而且为美国在其他更为重要的投资领域大开绿灯。

宪法大会在马科斯的绝对控制下于1973年制定了新宪法。新宪法摒弃了之前讨论阶段的经济民族主义倾向,"宣布保护外国人的合法财产,外国人仍然可以出任公司高层职位,外国资本在开采自然资源的合资公司中允许占有40%的股份"。对此,美国国家安全委员会在一次对菲政策讨论会议上总结:"即将出台的新宪法中的经济条款将极大缓解民族主义对美国在菲投资的限制。"①

随着20世纪70年代全球石油价格一路走高,菲律宾民族主义者强烈反对美国公司插手菲律宾的石油产业,尤其是菲律宾海域可能存在丰富的油气储量。石油领域的主权保卫战一度成为民族主义运动的重要一环。马科斯曾经向菲律宾国会提交过向外资开放石油领域的提案,但是这一提案被国会驳回。根据菲律宾国会原先法案的规定,外国公司不得以任何形式投资菲律宾的石油勘探、开采和经营。1972年10月2日,马科斯发布了军事管制第8号总统令:"鉴于现行法规的限制,菲律宾无法吸引外资石油勘探公司前来投资石油勘探事业,现废除相关限制条款。"②加德士石油公司是军管前后马科斯与纽约商界之间的中间人,1972年12月马科斯把第一份石油勘探合同给了加德士石油公司作为回报,加德士的勘探范围是巴拉望岛和苏禄群岛之间120万公顷的海域。加德士还获准收购了菲律宾航空公司的大部分股份,成为第一大股东。马科斯给美国众石油巨头的另一项回报是——允许美国公司在合理范围内自由调整石油产品价格;而在军事管制之前,定价权掌握在菲律宾政府手中,美国石油公司数次价格调整的尝试都

---

① SRG Meeting on U. S. Policy toward the Philippines, Secret, Memorandum, November 28, 1972. DNSA, Philippines, PH00588.

② Presidential Decree No. 8, *Official Gazette of the Republic of the Philippines*, October 2, 1972.

由于公会和行业组织反对而失败。在马科斯军政府统治下,没有任何反对声音出现。马科斯另外一项刺激经济的政策也受到美国商人们的一致拥护:取消资本增值税和股权转让税,此举是为了减少美国资本由于平等权利到期转让资产所受的税费损失。如白瑞德报告中所言,马科斯的一系列经济政策"使他成了美国人的恩主"[1]。

马科斯的回报并非仅在经济领域。菲律宾宪法大会于 1971 年 12 月发布的《国家政策纲领指导文件》关于"废除军事基地"的文件也成为一堆废纸,马科斯政府与美国展开了新一轮的军事基地条约谈判。此次军事基地谈判的重点并非司法裁判权等主权问题,马科斯更加关心的是军事基地新约能换来多少军事援助或者基地租金,美国人则需要的是保证基地使用自由权;越南战争期间,美国曾经秘密运送了一批核武器储存在菲律宾的美军军事基地。(美国军方在 1969 年的赛明顿听证会上承认在菲律宾基地存有核武器,并且表示已经告知马科斯,但是拒绝透露具体数目。)根据美国国家安全委员会的绝密级档案记录,"1971 年菲律宾各个基地允许储存核武器或杀伤性战略导弹的数目上限是 201 件,而这一数据在军事管制后的 1973 年改成了 260 件"[2]。这一数字变化至少可以推断军事管制后美军在菲律宾部署了更多的违禁武器。美国早已经将核武器问题告知马科斯,马科斯当时并未公开此事,而是将其作为日后政治交易的筹码。

马科斯的回报对象还包括尼克松本人。根据水门事件司法调查报告显示,尼克松在 1972 年底总统大选期间曾经接受菲律宾前驻美大使恩奈斯托·拉达米奥(Ernesto Lagdameo)的一笔竞选资助。[3] 众所周知,拉达米奥

---

[1]　Telegram from the Embassy in the Philippines to the Department of State, September 27, 1972. FRUS, Volume XX, Southeast Asia, 1969 – 1972, Document 262.

[2]　Bonner, Raymond. *Waltzing with a Dictator: the Marcoses and the Making of American Policy*. New York: Times Books. 1987. p. 134.

[3]　Records of the Watergate Special Prosecution Force Memorandums: September 23, 1973. Record Group 460 1971 – 1977, National Archives.

与菲律宾的美国商会合作密切,而且他和马科斯私交甚笃,是马科斯在商界的利益代言人和心腹。除了档案记载的证据以外,关于马科斯向尼克松赠款还有各种传闻版本。其中,马科斯的前总统府行政秘书拉斐尔·萨拉斯(Rafael Salas)则透露:"马科斯夫妇在1968年和1972年尼克松两次竞选期间,各向尼克松竞选委员会赞助了100万美元。"①

五、军管后美国政府出台对菲政策的过程

1972年9月马科斯发动军事管制后,美国政府所有机构都保持了沉默态度。但是沉默毕竟只是权宜之计,尼克松政府必然要出台明确的对菲长期政策指导文件。1972年底至1973年初,美国方面整体沉默的背后亦不乏对长期政策的分歧和争论,其中针对军事管制本身最具代表性的支持者和反对者分别是美国驻菲大使馆和国务院情报研究局。

军事管制之前,白瑞德就倾向于支持马科斯的"强硬行动";军事管制后,白瑞德的态度经历了从"迫不得已与马科斯合作"到"主动与马科斯合作"的变化。总的来说,白瑞德主持的驻菲大使馆力主美国早日公开支持马科斯。

与驻菲大使馆观点相异的是国务院下属的情报研究局,情报研究局常被称作"国务院专属中央情报局"。顾名思义,情报研究局的职责是为国务院内部机构和官员提供政策分析。情报研究局大部分工作人员是专攻区域研究的国际问题学者,其研究报告都是建立在扎实的学术基础和客观分析之上,立场常与追求短期政治利益的政党政治大为不同,但是又并无类似中央情报局的职权和影响力。情报研究局关于军事管制分析报告的主要执笔

① Bonner, Raymond. *Waltzing with a Dictator: the Marcoses and the Making of American Policy.* New York: Times Books, 1987. p. 141.

人是爱德温·巴伯(Edwin Barber),巴伯于 20 世纪 60 年代在印度尼西亚和马来西亚等地从事外交工作,后返回美国在密歇根大学攻读东南亚研究硕士学位。巴伯在调入情报研究局后,受其导师反对马科斯军事统治的影响,致力于分析马科斯和军事管制。另外,由于"不配合"马科斯而被调回国的前驻菲参赞哈密尔顿也进入情报研究局负责菲律宾政策分析。因此,1972 年底情报研究局成为美国内部反对军事管制的"主力军"。美国驻菲大使馆和国务院情报研究局就马科斯军事管制的利弊分别提交了大量分析报告。

1972 年 9 月末驻菲大使馆向华盛顿提交了一系列舆情报告,大使馆报告菲律宾本地各个阶层都接受军事管制和马科斯采取的初步改革措施。白瑞德认为这是大势所趋,美国除了支持马科斯,没有其他选项。1972 年 10 月 2 日,白瑞德在电报中反问华盛顿决策层:"大使馆认为我们应该认真考虑——除了承认并全力支持马科斯建设菲律宾新社会之外,还有什么更好的选择吗?"白瑞德希望华盛顿至少能在私下表达对马科斯的支持立场,而不是无限期保持沉默。他说:"目前我们认为最急需的就是美国政府在此事件中表明立场,至少目前已经到了有必要做出私下暗示的阶段了。"①白瑞德对于白宫和美国国务院最高层的基本政策了然于胸,因此他所指的立场已经排除了"反对军事管制",白瑞德很自然地把马科斯的前途和美国利益绑在了一起。白瑞德的基本观点是美国必须承认既定事实,尽早放弃目前保守的"等待"政策,转而与马科斯政权全面合作,帮助马科斯推动其承诺的改革计划:

> 我的结论是继续与菲律宾政府保持合作。……我并非建议美国政府在公开场合明确表示支持马科斯,也不看好美国公开向菲律宾政府

---

① Telegram from the Embassy in the Philippines to the Department of State, October 2, 1972. FRUS, Volume XX, Southeast Asia, 1969 – 1972, Document 263.

呼吁改革。但是我担心由于美国对菲官方政策不明确,会导致华盛顿所有对菲援助全部限于停滞。如果改革计划取得一定程度的成功,这对我们的利益和双边关系大有裨益;相反,一旦马科斯的改革被贴上了失败的标签,非但我们的经济利益,就连安全利益也会受到冲击。

我觉得如果一直徘徊于"等等看"的态度,在现在这个阶段已经对我们的各项计划造成不利。例如,如果国会正在讨论的菲律宾灾后重建援助项目有可能正式对外宣布的话,我认为我们就应该毫不犹豫地向前走。①

到了1973年1月,白瑞德所期盼的"向前走"政策仍未到来,失望的白瑞德再次发给美国国务院另一封措辞更加强硬的电报,催促华盛顿支持马科斯政权。白瑞德直白地劝告国务院"无须为菲律宾民主的暂时损失太过唉声叹气",要把注意力集中到现实利益问题上。在这份电报中,白瑞德列举了近期马科斯的一系列亲美举动,指出军事管制帮助美国人解决了之前头疼的反美民族主义威胁,他指出:"通常发展中国家的领导人都会把外国利益当成替罪羊或改革的牺牲品。近期这里发生的剧变并未伴随民族主义或者排外情绪,这是因为马科斯明白他需要外国投资推动国家发展。也是基于此原因,马科斯主导的新宪法草案比旧宪法更加利于外国利益,尤其是美国的利益。"②

在赞颂马科斯是美国"忠实的好伙伴"后,白瑞德警告美国国务院如果不尽早全力支持马科斯,而致马科斯的改革失败,被强力压制的极端反美民族主义就会报复性反弹。白瑞德认为一旦马科斯对政权失去控制,不仅混

---

① Telegram from the Embassy in the Philippines to the Department of State, October 2, 1972. FRUS, Volume XX, Southeast Asia, 1969 – 1972, Document 263.

② Telegram 0823 from the Embassy in the Philippines to the Department of State, January 22, 1973, 1000Z. FRUS, Volume E – 12, Documents on East and Southeast Asia, 1973 – 1976, Document 315.

乱的政治局势会把菲律宾推向"更加专制、更加保守"的道路,而且继任者很可能全盘否定马科斯的对美友好政策。白瑞德还提出了另外一种可能性——美国迟迟不予配合或者马科斯政权摇摇欲坠,甚至"马科斯本人也会采取激烈的排外和反美政策",以冒险博取政权的合法性。白瑞德预言:"在极端情况下,美国在菲律宾的军事基地和投资将会陷入前所未有的险境。"①

白瑞德主张美国支持马科斯的假定逻辑是:马科斯军事管制和改革计划将突破菲律宾"权贵-贫民"二元社会的矛盾和顽疾,其他双方共同关心的经济、安全问题都能迎刃而解。对此,情报研究局则有着完全不同的看法。

军事管制施行一个月后,情报研究局在为美国国务卿准备的一份备忘录中指出,很多官员认为军事管制只是紧急措施的想法太天真了。"无论用何种手段,很明显马科斯都企图在未来很长一段时间内控制菲律宾政权。"情报研究局也认为马科斯关于改革的承诺只不过是政治手段而已,理由是"他早在1969年大选时就竖起了改革大旗,可是一旦政治目的实现后就把旗帜扔掉"②。

情报研究局的质疑不无道理。马科斯没收武器和打击私人武装的对象多是与其敌对的权贵家族和政敌,而那些效忠马科斯集团的权贵家族却仍然以安全名义拥有私人军队。至于土地改革的政令,只不过是把原先中吕宋的土地改革令扩大到全国范围而已。但是很多人质疑马科斯这条总统令是彻底的政治表演和口号,毫无实际意义。即使只是中吕宋地区的土地改革,马科斯政府数年来都困于资金缺乏和既得利益阻碍而导致土地改革流于纸面,遑论在全国推行。马科斯政府之前土改的做法是,把中吕宋地区的

---

① Telegram 0823 from the Embassy in the Philippines to the Department of State, January 22,1973, 1000Z. FRUS, Volume E-12, Documents on East and Southeast Asia,1973-1976, Document 315.

② Bonner, Raymond. *Waltzing with a Dictator: the Marcoses and the Making of American Policy*. New York: Times Books. 1987. p. 130.

无地农民迁移至南部棉兰老地区垦荒,已经造成了严重的天主教徒－穆斯林武装冲突。因此,即使是白瑞德也对马科斯长期坚持改革的诚意不抱信心。情报研究局的巴伯在一份秘密报告中评论"菲律宾正在尝试一个人的民主",他批评"马科斯所做的就是建立起只有一个人的军事宪政体制,保证他无限期保有无限的权力,当然是在议会民主制度的外衣下"。[①]

白瑞德之所以坚持支持军事管制,主要是因为他认为无论马科斯是否真心改革,其军事管制政策都利于美国的现实利益。虽然巴伯承认军事管制给美国带来诸多现实好处,但是从两国特殊关系的宏观角度和长远目标出发,"美国在军事管制中找不到利益所在"。巴伯指出如果美国加大对菲援助力度,而马科斯军政府终有倒台的一天,反对派则会抓住美国"与独裁者勾结"的把柄发起报复;如果美国拒绝加大援助,与马科斯政权绑在一起的菲律宾社会将更加危险,而且愤怒的马科斯会熟练地动用"民族主义反美杠杆"给美国利益造成困难。[②]

情报研究局在之后很长一段时间内撰写了大量批评军事管制的报告,但是无一例外没有受到美国国务院的重视和采纳。毕竟,在尼克松主义的背景下,尼克松政府需要马科斯这样强硬而亲美的独裁者站在舞台的最前面。至于白瑞德呼吁的"向前走"只是时间问题,美国方面在将近半年的"等等看"后,于1973年3月终于确定了尼克松政府在军事管制时期的对菲政策。

六、美国对菲政策的确立

1973年3月27日,基辛格代表国家安全委员会签署了《国家安全决策

---

① The Philippines Tries One-Man Democracy, Secret, Report, November 1, 1972. DNSA, Philippines, PH00578.

② Philippines: Marcos Gambles on Martial Law, Secret, Article, October 11, 1972. DNSA, Philippines, PH00563.

备忘录 209 号对菲政策文件》(NSDM - 209),该文件是 1972 年初以来美国对菲政策反复讨论和修改的最终结果。

由于 1972 年 8 月和 9 月,菲律宾发生最高法院"平等权利"裁决和宣布军事管制两件涉及美国重大利益的紧急突发事件,《国家安全研究备忘录 155 号对菲政策文件》(NSSM - 155)数易其稿。在军事管制两个月后,基辛格才于 1972 年 11 月 30 日召集国务院、国防部、商务部、财政部、农业部和中央情报局的代表,召开了国家安全委员会高级评审小组会议。这次会议在该文件的基础上,讨论的重点包括:美国与马科斯政权的关系、保护美国在菲军事基地自由使用权、保护美国在菲贸易和投资利益、保障菲律宾的长期稳定。① 显然,尼克松政府只需要明确支持马科斯政权的政策,无论是基地、投资还是美国关心的菲律宾国内安全问题都能在短期内得到保障。

一般来说,美国国家安全委员会在召开高级评审小组会议后,委员会应该立即向总统提交会议结果,并尽快制订最后的《国家安全决策备忘录》。但是 1972 年底菲律宾召开宪法大会制定新宪法,以及美国大选事宜,华盛顿的对菲政策再次搁置。临时的"等等看"政策和沉默态度持续了近半年之久。1973 年初,美国驻菲大使馆曾数次催促国务院,伊梅尔达亦借参加尼克松总统连任就职仪式的机会再次赴美游说,尼克松政府才把注意力转移到菲律宾事务上。

1973 年 3 月 16 日,基辛格向尼克松递交了高级评审小组的最后决议。决议最关键的内容无疑是美国将如何处理与马科斯军事独裁政府的关系,以及后续援助政策。基辛格在报告结论部分指出:

目前并无可靠人选取代马科斯,我们相信至少在短期内马科斯将

---

① SRG Meeting on U. S. Policy toward the Philippines, Secret, Memorandum, November 28, 1972. DNSA, Philippines, PH00588.

控制局势。我们将继续视马科斯政权为菲律宾合法有效之政府,合作程度取决于他协助、维护我们在菲律宾的基本利益之情况而定。与此对应,马科斯的赌局是通过军事管制和全面的政治经济改革促进菲律宾社会的长期稳定;我们承认我们与马科斯的成败具有共同利益。在确认马科斯仍然致力于维护菲律宾之长期稳定、保证与美国政府通力合作以维护我们的其他基本利益的情况下,我们将全力支持他的改革计划。①

尼克松批准了基辛格的决议报告,1973 年 3 月 27 日美国国家安全委员会向各相关部门发布了前文所述的 NSDM‑209 文件。决策文件与基辛格之前提交的报告大同小异,这份长度仅一页的文件全部内容为:

1. 美国政府将继续视马科斯政权为菲律宾合法有效之政府。在马科斯致力于维护菲律宾之长期稳定、与美国政府通力合作以维护我们在菲基本利益的情况下,美国政府将继续向菲律宾提供安全和经济援助。

2. 美国政府不寻求 1974 年之后延长《劳雷尔‑兰利协定》。

3. 美国政府对菲军事援助将以其他援助项目的形式提供,避免与军事基地使用权发生直接联系。军事援助的预算为约每年 2000 万 ~ 2500 万美元。②

---

① Memorandum from the President's Assistant for National Security Affairs (Kissinger) to President Nixon, Washington, March 16, 1973. FRUS, Volume E‑12, Documents on East and Southeast Asia, 1973 ‑ 1976, Document 317.

② National Security Decision Memorandum 209, Washington, March 27, 1973. FRUS, Volume E‑12, Documents on East and Southeast Asia, 1973 ‑ 1976, Document 318. U. S. Policy Toward the Philippines, Secret, National Security Decision Memorandum, March 27, 1973. *Presidential Directives*, PD01297.

这项支持马科斯军事独裁政权的政策随后延续了近 14 年,[①]虽然卡特政府时期的人权外交曾对菲政策有所调整,但是美国支持军事管制的大方向从未改变。美国－马科斯集团长期合作改变了菲律宾战后历史发展的方向,菲律宾错失了改革社会结构失衡的机会。一位学者在其菲美关系研究的著作中将军事管制称之为"美国制造的悲剧"(An American Made Trage-dy),而著名的菲律宾政治问题研究学者克弗列特(Benedict Kerkvliet)教授在 1974 年的美国众议院听证会上指责"没有美国支持就没有军事管制"[②]。诚如美国情报研究局在其一份报告中总结的那样——"只有美国才能向马科斯提供他急需的资金保障和政治支持",美国是军事管制悲剧的重要推手。如果美国方面有意阻止军事管制,只需在短期内减少甚至停止对马科斯的军事、经济援助,军事管制必然将面临巨大的资金匮乏和政治危机。相反,美国大幅度增加了援助力度。NSDM－209 文件出台后,华盛顿立即付诸了行动。

美国对菲军事援助总额由 1969—1972 年的 8080 万美元骤升至1973—1976 年的 1.663 亿美元,足足提高了一倍。[③]美国联合军事顾问团继续为菲律宾军队提供技术支持和军官培训。此外,美国通过国际开发署、世界银行和亚洲发展银行等机构加大了对马科斯政权的经济援助和贷款。虽然由于军事管制后美国政府施行长达半年的"等等看"政策导致援助趋缓,但是 NDSM－209 文件出台后的短时间内,美国立即大幅度提高军援和贷款,并将大量越战剩余军事装备转交给菲律宾军队,旨在强化菲律宾军队的装备水平,以巩固马科斯军事统治的稳定。

---

① 1986 年菲律宾爆发"二月革命",推翻了马科斯军政府,美国对菲政策才重新调整。

② Hearings before the Subcommittee on Asian and Pacific Affairs of the Committee on Foreign Affairs, House of Representatives, 93rd Congress, 2nd Cession, May 1 and June 5, 1974. p. 73.

③ Stephen Rosskamm Shalom. *The United States and the Philippines: a Study of Neocolonialism.* Philadelphia, Penn.: Institute for the Study of Human Issues, 1981. p. 179.

表6-4　美国对菲军事援助1970—1975年（单位：百万美元）

财政年	1970	1971	1972	1973	1974	1975
军事援助项目	15.0	16.0	12.9	15.9	15.4	20.4
训练	0.9	0.9	1.1	0.8	0.5	0.6
对外军售项目贷款	0	0	0	0	8.6	7.0
剩余军事物质援助	0.6	5.2	1.4	4.3	15	2.5
联合军事顾问团	1.6	1.4	1.3	1.5	1.6	1.6
合计	18.2	23.5	16.7	22.5	41.1	32.1

数据来源：Human Rights in South Korea and the Philippines：Implications for U. S. policy，House，94th Congress，1st session，1975. p. 317.

表6-5　美国国际开发署对菲经济援助1968—1973年（单位：百万美元）

财政年	1968	1969	1970	1971	1972	1973
金额	21.1	19.6	27.2	39.3	62.7	154.3

数据来源：U. S. A. I. D.，Washington，D. C. 转引自 Thompson Willard Scott. *Unequal Partners：Philippine and Thai Relations with the United States*，1965 - 1975. Lexington MA：Lexington Books，1975. p. 150.

小　结

　　美国对马科斯军政府政策的确定也标志着战后二十多年的以情感纽带维系的菲美传统特殊关系走到了尽头，菲美特殊关系转变为全新且更加隐蔽的形式——"霸权－代理人"关系。这种"霸权－代理人"关系在冷战时期美国与其众多实施军事独裁统治的盟国之间并不鲜见，自然也就不再特殊。政治上，美国减少对菲律宾政党政治和内政的直接影响，改而以经济、军事援助和政治支持为饵间接控制马科斯政权调整对美政策，诱使马科斯军政府主动维护美国主要在菲政治利益；经济上，彻底废弃"平等权利"条款，淡化直接经济援助和强势的市场控制,引入第三方如世界银行、国际货币基金组织和日本进入菲律宾经济,通过以退为进的策略让渡部分经济利益,避免刺激菲律宾经济民族主义,从而获得更长周期的宽松经济环境,保全美国在菲经济利益;安全战略上,美国军事力量避免直接参与镇压"新人民军",通过军事援助的方式武装菲律宾军队,维护美国的军事基地安全,从而避免再次陷入类似越战泥沼的窘境。

1970—1972 年在菲美关系发展史中的重要性还在于:随着菲律宾社会危机的集中爆发、反美民族主义运动达到高潮,美国政府对马科斯企图建立个人军事独裁的态度逐渐发生变化。美国的对外政策再一次面临"全力支持"和"干预改革"的选择困境,在菲律宾社会面临崩溃、民族主义对美国经济和安全利益构成威胁等新变量下,美国人意识到在菲律宾已经难以同时取得安全利益、经济利益和意识形态三大目标。尼克松政府最终接受了马科斯的军事管制,承认菲律宾美式"民主橱窗"坍塌的事实,换取马科斯政权继续维护美国在菲军事基地和贸易投资两大核心利益。

二战后维持25 年的菲美特殊关系在军管时代宣告结束。从菲律宾角度而言,在传统菲美特殊关系中,新生的菲律宾共和国是"美国之子",美式民主体制是菲美特殊关系的象征。失去了这一共有的血缘纽带,菲律宾就从特殊的"美国之子"转变成一个普通的"冷战扈从"。从美国角度而言,美国开始假手马科斯政权这一"白手套"来维护美国利益,完成表面上的"去特殊化",建立起隐蔽的"庇护关系",这也是尼克松主义亚太政策调整的结果。

这一时期,美国对马科斯政权的态度一直处于变化的过程之中。根据菲律宾国内局势的发展情况,尼克松政府对马科斯政权的政策经历了保持中立、有保留的支持、默认军管直到最后全力支持。马科斯政权在美国态度和政策转变的过程中,也保持了相当程度的主动性,马科斯个人在菲美关系多维互动的政治角逐中,对菲律宾政局和菲美关系都产生了重大影响。

结　语

二战后,菲美同盟关系是美国在东南亚战略布局的基石和前哨站,是美国对东南亚以及亚太地区政策的重要组成部分。菲美关系在研究美国与第三世界国家之间关系的范式研究中既有普遍性又有其特殊性,是不可或缺的经典个案。越南战争升级前后,美国的越战政策和东南亚政策都在短时间内发生过显著变化,这种地区整体政策的变化都对美国的菲律宾政策造成了深远的影响,这种显著的政策变化很大程度上又进一步催化菲美关系的变动及菲律宾国内局势的发展;同时,菲美关系的特殊性和菲律宾国内社会历史进程的内因也相应地影响着美国对菲律宾政策的调整,并且或多或少在一定程度上影响了美国的地区整体政策变化,即使其影响程度相对微弱。由于这一时期的上述变化具有非常明显的阶段性特征,如果以越南战争升级作为坐标可以简单分为战争全面升级前、战争升级期间和尼克松主义时期,即本书的考察范围1962—1972年。

回顾1962—1972年菲美特殊关系发展的十年变迁历程,两国关系经历了二战后变动最为激烈的一段时期。二战后,菲美双方通过军事基地条约、集体安全协定和经贸互惠援助等措施建立起了牢固的特殊关系。同时,菲律宾社会普遍怀有强烈的亲美情绪,特殊关系对于菲律宾人来说是包含历史与文化元素的特殊情感因素。简而言之,菲美特殊关系比美国与亚太地区其他盟国的同盟关系更加"特殊"。但是从20世纪60年代初至70年代初的十年间,菲美关系在内外各种因素的影响下,经历了充满波折及调整的动荡过程。这个过程大致可以分为三个阶段:1962—1964 年、1964—1969年、1969—1972 年。

第一个阶段对应的是马卡帕加尔 - 肯尼迪政府时期。这一阶段的重要特点是菲律宾民族主义登上政治舞台,虽然民族主义与特殊关系处于相互交织的状态,但是菲美两国的特殊关系勉强走上探索"去特殊化"的轨道。第二个阶段是菲美开展援越谈判至菲律宾退出越南战场截止。越南战争突然升级打断了两国之前几年的"去特殊化"轨道,菲律宾政府短时间内重新扮演美国"傀儡"的角色。第三个阶段是尼克松主义推行至马科斯建立个人军事独裁统治。尼克松主义大背景下美国重新调整了对菲政策,加之菲律宾国内民族主义运动在越南战争催化下走向高潮,菲美关系走向一明一暗的双轨车道。明线是"去特殊化"进程重启并加快速度,以配合尼克松主义的亚太地区政策;暗线是美国出于安全、军事和经济利益,与野心勃勃的马科斯政权达成妥协,菲律宾走向军事管制的历史悲剧,双方建立更隐蔽的"霸权 - 代理人"关系,传统的菲美特殊关系终结。菲美关系在每个阶段都呈现不同的特点,都能引发不同的思考:

一、第一阶段:1962—1964 年,特殊关系与民族主义的交织

20 世纪 50 年代末至越南战争升级的这一段时间,是菲律宾民族主义意识处于快速发展的一段时期。越来越多的政治家和知识分子开始呼吁菲律宾经济自主、主权完整和外交独立,民族主义作为一支重要力量登上菲律宾的政治舞台,并且与菲美特殊关系产生互动影响。1962 年爆发的战争损失赔偿案纠纷,是菲律宾民众第一次对所谓的特殊关系产生集体幻灭感。在美国加速介入亚太地区冷战的同时,菲律宾人意识到双方对特殊关系的理解存在巨大的偏差。战争损失赔偿问题导致的一系列外交危机,例如马卡

帕加尔取消访美行程和菲律宾更改独立纪念日都在菲美关系史上具有重要的象征性意义，菲美关系开始尝试"去特殊化"，呈现特殊关系与民族主义交织的状态。

"去特殊化"是菲美双方的共识，美国在 1961 年的 NSC6107 号对菲政策文件中已经确认菲律宾民族主义外交是不可避免的趋势。[①] 两国都明确了菲律宾外交应该走出特殊关系的桎梏，在东南亚地区组织中重新寻找国家身份，即马卡帕加尔所言"转向东方"。但是在战争损失赔偿等一系列双边外交摩擦的刺激下，马卡帕加尔的民族主义外交改革要比美国人设想的更远。1962—1964 年，马卡帕加尔发起的民族主义外交催生了沙巴争端、马菲印多和马尼拉 - 雅加达联盟等产物，超出了西方在东南亚制定的冷战战略框架。在国内传统亲美主义和美国的压力下，马卡帕加尔的民族主义外交改革半途而废。民族主义外交改革失败证明：20 世纪 60 年代初的菲律宾民族主义看似发展迅猛，其实际上仍然处于特殊关系的基本轨道中。换而言之，菲律宾此时的民族主义发展仍然处于量变的过程中，尚未达到质变的程度。

军事基地问题是探讨菲美两国关系时难以绕开的话题。一方面，军事基地是菲美冷战同盟的基石；另一方面，军事基地又是催生民族主义反美情绪的温床。20 世纪 60 年代前后，在军事基地诸多争议事项中，最引人关注的是频繁的美军枪击案件和基地司法权问题。双方在基地司法权等问题上的分歧和妥协，是特殊关系与民族主义交织状态的一个缩影。

上述特殊关系与民族主义的交织状态，在 20 世纪 60 年代初的一系列外交摩擦事件中都有所表现。这些矛盾的发生、影响和最终处理结果都有其时代背景。菲美特殊关系不能简单概括为冷战同盟关系或者新殖民主义关

① NSC statement of U. S. policy towards the Philippines. Report. NATIONAL SECURITY COUNCIL. SECRET. Issue Date: January 10,1961. DDRS,CK3100167988.

系。诚然，如果从美国方面的角度考虑，特殊关系只是外交辞藻而已，菲美关系只不过是冷战时期美国遍布全球的冷战同盟关系网络的一环。或者，也可以说是美国与菲律宾权贵阶层结成的新殖民主义联盟。但是不可忽视的是从菲律宾社会的角度考虑，不可否认菲律宾民众普遍存在对美国的特殊情感，因此，某种程度上说双方确实存在不对等的特殊关系。同时，这种不对等的特殊关系对菲律宾发展独立成熟的国家意识、系统的外交政策都有巨大的阻碍。与美国政府相比，菲律宾社会常常对两国外交事务中的正常外交摩擦敏感得多，呈现出情绪化的反应和冲动。例如战争赔偿和军事基地司法权问题，在美国国会和军方看来只不过是"朋友之间的小争吵"，但是菲律宾社会却由此产生了对特殊关系的集体幻灭感；而马卡帕加尔的民族主义外交改革更像是不成熟的"青少年冲动"，整个外交方向改革既缺乏长远规划，又没有坚实的政治基础。改革运动只是对一系列突发事件的情绪化反应，因而结局也只是草草收场。因此，特殊关系土壤中培育出来的菲律宾民族主义幼苗，促使这一时期发生诸多外交摩擦事件。与此同时，民族主义在这些外交分歧事件中往往看似决绝激进，舆论常常出现"断绝特殊关系""真正的外交独立"或者"收回军事基地"等高调口号，但是最后的结果仍然通常是菲律宾作为两国关系中弱势的一方的妥协而告终。

　　美国方面这一时期的东南亚和菲律宾政策是这些外交摩擦产生的另外一个原因。美国虽然在 1961 年就制定了"去特殊化"的对菲政策，但是在其加剧干涉东南亚问题的背景下，"去特殊化"仍然难以有效推行。美国对菲"去特殊化"政策被其整个亚太地区冷战战略安排所抑制，这种情况要直到尼克松主义推行后才得以缓解。回顾 1962—1964 年的几次主要摩擦事件，无一不跟美国的整个亚太战略安排有关。菲律宾人对战争赔偿议案受阻的反应如此激烈，不可忽视的一个背景是——美国对日本、南越和印度尼西亚等地区的援助规模短期内猛增，以配合美国对亚太冷战全局的布置，而菲律宾人对此产生强烈的不平衡感和情感失落。菲律宾人愤怒的逻辑是：昔日的敌人和陌生人都成了美国政府的座上宾,而菲律宾作为往日的"一家人"反而由于特殊关系的桎梏而被牢牢掌控在美国手中,菲律宾人民的权利不再被重视。因此,对比造成的反差放大了战争赔偿案所导致的政治后果。

同理,马卡帕加尔的外交改革被美国人紧急叫停而失败,也与美国此时对东南亚冷战局势的关注和谨慎不无关系。在东南亚大陆地区局势日益紧张的情况下,海岛地区形成稳定的集体安全机制才是最符合美国利益的,英国的马来西亚计划无疑是符合美国预期的。显然,马卡帕加尔政府的"沙巴索求"是一个大麻烦;至于"马菲印多"计划,其设想与美国的集体安全机制构想本是一致的,但是苏加诺领导下的印度尼西亚有左倾的危险,美国不可能容忍冷战对手在后方开辟东南亚冷战的第二战场,而马卡帕加尔的"马菲印多"计划有向苏加诺靠拢的趋势。因此,超出当时政治环境而显得理想化的民族主义外交被美国迅速扼杀了。

菲律宾的两大军事基地——克拉克空军基地和苏比克湾海军基地,是美国控制东南亚局势的重要资本,尤其是在20世纪60年代这些军事基地是越南战争的主要后勤保障。而且这一时期军事基地的美军驻军规模由于越战前线轮换而激增,美军与当地社区居民的冲突也随之猛增。美国为了维护军事基地的使用权,在军事基地主权问题上对菲律宾民族主义一直采取主动退让的姿势。因此,这一时期的军事基地呈现出的特点是矛盾多、妥协快。

菲美关系在20世纪60年代初表现出此种交织状态,除了从国际外交关系的角度考察外,还有其他的观察视角可作进一步思考和研究。

例如,从政治经济学的角度来看,菲律宾独立建国后的十几年时间民族主义经济得到了初步发展。从20世纪40年代中期至50年代中期,菲律宾民族资本在原材料加工业和进口替代性工业方面有所积累,尤其是加西亚政府期间通过打压华人经济由此催生了一批新型资本权贵和中产阶级。这些人希望自己的产业结构能够进一步升级,在生产链环节上获得更高的地位,而美国人凭借特殊关系建立的经济特权给菲律宾新型民族资本的经济地位和市场份额带来难以逾越的障碍。因此,民族主义势力在此时适时登上了政治舞台。但是与此同时,菲律宾最有权势的仍是以传统糖业、椰子产品为主的土地权贵集团,为了维持美国市场配额而极力维护传统的菲美特殊关系。两方势力在政治经济领域的分歧和斗争,体现在外交领域就是民族主义与特殊关系的交织状态。

如果从社会学角度来看,20 世纪 60 年代初菲律宾战后出生的第一代青年开始步入社会。与父辈殖民时代和二战期间的亲美记忆不同,这一代年轻人给菲美关系注入了新的思潮和观念,这种情况在反越战学生运动期间尤甚。但是殖民期间美国人在菲律宾移植的美式教育、政治经济制度乃至流行文化仍然在菲律宾社会打上了深深的美国烙印,而且菲美两国相互存在庞大的移民社区和频繁的民间文化交流也为特殊关系的存续存在打下深厚的社会基础。青年一代的新思维和传统的亲美思维从 20 世纪 60 年代开始发生激烈频繁的碰撞。同时,两者又常常交融在一起,难以清晰界定。

二、第二阶段:1964—1969 年,越南战争背景下菲美关系

越南战争历来都是亚太冷战研究的重中之重,约翰逊政府的升级政策和其继任者尼克松主义"低姿态"政策,这两次剧烈的亚太冷战政策大调整对亚太地区整体都造成了划时代的影响,菲律宾作为美国在此地区的主要盟国自然不在例外。

越南战争升级对菲美关系最直接的影响就是去特殊化中断。20 世纪 50 年代末至 60 年代初的几年间,加西亚政府和马卡帕加尔都发起过不同程度的民族主义经济或外交改革,美国政府也承认菲律宾政府适当的民族主义政策调整也是符合菲美同盟关系长期稳定和美国在亚太战略利益的。虽然双方的政策调整仍然保持在较低的限度内,但是这一进程的方向却已然明

了,直至约翰逊政府仓促的"更加旗帜"计划打断进程。如果抛开双方在援越谈判中的细节问题,仅从菲律宾派出民事行动小组这一结果来看,菲律宾政府难以摆脱"雇佣兵"或"傀儡"之嫌。两国关系似乎倒退进入不对等的特殊关系轨道,菲律宾民族主义运动亦似乎遭受重大挫折。

上述事实显而易见,但是如果仔细观察这一时期的菲美关系,还可以发现其他一些有趣的现象。菲律宾追随美国参加越南战争并不意味着民族主义运动的失败,只是暂时压制了民族主义改革的进程,这股压抑的力量会在某一时间反弹性爆发。随着尼克松主义出台,加之菲律宾社会经济危机,菲律宾民族主义运动迅速攀上顶峰。而且这种火山爆发式的民族主义情绪无论是对菲美关系,还是对菲律宾社会的稳定都造成了一定伤害。不理性的民族主义反美情绪被马科斯所利用,成为其攫取独裁军事政权的重要武器。

这一时期菲美关系的另一有趣现象是双方的援越谈判耗时长、菲律宾获利多,谈判过程并非是处于强势一方的美国完全主导,而是充分体现了小国的主观能动性。整个谈判过程跨越马卡帕加尔和马科斯两届政府,耗时两年多时间。相对于韩国和泰国的出兵规模,"菲律宾民事行动小组"仅维持微弱的象征意义,但是马科斯所获得"报酬"却远远高于其付出。这种反差无疑与地缘政治等客观因素有关,而菲律宾国内的反美民族主义力量、民主政治框架和马科斯本人的政治野心等主观因素也是迫使美国不断妥协让步的重要原因。首先,反美民族主义与亲美保守主义在越战议题上发生激烈的交锋,约翰逊政府在与韩、泰两国军事独裁政府谈判时可以轻松动用政治压力解决问题,但是在菲律宾却面临更加复杂的情况,不得不付出更多经济代价安抚民族主义者的不满。其次,菲律宾效仿美式两党制,两党为了争夺选举优势在援越问题上大做文章,相互攻讦,大大增加了援越参战的难度。最后,马科斯本人在整个谈判过程中扮演了关键角色,马科斯灵活的政治手段是其收获颇丰的重要原因。马科斯利用美国为"菲律宾民事行动小组"而支付的丰厚"佣金"和政治妥协,为自己随后的军事管制做好了准备。

三、第三阶段:1969—1972 年,菲律宾走向军事管制的原因

菲律宾虚有其表的"民主橱窗"在 1972 年 9 月彻底破碎,但是这一天早在 1946 年 7 月菲律宾政府从美国手中接过主权的那一刻起就埋下了伏笔。军事独裁结局绝非仅用尼克松纵容或者马科斯野心就可以简单解释。任何一个重大的突发历史事件的背后,都必定有其历史发展脉络和更广阔的时代背景,必然是长期存在的内在因素受到突变的外部条件催化的产物。二战后菲律宾的政治发展进程是历史必然性和偶然因素综合的结果,其历史命运亦是美国亚太冷战战略、菲美特殊关系和菲律宾国内政治结构共同决定的。

首先,从内在因素和必然性来看:美国制造的这出悲剧,其本质上是菲律宾独立后仍然保留的特殊关系所造成的。菲律宾的独立绝非麦克阿瑟所说的"美国亲手将殖民主义埋葬",而是开辟了美国对外新殖民主义的新阶段。第二次世界大战后,太平洋成为美国霸权的内海,战前传统的"孤立主义"烟消云散。美国有计划地在菲律宾建立起一整套政治、经济、军事和外交双边从属关系,以适应冷战时代美国在亚太和东南亚地区战略的需要。这种从属关系是典型的"新殖民主义"关系,披上了一层被称为"菲美特殊关系"的华丽外衣。菲美特殊关系的实质是美国为维护其冷战战略需要和国家利益,在菲律宾建立的新殖民主义同盟关系。这种菲美特殊关系或者"新殖民主义关系"导致新生的菲律宾国家带着先天的缺失登上世界舞台,这也是菲律宾民主橱窗破碎的内在因素。

在特殊关系的巨大阴影下,菲律宾的民主制度和国家主权远未真正实现。为了配合特殊关系,菲律宾的权贵政治被美国完整保留了下来,并建立起了美国–权贵的新殖民主义同盟。虽然独立伊始菲律宾建立起了表面先进的美式民主制度,但是民主制度安排的背后却存在权贵操纵政治、社会结

构失衡和美国干涉选举等种种乱象,导致各种矛盾在 20 世纪 70 年代初集中爆发。与美式民主制度一样,菲律宾的主权独立也存在严重不足。美国在 20 世纪 50 年代数次插手菲律宾总统选举,甚至直接参与镇压菲律宾国内的反政府运动。菲律宾脆弱的民主制度随时都会让位于美国和菲律宾当权者的利益需要。在国际问题上,菲律宾早早登上美国的冷战战车,菲律宾的对外关系和国内政治进程极易受到美国亚太战略大环境的裹挟。即使是在后冷战时代的 21 世纪初,菲律宾作为东盟的重要成员,仍然受到美国亚太政策的强烈影响。因此不难想象,当美国在亚太地区执行尼克松主义退居幕后的政策,需要菲律宾出现一个强者替自己站在舞台上维护美国的安全和经济利益需要时,美国必然为了维护现实利益而牺牲菲律宾虚有其表的民主制度,也扯烂了“菲美特殊关系”这层华而不实的外衣。

特殊关系带来的另一弊端是二战后菲律宾畸形发展的民族主义。菲律宾建国后,菲律宾民族主义运动发展远远落后于其他东南亚邻国,造成严重的身份认同模糊。这种身份认同的模糊导致菲律宾长时间无法在国际社会交流中准确自我定位,给菲律宾国家的外交、经济和文化的发展带来巨大的阻碍。当 20 世纪 60 年代菲律宾人在经历特殊关系幻灭的失望后,民族主义逐渐登上政治舞台,其具有明显的两面性特征。一方面,民族主义表现出极端的“去特殊化”反美冲动,急于摆脱美国阴影并寻找民族身份认同;另一方面,长期浸染于“特殊关系”的民族主义又恐惧于“去特殊化”后的困局,寄希望于美国人在关键时刻出手相救。这种与特殊关系交织在一起的民族主义,被一些美国官员比喻成“叛逆期的青少年”,在菲律宾历史发展的进程中难以独当一面。虽然美国在越南军事冒险的失败,以及随后尼克松主义主导“降低姿态”,为菲律宾民族主义的发展提供了一个良好的契机;民族主义亦在 20 世纪 70 年代一度成为菲律宾政治的主流思潮。但是民族主义运动表现出强烈的激进化趋势,很快又在特殊关系的桎梏下成为马科斯向美要挟的工具,菲律宾民族主义中的保守派甚至在 1972 年马科斯发动军事政变前夕仍然寄希望于美国政府拯救所谓的民主制度。因此，菲律宾民族主义发展也随着民主政治一起戛然而止。

菲律宾民主制度和主权独立只是虚幻的空中楼阁，艰难起步的民族主义力量并不成熟，特殊关系埋下的恶果构成菲律宾悲剧发生的内在因素。

其次，就其外部条件和偶然性而言：马科斯之所以能够在1972年成功取得军事独裁大权还有其外部因素等偶然原因。20世纪60年代初，美国日益卷入东南亚地区冷战的泥沼。菲律宾的军事基地和战略位置随着东南亚"冷战热战化"升级越来越重要，非对称、不平等的菲美关系在越南战争的影响下短时间内倒向了菲律宾一方。马科斯利用约翰逊急于推动"更多旗帜"计划，借助旷日持久的援越谈判收获了大量军事、经济和政治回报。这些经济援助、军事装备和政治威望成为马科斯发动军事管制的主要物质基础。

20世纪60年代末70年代初尼克松主义的推行，为马科斯发动军事管制提供了外部条件。美国人退居幕后急需稳定而友好的盟国政府加强各国独立维护国内安全的能力，这一时期亚太地区相继出现了更加隐蔽的"军事代理人政权"，呼应尼克松主义要求盟国"分担安全责任"。马科斯抓住了这一历史机遇。一方面，马科斯借助美国资源加强军事力量、控制军队；另一方面，马科斯抓住美国人恐惧"下一个越南"的心理，推销菲律宾国内"共产主义威胁"的舆论，并且利用冲动的民族主义反美运动，迫使美国人接受军事管制有利于美国利益的事实。军事管制前后，维持菲律宾执政当局稳定且亲美、保护美国在菲军事基地和市场投资的安全成为美国长期对菲政策。在这一背景下，美国方面不可能对马科斯军事管制制造障碍；相反，经过一段时间的沉默后，美国政府确定了全力支持马科斯军事独裁政权的政策。

这一时期，菲律宾社会内部发生的剧变也是马科斯"赌局"成功不可或缺的偶然因素。菲律宾建国以来保守的权贵统治几乎没有发生任何改变：社会呈现贫富差距明显的二元结构，国家经济长期处于对美贸易的原材料供应低端市场，政府机构贪腐低效情况难以改变。到了20世纪60年代末至

70年代初,随着菲律宾政府财政匮乏和经济危机到来,各种社会矛盾终于在这个时间点集中爆发。这些矛盾包括:左派武装革命力量在越战的催化下重新成长起来、民族主义与传统亲美政治展开激烈的路线之争、马科斯集团与既得利益权贵分歧日益明显。所有的矛盾在这个时刻爆发,原先民主政治的议会斗争和利益妥协已经无法解决这些新问题,斗争就从议会竞选转变成暴力冲突。1970年初至1972年军管前夕的街头暴力,也是马科斯独裁成功的重要因素。一方面,恶化的国内环境使得马科斯轻易获得国内多数民众的支持,马科斯能够以维护社会稳定为借口获取军事管制的合法性;另一方面,社会矛盾的爆发促使菲律宾政府中的技术官僚,以及美国政府中的很多实权人物相信——军事管制"休克疗法"是菲律宾社会痼疾病入膏肓的情况下的唯一选择。

美国对于马科斯政权的反应和政策,还有更多学术理论方面的研究价值。关于冷战时期美国政府对第三世界盟国独裁政权的政策,国内外学术界已有大量理论分析和案例研究,马科斯政权是其中的经典范例之一。二战后第三世界的许多美国盟国都出现了类似的社会危机:政治经济动荡、面临国内或国外安全威胁、高涨的民族主义情绪和集体挫败感。这些危机在冷战安全、经济利益和意识形态三个方面威胁到美国遍布全球的国家利益,并且造就了一批依靠个人魅力和强硬手段夺取军事独裁权力的投机者,随之建立起威权主义或者军事独裁政府。

由于这些军事独裁政权的建立和生存往往离不开美国援助,美国与这些独裁政权的关系常被称为"庇护关系"①(Patron-Client Relations)。如何与这些既拥有冷战战略价值又缺失统治合法性的盟友打交道,是冷战时期美国政府经常面临的决策困境。一般来说,美国政府内部对于"庇护关系"的

---

① 关于"庇护关系"理论的代表作是 Christopher C. Shoemaker, *Patron-Client State Relationships: Multilateral Crises in the Nuclear Age.* New York: Praeger, 1984。

政策有两条路线之争。其一,美国利用军事、经济和政治资源的杠杆迫使该政权深化改革,防止结构失衡诱发共产主义革命;其二,全力配合、支持独裁政权的稳定,维护美国的现实利益。这两种政策在不同时期、不同地区是交互使用的,这取决于错综复杂的具体案例,即使是对马科斯政权也处于不断调整之中。例如,尼克松政府时期在战略退缩和"尼克松主义"背景下,美国对军事管制从沉默趋向全力支持;而在卡特政府时期推行"人权外交",美国在短时期内对马科斯独裁政权偏向"规制"。不同路线的利弊成败在美国政界一直是具有争议性的话题,随着近年大量学术研究案例的涌现,学术理论方面也创新不断。美国学者理查德·哈斯(Richard N. Haass)将这种决策困境解释为"规制"和"遏制"的路线分歧。他将冷战时期华盛顿对体系内盟国制度和行为的规范称为"规制主义"(Doctrine of Regulation),①与美国对共产主义阵营的"遏制政策"(Containment Policy)相对应和区别。

　　具体到本书研究的1962—1972年的菲美关系而言,美国对菲决策的过程和结果同样也是在"遏制政策"和"规制主义"之间游离。"遏制政策"相对于美国在冷战时期所建立的集体同盟安全体系来说,明显具有针对同盟外部的共产主义阵营的色彩,也是冷战时期美国历届政府对外政策的主流。马科斯在军事管制前夕急于向美国方面传达共产主义威胁的假象,并给所有反政府运动贴上"共产主义"标签,就是为了使自己的政治意图与美国人"遏制政策"画上等号。当然除了"共产主义威胁"以外,美国在菲律宾"遏制政策"的对象还包括严重威胁美国利益的极端民族主义。"规制主义"是美国政府在冷战中制约并影响盟国行为的政策。"规制主义"相对于"遏制政策"来说,则具有明显的针对同盟内部的特点。在20世纪60年代马卡帕加尔和马科斯政府时期两次"沙巴危机"中,美国政府对菲律宾冲动的民族

---

① 代表作是 *The Reluctant Sheriff: The United States after the Cold War*, The Council on Foreign Relations, Inc., 1997。

主义态度大加干涉,保证菲律宾的反应不跨过美国地区集体安全战略的红线。1962 年马卡帕加尔民族主义外交改革,乃至马科斯政府时期的"新发展外交"改善与社会主义国家的关系,菲律宾外交改革的方向、步骤和界限无一不是在美国的"规制"下进行的。

在马科斯政权走向军事管制的过程中,尼克松政府的态度变化、美国驻菲大使馆的犹豫以及军事管制后美国内部情报研究局与白瑞德大使对菲政策的分歧,都体现了美国的决策困境和路线游离。即使军事管制前尼克松就已经明言"绝对并全力以赴地支持马科斯","我们理解马科斯的动机并不是完全出于国家利益,但是我们对一个亚洲领导人有此心理准备。现在重要的是防止菲律宾社会的崩溃,因为菲律宾政府的成败关系美国的重大利益"。① 但是在最后时刻尼克松政府仍然命令美国驻菲大使馆做最后努力劝说马科斯克制,至少延缓军事管制的时间。

但不可否认的是,美国政府在面对马科斯这个强硬而敏锐的盟友时,尤其是尼克松主义大战略下,对外遏制仍然占据主导地位。漫长的越战谈判中,约翰逊政府对马科斯的政治让步和利益回报正是对外遏制优于对内规制的结果。即使当助理国务卿邦迪把马科斯列出的天价援越价码递给约翰逊时,约翰逊大发雷霆:"如果你再把那个××带到离我 80 公里内,你的工作就完蛋了。"②但是他仍然不得不对马科斯妥协,提供巨额的援助甚至非法的秘密资金换取马科斯在对外"反共大局"上的配合,还得在公众场合大赞马科斯是他在亚洲的左膀右臂。尼克松同样不喜欢马科斯的军事独裁计划,他讽刺马科斯想要搞"一个人的民主"③,但是军事管制发动时尼克松政

---

① Memorandum of Conversation, January 15, 1971. FRUS, Volume XX, Southeast Asia, 1969 – 1972, Document 233.

② Seagrave Stephen. *The Marcos Dynasty.* New York: Harper & Row Publishers, 1988. p. 188.

③ National Archives, Nixon Presidential Material, White House Tapes, Recording of conversation between Nixon and Frelinghuysen, Oval Office, Conversation No. 599 – 612.

府却保持了沉默，并在尘埃落定后全力支持马科斯政权，毕竟遏制"共产主义颠覆"或者"极端民族主义威胁"才是美国人更看重的实际利益。然而讽刺的是美国绝对的支持反而放纵马科斯军事独裁政权迅速转向腐化，并且反过来刺激菲律宾共产主义革命力量不断成长。20世纪70年代中后期，菲律宾"新人民军"在"反对美国帝国主及其傀儡马科斯独裁政权"的号召下，吸引大批原先政治立场中立甚至右倾的年轻人参加，反而从军管前的"非主流"成长为主要反抗力量。从这一角度说，美国政府在冷战时期的决策困境并无真正的最佳选择。

需要注意到的一点是，尼克松政府对待军事管制的态度并非从一开始就是全力支持的，而是经历了一系列的调整。而且从相关解密档案资料来看，尼克松政府在整个过程中并无明显的主动动作，如果简单指责美国操纵菲律宾政治、扶植独裁政权尚有失偏颇。诚然，在尼克松主义"低姿态"的大战略下，尼克松政府并不反对一个强硬而高效的"白手套"维护美国的利益。然而菲律宾与同时期其他建立独裁政权的美国盟国有两点很重要的区别：第一，美国在菲律宾培植"民主橱窗"数十年，菲律宾保有深厚的美式民主制度根基。美国在菲律宾同时实现现实安全、经济利益和意识形态目标的可能性要比其他"非民主"盟国要大得多。在其他没有美式民主思想基础的国家，美国很容易意识到难以找到一个既能维护美国冷战战略利益，又能够实践美式民主价值观的可靠盟友。第二，美国在菲律宾对马科斯军事独裁的最后妥协，不得不考虑一个特别的"本地性"因素：菲律宾民族主义反美情绪在20世纪70年代初达到高潮。菲律宾民族主义对美国略显非理性的情绪是根植于菲美两国长期的不对等特殊关系基础之上的。就其他建立强硬军事独裁政府的美国盟国而言，美国做出政策选择的出发点常常是"遏制共产主义"。但是除了马科斯出于个人目的共产主义威胁政治宣传以外，马科斯发动军管前夕的菲律宾远离反共冷战前线。美国在菲律宾并无急迫的"遏制共产主义"的需要，菲律宾国内的民族主义反美情绪才是尼克松政府做出选择的首要因素。因此，美国在对菲军事管制的政策选择中，对"本地性"因素的考量要大于"国际性"因素。在民族主义已经成为菲律宾主流意识的背景下，美国的政策和态度都需更加谨慎，避免公开刺激菲律宾民族主义反美情绪或菲美两国的"美式民主"支持者。马科斯宣布军事管制后，尼克松政府长时间的"等等看"政策也有此考虑。相反，美国在其他"非民主"的反共前线盟国所要做的，就是尽快支持独裁政权服务于美国的冷战利益。综上所述，尼克松政府在马科斯走向军事管制之前，采取的是"被动调整"的政策；在军事管制发动之时，则采取的是"默许"和"等等看"的态度；等到尘埃落定局势稳定后，美国的对菲政策调整完毕，开始全力支持军管政权。总而言之，美国对菲政策的抉择是取决于尼克松主义国际大战略、菲美特殊关系历史背景、菲国内民族主义运动和马科斯政治手腕等多层次因素的综合结果，在"庇护关系"范式中既有普遍性又有其特殊性。

在特殊历史机遇下，马科斯的政治嗅觉助其取得博弈"成功"。但是这种成功只是马科斯个人军事独裁的成功，对菲律宾国家来说却是悲剧。美国支持马科斯军事独裁的政策，直到1986年马科斯政权风雨飘摇前夕才发生转变。这种转变并非美国对菲政策长期规划的主动求变，而是面对突发危机的临时之举。随后20世纪90年代初冷战结束后美国放弃菲律宾全部军事基地，使菲美关系进入一个新的时代。美国军事力量的退出是一个重要的标志，为菲律宾融入东盟一体化创造了有利条件。但是随着美国近期提出印太战略，必然把重启菲律宾军事基地作为该战略的重要一环；与此同时，两国在军事基地议题上扩大合作，也必然会刺激新一轮的菲律宾民族主义反美运动。

21世纪菲美关系的未来走向是一个更加引人深思的话题，也关系到中国周边安全情况和亚太地区和平稳定发展的前景。本书的写作力图为未来菲美关系的预判提供一个样本，因为即使是今天，菲律宾民族主义的发展轨迹和特征、历史上特殊关系遗留的传统思维和菲律宾政治、外交大方向的历史变迁都是考察未来两国关系的重要依据和参考资料。但是预判未来菲美关系也存在新的问题和诸多不确定因素，需要更多背景研究和前沿思考。如今的菲美关系在东盟一体化和世界政治多极化的影响下，牵涉到更多第三方问题，例如东盟整合的趋势、美国印太战略的执行力度等课题。

附　录

一、20世纪60—70年代初菲美关系主要参与人物

美国总统：

1961年1月—1963年11月 约翰·肯尼迪（John F. Kennedy）

1963年11月—1969年1月 林登·约翰逊（Lyndon Johnson）

1969年1月—1974年8月 理查德·尼克松（Richard Nixon）

美国国务卿：

1961年1月—1969年1月 迪安·腊斯克（Dean Rusk）

1969年1月—1973年9月 威廉·罗杰斯（William P. Rogers）

1973年9月—1977年1月 亨利·基辛格（Henry A. Kissinger）

美国远东（亚太）事务助理国务卿：

1961年12月—1963年4月 W. 埃夫里尔·哈里曼（W. Averell Harriman）

1963年5月—1964年3月 罗杰·希尔斯曼（Roger Hilsman）

1964年3月—1969年5月 威廉·邦迪（William Bundy）

1969年5月—1973年5月 马歇尔·格林（Marshall Green）

美国驻菲律宾大使：

1962 年 2 月—1964 年 6 月 威廉·史蒂文森（William E. Stevenson）

1964 年 8 月—1967 年 10 月 威廉·布莱尔（William M. Blair）

1968 年 6 月—1969 年 4 月 格哈德·威廉姆斯（Gerhard M. Williams）

1969 年 8 月—1973 年 5 月 亨利·白瑞德（Henry A. Byroade）

菲律宾总统：

1946 年 5 月—1948 年 4 月 曼纽尔·罗哈斯（Manuel Roxas）

1948 年 4 月—1953 年 12 月 埃尔皮迪奥·季丽诺（Elpidio Quirino）

1953 年 12 月—1957 年 3 月 拉蒙·麦格赛赛（Ramon Magsaysay）

1957 年 3 月—1961 年 12 月 卡洛斯·加西亚（Carlos P. Garcia）

1961 年 12 月—1965 年 12 月 迪奥斯达多·马卡帕加尔（Diosdado Macapagal）

1965 年 12 月—1986 年 2 月 费迪南德·马科斯（Ferdinand E. Marcos）

菲律宾驻美国大使：

1955 年 9 月—1962 年 2 月 卡洛斯·罗慕洛（Carlos P. Romulo）

1962 年 2 月—1962 年 9 月 埃米尼奥·阿贝罗（Emilio Abello）

1962 年 9 月—1964 年 3 月 埃米尼托·穆图克（Amelito Mutuc）

1964 年 7 月—1966 年 6 月 奥斯卡·莱德斯马（Oscar Ledesma）

1968 年 4 月—1969 年 3 月 萨尔瓦多·洛佩兹（Salvador Lopez）

1969 年 4 月—1971 年 8 月 埃内斯托·拉格达梅奥（Ernesto Lagdameo）

1971 年 10 月—1982 年 2 月 爱德华多·罗穆埃尔戴兹（Eduardo Romualdez）

二、附表

表1　1960—1973 年菲律宾国内生产总值（单位：亿美元）

年份	1960	1961	1962	1963	1964	1965	1966
GDP	66.85	72.57	44.00	52.71	52.71	57.84	63.71
年份	1967	1968	1969	1970	1971	1972	1973
GDP	68.09	75.92	84.08	66.87	74.08	80.17	100.83

数据来源：Official Gazette of the Republic of Philippines；National Statistics Office，Republic of Philippines. 1962 年以前菲律宾比索与美元保持固定汇率（2∶1），1962 年马卡帕加尔政府废除了外汇管制和固定汇率，菲律宾货币大幅贬值；1970 年至 1972 年军事管制前，菲律宾发生严重的经济危机和金融市场动荡。1971 年尼克松政府开启新经济政策，导致美元大幅贬值，菲律宾比索相比升值。

表2　1962—1973 年菲律宾比索兑美元汇率变动

年份	官方汇率 1 美元兑换比索	黑市汇率 1 美元兑换比索
1962	3.92	3.97
1963	3.91	3.92
1964	3.91	3.91
1965	3.91	4.00
1966	3.90	3.97
1967	3.93	4.20
1968	3.93	5.00
1969	3.93	6.00
1970	6.44	7.10
1971	6.44	6.88
1972	6.78	7.35
1973	6.73	6.85

数据来源：James K. Boyce. *The Philippines： the Political Economy of Growth and Impoverishment in the Marcos Era*. Basingstoke： Macmillan Press Ltd.，1993. p. 305.

表3 1962—1973 年菲律宾产业结构分布情况（单位:亿菲律宾比索）

年份	农林渔牧业	制造业	采矿业	建造业	服务业	国内生产总值
1962	114	59	5	10	147	335
1963	121	63	5	13	155	357
1964	120	65	5	15	164	368
1965	129	68	5	16	170	388
1966	134	73	6	15	179	407
1967	139	80	7	16	190	432
1968	149	86	8	14	199	456
1969	158	91	9	16	206	480
1970	166	99	11	13	221	509
1971	169	109	13	13	236	539
1972	170	115	14	18	248	565
1973	186	130	15	19	267	617

数据来源:Statistical Yearbook of the Phillipines 1976, National Economic and Development Authority, Republic of Philippines, 1976, pp. 118 – 119;服务业包括交通运输、通信、仓储、公共服务、商业、金融等服务行业。

表4 1962—1972 年菲律宾人口增长情况

年份	人口（单位:百万）	年增长率（%）
1962	29.0	2.84
1963	30.0	3.45
1964	30.9	3.00
1965	31.9	3.23
1966	32.8	2.82
1967	33.8	3.05
1968	34.8	2.96
1969	35.7	2.59
1970	36.7	2.80
1971	37.9	3.27
1972	39.5	4.22

数据来源:1989 Philippine Statistical Yearbook, National Statistical Coordination Board, Republic of Philippines, 1989. pp. 1, 14.

参考文献

一、中文文献

（一）专著

1. 崔丕：《冷战时期美国对外政策史探微》，中华书局，2002 年。

2. 洪堡：《中央情报局档案》，上海社会科学院出版社，2005 年。

3. 怀静如：《菲律宾外交政策：1946—1984》，台湾商务印书馆，1987 年。

4. 金应熙：《菲律宾史》，河南大学出版社，1988 年。

5. 李庆余：《美国外交史——从独立战争至 2004 年（修订版）》，山东画报出版社，2008 年。

6. 梁华：《马科斯家族》，社会科学文献出版社，1996 年。

7. 时殷弘：《尼克松主义》，武汉大学出版社，1984 年。

8. 王玮：《美国对亚太政策的演变（1775—1989）》，山东人民出版社，1995 年。

9. 杨生茂：《美国外交政策史（1775—1989）》，人民出版社，1991 年。

10. 张顺洪等：《英美新殖民主义》，社会科学文献出版社，2007 年。

11. 赵学功：《巨大的转变：战后美国对东亚的政策》，天津人民出版社，2002 年。

12. 周东华：《战后菲律宾现代化进程中的威权主义起源研究》，人民出版社，2010 年。

13. 资中筠：《战后美国外交史》，世界知识出版社，1994 年。

（二）译著

1. ［菲］阿玛多·格雷罗：《菲律宾社会与革命》，陈锡标译，人民出版社，1972 年。

2. [苏联]奥·格·巴雷什尼科娃:《菲律宾经济概况》,施纯谋译,暨南大学东南亚研究所,1979年。

3. [美]贝丝·罗慕洛:《菲律宾政坛回忆》,李延凌译,广西人民出版社,1992年。

4. [美]查理·麦克杜格尔德:《马科斯传》,何祚康等译,求实出版社,1990年。

5. [美]亨利·基辛格:《白宫岁月:基辛格回忆录》,陈瑶华译,世界知识出版社,1980年。

6. [美]亨利·基辛格:《动乱年代:基辛格回忆录》,张志明译,世界知识出版社,1982年。

7. [美]基辛格:《大外交》,林添贵译,海南出版社,1998年。

8. [美]尼克松:《尼克松回忆录》,伍任译,世界知识出版社,2001年。

9. [菲]赛义德·格雷戈里奥:《菲律宾共和国:历史、政府和文明》,吴世昌等译,商务印书馆,1979年。

10. [挪威]文安立:《全球冷战——美苏对第三世界的干涉与当代世界的形成》,牛可等译,世界图书出版公司,2012年。

11. [美]西格雷夫:《马科斯王朝》,王槐挺译,北京国际文化出版社,1990年。

12. [美]约翰·F.卡迪:《战后东南亚史》,姚楠等译,上海译文出版社,1984年。

(三)学位论文

1. 陈雪:《尼克松政府对菲律宾的政策》,硕士学位论文,东北师范大学,2010年。

2. 崔翠翠:《美国对菲律宾的援助研究(1945—1968)》,博士学位论文,山东师范大学,2020年。

3. 韩君:《美国对菲律宾政策的演变(1946—1960)》,硕士学位论文,暨南大学,2008年。

4. 姜海明:《冷战与东南亚条约组织》,硕士学位论文,华东师范大学,2008年。

5. 金是用:《安全与发展:二战以来中国——菲律宾关系之研究》,博士学位论文,暨南大学,2009年。

6. 刘清涛:《二战后菲美安全关系的透视》,硕士学位论文,暨南大学,2003年。

7. 刘雄:《第二届艾森豪威尔政府的亚洲政策》,博士学位论文,东北师范大学,2003年。

8. 时羽卓:《马科斯时期的菲美关系演变》,硕士学位论文,吉林大学,2007年。

9. 万艳玲:《论马科斯时期的菲美军事基地问题》,硕士学位论文,湖南师范大学,2004年。

10. 汪春杰:《冷战初期美国对菲律宾的干涉》,硕士学位论文,陕西师范大学,2007年。

11. 谢华：《冷战时期美国对第三世界国家经济外交研究(1947—1969)》,博士学位论文,陕西师范大学,2008 年。

12. 杨超：《菲律宾反美军基地的社会运动研究:缘起、过程与绩效》,硕士学位论文,暨南大学,2008 年。

13. 邹志明：《战后美菲同盟的形成与演变研究,1946—1975》,博士学位论文,华中师范大学,2013 年。

二、外文文献

(一)专著

1. Abaya, Hernando J. *The Untold Philippine Story*. Quezon City：Malaya Books, Inc, 1967.

2. Arcilla, Jose S. *An Introduction to Philippine History*, *4TH ed*. Quezon City：Ateneo de Manila University Press, 1998.

3. Aromin, Divina. *U. S. military bases in the Philippines* /DeKalb, Ill. ：D. Aromin, 1986.

4. Berry, William Emerson. *U. S. Bases in the Philippines*：*the Evolution of the Special Relationship*. The Perseus Books Group, 1989.

5. Blackburn, Robert M. *Mercenaries and Lyndon Johnson's "more flags"*：*the hiring of Korean, Filipino, and Thai soldiers in the Vietnam War*. Jefferson, N. C. ：McFarland, 1994.

6. Blitz, Amy. *The contested state*：*American foreign policy and regime change in the Philippines*. Lanham, Md. ：Rowman & Littlefield Publishers, 2000.

7. Bonner, Raymond. *Waltzing with a dictator*：*the Marcoses and the making of American policy*. New York：Times Books, 1987.

8. Boyce, James K. *The Philippines*：*the political economy of growth and impoverishment in the Marcos Era*. Basingstoke：Macmillan Press Ltd. , 1993.

9. Brands, H. W. *Bound to empire*：*the United States and the Philippines*. New York：Oxford University Press, 1992.

10. Bresnan, John. *Crisis in the Philippines*：*the Marcos era and beyond*. Princeton, N. J. ：Princeton University Press, 1986.

11. Brillantes, Alex B. *Dictatorship & martial law*: *Philippine authoritarianism in* 1972. Great Books Publishers, 1987.

12. Buss, Claude Albert. *The United States and the Philippines*: *background for policy*. American Enterprise Institute for Public Research, 1977.

13. Carinño, José Maria A. *Portraits of a tangled relationship*: *the Philippines and the United States*. Philippines: Ars Mundi Philippinae, 2008.

14. Celoza, Albert F. *Ferdinand Marcos and the Philippines*: *the political economy of authoritarianism*. Westport, Conn: Praeger, 1997.

15. Colbert, Evelyn. *The United States and the Philippine bases* /Washington, D. C. : Foreign Policy Institute, School of Advanced International Studies, Johns Hopkins University, 1987.

16. Cullather, Nicholas Barry. *A cold war partnership*: *the politics of United States-Philippines relations*, 1941 – 1960. Stanford, Calif. : Stanford University Press, 1994.

17. Cullather, Nicholas Barry. *Illusions of influence*: *the political economy of United States-Philippines relations*, 1942 – 1960. Stanford, Calif. : Stanford University Press, 1996.

18. Cullather, Nicholas Barry. *Managing nationalism*: *United States National Security Council documents on the Philippines*, 1953 – 1960. Quezon City: New Day Pub., 1992.

19. Fernandez, Alejandro M. *The Philippines and the United States*: *the Forging of New Relations*. Quezon City: Philippine Union Catalog, 1977.

20. Frank, Golay. *The United States and the Philippines*. Englewood Cliff: Prentice-Hall, 1966.

21. Gleeck, Lewis E. *American business and Philippine economic development*. Manila: Carmelo & Bauermann, 1975.

22. Gleeck, Lewis E. *Dissolving the colonial bond*: *American ambassadors to the Philippines*, 1946 – 1984. Quezon City: New Day Pub., 1988.

23. Gleeck, Lewis E. *On their own*: *midwifing a post-colonial Philippine-American relationship*. Paranaque City: Loyal Printing, 1998.

24. Gleeck, Lewis E. *Over seventy-five years of Philippine-American history*: *the Army and Navy*

Club of Manila. Manila: Carmelo & Bauermann, 1976.

25. Gleeck, Lewis E. *President Marcos and the Philippine political culture*. Manila: Loyal Printing, 1987.

26. Gleeck, Lewis E. *The American governors-general and high commissioners in the Philippines: proconsuls, nation-builders and politians*. Quezon City: New Day Pub. , 1986.

27. Gleeck, Lewis E. *The third Philippine Republic*, 1946 – 1972. Quezon City: New Day Pub, 1993.

28. Go, Julian; Foster, Anne L. *The American colonial state in the Philippines: global perspectives*. Durham: Duke University Press, 2003.

29. Golay, Frank. *Faces of Empire: United States-Philippine Relations*, 1898 – 1946. Madison, WI: University of Wisconsin Press, 1998.

30. Gregor, Anthony James. *Crisis in the Philippines: a threat to U. S. interests*. Washington. D. C: Ethics and Public Policy Center, 1984.

31. Gregor, Anthony James. *In the Shadow of Giants: The Major Powers and the Security of Southeast Asia*. Stanford: Hoover Institution Press, 1989.

32. Gregor, Anthony James. *The U. S. and the Philippines: a challenge to a special relationship*. Heritage Foundation, 1983.

33. Gregor, Anthony James; Aganon, Virgilio. *The Philippine bases: U. S. security at risk*. Washington, D. C. : Ethics and Public Policy Center; Lanham, MD: Distributed by arrangement with University Press of America, 1987.

34. Guzman, Raul P. De; Reforma, Mila A. Government and politics of the Philippines. Singapore: Oxford University Press, 1988.

35. Haass, Richard N. *The Reluctant Sheriff: The United States after the Cold War*. The Council on Foreign Relations, Inc. , 1997.

36. Hoffmann, Stanley. *Gulliver's Troubles: or, the Setting of American Foreign Policy*. New York: McGraw-Hill, 1968.

37. Ingles, Jose D. Philippine *foreign policy*. Manila: Lyceum of the Philippines, 1982.

38. Jimenez, Pilar Ramos; Chiong-Javier Ma. Elena. *Social benefits and costs : people's per-*

ceptions of the U. S. military bases in the Philippines /Manila, (Philippines): Research Center, De La Salle University, 1988.

39. Jones, Matthew. *Conflict and confrontation in South East Asia*, 1961 - 1965; *Britain, the United States and the creation of Malaysia*. New York: Cambridge University Press, 2002.

40. Juan, E. San. *After Postcolonialism: Remapping Philippines—United States Confrontations.* Lanham: Rowman & Littlefield Publishers, Inc, 2000.

41. Juan, E. San. *Crisis in the Philippines: the making of a revolution.* South Hadley, MA: Bergin & Garvey, 1986.

42. Karnow, Stanley. *In our image: America's empire in the Philippines.* New York: Random House, 1989.

43. Kaul, Man Mohini. *The Philippines and Southeast Asia.* New Delhi: Radiant Publishers, 1978.

44. Kerkvliet, Ben. *From Marcos to Aquino: Local Perspectives on Political Transition in the Philippines.* Honolulu: University of Hawaii Press, 1992.

45. Kerkvliet, Ben. *Political Change in the Philippines: Studies of Local Politics Prior to Martial Law.* Honolulu: University of Hawaii Press, 1974.

46. Kerkvliet, Ben. *The Huk Rebellion: A Study of Peasant Revolt in the Philippines.* Boulder: Rowman & Littlefield, 2002.

47. Kessler, Richard J. *Rebellion and repression in the Philippines.* New Haven: Yale University Press, 1989.

48. Kirk, Donald. *Looted: the Philippines after the bases.* New York: St. Martin's Press, 1998.

49. Kramer, Paul. *The Blood of Government: Race, Empire, and the United States and the Philippines.* Chapel Hill: The University of North Carolina Press, 2006.

50. Landé, Carl H. *Rebuilding a nation: Philippine challenges and American policy.* Product of a conference held April. 30-May 1, 1986 in Washington, D. C. and sponsored by the Washington Institute for Values in Public Policy. Washington, D. C. : Washington Institute Press, 1987.

51. Leifer, Michael. *The Philippine claim to Sabah.* Zug, Switzerland: Inter Documentation, 1968.

52. Leonard, Davis. *The Philippines people, poverty and politics*. Hampshire: Macmillan press, 1987.

53. Lichauco, Alejandro. *The Lichauco paper imperialism in the Philippines*. New York : Monthly Review Press,1973.

54. Littaua, Ferdinand. *The Philippines and Southeast Asia*, 1954 – 1972; *a study of Philippine policies towards regional organizations* / Genève: Imprimerie Pfirter frères, 1977.

55. Macapagal, Diosdado. *A Stone for the Edifice: Memoirs of a President*. Quezon City: Mac Publishing House, 1968.

56. Macapagal, Diosdado. *Democracy in the Philippines*. Downsville, Ontario: R. J. Cusipag, 1976.

57. Macapagal, Diosdado. *Speeches and statements of President Diosdado Macapagal*. Manila: Bureau of Print, 1962.

58. Macapagal, Diosdado. *The Philippines Turns East*. Quezon City: Mac Publishing House, 1966.

59. Macdonald, Douglas J. *Adventures in chaos: American intervention for reform in the Third World*. Cambridge, MA: Harvard University Press, 1992.

60. Macmahon, Robert. *The Limits of Empire: The United States and Southeast Asia since World War II*. New York: Columbia University Press, 1999.

61. Marcos, Ferdinand E. *A Collection of Speeches of President Ferdinand E. Marcos*. Manila: Bureau of Print, 1970.

62. Marcos, Ferdinand E. *In search of alternatives: the Third World in an age of crisis*. Manila: National Media Production Center, 1980.

63. Marcos, Ferdinand E. *Marcos reader: selected essays and speeches*. Manila: Office of Media Affairs, Republic of the Philippines, 1982.

64. Marcos, Ferdinand E. *Notes on the new society of the Philippines II*. Manila: Marcos Foundations, 1976.

65. Marcos, Ferdinand E. *Notes on the new society of the Philippines*. Manila: Marcos Foundation, 1974.

66. Marcos, Ferdinand E. *Revolution from the center: how the Philippines is using martial law to build a New Society*. Hong Kong: Raya Books, 1978.

67. Marcos, Ferdinand E. *The democratic revolution in the Philippines*. Englewood Cliffs: Prentice-Hall International, 1979.

68. Marcos, Ferdinand E. *The new Philippine Republic: a third world approach to democracy*. Manila, 1982.

69. Marcos, Ferdinand E. *The Philippines stake in Vietnam*. Manila: Research & Special Projects/Malacanang Press Office, 1966.

70. Marcos, Ferdinand E. *Today's revolution: democracy*. Manila, 1971.

71. McDonald, John W; Bendahmane, Diane B. *U. S. bases overseas: negotiations with Spain, Greece, and the Philippines*. Boulder, Colo: Westview Press, 1990.

72. McDonough, Lolita W. *The U. S. military bases in the Philippines*. issues and scenarios: proceedings of the symposium held on August 14, 1985 /Quezon City, Philippines : International Studies Institute of the Philippines, 1986.

73. McFerson, Hazel M. *Mixed blessing: the impact of the American colonial experience on politics and society in the Philippines* (Contributions in comparative colonial studies, no. 41). Westport, Conn. : Greenwood Press, 2002.

74. Mijares, Primitivo. *The conjugal Dictatorship of Ferdinand and Imelda Marcos I*. San Francisco: Union Square Publications, 1976.

75. Noble, Lela Garner. *Philippine policy toward Sabah: a claim to independence*. University of Arizona Press, 1977.

76. Paez, Patricia Ann. *The bases factor: realpolitik of RP-US relations*. Manila: Center for Strategic and International Studies of the Philippines, 1985.

77. Paterson, James Hamilton. *America's Boy: A Century of United States Colonialism in the Philippines*. Henry Holt and Co, 1999.

78. Pomeroy, William. *American Neo-Colonialism: Its Emergence in the Philippines and Asia*. New York: International Publishers, 1970.

79. Pomeroy, William. *An American made tragedy; neo-colonialism & dictatorship in the Philip-

pines. New York: International Publishers, 1974.

80. Poole, Frederick King; Vanzi Max. *Revolution in the Philippines: the United States in a hall of cracked mirrors*. New York: McGraw-Hill, 1984.

81. Pringle, Robert. *Indonesia and the Philippines: American interests in island Southeast Asia*. New York: Columbia University Press, 1980.

82. Putzel, James. *A captive land: the politics of agrarian reform in the Philippines*. New York: Monthly Review Press, 1992.

83. Rempel, William C. *Delusions of a Dictator: Mind of Marcos as Revealed in His Secret Diaries*. Little, Brown & Company, 1993.

84. Reynolds, Quentin; Bocca, Geoffrey. *Macapagal, the Incorrupitible*. New York: David McKay Company, 1965.

85. Rodriguez, Filemon C. *The Marcos Regime, Rape of the Nation*. New York: Vantage Press, 1985.

86. Romualdez, Eduardo Z. *A question of Sovereignty: the military bases and Philippine-American relations*, 1944 – 1979 /Manila: E. Z. Romualdez, 1980.

87. Romulo, Beth Day. *Inside the palace: the rise and fall of Ferdinand & Imelda Marcos*. New York: Putnam, 1987.

88. Romulo, Beth Day. *The Philippines Presidents: Memoirs of Carlos P. Romulo*. Quezon City: New Day Publishers, 1988.

89. Romulo, Beth Day. *The Philippines: shattered showcase of democracy in Asia*. New York: M. Evans, 1974.

90. Romulo, Carlos P. *A watershed in multinational diplomacy /* (Manila): Ministry of Foreign Affairs, Philippines, 1978.

91. Romulo, Carlos P. *The Romulo reader /* Makati City, Philippines: Bookmark, 1998.

92. Rosenberg, David A. *Marcos and martial law in the Philippines*. Ithaca: Cornell University Press. 1979.

93. Saito, Shiro. *Philippine-American relations: a guide to manuscript sources in the United States*. Westport, Conn. : Greenwood Press, 1982.

94. Salamanca, Bonifacio S. *Toward a diplomatic history of the Philippines* /［Diliman］: University of the Philippines, Center for Integrative and Development Studies, 1995.

95. Schirmer, Boone; Frank, Megan van, Bedford, Michael. *U. S. bases in the Philippines: in whose interest?* Cambridge, MA : Third World Reports, 1989.

96. Scott, Thompson Willard. *Unequal Partners: Philippine and Thai relations with the United States*, 1965 – 1975. Lexington MA: Lexington Books, 1975.

97. Seagrave, Stephen. *The Marcos Dynasty*. New York: Harper & Row Publishers, 1988.

98. Shalom, Stephen Rosskamm. *The United States and the Philippines: a study of neocolonialism*. Philadelphia, Penn. : Institute for the Study of Human Issues, 1981.

99. Shalom, Stephen Rosskamm; Schirmer, Daniel B. *The Philippines reader: a history of colonialism, neocolonialism, dictatorship, and resistance*. Boston: South End Press, 1987.

100. Shoemaker, Christopher C. *Patron-Client State Relationships: Multilateral Crises in the Nuclear Age*. New York: Praeger, 1984.

101. Simbulan, Roland G. *Continuing struggle for an independent Philippine foreign policy*. Manila: Nuclear Free Philippines Coalition, 1991.

102. Simbulan, Roland G. *Forging a nationalist foreign policy: essays on U. S. military presence and the challenges to Philippine foreign policy*. Quezon City, Philippines: Ibon Books, 2009.

103. Simbulan, Roland G. *The bases of our insecurity: a study of the US military bases in the Philippines*. Metro Manila, Philippines: BALAI Fellowship, 1983.

104. Simbulan, Roland G. *U. S. foreign and military policy in Asia: a Third World perspective*. Quezon City, Philippines: Third World Studies, College of Arts and Sciences, University of the Philippines, 1981.

105. Spence, Hartzell. *For every tear a victory: the story of Ferdinand E. Marcos*. New York: McGraw-Hill, 1964.

106. Stanley, Peter. *Reappraising an Empire: New Perspectives on Philippine-American History*. Cambridge: Harvard University Press, 1984.

107. Sung, Yong Kim. *United States-Philippine relation*, 1946 – 1956. Washington D. C. :

Public Affair Press

Public Affair Press, 1968.

108. Sung, Yong Kim. *United States-Philippine relations during the Magsaysay Administration.* Ann Arbor, Mich. : University Microfilms International, 1980.

109. Tarling, Nicholas. *Sulu and Sabah, a study of British policy towards the Philippines and North Borneo from the late eighteenth century.* New York: Oxford University Press, 1978.

110. Taruc, Luis. *He Who Rides the Tiger: The Story of an Asian Guerrilla Leader.* New York: Praeger, 1967.

111. Tayler, George. *The Philippines and the United States: Problems of Partnership.* New York: Frederick A. Praeger, 1964.

112. Urge, Elizabeth Tl; Caguimbal, Merta Q. *U. S. military bases in the Philippines : an annotated bibliography,* 1947 – 1988 / Diliman, Quezon City: Asian Center, University of the Philippines, 1990.

113. Villegas, Edberto M. *Studies in Philippines Political Economy.* Manila: Silangan Publishers, 1983.

114. Voigt, Margaret R. *Republic of the Philippines and U. S. relations.* New York: Nova Science Publishers, 2010.

115. Volaire, Gacia Enrique. *U. S. military bases and Philippine-American relations.* Quezon City: Bookman Printing House, 1968.

116. Westad, Odd Arne. ed. *Reviewing the Cold War: Approaches, Interpretations, Theory.* London: Frank Cass Publishers, 2000.

(二)学位论文

1. Arville, Raymond E. *Security and foreign policy: a study of Philippine policy towards the U. S. bases.* M. A. University of Toledo, 1989.

2. Brillantes, Alex Bello. *Explaining Philippine Authoritarianism: Martial Law in 1972.* Ph. D. University of Haiwaii, 1986.

3. Hernando, Orlando M. *The United States and the Philippines, 1946 – 1975: A Study of a Small Power in an Alliance.* PH. D. University of Oklahoma, 1976.

4. Kessler, Richard John. *Development Diplomacy: the Making of Philippine Foreign Policy under Ferdinand E. Marcos.* PH. D. Tufts University, Fletcher School of Law and Diplomacy, 1986.

5. Li, Charlene H. *Dealing with declining dictators: a comparison of United States foreign policy in Iran and the Philippines.* A. B. , Honors. Harvard University, 1988.

6. Madison, Julian C. *The United States and the Philippines, 1961 – 1965: Was There a "Special Relationship?"* PH. D. University of Washington, 1996.

7. Nadelman, Rosanne. *The Role of the United States in the Philippines: 1946 – 1970.* M. A. Southern Connecticut State College, 1973.

8. Oliver, Norine Elizabeth. *American foreign policy: the Philippines and South Korea, 1970 – 1980.* M. A. California State University, 1990.

9. Platt, Donald L. *A sovereignty of sorts: Filipino-American relations during the Truman administration, 1945 – 1951.* PH. D. The University of Toledo, 1988.

10. Roces, Maria Natividad. *Kinship politics in postwar Philippines: The Lopez family, 1945 – 1989.* PH. D. University of Michigan,1990.

11. Susann, Walens. *The Philippines and Vietnam, 1945 – 1964: From Success to Failure.* Ph. D. Union Institute Graduate School, 1994.

(三)期刊论文

1. Beltran, Thelma L. , "The Evolution of Philippine-Soviet Diplomatic and Trade Relations", *Contemporary Southeast Asia*, Vol. 10, No. 2, September, 1988.

2. Castro, Renato Cruz De, "Special Relations and Alliance Politics in Philippine-U. S. Security Relations, 1990 – 2002", *Asian Perspective*, Vol. 27, No. 1, 2003.

3. Fernandez, Alejandro M. , "The Philippines and the United States Today", *Southeast Asian Affairs*, 1976.

4. Francisco A. Delgado. "The Philippine War Damage Commission: A Factual Summary of Its Work", *American Bar Association Journal*, Vol. 38, No. 1, January, 1952.

5. Litonjua, M. D. , The State in Development Theory: The Philippines Under Marcos, *Philip-*

pine Studies, Vol. 49, No. 3, Third Quarter, 2001.

6. Manglapus, Raul. The Marcos Dictatorship and U. S. Policy, *Asian Thoughts & Society: An International Review*, April, 1977.

7. Rafael, Vicente L. , "Reorientations Notes on the Study of the Philippines in the United States", *Philippine Studies*, Vol. 56, No. 4, December, 2008.

(四)英文档案文献(纸质、缩微胶卷或电子数据库)

1. 菲律宾

(1) Official Gazette of the Republic of Philippines.

(2) The Philippine Diary Project: Ferdinand E. Marcos Dairy.

2. 美国

(1) Confidential U. S. State Department Central Files: Asian Studies, The Philippine Republic, Internal and Foreign Affairs, 1960-Jan. 1963.

(2) Confidential U. S. State Department Special Files, Southeast Asia, 1944 – 1966.

(3) Confidential U. S. State Department Special Files, Southeast Asia, First Supplement, 1947 – 1966.

(4) Congressional Records.

(5) Declassified Documents Reference System (DDRS).

(6) Department of State Bulletin.

(7) Digital National Security Archives (DNSA: The Philippines: U. S. Policy during the Marcos Years, 1965 – 1986).

(8) Foreign Relations of the United States (FRUS).

(9) FRUS, 1961 – 1963, Volume XXIII, Southeast Asia, Philippines (Documents 350 – 395).

(10) FRUS, 1964 – 1968, Volume XXVI, Indonesia; Malaysia-Singapore; Philippines, Philippines (Documents 294 – 374).

(11) FRUS, 1969 – 1976, Volume E – 12, Documents on East and Southeast Asia, 1973 – 1976, Chapter IX: Philippines (Documents 314 – 362).

(12) FRUS, 1969 – 1976, Volume XX, Southeast Asia, 1969 – 1972, Philippines (Documents 266 – 332).

(13) Hearings of U. S. Congress. Philippine War Damage Claims: Hearings before the Committee on Foreign Relations, United States Senate, 87th Congress, second session, on S. 2380 and S. 3329, June 12 and 21, 1962.

(14) Public Papers of the Presidents of United States, 1961 – 1963; 1963 – 1969; 1969 – 1974

(15) Symington Reports: U. S. Congress, Senate, Committee of Foreign Relations, Hearings, 91st Congress, 1st Session, Vol. 3, Republic of Philippines, 1969.

(16) The Pentagon Papers, The New York Times Edition, New York: Quadrangle Books, 1971.

(五) 在线档案数据库

1. John F. Kennedy Presidential Library and Museum. http://www. jfklibrary. org/.

2. L. B. J Presidential Library. http://www. lbjlibrary. org/.

3. Library of Central Intelligence Agency. https://www. cia. gov/library/.

4. Nixon Presidential Library and Museum. http://nixon. archives. gov/index. php.

5. NixonYears:1969 – 1974. http://www. archivesdirect. amdigital. co. uk/Introduction/Nixon/default. aspx.

6. The Virtual Vietnam Archive, The Vietnam Center and Archive, Texas Tech University. http://www. vietnam. ttu. edu/virtualarchive/.

(六) 主要报纸

1. Philippine Free Press

2. The Manila chronicle

3. The Manila Times

4. The New York Times

5. The Washington Post